春秋學研究

曾亦　郭曉東　主編

第一輯

上海古籍出版社

發刊詞

曾　亦

漢司馬遷稱孔子《春秋》"貶天子，退諸侯，討大夫，以達王事而已"，又謂"《春秋》辨是非，故長於治人"，蓋孔子雖欲撥亂，然不得行道於當世，因感獲麟，遂假《春秋》二百四十二年行事，而寓諸王法，此孔子所以爲素王也。故《春秋》者，雖頗存素王治世之迹，實期諸後世聖人有以樂乎此焉。

漢人尊《春秋》爲"五經之筦鑰"，蓋欲網羅諸經，以爲非此不得聖人製作之微意焉。爰泊晚周，王者之迹熄，而素王之法猶存，是以儒者雖不得自王行道，唯欲時君有以樂堯舜之道而行孔聖之垂法，此固儒者之素志。然考諸後世儒者之行迹，或入仕，或著書，莫不欲明其道而監護時君能行其法而已。

漢武以還，經學大明，其間傳《春秋》者，乃有《公》《穀》《鄒》《夾》及《左氏》諸書，其文雖不同，然考其旨，莫不自居聖門弟子而傳述素王之説也。其中，《公羊》見尊於兩漢，《左氏》則顯於六朝，而《鄒氏》無師，《夾氏》未有書，遂爲湮滅，至於《穀梁》，乃以陳義膚淺而淪寂於南渡。中唐以降，學者多兼衷三傳而明《春秋》，蓋以《公》《穀》優於義理，而《左氏》詳於紀事而已。馴至嘉道間，《公羊》復興，學者遂取其義以通群經，其後《左氏》乃托體於革命而張其説。其後經學既衰，《左氏》猶藉史學以續其學焉。

近十數年來，經學日顯，不獨吾國數千年學統賴以不墜，且頗有樂道君子，思用經義以濟世道之窮，此誠儒者之本志，而是刊之所由編次也。

目　録

經 學 蠡 探

書 評 書 訊

典 籍 整 理

公羊發微

不以父命辭王父命，不以家事辭王事 *

——哀公三年"圍戚"事件中的親親、尊尊糾結

余治平

【摘　要】　齊、衛大夫"圍戚"，可視爲晉、齊兩大霸主對衛君不同接班人選的較量。衛大夫石曼姑率師包圍衛邑，這算諸侯長對亂臣賊子的討伐，還是屬於自己人打自己人的"操兵鄉國"，其命令究竟來自才死不久的衛靈公，還是剛剛被立的蒯聵之子輒，即衛出公，則涉及其軍事行動的合法性，或爲善舉，或當大罪。經文對戚，不言"衛"，顯然是爲衛國、爲三代衛君遮羞，避諱其在一國之内竟然發生了父子爭位之事且至於兵戎相見的地步。被父王驅逐出境之後的蒯聵，勾結外部勢力而反攻祖國之地；知道自己兒子被立，還不視如本己，無意於緩和父子關係，更沒有爲兒子著想，維持兒子的政局穩定；其納於戚，則顯得貪婪君權，太不顧親情，以至上對不起父，下對不起子。"不以父命辭王父命"，即輒不以蒯聵之命而拒絕祖父靈公之命，輒之即位是被動接受。立輒合理合法，以君奪父，使王事凌駕於家事，親親屈從於尊尊。孔子褒獎伯夷、叔齊，是在暗示輒本該有辦法挽救父子之情。

【關鍵詞】　父命　王父命　家事　王事　親親　尊尊
【作者簡介】　余治平，1965 年生，上海交通大學董仲舒國際儒學研究院教授。

據《春秋》經，魯哀公三年，"春，齊國夏、衛石曼姑帥師圍戚"。① 這一年的春季，齊

---

* 本文爲國家社會科學基金重大項目"董仲舒傳世文獻考辨與歷代注疏研究"(19ZDA027)、上海交通大學"春秋經義訓"文科創新團隊培育計劃項目(WKCX015)、衡水·上海交通大學"董仲舒學者支持計劃"《春秋"大一統"的觀念興起與歷史影響研究》(HS－SJTU2020A01)的階段性成果。

① （漢）何休解詁，(唐) 徐彦疏：《春秋公羊傳注疏·哀公三年》，上海：上海古籍出版社，2014 年，第 1104 頁。下引該書，皆改爲文中夾注，只標經傳年份。

國大夫國夏、衛國大夫石曼姑率領軍隊包圍了衛國戚邑。國夏,是齊國大夫,國佐之孫,謚惠,史稱國惠子。齊景公死後,國夏與高張奉景公之遺命,立寵妾鬻姒之幼子舍,却被謀立陽生的陳乞黨羽打敗,於是不得不出奔到魯國。石曼姑,是衛國大夫,石惡之侄,石圃之子,或作石惡之子。石曼姑受命於衛靈公而立曾經的世子蒯瞶之子輒,故與齊大夫國夏帥師一起包圍戚邑而討伐蒯瞶。圍,在《春秋》中是一級戰辭。其戰鬥激烈程度、兵員損傷程度和社會破壞程度都遠弱於侵、伐、戰、滅之類。齊、衛兩國軍隊一起包圍衛地之戚邑,這對大夫石曼姑而言,大有自家打自家、自己人傷自己人的嫌疑。所以,其攻擊性估計也并不強,施加一點道義壓力、輿論壓力則是真目的。按照《春秋》之書法,圍例時,故經文書以"春",而不言具體的月份和日期。戚,是衛國地名,是衛國執政大臣孫林父的采邑,在古黃河東岸,與晉國毗鄰,今河南濮陽北。衛靈公太子蒯瞶在上年夏被晉國大夫趙鞅納於戚邑。因爲權臣孫林父的用心經營,戚邑在春秋曾多次承辦過諸侯會盟,讓這個衛邑小城的影響力陡增,儼然一座國際大都市。

魯定公十四年秋,"衛世子蒯瞶出奔宋"。事由是,衛靈公所寵愛的夫人南子,是宋國宗室之美女,待字閨中就與公子朝私通,後迫於衛國的施壓而嫁給年長許多的衛靈公。靈公與南子所生的太子蒯瞶,因羞於其母淫蕩不堪而欲殺南子,未遂,被衛靈公驅逐出境而投奔了宋國。魯哀公二年,衛靈公卒,衛人廢蒯瞶而立其子輒,却導致霸主晉國的極大不滿,而直接插手干涉,派大夫"趙鞅帥師納衛世子蒯瞶於戚"。故纔有魯哀公三年春齊、衛聯合圍攻戚地而與晉國叫板、對抗之事。所以,這一仗背後所涌動的,則是晉、齊兩個霸主大國之間的政治博弈和軍事較量。相對而言,晉國一直比較強勢,齊國則顯弱,故而想在衛侯交接班時撈上一筆,多少也挽回一些補償。徐彦《疏》曰:"《公羊》之義,輒已出奔,曼姑稟誰之命而得圍戚者?"魯大夫石曼姑出兵圍戚,究竟得到了誰的指令,則成爲《公羊》經傳、注疏討論的一個關鍵問題。

一、伯討,還是"操兵鄉國"

《公羊傳》曰:"齊國夏曷爲與衛石曼姑帥師圍戚?伯討也。此其爲伯討奈何?曼姑受命乎靈公而立輒,以曼姑之義,爲固可以距之也。"齊國大夫國夏、衛國大夫石曼姑率領軍隊包圍蒯瞶所在的戚邑,這是一種諸侯長率領別的諸侯針對亂臣賊子的軍事討伐。然而,石曼姑所接受的却是剛剛去世的衛靈公的遺命,才立蒯瞶之子輒爲衛國國君的。作爲臣子的石曼姑,當然應該執行君王的命令而拒絕蒯瞶回國爭位。

石曼姑"圍戚"之時,作爲新君的衛出公輒已經出奔到魯國了,故其出師本國城邑的命令究竟來自何處，這是一個事關臣子是否擅自起兵，有没有構成叛君、叛國之罪的大問題，非常嚴肅！《解詁》曰：“據晉趙鞅以地正國，加叛文。”事見定公十三年："秋，晉趙鞅入於晉陽以叛"；冬，"晉趙鞅歸於晉"，晉大夫趙鞅因爲欲受衛國五百户賄賂之事敗露而據私邑晉陽舉兵，無君命則爲亂，但隨後却又能够以大局爲重，自願"取晉陽之甲"，而率兵清理君側之惡人，一舉剗除荀寅、士吉射的勢力，經文書以一"叛"一"歸"，因爲皆"無君命"，故皆當治重罪。① 然而，諸侯、大夫若據私邑而對抗朝廷，則是"以地叛國"，故稱爲"叛"；取私邑之甲而清君側，則是"以地正國"，故只言"歸"。陳立《義疏》曰"趙鞅操兵鄉國，《春秋》加以叛文"，這裏的曼姑亦操兵鄉國，經文却"使齊國夏爲兵首，不加叛文"，故"據以難"，②《傳》文發問以期釋疑。《春秋》愛恨分明，當貶則貶，當褒則褒。其《解詁》云："無君命者，操兵鄉國，故初謂之叛，後知其意欲逐君側之惡人，故録其釋兵，書歸而赦之。"對本國之内的城邑發起軍事行動，屬於對母土動武，宛若毁壞自己的鄉里家園，絶非仁者所爲。經文書"歸"，可能是出於"誅意不誅事"的考慮，操兵鄉國是事實，是效果，但其初衷、原始動機或出發點則是爲了捍衛君王的尊嚴，是在維護尊尊之道，因而值得肯定。

　　然則，徐《疏》曰："趙鞅操兵鄉國加叛文，曼姑亦操兵鄉國，而使國夏首兵，不加叛文，是以弟子據而問之。"衛大夫石曼姑在齊國大夫國夏的帶領下包圍了戚地，經文的署名把國夏排在了石曼姑之前，是因爲齊國依然是一代霸主，可能是出於尊重之心。首兵是齊大夫，故在法理邏輯上，齊國應該對這次戰争負主要責任，衛國、衛大夫則是被動的、次要的。從石曼姑的立場上看，這次軍事行動則顯然是對自己祖國的土地采取武裝措施，但經文并没有對他使用"叛"辭，應該是肯定石曼姑"操兵鄉國"之舉的。公羊家以爲，尊尊之義，應該重於叛國之行。比之於尊崇霸主，對本土城邑動武又算得了什麽呢！故經文書重，而略輕。在群雄格局戰争中涌現出來的霸主是天下秩序

---

① 其徐《疏》曰："趙鞅以井田之兵逐君側之惡人，故云以地正國也。"趙鞅應該是用自己采邑的武裝力量而幫晉侯掃除荀寅、士吉射叛軍的。《穀梁傳》曰："此叛也，其以歸言之，何也？貴其以地反也。貴其以地反，則是大利也？非大利也，許悔過也。許悔過，則何以言叛也？以地正國也。"這應該是在褒揚趙鞅識大體、顧大局，在公室有所需要的關鍵時刻能够挺身而出，以私邑武裝捍衛君王權威，而并没有畫地爲牢，坐視不管，因而頗得公羊家的"尊尊之道"。其《解詁》曰："軍以井田立數，故言'以地'。"春秋時期軍隊規模一般都根據諸侯大夫所擁有的土地數量而確定。范武子："地謂晉陽也。以晉陽之兵還正國也。"可見，趙鞅救主，所調動的也只是一地之兵。故王闓運《箋》曰："以不言出奔，故知以地，地謂晉陽私邑也。"參閲周蓮芝：《定公十三年》，見唐語鮫編：《春秋公羊余門講讀記》（所見世），二修稿，上海：上海交通大學董仲舒國際儒學研究院，2022年，第1468頁。

② （清）陳立：《公羊義疏·哀公三年》，北京：中華書局，2017年，第2800頁。下引該書，皆改爲文中夾注。

建構的希望所在,故維護霸主的威信是非常重要的一件事。《春秋》既然肯定石曼姑的"操兵鄉國",則意味著對晋國納蒯聵於戚已經持一種否定和批評的態度。

伯討之辭,是《春秋》對方伯號召并組織天下諸侯一起討伐弒賊或逆賊所使用的特有辭法,論其實,因爲有一定的軍事存在,故也應該屬於一級戰辭。董仲舒《繁露·順命》曰:"子不奉父命,則有伯討之罪,衛世子蒯聵是也。"①但晋趙鞅、衛石曼姑圍戚,只是大夫討伐,而非嚴格意義上的伯討。《解詁》曰:"方伯所當討,故使國夏首兵。"齊侯派大夫圍戚,即可視同伯討,即便不是齊侯親自率師。但按照《春秋》的書法體例,僖公四年夏"齊人執陳袁濤塗",其《公羊傳》曰:"稱侯而執者,伯討也;稱人而執者,非伯討也。"國夏只是齊國的一個大夫,由他"帥師",并非齊景公親自出征,故不符合《春秋》"伯討"的辭法要求,是不可以稱爲"伯討"的。而最多只能説,國夏圍戚逼迫蒯聵投降、屈服,是得到了齊景公授命的一種善舉,符合禮法程式,故而值得肯定。《春秋》之義,對弒君、反叛之臣,天子當率領天下諸侯聯合討伐;如果天子式微,諸侯長則應該主動出面,積極挑頭,而組織起天下諸侯合力攻打、殲滅。所以,《春秋》經文在大夫排序上,依然把早就衰敗而不能稱其爲"霸主"的齊國當作天下伯主,將國夏列於石曼姑之上、之前,以體現王道之尊尊,表彰霸主維護君臣秩序的一番決心與行動。但《穀梁傳》却曰:"此衛事也,其先國夏,何也?子不圍父也。不繫戚於衛者,子不有父也。"②經文的大夫排序,先齊國之國夏,後衛國之石曼姑,并不是體現伯討行動中尊重霸主的旨意,而是孔子設法爲衛國遮羞。如果把石曼姑排在國夏之前,則無異於告訴全天下人:衛國即將上演一齣兒子的軍隊攻打父親據點的鬧劇。《日講》也以爲,"主兵者,衛也",事端在衛國。而齊國則在"助子圍父",而"逆亂人倫"的大惡,也"莫甚於此"。故《春秋》"惡不義,以爲兵首",③把齊國書爲"兵首",譴責其惡大罪深,而不可饒恕。儒家講究親親爲大,遇有父子打架,旁觀者一定是非議兒子,阻止兒子,而幾乎都站在老子的一邊。經文之書"戚",而不直接書"衛",或將"戚"寫在衛國的名下,也是在宣導一種積極向善的價值觀,即兒子不可以剝奪父親的所有。醜事、壞事、惡事不宜正面報導,以免誤導社會習俗與風氣,而破壞正常的倫理秩序。

① (漢)董仲舒撰,(明)孫鑛批評:《漢董子春秋繁露·順命》,花齋藏板影印,第359頁。下引該書,則改文中標注《繁露》和篇名。

② (晋)范甯注,(唐)楊世勛疏:《春秋穀梁傳注疏·哀公三年》,見《十三經注疏》(第7册),《重刊宋本穀梁傳注疏附校勘記》,清嘉慶二十年江西南昌府學刻本影印,臺北:藝文印書館,2014年,第200頁下。

③ (清)康熙欽定,(清)庫勒納、(清)李光地等編:《日講·〈春秋〉解義·哀公三年》,北京:中國書店,2019年,第283頁。

輒之立位合法與否、石曼姑圍戚的軍事行爲正當與否，兩相交織，使得問題變得更加複雜迷離。《繁露·玉英》篇爲此還曾進行過專門的辯論。問難者曰"公子目夷、祭仲之所爲者，皆存之事君，善之可矣"，但"曼姑非有此事也"，其"所欲恃者，皆不宜立者，何以得載乎義？"臣子如果服從了一個不應該即位却即了位的君王的命令，似乎就不能稱作是一種道義之舉。如果王之爲王的大前提不正確，即立不正，居不正，其所下達的所有指令，以及執行指令的所有臣子的所有行爲及其附帶結果，則都不合法，應該統統被徹底否定掉。但董仲舒却回答曰："《春秋》之法，君立不宜立，不書；大夫立，則書。書之者，弗予大夫之得立不宜立者也；不書，予君之得立之也。"可見，《玉英》篇的這一說法與《春秋》"立者不宜立"之書例并不一致，值得深入探究。在董仲舒看來，經文沒有記錄立輒經過，則可能表示孔子并不贊成此事，意味著輒本身就不該被立，也反對臣下擅自擁立，違禮操作；而主張和贊同君王自己授命、指定好自己的政治接班人。"君之立不宜立者，非也；既立之，大夫奉之，是也"，如果君王立了不該立的繼任者，作爲臣下的大夫就得視其爲王，服從其命令。所以，"曼姑之所得，爲義也"（《繁露·玉英》）。臣下只管服從君上就行，而不論君上的身份是否合法，不辨析大前提之是否正確，只對政統負責，而罔顧道統要求。這又好像不太符合董仲舒"屈君而伸天"（《繁露·玉杯》）的學術指向。

衛靈公死，靈公夫人贊立輒爲君，是爲衛出公，應該是得到衛靈公生前授命的，否則量其夫人也不敢造次，於國內各方面政治力量也擺不平。但出兵於戚，則不可能是衛靈公之命，而應該得到新立之君衛出公的授命，可此時的衛出公却已經出奔了魯國。問題的關鍵和焦點就在這個時間差之內，石曼姑興師發兵是否具有正當性與合法性。授命立新君，是對的；而"操兵鄉國"、軍事包圍本土戚地，則未必獲得過君命同意。歷代注家都沒有對《傳》文"爲固"二字加以解釋，聯繫上文的"以曼姑之義"，亦即站在石曼姑的立場上試想一下，出於鞏固新立之君的政治地位考慮，爲了讓新立之君站穩脚跟，不妨出兵於戚，消除權力鬥爭的可能隱患，拒絕蒯聵入境謀位。這樣，則又變成是石曼姑自己決定采取軍事行動的了，那麼，大夫擅自興師用兵，顯然是不尊王命的非法非禮之錯誤行爲。

但《解詁》曰："曼姑無惡文者，起曼姑得距之。曼姑臣也，距之者，上爲靈公命，下爲輒故，義不可以子誅父，故但得拒之而已。"這就等於在變相承認石曼姑是在擅自用兵，只是爲新君著想，生怕最終出現"以子誅父"的惡果才興師拒絕接受蒯聵入衛的。徐《疏》亦指出，《解詁》"言臣也者，欲道曼姑者，乃是靈公之臣也，受命於靈公，當立輒，寧得違之乎？故得拒蒯聵矣"。所以，石曼姑"操兵鄉國"不但沒有罪過，反倒是主動替主子著想，前瞻性地解決了隱患問題，是值得肯定的善舉，起碼也算是一次權變之宜，有其足夠的正當性。徐《疏》引僖公十年《公羊傳》晋大夫荀息對衛獻公説“君嘗訊臣矣”，臣對曰“使死者反生，生者不愧乎其言，則可謂信矣”，其《解詁》云“上問下曰訊。言臣者，明君臣相與言，不可負”，臣下應該不辜負君上的授命，尤其是在王權交接的過程中，臣下更應當堅決、果斷，確保無任何差錯地執行指令，而不可有絲毫閃失，更不允許有點滴的違背。這是君臣之大義，必須無條件遵守。何休曰：“《傳》所以曼姑解伯討者，推曼姑得距之，則國夏得討之明矣。”《公羊傳》明顯是把國夏、石曼姑兩國大夫的出兵理解成了天下方伯聯合諸侯一起討伐亂賊了，是符合經文本義的。

二、不 言 “圍 衛”

《春秋》經文稱“圍戚”，而不言“圍衛”，没有在“戚”字之前加一個“衛”字，避而不言衛之國名，估計是在爲衛國遮羞，不好意思直接陳述在一國之内發生了父子争位的事件，而故意不稱國，以降低讀者的關注度和注意力，甚至試圖扭轉一下讀者想像力的方向。《解詁》曰：“不言圍衛者，順上文，辟圍輒。”按照徐《疏》，一方面，“蒯聵去年入衛，今而圍者，止應圍衛，而言圍戚者，順上經文”。哀公三年夏“納衛世子蒯聵於戚”之經文，已交待過戚與衛國的關係了，所以便不必贅言一次衛國了。何休、徐彦的説法顯得牽强，已經跨了年的經文，再稱國一次，也未嘗不可。而另一方面，“輒上出奔，不見於經，若言圍衛，則恐去年蒯聵入於戚，今年圍衛者，是圍輒矣，故言圍戚以辟之”。蒯聵出奔宋，衛出公出奔魯，如果只把石曼姑用兵於戚寫成“圍衛”，則容易導致混淆，讀者不知道其所要打擊的對象究竟是誰。

“靈公逐蒯聵在定十四年，立輒蓋在上二年將薨之時也。”世子被驅逐是在衛靈公臨死前一年，而衛人立輒則在衛靈公死的當年。① 據《日講》，經文對“戚”邑不書“衛”，

① 實際上，定公十四年秋“衛國世子蒯聵出奔宋”，就注定了衛靈公、蒯聵父子一倫正式破裂而難以獲得彌補和愈合。《解詁》曰“主書者，子雖見逐，無去父之義”，蒯聵是被逼的，是無可奈何出走。《白虎通·諫静》曰：“子諫父，父不從，不得去者，父子一體而分，無相離之法，猶火去木而滅也。”蒯聵諫言過父王，可父王不聽，故錯先在衛靈公爲父不尊。蒯聵即便有錯也是被迫形成的，只可承擔次要責任。從血緣關係上看，父子關係最爲緊密，一脈傳承，本性接近，原本不該相分相離。而一旦摻和進政治利益，事情則變得是非難辨。陳立《義疏》曰：“明君臣以義，故得去。父子以恩，不得去也。”按照君臣關係的原則，蒯聵去國，是應該的，君叫臣死，臣不得不死；而如果打感情牌，從父子倫理的視角看，蒯聵則不應該遠走他國，因爲他再也没有機會對父親盡孝了。徐《疏》曰：“父子天倫，無相去之義。子若大爲惡逆，人倫之所不容，乃可竄之深宫，閽人固守；若小小無道，當安處之，隨宜罪譴，會其克改，甯有逐之他國，爲（轉下頁）

不繫國名，乃是承哀公二年夏"晋趙鞅帥師納衛世子蒯瞶於戚"之文，其義則與襄公元年春九國"圍宋彭城"之書法有所不同，因爲當時"彭城已披於楚，故還繫之宋"，諸夏中國皆不承認蠻楚擅自把宋國彭城封與出逃的宋大夫魚石，因而是一種非法占有。而"戚，衛地"，其本身就是蒯瞶的封地，"衛世子居之"合理合法，無可爭議，故"何用復書'衛'乎！"在世子分封的法理邏輯上，也的確如此，但《日講》忽略了《春秋》的譏諷之書法，没有聯繫到"新王"可以對不義之人事行使書法褒貶之權柄。

《春秋》經不録輒出奔之事，公羊家對其出奔時間記憶則有錯亂。據《史記·衛康叔世家》《國語·晋語》《左傳》等，衛靈公太子蒯瞶殺南子未遂，逃往宋國，後又投奔晋國趙氏。靈公四十二年（前 493 年）春，靈公欲立少子郢爲太子，公子郢辭而不受。夏，靈公薨，靈公夫人讓公子郢承靈公之意即位，公子郢却把機會讓給了太子蒯瞶之子輒，衛出公得立。王闓運《箋》曰"靈公得逐之，且不失父子恩，仍立其子"，[①]可能是不太符合當時事實的。六月乙酉，晋大夫趙簡子送太子蒯瞶回衛國，欲讓其即位。衛人聽説後發兵迎擊，蒯瞶不得入，入宿而保，衛人亦罷兵。衛出公十二年（前 481 年），孔悝的母親伯姬與人謀立弟弟蒯瞶爲君，脅迫孔悝弑出公，出公聞訊而流亡齊國。出公之父蒯瞶得以立，是爲後莊公。蒯瞶即位後，抱怨大夫以前不迎立自己，欲盡誅大臣，群臣欲作亂，乃止。莊公三年（前 478 年），晋大夫趙簡子圍衛，莊公出奔。衛人立公子斑師，即衛襄公之孫、衛莊公之堂弟。齊又伐衛，俘虜斑師，改立公子起，即衛靈公之子、衛莊公之弟。衛君起元年（前 477 年），大夫石曼專把國君趕到了齊國。衛出公從齊國返回衛國復位。衛出公後元元年（前 476 年），出公重賞曾經隨從他逃亡之臣。出公後元二十一年（前 456 年），貴族褚師比等人聯合工匠暴動，出公出奔宋國，

（接上頁）宗廟羞？"如果作爲兒子的蒯瞶有錯，無論輕重大小，作爲國君的父親其實都有辦法處理的，一家人終歸要包容一下的，血緣根基没有變，什麼話都好説，而不至於鬧到驅逐出境、生死不能相見的難堪地步。可見，蒯瞶"出奔宋"，其父衛靈公應該承擔主要罪責。然後，才是兒子蒯瞶的不對："子之事父，雖其見逐，止可起敬起孝，號泣而諫，諫若不入，悦則復諫，自不避殺，如舜與宜咎之徒，寧有去父之義乎？"但這種指責有點單薄無力，因爲蒯瞶早已進諫過，努力過，不奏效，才不得不出走的。如果再不走，蒯瞶就只有等死了。公羊家如果罔顧兒子生命存在而以"父子之恩""子之事父"的説教之辭綁架他，要求他繼續待在國内，則無疑也是不道德的。"今大子以小小無道，衛侯惡而逐之，父無殺己之意，大子懟而去之，論其二三，上下俱失。衛侯逐子，非爲父之道。大子去父，失爲子之義。今主書此經者，一則譏衛侯之無恩，一則甚大子之不孝，故曰子雖見逐，無去父之義。"可見，父不慈則子不孝，上梁不正則下梁必歪，《春秋》在"蒯瞶出奔宋"之前加"衛"、加"世子"，既是在總體上譴責國君，又是强調衛靈公之罪在於廢"世子"而打亂王位繼承的主體原則。孔子的用意應該是很明顯的，也可歸入"微言"之書法。治經者當以能够從字縫裏讀出這種"不可見之文"（蘇輿《義證·玉杯》）爲可貴。

① （清）王闓運：《春秋公羊傳箋·哀公三年》，長沙：嶽麓書社，2009 年，第 512 頁。

向越國求援。出公叔父公子黔趕走出公之子而自立爲國君,是爲悼公。悼公元年(前456 年),越、魯、宋三國出兵護送出公返衛,因衛國大夫堅守,出公不敢入城,最終客死於越,但其君位仍被承認。

三、以王父命辭父命,是父之行乎子

《公羊傳》曰:"輒者,曷爲也? 蒯聵之子也。然則曷爲不立蒯聵而立輒? 蒯聵爲無道,靈公逐蒯聵而立輒。然則輒之義可以立乎? 曰:可。其可奈何? 不以父命辭王父命,以王父命辭父命,是父之行乎子也。"靈公死後,衛國人沒有立已經出奔的世子蒯聵爲國君,而是立了他的兒子輒。原因是蒯聵欲殺南子,做了違背孝道忤逆之事,於是衛靈公才把他驅逐出境。在道義上,輒可以被立爲國君嗎?《公羊傳》認爲是可以的。追究其禮法之根據,則在於:不可用父親的命令拒絕祖父的命令,但却可以用祖父的命令拒絕父親的命令。這就是父親對祖父的變相尊奉和孝敬。

王朝的接班人選擇,殷人大致施行"兄終弟及"之制,而周公改革,力倡并在面上推廣嫡長子繼承制度,却不論賢能與才幹,而更強調血緣脈絡的正統性。《解詁》曰:"據《春秋》有父死子繼。"作爲周公忠實擁躉的孔子,當然也主張自西周以來所普遍奉行的"父死子繼"之制。"父死子繼"制度的發明,原本是要消除和克服"兄終弟及"繼承權競爭而導致一派混亂局面的,因爲兄弟往往有很多,挑選起來相當麻煩,而嫡長子却只有一個,所以做出抉擇則很省事、很直觀、很便當。在法理邏輯上確定嫡長子爲接班人可以最大程度地減少不必要的搶奪和拼殺,王權交接和傳遞的成本也可以降至最低化。但實施一段時間下來却發現,往往也會出於君王個人偏好、夫人干政、強臣介入、庶子賢能等因素而出現變故,嫡長子也是可以被廢黜的,其所引發的宮廷鬥爭,甚至流血犧牲悲劇慘案,也不在少數。

經文以"無道"而批評蒯聵,《解詁》亦稱其"行不中善道"。蒯聵之錯,一是希圖殺母,南子如果是他的生母,更不能殺,儘管母親淫蕩,但少不管長事,兒不管父事,干涉都是不允許的。對於淫蕩之母,愛還是不愛,在《公羊傳》還是一個問題。身爲桓公夫人、莊公之母的文姜長期與齊襄公私通。桓公死後,莊公即位的元年"三月,夫人孫於齊",《公羊傳》贊同莊公"存君",但不贊同其"念母",道德仁義重於母子感情,文姜這樣淫蕩的母親就當譴責,不愛也罷。然而,《公羊傳》對蒯聵欲殺南子,却給予了完全否定的評價。孝子皆不願意、也不應該干涉父母親的隱私和個人自由,實在沒有必要爲了滿足自己一時半會兒的羞恥之心而大義滅親;即便不是自己的生母,但其却能够得到父親的萬千寵愛,蒯聵也應該考慮到父王衛靈公的感受,而不能謀殺。既欲殺母，雖未遂，也當誅滅。莊公三十二年"秋，七月，癸巳，公子牙卒"，其《公羊傳》曰："君親無將，將而誅焉。"臣對君，子對父，如果生起歹心，哪怕是一刹那間的一閃念，事不待成，也該殺；既成，則更是罪大惡極。嚴格意義上説，未形之時，不善之動機一有萌發，則已是罪惡滔天。

公羊家主張"原心定罪"，有殺君、殺親的邪念，哪怕只是一個閃爍，則就是犯罪，動機決定量刑，無需等到犯罪結果出來，既成事實，就已經晚矣。《繁露·玉杯》曰"《春秋》之好微與，其貴志也"，[1]"右志而左物"，[2]并不是行爲的最終效果決定行爲本身是否有罪或有罪的程度輕重，而是要看行爲開始之前的動機與目的是什麼。所以，

---

① 據余治平主持國家社會科學基金重大項目"董仲舒傳世文獻考辨與歷代注疏研究"之階段性成果《董子文獻斠注·春秋繁露·玉杯》，"《春秋》之好微與其貴志也"，句讀、標點皆有争議。一種是，蘇輿《義證》以"與"絶句，以爲其"言《春秋》之好微，以其貴志也"，一句話之内，自問自答，故用問號。陶鴻慶《札記》從之，并以"與"爲語氣助詞。另一種則是，鍾肇鵬《校釋》案"此當作一句讀"，即"《春秋》之好微與其貴志也"，解"與"爲"以"，并引例證之：《左傳》宣公十二年"逢大夫與其二子乘"，成公七年《公羊傳》"與其射御"，此兩"與其"皆是"以其"，因而"與其貴志"，即以其貴志之意，用法相同。訓"與"作"以"，蓋出於齊語，與、以，聲母一致，韵母相近，故常串用。"好微""貴志"之間，義可連通，而不必設問。并且，下三句皆是陳述句，不當陡然自問自答。若把兩短句合并成一長句，斷以逗號，試圖與下文"《春秋》修本末之義"連句，則明顯與義不搭，故當獨立成句。"微"，即《春秋》之微言書法。蘇輿《義證》案："《春秋》之微有二旨：其一微言，如逐季氏言又雩，逢丑父宜誅，紀季可賢，及詭詞、移詞之類是也。此不見於經者，所謂七十子口授傳指也。其一則事別美、惡之細行，防纖芥之萌，寓意微眇，使人湛思反道，比貫連類以得其意，所以治人也。如勸忠則罪盾，勸孝則罪止是也。"其引《荀子·勸學篇》曰："《春秋》之微也。"《儒效篇》曰："《春秋》言，是其微也。"楊倞《注》："微謂儒之微旨，一字爲褒貶，微其文，隱其旨。"有鑒於此，"正此微字之意，實則皆大義也"。哀公十三年夏，"公會晋侯及吴子於黃池"。經文使用"兩伯"之辭。《解詁》曰："以晋大國，尚猶汲汲於吴，則知諸侯莫敢不至。不書諸侯者，爲微辭，使若天下盡會之。"黃池之會的參加者，《春秋》只説魯、晋、吴三國。但《左傳》則曰："夏，公會單平公、晋定公、吴夫差于黃池。"周室之卿單平公也參加了。《公羊傳》雖曰"天下諸侯莫敢不至"，却一反書法常例，并沒有排列參會諸侯的次序，甚至連"兩伯"的順序也沒交代。孔廣森《通義》曰："諸侯不序者，序在晋下，則仍似外吴常辭。兩伯不顯，序在吴下，則是外吴而并外中國諸侯矣。文不可施，故一切削之，但張兩伯辭，則諸侯皆在。"若晋君在先，則與事實不符；若吴王在先，則又違反了"外夷狄"原則，如此爲難，《春秋》則乾脆不排諸侯的先後秩序，而只説是"兩伯"，因爲必須尊重被《公羊傳》所揭示出來的"不與夷狄之主中國"書法要求，這是潛藏在經文背後的"志"。

② "右"，上古人序位皆崇右，以右爲上、爲貴、爲尊、爲敬，左則次之。《管子·七法》曰："春秋角試，以練精鋭爲右。"《史記·廉頗藺相如列傳》曰："既罷歸國，以相如功大，拜爲上卿，位在廉頗之右。"張守節《正義》曰："秦漢以前，用右爲上。""志"，即主觀心意、内在欲念或願望。"物"，指文飾附著其上的外物，引申指禮節儀式。對於德性主體而言，志優先於物、重於物，存志可以涵攝物，内在欲念可以支配一切現象存在。

一切壞事，一切罪惡行爲，應當在迹象尚未生發之時、意念萌動之初就將其遏制殆盡。即便母親南子再有過惡，自有人加以裁決和了斷，實在不行還有上蒼作出最終的懲罰，而絕不至於輪到自己的兒子動手弒殺。蒯聵之舉，嚴重違反人際社會最基本的倫理法則。這裏，正確的做法則是，蒯聵應該對父王靈公先加勸諫，一而再，再而三，如不從，然後則任其所爲，在自己也無能爲力、没有辦法加以阻止的情况下，則選擇離開朝廷，不再繼續待在父王身邊，眼不見而心不煩，儘量減少相關三方的痛苦。蒯聵之錯，二是被父王驅逐出境之後，還不甘心，竟然勾結外部勢力而反攻祖國之地，若加之以叛國、賣國的罪名，似乎也不爲過。據《春秋》禮，一國的世子離開自己的國，則自行絕國，一律按主動放棄繼承權處理，已没有資格問鼎王位了。晋大夫趙鞅納之於戚，如果蒯聵本人堅決不同意，事情則絕不至於鬧成現在這樣的結果。爲了一個王位而勾結外國强悍的軍事力量，膽敢對故土母邦動武，顯然也是一種大逆不道。蒯聵之錯，三是既然知道自己的兒子已經被立爲衛國的國君了，就應該視如本己，緩和父子關係，最大程度地消弭内部矛盾。同時，也應該爲兒子著想，謙遜行事，協調國内外各種力量，而維持兒子的王權穩定，輔助治理好屬於自家的衛國。其納於戚，則顯然是貪婪君權，發心要與兒子爭位，太看重威勢，太計較個人名利，而不顧親情，也不惜爲之采取暴力對抗手段。這樣的太子，上對不起父母，下對不起兒子，中間也對不起社稷國家，其實連做人的資格都大成問題，《春秋》若不譴責之，還能够譴責誰呢！

逐，指驅趕、逐出、流放。《廣韵》曰"驅也"，被趕出去。《正韵》曰"斥也，放也"，不被接受，排斥在外，流放出去。《史記》之《李斯傳》曰："非秦者去，爲客者逐。"①排斥異己，驅逐出境。《管仲傳》曰"三仕三見逐於君"，②多次入仕，又多次被驅趕出來。屈原《九章·哀郢》曰："信非吾罪而棄逐兮，何日夜而忘之？"③確實不是自己的罪過却遭到放逐，日日夜夜哪裏能忘記自己的故鄉哦。在古代中國，驅逐、流放一直都是君王懲治犯人的必須手段。《公羊傳》既曰"靈公逐蒯聵"，則説明蒯聵因弒母，而被父王驅趕出衛國，子之有罪，父當懲罰，蒯聵就該自己承擔行爲後果，流放在外是罪有應得。

立，指設置、確定，或帝王、諸侯之即位。《春秋》經中，涉及王位之繼承，凡書"立"者則皆不當立，多有貶義，常暗指其得位不正，權力來源没有合法性。書其立，是如其意，實質上是諷刺。《解詁》曰："輒之義不可以拒父，故但問可立與不。"這其中包括兩個不可回避的問題，一是作爲兒子的輒是否可以拒絕父親蒯聵入境繼位。既然拒絕

① （漢）司馬遷：《史記·李斯列傳》，長沙：嶽麓書社，1988 年，第 648 頁。

② （漢）司馬遷：《史記·管晏列傳》，第 492 頁。

③ 參閲袁梅：《屈原賦譯注·九章·哀郢》，濟南：齊魯書社，1988 年，第 162 頁。

了，則説明輒自己也把王位看得比親情還重，明顯有失親親之恩，違背了人倫秩序最基本的要求。二是輒之得位是否合法。衛靈公、蒯聵、輒，原本是祖孫三代的親情關係。站在衛靈公的角度，兒子不聽話、被驅逐，便立了孫子繼位，無可厚非，孔廣森《通義》曰"周人之法，無適子者有適孫，靈公廢蒯聵而不廢輒，則輒適孫當立者，故《傳》以爲有'王父之命'也"，①既然嫡子、嫡孫都得血脈之正，而在嫡子被廢的情況下，立嫡孫也未嘗不可；而站在輒的立場上看，繼承君位，并非自謀自篡，而是來自於祖父的遺訓、君王的命令，没有什麽不合法的，自己必須服從，不可違抗。何休則説"不以蒯聵命辭靈公命"，不能因爲父親蒯聵的存在而違背祖父的旨意，更不能拒絶執行祖父的命令，輒之即位，是被動接受。所以，靈公立輒，也合理合法；輒繼位，也合理合法，拒父拒納也是有理由的，因而被《春秋》所肯定，一切皆以尊尊爲大。於是乎，好像只有蒯聵一人，處境最爲尷尬，離開衛國、回到衛國兩頭都不對，都會被責難。

四、以王事辭家事，是上之行乎下

《公羊傳》曰："不以家事辭王事，以王事辭家事，是上之行乎下也。"不可以因爲家事而推辭王事，但可以因爲王事而推辭家事，這就叫君王之命貫徹和奉行於臣下。辭，指拒斥、推卸、抵制、謝絶、不接受。《正韵》曰"辭，却不受也"，退却，不予接納。《虞夏書·大禹謨》曰"稽首固辭"，②叩頭而堅定地謝絶。《禮記·中庸》曰"爵禄，可辭也"，③不接受爵位和俸禄。《解詁》曰"辭，猶不從"，則指"家事""王事"之間一種究竟誰應該服從誰的關係。

輒繼君位，其最大的合法性就在於，有"王父命"，即受命於身爲君王的祖父。對於輒而言，蒯聵是父親，但還不是"王"，可孝而不可忠；然而，靈公既是祖父，又是王，既要孝，也要忠。父親蒯聵，納於戚，想要王位，在倫理邏輯上，輒則也應該盡孝，拱手交出自己到手的權力。那麽，現在的問題則變成：到底還要不要對身兼祖父和君主的靈公行忠，亦即還要不要遵守并執行政治王者給予自己的授命。《解詁》曰："是靈公命行乎蒯聵，重本尊統之義。"東漢的時代，皇帝威權結構相對成熟、完善，王命無敵於

---

① （清）孔廣森：《春秋公羊經傳通義·哀公三年》，見顧廷龍主編：《續四庫全書》（第129册），經部春秋類，上海：上海古籍出版社，2002年，第173頁上。下引該書，皆改爲文中夾注。

② （宋）蔡沉：《書集傳·虞書·大禹謨》，北京：中華書局，2017年，第24頁。"固辭"，蔡沉則解爲"再辭也"。

③ （宋）朱熹：《四書章句集注·中庸·第九章》，北京：中華書局，1983年，第21頁。

天下,奉旨無礙已呈大勢。所有的人,都必須首先是君主的臣民,然後才是家中的孝子。衛靈公的命令對蒯聵,也應該是有效的,徐《疏》引莊公元年三月,莊公之母文姜,"夫人孫於齊",其《解詁》曰:"念母則忘父,背本之道也,故絕文姜不爲不孝,拒蒯聵不爲不順,脅靈社不爲不敬,蓋重本尊統,使尊行於卑,上行於下。"《春秋》稱許魯莊公"存君"(魯桓公),而不贊同其"念母"(文姜);哀公三年,表彰衛出公輒、大夫石曼姑尊"王父命"而不從"父命",拒絕蒯聵納戚;莊公二十五年六月,"日有食之",認可魯國用鼓、牲祭祀社神,用朱紅絲帶纏繞社樹,而打破正月日食才"用幣於社、伐鼓於朝"之常禮規制。這些事例都蘊涵著孔子重視倫理基礎要求、維護道統義理、順從并維護尊卑秩序的意旨,抑或充滿著親情與道義、個體情感與王法規定的強烈衝撞,其內在張力值得展開分析。

"不以家事辭王事",以大局爲重,國優先於家,凌駕於家之上,家事必須服從、讓位於王事。《解詁》曰:"以父見廢故,辭讓不立,是家私事。"蒯聵被驅逐出境,太子身份一并作廢,不再作爲王權接班人考慮。而其子輒之被立,儘管事實上是因爲少子郢的一再謙讓,但在客觀上,在歷史效果上,則是輒直接繼承了其父親的太子身份,世子之位的先後傳遞僅僅發生在他們父子身上,仍限定在一家之內,而沒有旁及別家,因而,蒯聵的被納於戚與石曼姑的舉兵圍戚,在一定意義上也還只是父子之間的爭執和衝突,僅僅是家事一椿罷了,關起門來總歸都可以協商解決。然而,一國之有君或無君,一國之君位傳承程序的連續與否,則是"王事",是天下大事,涉及國之爲國,涉及一國之內的芸芸眾生。所以,相比之下,家事當然算小,幾乎不值一提。董仲舒《繁露·精華》篇曰:"故變天地之位,正陰陽之序,直行其道,而不忘其難,義之至也。是故脅嚴社而不爲不敬靈,出天王而不爲不尊上,辭父之命而不爲不承親,絕母之屬而不爲不孝慈,義矣夫!"陰陽之序,就是天道之序,就是人世生活最大、最高的法則,不可違拗。①

儒者在門內,以親爲大,一家之中,親親爲上。而一旦出仕爲官,人則已經屬於君王,作爲國之棟梁則當以義掩親,無私奉獻,而對親情則不可有太多的顧念。輒之繼位,能够滿足"以王事辭家事"的要求,也算是合理的。如果單獨分割開來看,

---

① 莊公二十五年,六月辛未,"日食"而"鼓,用牲於社",《公羊傳》稱其"以朱絲營社",雖大有以求陰之祭法而褻瀆陽日之尊嚴的嫌疑,但也并不妨礙其對日神的敬畏和崇拜。僖公二十四年"冬,天王出居於鄭",周襄王避母弟王子帶之難,而出奔鄭國,自絕於周。《公羊傳》曰"王者無外,此其言出何? 不能乎母也",雖不能侍奉母親而難以和睦相處,但他也不是没有守孝道。哀公三年春衛出公輒安排石曼姑圍戚而拒父,以王父之命壓父之命,於是便不能説他不顧親情。

無論是對家，還是對國，無論是忠，還是孝，兩者的重要性、必要性和正當性，誰都承認，誰優先則都是應該的，認識論上不存在爭議與麻煩，分別實行起來也并不困難。但問題就複雜在忠、孝一旦被聯繫，國事、家事一旦被捆綁在了一起，則張力四射。親親爲大，還是忠大於孝；國優先，還是家第一；服從血緣根基與内在情感的支配，還是服從外在權力的强制和國族整體的利益需要，價值觀則由此而瞬間撕裂，讓人難以決斷，難以把持，無論怎麼選擇，也都會充滿濃郁的悲劇色彩。人性之自然、歷史之實然與道義之應然交織、迭加在一起，又使得《春秋》的畫面呈現得更爲繽紛，也更爲慘烈。

衛靈公、蒯聵、輒，祖孫三代之間的關係原本非常簡單，單線倫理，誰該垂恩、誰該孝敬，一目了然，并不複雜。然而，一旦摻和進政治背景和權力因素則顯得剪不斷，理還亂。《繁露·觀德》曰：“王父，父所絶，子孫不得屬，魯莊公之不得念母、衛輒之辭父命是也。”蘇輿《義證》曰：“屬，猶續也。”①祖父、父親之間斷絶關係，爲子爲孫的也没能把他們彌合起來。董仲舒對衛出公“辭父命”而遵祖父命的行爲其實還是有所譴責的。靈公是蒯聵的父親，兒子服從老子，則是天經地義的事情；輒也是蒯聵的兒子，那麼，在法理上，他也應該無條件服從自己老子的“父命”，當父親被納於戚的時候，輒就應該讓位於父親，以盡孝心與孝道，毫無討價還價的餘地，這同樣也是天經地義的事情；但問題是現在，祖、孫兩人在政治上已經越過中間一代而直接發生交集，靈公的身份既是祖父，又是一國之君王，輒被安排繼位、守位，顯然是服從了其父親蒯聵本該服從的“父命”，跳過一級而順承了祖父加君王的旨意，躐越父親以領受祖父之命，竟然没有理會自己的父親，更没有接納、恭迎他回國即位。

“以王父命”拂“父命”，於其家，則是拿祖父壓生父，用大孝壓小孝；而於其國，則是敬畏君王之命，遵守“公法”，循應“尊尊之道”而行大事，罔顧個體孝順之小情感。然而，爭議的焦點則在於，以“家事”論之，當生父、祖父旨意不相同、態度不盡一致的時候，孫子越級服從，還算不算盡孝道？孝道之中，還包不包括是非對錯的計較？蘇轍《春秋集解·哀公二年》也曾想過這個辦法：衛人“不幸而立輒，則輒當辭，辭而不獲，則致國乎蒯聵，如是而後可”，②輒的繼位是不應該的，明知道父親將要爭奪，卻還要立，權欲心也重，而一旦立則無疑會讓父親爲難，自己也等於不孝。但蘇轍的這個方案也有一個大的問題，即會讓盡過孝的輒，又瞬間掉入不忠的道德陷阱，因爲他無

① （清）蘇輿：《春秋繁露義證·觀德》，清宣統庚戌刊本影印，日本京都：中文出版社，1973年，第190頁。
② （宋）蘇轍：《春秋集解·哀公二年》，見舒大剛、李文澤校點：《三蘇經解集校》，成都：四川大學出版社，2017年，第719頁。

法執行"王父命",不能按照君王的指示辦事。所以說,輒的前路很是迷茫的,忠、孝兩難,進、退都是坑。

五、以君奪父:尊尊凌駕親親

《解詁》曰:"聽靈公命立者,是王事公法也。"實際上,輒并非衛靈公自己選定的接班人,蒯聵被廢太子之後,靈公指定的是庶子郢。靈公死後,其夫人所勸的依然是郢即位,而不是輒。輒繼位之時,靈公已死有時日,故"王父命""聽靈公命立者"之類應該只是公羊家的義解和想像,因爲王義的邏輯需要才做出了這樣的詮釋,而與事實尚有一定的距離。如果非要把輒之繼位當作所謂"王事"和"公法",那麼,也只有從國家政治的現實需要作解,才可以成立。靈公死,衛國不可一日無君,有人即位,維持一國政治機器的正常運轉,方能產生如隱公元年《解詁》所曰的"政教之始"。所以,衛國人在明知蒯聵出奔在外的情況下,還依然選擇其兒子輒,或許只是一種出於燃眉之急的不得已,整個王室之內可能已經實在沒有別人可以替代了,但這的確爲日後蒯聵的入納埋下了隱患。延續君王大統,是國家之大事,是涉及千萬民衆公共生活之大事,"王事"壓倒一切,包括家庭事務在内,幾乎可以碾壓和粉碎全部世界之所有。在諸侯之國的現實需要面前,大夫之家、平民之家乃至君王之家的利益則可以忽略不計,不允許"以家事辭王事",家庭生活所有需要的所有理由都是脆弱的,根本就提不上臺面。

而這又與《公羊傳》哀公二年"父有子,子不得有父"的邏輯要求,高度一致。國與家,父與子,甚至包括夫與婦、中央與地方,尊卑有別,貴賤差序,嚴格限制而不可紊亂,前者都處於强勢、優勢,後者則都處於弱勢、劣勢,前者往往要求後者作出權利讓步、利益犧牲,甚至是無條件服從。《公羊傳》的這種傾向可能已經大大溢出了先秦儒家"道義至上"的原則,而體現出秦漢之後政治高度集權、社會等級森嚴的時代氣息。很有可能,秦漢之際的公羊家們在書於簡帛的過程中已經在用自己的理解和詮釋改寫了孔子的《春秋》經義。所以,《公羊傳》接下來的一句便是"是上之行乎下也",這是要求政治管理垂直幅度的"大一統",顯然在强調國大於家,忠高於孝,君上的旨意、朝廷政府的一切政令都必須無條件地貫徹到底、到基層,集體的利益始終是第一位的,家庭的、個體的要求則一律靠邊站。

然而,輒之拒父,以君奪父,使尊尊凌駕於親親之上,却并不是完全沒有瑕疵,也并不被漢、唐儒者所看好。《解詁》曰"是王法行於諸侯,雖得正,非義之高者也",上對於下、君王對於諸侯、中央對於地方的絕對統治,儘管必須,但却不能因此而遮蔽掉儒家道義的諸多重要内容。褫奪父恩,大義滅親,并不是儒家道義之推行與實現的最完美、最理想的狀態。《公羊傳》所要求的"不以父命辭王父命，以王父命辭父命"是"父之命行乎子"，靈公之命只有行乎蒯聵，才算得上"重本尊統"；"不以家事辭王事，以王事辭家事"是"上之行乎下"，君王之法令行於諸侯，朝廷政策落實於地方，則更是"重本尊統"。《禮記·喪服四制》亦曰："門内之治，恩掩義；門外之治，義斷恩。"①這顯然也是把"尊尊"與"親親"進行了一次割裂化、分類化的呆板處理，要求對"門内之親"以施行恩愛關懷爲重，而在"朝廷之間"、廟堂之上、江湖之上，所奉行的則是道義原則。然而，當二者遇到衝突、矛盾的時候，究竟哪一個層面的"本"與"統"才更爲重要呢？説不定還得做出一番痛苦的糾結和選擇。

徐《疏》曰："唯受靈公之命而拒蒯聵，而引王法行於諸侯者，正以靈公於蒯聵，若似天子於諸侯，故取以況之。"輒、石曼姑之圍戚行動，總以爲自己站在正義的一邊，是在用衛靈公的命令拒斥蒯聵的入納，《公羊傳》顯然也是將其當作諸侯必須貫徹執行君王的法令來論處的，蒯聵服從靈公，宛若諸侯服從天子、大夫服從諸侯，沒有什麼討價還價的可能。不過，《解詁》在這時却搬出《論語·述而》篇的一段文字作爲論據而揭示出當時居衛的孔子對輒圍戚邑的真實態度。弟子冉有就衛出公拒父之事詢問曰："夫子爲衛君乎？"試探一下先生的態度，看他是否贊同，子貢曰："諾，吾將問之。"子貢入曰："伯夷、叔齊何人也？"孔子曰："古之賢人也。"子貢曰："怨乎？"孔子曰："求仁而得仁，又何怨？"子貢出曰："夫子不爲也。"商朝孤竹君將死，遺命立叔齊爲王，叔齊讓於其兄伯夷，伯夷遵父命逃離，叔齊也不立，而選擇與伯夷一起逃離。錢穆《新解》曰："父命叔齊立爲君，若伯夷違父命而立，在伯夷將心感不安，此伯夷之能孝。但伯夷是兄，叔齊是弟，兄逃而己立，叔齊亦心感不安，遂與其兄偕逃，此叔齊之能弟。"②儒家以孝悌之心爲仁之本，孝悌之行是仁道之中的一項最基本要求，伯夷、叔齊在當時，能够去國而逃，只是求得個人的心安，故曰"求仁而得仁，何怨也"。《解詁》引孔子對伯夷、叔齊的評價，是在暗示蒯聵提出入納要求之後的輒，其實還是有辦法挽救父子之情的。徐《疏》曰"冉有所以疑之者，正以輒之立也，雖得公義，失於父子之恩矣"，即便他手上的確已經攥著來自祖父衛靈公的"王父命"。子貢入問"伯夷、叔齊何人也"，則"正以輒之拒父，非義之高，不敢正言，故問古賢以測之"。如果輒自己不把王位看得太重，還是可以因爲父親蒯聵的入納而主動放棄王位的；即便已經身處王位，輒也可以不安排石曼姑出兵圍戚，還可以通過與父親和談，規勸、感化父親等方式而重建親情關係，連伯夷、叔齊都可以"諫而不用，死於首陽"了，説明輒原本還是有機

---

① （漢）鄭玄注：《宋本禮記·喪服四制》，國學基本典籍叢刊，北京：國家圖書館出版社，2020年，第420頁。

② 錢穆：《論語新解·述而》，北京：生活·讀書·新知三聯書店，2002年，第178頁。

會拯救父子冲突而維護孝道的,可惜,他最終却選擇了軍事對抗,激化矛盾,而使父子之間兵戎相見。"失䘏父子之恩",對親情倫常秩序的人爲踐踏和破壞,創傷很大,其實也未嘗不是罪孽深重的。

胡安國《傳》曰:"是故輒辭其位以避父,則衛之臣子拒蒯聵而輔之,可也;輒利其位以拒父,則衛之臣子舍爵禄而去之,可也。烏有父不慈子不孝,争利其國,滅天理而可爲者乎!"①輒無疑是選擇了下策。而傷害親情,則是對儒家公義的最大挑戰和破壞,因爲人倫的核心價值、社會的基本秩序的任何一次創傷和顛覆,往往都需要太久太久的時間才能予以修復與彌合,千萬次善行功德積攢都補償不回來,其成本也實在太高,代價也實在太昂貴。熊過《明志録》引趙子常曰:"蒯聵在戚,輒不當有圍,父不可圍,齊人不當黨逆。"②圍戚,就等於斷絶父子之恩情,是要負道德責任并承受千載罵名的。

結　　語

在人類文明剛剛確立基本範型的"軸心時代"(die Achsenzeit),早期中國的政治文明處於建構之時,"門外之治"需要扶持、培育,必須有私恩的適當放棄,故儒者一般皆主張和要求大公無私,而不能以自我、小家的私恩掩蓋并遮蔽掉大我、群體的公義,這是有它的歷史必然性的。不過,孔子師徒一行當時正旅居在衛國,并不敢直接妄議衛國時政之是非對錯,生怕引來不測之禍,所以只好以古喻今,藉伯夷、叔齊的歷史故事而隱射和批評新立之君輒之非爲和過惡。孔子的一句"求仁得仁",就是有針對性地在譴責衛出公的不仁,罵他不顧念父子感情,徐《疏》曰"古之賢人也者,言古之賢士,且有仁行",古有賢人,賢人有仁行,反觀當下則既無賢人,更無仁行。伯夷、叔齊"兄弟相讓"而"以求爲仁道,卒得成讓,仁道遂成",而與衛國的政治現實形成一種强烈的落差,由此則可知"輒與蒯聵父子争國者,夫子不助明矣"。如果輒能够以伯夷、叔齊之讓、之仁爲歷史之鏡,原本是可以在衛國避免一場内亂的。孔子表彰"伯討"之舉,既然孔子不贊同衛出公讓石曼姑舉兵圍戚,那麽《春秋》經文又爲什麽記録下這件事情呢?《解詁》曰"主書者,善伯討",主要是因爲孔子爲了表彰齊國有情懷、有擔當,在天子衰微的情况下還能够帶頭組織天下諸侯對蒯聵的納戚進行道義性的討伐,即

---

① (宋)胡安國:《春秋胡氏傳·哀公三年》,杭州:浙江古籍出版社,2010年,第485頁。
② (明)熊過:《春秋明志録·哀公三年》,《四庫全書》(第168册),上海:上海古籍出版社,1983年,第168—310頁上。

便目前也只有齊、衛兩國參與其事，并且也只是兩國大夫帥師而已，據《左傳》，齊、衛在這次伯討中還曾"求援於中山"國，但它起碼符合了儒家"尊尊之道"的要求，還能够尊王伐賊，仗義而爲天子、爲天下主持公道。徐《疏》曰"善伯討者，一則見輒之得正，二則見曼姑可距"，蒯瞶被納於戚，如果輒尚未立，是違背君命；既立，則屬於亂國之行。因此，衛大夫石曼姑舉兵圍戚便具有雙重的正當性，其於内是捍衛君命，於外則是跟隨伯主之國一起討伐逆賊。

論何休《公羊解詁》的禮學面向*

高瑞傑

【摘　要】　何休注《公羊》博稽群經，尤擅引禮制，一方面秉持漢代今文博士專精曲通之學術風氣，力圖使今文經典内部充分自洽，且對禮典出處有所甄別；另一方面又能因應漢世朝野企盼制禮作樂的制禮需求，使《公羊》體系更爲謹嚴，且與《白虎通》相較，更具實踐性維度。如此使《春秋公羊》條例之學更爲嚴密，以廓清今文先師固陋之弊，并又能參與禮樂實踐，建制性更強。不過，東漢末期今文博士系統早已積重難返，何休的解經實踐并未能使《公羊》重焕活力，鄭玄以禮主導的六經體系最終占據了上風，可謂兩漢經學的一大變局。

【關鍵詞】　何休　《公羊》　禮學　《白虎通》　鄭玄

【作者簡介】　高瑞傑，1989 年生，上海師範大學哲學系副教授。

　　在經學時代，每到社會政治及經學學術本身出現危機時，經學内部多會應運而起"回歸原典運動"，[①]不僅需要重新釐定"聖王譜系"，隨之亦要對經典體系性與權威性進行重塑與强化。歷代經典形塑的意義在於，使聖人所制法典更具有恒定性與封閉性，從而使得經典的權威性更爲凸顯。事實上，西漢董仲舒上"天人三策"時即提出"孔子作《春秋》當新王"之事，如此便賦予《春秋》以絶對權威性；在此基礎上，又强調《春秋》"大一統"原則，對經典的恒定性與思想的統一性皆提出要求，其張皇"六藝之科孔子之術"，欲將思想統於孔子之道，并具體落實到六藝中，如此使得"統紀可一"，

---

*　本文爲國家社科基金重大項目"中國經典詮釋學基本文獻整理與基本問題研究"(21&ZD055)、青年項目"東漢制禮困局下的今古文經學思想互動研究"(21CZX029)階段性成果。

①　林慶彰：《中國經學史上的回歸原典運動》，載於氏著：《中國經學研究的新視野》，臺北：萬卷樓圖書公司，2013 年，第 83—102 頁。

經典體系的封閉既加固了經典的權威性,又保證了聖人之道的統一性,使其對大一統王朝的指導意義更具説服力。

直至東漢,官方博士依然爲今文經學所獨占,"主流意識形態"亦以《春秋》(主要指《公羊》)爲五經之首,但官學博士群體逐漸衰敗的現狀,與日益嚴峻的政治社會危機,促使諸多儒者及在野經師藉重塑經典權威性以尋求自救。在對經典的重塑與系統化過程中,一部分經師選擇堅持《春秋》作爲素王改制之經典,通過完善義例的方式,張大《公羊》的解經效力,以應對政治與經學危機。在此拯溺與重塑經典權威性道路中,何休可謂代表性人物。

何休身處東漢末年,《春秋》尤其是《公羊》學面臨極大危機。其既有來自於外部如《左氏》先師賈逵的攻擊,也有自身嚴、顔二家敗績失據的現實,更有以《公羊》學爲代表的今文博士之學無法真正提出有效的禮樂制作的方案,①整體亦面臨全面衰微的局面,皆無法撑起經學興復與治道重建的重任。面臨這種危機,何休作爲《公羊》學大師,承繼兩漢四百年《公羊》學學術積澱,以一人之力撰《春秋公羊傳解詁》,完成《公羊》學的最後一次集大成。

回顧學術史,可以看出《春秋》與"禮"關係極爲密切,何休注經精於禮制,亦有目共睹。如凌曙《公羊禮疏序》即稱:"任城何君起而修之,探東國之微言,闡西河之至教,依經立注,厥功偉矣。觀其《解詁》,言禮亦詳。"②可謂卓見。清人推闡《公羊》禮成果頗豐,黄聲豪《清代公羊禮學研究》即圍繞孔廣森、凌曙、陳立等人《公羊》禮學研究展開分析,亦涉及對何休禮學之申發,較有價值。盧鳴東《公羊傳何休注禮説研究》,③分禮緣篇、禮義篇、禮變篇、禮制篇等方面對何休禮學思想展開分析,闡明何休對"西狩獲麟"説的綜合演繹,及公羊學禮義內涵、經權關係、禮制具體取捨等,對何休禮學作了比較充分的闡釋與歸納,頗有創見,爲本文研究奠定一定基礎。

一、何休博稽群經及取捨

何休紹述董胡、整齊嚴顔,嚴密《公羊》義例,其目的即重塑《春秋》經典權威,亦强調《公羊》義理體系的謹嚴與完備。其隱栝經傳,創通義例,無疑已達成此目的。但經典的權威性還應體現在,其可與諸經尤其是六藝經緯有所融通,并可使諸經爲我所用,以增添本身義理豐富性及兼容性,此亦可因應漢世《春秋》等今文經學拙於現實禮

---

① 參高瑞傑:《久曠大儀:東漢前期的制禮實踐興衰考辨》,《中華文史論叢》2022年第4期。
② (清)凌曙:《公羊禮疏序》,《春秋公羊禮疏》(外五種),上海:上海古籍出版社,2015年。
③ 盧鳴東:《公羊傳何休注禮説研究》,香港浸會大學博士論文,2000年。

樂制作及致太平等諸多困境。此節即詳述此諸事。

《後漢書·儒林傳》載何休"精研六經,世儒無及",《拾遺記》稱其"三墳五典,陰陽算術,河洛讖緯,及遠年古諺,歷代圖籍,莫不咸誦"[①],時人贊之爲"學海",可見其學廣博淵深,張廣慶曾搜羅《公羊解詁》徵引諸經籍,其統計如下:[②]

《公羊解詁》徵引諸經籍列表

經傳子史書目	引用數量(處)	合計(處)
《詩》	《魯詩》8,《魯詩傳》2,《韓詩傳》4	14 處
《尚書》	《今文尚書》9,《尚書大傳》5	14 處
《禮》	《儀禮》11,《禮記》73,《大戴禮》2,《逸禮》2	88 處
《易》	《周易》10,《京房易傳》3	13 處
《春秋》	《穀梁傳》5,《左傳》10	15 處
《論語》	《魯論語》51	51 處
《孝經》	《今文孝經》7	7 處
《爾雅》	13	13 處
《孟子》	2	2 處
《倉頡篇》	1	1 處
《國語》	3	3 處
《史記》	6	6 處
《司馬法》	2	2 處
劉向説	2	2 處
師説	4	4 處
漢制	21	21 處
方俗語	5	5 處
緯書	《書緯》1,《禮緯》5,《樂緯》2,《易緯》2,《春秋緯》44,《孝經緯》4	58 處

---

① (晋)王嘉:《拾遺記》,北京:中華書局,1991年,第130頁。

② 參張廣慶:《何休春秋公羊解詁研究》,臺灣師範大學碩士論文,1988年,第149、171頁。

其統計雖然間有闕漏，①但大致呈現出何休解詁博稽群經的面貌。張氏指出"何氏博采經傳子史、漢制、方俗語等，或訓詁名物，或備述禮制，或申釋經義，其旨不一"，又言"邵公學宗今文，然《詩》有魯齊韓，《書》有歐陽、大小夏侯，《禮》有大小戴、慶氏之學，《易》有施、孟、梁丘，《論語》有齊、魯之異"，又言"漢尊讖緯，稱爲内學，邵公生於其時，囿於風氣，不能不從，況緯候之部，亦所以探抽冥賾，參驗人區，時有可聞者焉"，②即其分別從六藝經傳、讖緯内學、雜史方言等三方面對何休《解詁》徵引諸經進行系統梳理。結合前人諸多研究成果，可發現何休博稽經緯有以下特色：

首先，何休雖然主要以今文博士經學爲徵引來源（尤其廣泛徵引《白虎通》諸文），但其徵引又不拘於今古經學及師承家法，如盧鳴東即舉數例指出其暗引《周禮》《毛詩》等古文經；亦在立足《公羊》之餘，間引《左氏》《穀梁》之説。對此馬楠即指出，何休兼取三《傳》大致有三種情形："一爲《公羊》無傳，而二《傳》之文不違《公羊》例；二爲《公》《穀》大義略同，而彼詳此略，故引而説《公羊》；三爲《公羊》略於史事，暗本《左氏》《春秋説》文，至有《公羊》史實顯誤，暗用《左氏》彌縫其説者。"③其説大致可信。要之，其所引二《傳》多爲與《公羊》義通或可補《公羊》未備者。如《春秋》僖公二十七年，杞子來朝。何休解詁："貶稱子者，起其無禮不備，故魯人之。"此處論杞子無禮而貶之，當即出自《左氏》。④ 文公五年，三月，辛亥，葬我小君成風。何休解詁："風，氏也。任、宿、顓臾之姓。"何休知此姓者亦據《左氏》。⑤ 文公八年，宋司城來奔。何休解詁："宋變司空爲司城者，辟先君武公名也。"此據《左氏》桓公六年傳文而説。⑥ 成公十七年，楚人滅舒庸。何休解詁："舒庸，東夷。道吳圍巢。"此亦本自《左氏》本年傳文。⑦ 襄公十一年，冬，秦人伐晉。何休解詁："爲楚救鄭。"出《左氏傳》。⑧ 襄公三十二年，十一

---

① 如盧鳴東統計何休禮制所引，便又搜羅不少闕漏材料或其他典籍。參盧鳴東：《公羊傳何休注禮説研究》，第 255 頁、第 339—396 頁。另參段熙仲：《春秋公羊學講疏》，南京：南京師範大學出版社，2002 年，第 639—664 頁。

② 張廣慶：《何休春秋公羊解詁研究》，第 63 頁。

③ 馬楠：《比經推例：漢唐經學導論》，北京：新世紀出版社，2012 年，第 24 頁。

④ 《左傳》僖公二十七年："用夷禮，故曰'子'。公卑杞，杞不共也。"

⑤ 《左傳》僖公二十一年："任、宿、須句、顓臾，風姓也，實司大皞與有濟之祀，以服事諸夏。"

⑥ 《左傳》桓公六年："宋以武公廢司空。"

⑦ 《左傳》成公十七年："舒庸人以楚師之敗也，道吳人圍巢，伐駕，圍釐、虺，遂恃吳而不設備。"徐彥疏亦云："出《左氏》。考諸舊本，亦有無此注者。"（漢）何休解詁，（唐）徐彥疏：《春秋公羊傳注疏》卷一八，（清）阮元校刻：《十三經注疏》，北京：中華書局，2009 年，第 4992 頁上欄。

⑧ 《左傳》襄公十一年："秦庶長鮑、庶長武帥師伐晉以救鄭。"

月,莒人弑其君密州。何休解詁:“莒子納去疾,及展立,莒子廢之。展因國人攻莒子,殺之。去疾奔齊。”其述莒君被弑前後事甚詳,蓋本之《左氏》。① 等等。

　　不過,何休對《左傳》《穀梁》態度十分謹慎,不會盲從。如《春秋》成公二年,及齊國佐盟於袁婁。《公羊傳》載“郤克曰‘與我紀侯之甗’”,此紀侯之甗是何物? 經傳闕載。《穀梁傳》載“反魯、衛之侵地,以紀侯之甗來”,亦語焉不詳。揆諸《春秋》經,唯有僖公十八年載“五月,戊寅,宋師及齊師戰於甗”,此甗爲地名,或恐與紀國相關;而《左傳》載“齊侯使賓媚人賂以紀甗、玉磬與地”,杜預注:“甗,玉甑,皆滅紀所得。”推傳文後接“與地”,則前爲器名可知。或有異説,故何休兼存之,其云:“齊襄公滅紀所得甗邑,其土肥饒,欲得之。或説甗,玉甑。”不盲信《左傳》文,亦不肯偏廢,故兼存其説,可見矜慎。又如《春秋》襄公二年,己丑,葬我小君齊姜。《公羊傳》:“齊姜者何? 齊姜與繆姜,則未知其爲宣夫人與? 成夫人與?”何休解詁云:“齊姜者,宣公夫人;九年繆姜者,成公夫人也。傳家依違者,襄公服繆姜喪未逾年,親自伐鄭,有惡,故傳從内義,不正言也。”何休確指此齊姜爲宣公夫人,而襄公九年“夫人姜氏薨”當爲成公夫人,襄公嫡母。傳文作不定之辭,是爲避諱襄公於九年在其母薨喪不久竟背殯用師之事,②《春秋》諱其文不諱其實,二夫人身份當無疑問。但《左氏》則以齊姜爲成公夫人,繆姜爲宣公夫人,何休據《公羊》義,而不從《左氏》之説。③ 又有據緯書所云而不信《左》《穀》之説者,如《春秋》文公十一年,叔孫得臣敗狄於鹹。何休以爲長狄長百尺,即據緯書

---

① 《左傳》襄公三十一年:“莒犁比公生去疾及展輿。既立展輿,又廢之。犁比公虐,國人患之。十一月,展輿因國人以攻莒子,弑之,乃立。去疾奔齊,齊出也。展輿,吴出也。”

② 《春秋》襄公九年魯襄公伐鄭後没有按常例書“致”,即批評襄公背殯用師之舉。何休解詁:“事連上伐,不致者,惡公服繆姜喪未逾年,而親伐鄭,故奪臣子辭。”

③ 《左傳》襄公二年載:“夏,齊姜薨。初,穆姜使擇美櫄,以自爲櫬與頌琴,季文子取以葬。君子曰:‘非禮也。禮無所逆。婦,養姑者也。虧姑以成婦,逆莫大焉。《詩》曰:“其惟哲人,告之話言,順德之行。”季孫於是爲不哲矣。且姜氏,君之妣也。《詩》曰:“爲酒爲醴,烝畀祖妣,以洽百禮,降福孔偕。”’”可見以穆姜爲姑,齊姜爲婦。徐彦疏:“《左氏》以齊姜,成公夫人;繆姜,宣公夫人。而何氏不然者,正以齊姜先薨,多是姑;繆姜後卒,理宜爲婦,實無文,據以順言之也。且九年襄公伐鄭,不書其至,若非親母,不應貶之至此矣。言襄公服繆姜喪未逾年,親自伐鄭者,即襄九年‘五月,辛酉,夫人姜氏薨。秋,八月,癸未,葬我小君繆姜。冬,公會晋侯’以下‘伐鄭’是也。然則襄公母死未期,已爲兵首,無恩之甚,是故謹。若爲祖,差輕可言。是以彼注云‘不致者,惡公服繆姜喪未逾年,親自伐鄭,故奪臣子辭’是也。舊云傳言惡襄公喪服用師,故以祖爲親母,所以甚責内,是以何氏順傳文也者,非也。《公羊》之義,口授相傳,五世以後方著竹帛,是以傳家數云無聞焉爾。以此言之,容或未察,止作公羊氏實不分明。何以不得而要,知傳序經意依違之者,正以文與桓公九年曹世子射姑同故也。”(漢) 何休解詁,(唐) 徐彦疏:《春秋公羊傳注疏》卷一九,第 4997 頁下欄。此言甚明,備録於此。

而不從《穀梁》《左氏》《國語》諸說。① 莊公十年,荆敗蔡師於莘,以蔡侯獻舞歸。何休以爲荆、楚有別,此有七等漸進之義,亦不從《穀梁》而從緯書言。② 朱生亦曾指出何休援引二《傳》事義來補充《公羊》短闕處,是"企圖將志在'撥亂世反諸正'之《春秋》,從義理與政治紛爭中回歸'治世之要務'",③其實,何休多采《左氏》之史,而不泥限於家法、師法,本身便是立足於義理的體現,也是紹述西漢《公羊》先師"《春秋》無達辭,從變從移"的表現。另外,其對《公羊》先師如嚴、顔亦采取擇善而從的態度。如其底本兼采嚴、顔二家,溝通董、胡,有"教外別傳"者,④頗顯兼綜之風;經義亦或從《公羊》先

---

① 《春秋》文公十一年,冬,十月,甲午,叔孫得臣敗狄於鹹。《公羊傳》:"狄者何? 長狄也。"何休解詁:"蓋長百尺。"《春秋考異郵》曰:"長狄兄弟三人,各長百尺,狄者陰氣,時中國衰,有夷狄萌。"《穀梁傳》:"兄弟三人,佚害中國,瓦石不能害。叔孫得臣,最善射者也。射其目,身橫九畝,斷其首而載之,眉見於軾。"《左傳》杜預注:"蓋長三丈。"本之《國語·魯語》:"客曰:'人長之極幾何?'仲尼曰:'僬僥氏長三尺,短之至也。長者不過十之,數之極也。'"

② 何休解詁:"夷狄謂楚。不言楚言荆者,楚彊而近中國,卒暴貴之,則恐爲害深,故進之以漸,從此七等之極治也。"徐彥疏:"注言此者,欲道楚屬荆州,吳屬楊州,所以抑楚言荆,不抑吳言楊者,正以楚近中國,恐爲中國之害,故欲進之以漸,先從卑稱進之,若先得貴名而後退之,則恐害於諸夏故也。《運斗樞》曰'抑楚言荆,不使夷狄主中國'者,義亦通於此。戴氏云'荆楚一物,義能相發。吳楊異訓,故不得州名也'者,與何氏異。《穀梁傳》曰:'荆者,楚也。何爲謂之荆? 狄之也。何爲狄之? 聖人立,必後至;天子弱,必先叛:故曰荆,狄之也。'與此異,不得合也。"(漢)何休解詁,(唐)徐彥疏:《春秋公羊傳注疏》卷七,第4847頁上欄。

③ 朱生亦:《何鄭之爭與范曄筆下的漢末經學史》,臺灣中國文化大學博士論文,2012年,第15頁。

④ 關於底本選用,惠棟以爲所據爲顔氏本。其云:"《公羊》有嚴、顔二家,蔡邕石經所定者《嚴氏春秋》也,何邵公所注者《顔氏春秋》也。何以知之? 以石經知之,石經載《公羊》云桓公二年顔氏有所見異辭所聞異辭云云,是《嚴氏春秋》已見於隱元年,於此不復發傳也,今何本有之。又云卅年顔氏言君出則已入,此僖三十年傳也。又云顔氏無伐而不言圍者,非取邑之辭也,今何氏本亦無,以此知何所注者蓋《顔氏春秋》也。鄭康成注三《禮》引隱五年《傳》云登戾之,又引桓十一年《傳》云遷鄭焉而鄙留,又引隱二年《傳》放於此乎,與石經同,與何氏異,蓋所據者嚴氏本也。"(清)惠棟:《九經古義》卷一三《公羊古義》,《景印文淵閣四庫全書》(第191册),第469頁下欄。而王國維則以爲所據當兼采嚴、顔二家。其云:"余以《漢石經校記》考之,知何氏實兼用嚴、顔二家本也。《漢石經·公羊校記》每稱顔氏,蓋用嚴氏本,而以顔氏異同附之,猶其《詩經校記》中有齊、韓字,乃用《魯詩》,而以齊、韓異同附之也。今其《校記》見於《隸釋》者四條,其一曰:《傳》桓公二年,顔氏有所見異辭,所聞異(下闕)。其三曰:卅年,顔氏言君出則已入。今何氏本於桓二年、僖卅年皆有此文,是從顔氏也。又其二云:何以書? 記災也。此上當闕'顔氏言'三字。又此條下空一格,有卅年字,則此條當爲僖二十年《傳》'西宮災,何以書? 記異也'之校語。校語既出'何以書? 記災也'之異文,則其本文'災'當作'異'。《唐石經·公羊傳》作'災',與顔氏合;宋十行本作'異',則與嚴氏合。其四云:顔氏無'伐而不言圍者,非取邑之辭也'。何本有此十二字,亦從嚴而不從顔也。然則邵公之本,實兼采嚴、顔二家,與康成注《禮經》《論語》體例略同,知後漢之季,雖今文學家亦尚兼綜,而先漢專已守殘之風一變,家法亦不可問矣。"王國維:《書〈春秋公羊傳解詁〉後》,《觀堂(轉下頁)

師説,或匠心獨具,不與先師同科。

其次,何休以《春秋》爲聖人制作之核心,并以此賅備群經,爲撥亂治正之法。《春秋》哀公十四年,春,西狩獲麟。《公羊傳》云:

> 君子曷爲爲《春秋》?(何休解詁:據以定作五經。)撥亂世,反諸正,莫近諸《春秋》。則未知其爲是與?其諸君子樂道堯舜之道與?(解詁:作傳者謙不敢斥夫子所爲作意也。堯、舜當古曆象日月星辰,百獸率舞,鳳皇來儀,《春秋》亦以王次春,上法天文,四時具,然後爲年,以敬授民時,崇德致麟,乃得稱大平,道同者相稱,德合者相友,故曰樂道堯、舜之道。)

何休以爲《公羊》在此處發問是爲指出夫子作《春秋》與定作其餘五經之時間段、意涵等各不相同。定作五經在獲麟前,夫子未受天命,故并無明確的神聖使命,僅是料理舊籍而已;[1]而獲麟之後,夫子已領受天命,當作撥亂之法以傳後世聖帝明王,故其作《春秋》具有明顯制法之意,且上察天道、下理人情,與堯舜之道相合,具有神聖性和完備性。此將《春秋》凌越於五經之上,亦是延續《白虎通》以《春秋》統攝五經之基調,[2]可謂一以貫之。

綜上,何休爲强化《春秋公羊》經典義理豐富性與完備,亦廣泛徵引經緯文獻,且不拘於今古經學及師承家法之框限,對《左》《穀》及嚴、顏二家皆有采擇;同時,其仍强調《春秋》居於五經之上,具有至高權威。在立足於以《春秋》爲宗的前提下,何休通過博稽群經的方式,還將《春秋》"禮法"性質進一步凸顯,以因應漢世"制禮作樂"之需求。正如孔廣森所言:

> 君子之爲《春秋》,該六經而垂憲,其設刺譏、褒貶,同乎《詩》;序四序,審五行,同乎《易》;記王者之政,列國之事,同乎《書》。若乃因稅畝用賦以見田

(接上頁) 集林》卷四,謝維揚、房鑫亮主編:《王國維全集》(第8卷),杭州:浙江教育出版社,2010年,第101—102頁。兩相比較,王國維先生所論後出轉精,更爲浹洽。而段熙仲先生受江藩《公羊先師考》啓發,又指出"何君本既與嚴、顏俱異,嚴、顏均出於董,則何君當出於胡毋生""何君之學自系《公羊》之'教外別傳',而非兼習嚴、顏如王靜安所説",其説以爲何休兼受胡毋生之學甚確,然據此以爲未從於董學一脈,則稍嫌武斷。事實上,段氏亦云:"何君之學不盡出於嚴、顏,而兼用胡毋生之條例,是亦西京博士之教外別傳,而直接胡、董先師之説者。"參段熙仲:《春秋公羊學講疏》,第12—23頁。由此可見,何休當兼采《公羊》諸家,間下己意,以成兩漢《公羊》學之集大成。

① 徐彥疏:"何氏以爲孔子領緣五經,皆在獲麟之前故,故言此。何氏知然者,正以《論語》云'孔子曰:吾自衛反魯,然後樂正,《雅》《頌》各得其所'。案孔子自衛反魯,在哀十一年冬,則知料理舊經,不待天命者,皆在獲麟之前明矣。而《論語》直言樂正《雅》《頌》,文不備矣。"(漢)何休解詁,(唐)徐彥疏:《春秋公羊傳注疏》卷二八,第5115頁。

② 參程蘇東:《〈白虎通〉所見"五經"説考論》,《史學月刊》2012年第12期。

制,因作舍中軍以見軍制,因卒葬含賵以見喪制,因公卿大夫士名字之等以
見官制,因西宫災以見寢制,因世室、武宫以見廟制,而至於禘郊、烝嘗之節,
昭穆之位,楹桷之飾,靡不畢舉,蓋兼周公制禮之意乎?①

此説亦可揭示何休詮釋《春秋公羊傳》的用意在於,一方面以《春秋》賅備群經,爲六經
之總綱;另一方面從《春秋》見禮法制度,以爲"禮樂制作"之根本資源,其《春秋》禮樂
化的傾向,亦由此展開。

二、何休《春秋》制禮之實踐

太史公云:"《春秋》者,禮義之大宗也。"又指出孔子"作《春秋》,垂空文以斷禮義,
當一王之法"(《史記·太史公自序》),可見《春秋》本具鮮明的禮法色彩。兩漢之交,
讖緯家亦主張《春秋》以禮爲後王法,《孝經援神契》云:"孔子備《春秋》者,修禮以致其
子,故麟來,爲孔子瑞。"②可見《春秋》與禮密切相關。章帝時君臣上下經過充分爭論
形成《白虎通》文本,將《春秋》爲主導的今文經學欲融通六藝、制作禮樂之用心,展露
無遺。制禮作樂乃聖人之事,故不容後人隨意師心自用,何休援經説禮,援禮釋經,將
《春秋》內蘊禮樂特質充分挖掘,深信其當爲後王垂法,可爲漢世禮樂制作所資取,并
強調以禮爲據的《春秋》王道理念,當爲"聖人之極致,治世之要務",可見其重要性。
本文梳理何休解詁所涉相關禮制,大概有三百七十七條,③略作董理如下:

《公羊解詁》所涉相關禮制列表

	詩	書	三禮	易	春秋三傳	讖緯	白虎通	先師説	其他	合計
冠禮			儀禮2 禮記2		穀梁1		2			5
昏禮		尚書大傳1	儀禮5 禮記11 逸禮4	京氏易1	公羊3 穀梁2	2	15		大戴禮1 列女傳2	42

---

① (清)孔廣森:《春秋公羊經傳通義》卷四,上海:上海古籍出版社,2014年,第444頁。

② [日]安居香山、[日]中村璋八:《緯書集成》(中册),石家莊:河北人民出版社,1994年,第992頁。

③ 需指出,解詁所言禮制或關涉不同經典,本文統計皆作收録,故與實際經文所涵禮制數量未必相合。

續　表

		詩	書	三禮	易	春秋三傳	讖緯	白虎通	先師説	其他	合計
喪葬禮				儀禮6 禮記14		公羊3 穀梁3	1	10	公羊説2	時王之禮1	35
祭禮	郊社	韓詩傳1		禮記9 周禮1		公羊4 穀梁1	5	3	繁露1 公羊説1	獨斷1	21
	宗廟			儀禮1 禮記9		公羊1 穀梁2	6	4	公羊説2	論語1 漢書1	24
	祭祀			儀禮2 禮記21 逸禮2		公羊1 穀梁1	4	2	繁露1	時王禮3 論語1 爾雅2 喪服變除1 漢書1	34
繼承與選舉制			尚書2 尚書大傳1					3	繁露1 公羊説1		5
尊老敬賢		韓詩外傳1		禮記8		公羊1 穀梁1	2	4	繁露1公羊穀梁説1	孝經1	14
君臣義				儀禮1 禮記4				2	繁露1		6
朝聘禮			尚書大傳1	儀禮3 禮記6 周禮1 逸禮1		公羊1	1	4	繁露1 公羊説1	孝經1 史記1	19
巡守與軍禮			尚書1 尚書大傳1	禮記1 周禮3		公羊3 穀梁1	4	4	公羊説1	爾雅1 荀子1 漢書1 時王禮1	17
封國與官制				禮記3 周禮3 逸禮1		公羊5 穀梁1	2	4		司馬法3	19

續　表

	詩	書	三禮	易	春秋三傳	讖緯	白虎通	先師説	其他	合計
稱謂			儀禮2 禮記6 逸禮1		公羊2 穀梁2	2	11	繁露1	時王禮2	25
刑法			禮記4 周禮1			2	2		漢律1 史記1	10
田狩與田制	《詩》毛傳1 韓詩外傳1		禮記6 周禮1		穀梁2		1	繁露1	孟子1 漢書5 春秋井田記2 司馬法1 時王禮1	22
禮器名物	《毛詩》説1 《詩》毛傳1		禮記5 逸禮1		穀梁1	4	4	公羊説2	荀子1 時王禮7 説苑1 爾雅2 孟子1 司馬法1	26
僭禮與春秋制	韓詩傳1		禮記2			5	3	繁露1 公羊説1		18
總計	7	7	儀禮22 禮記111 逸禮10 周禮10	1	穀梁18	40	78	繁露9 公羊説12	52	377

　　上表略依傳統《禮經》"冠昏喪祭鄉射朝聘"之分類，并參《白虎通》所分禮制篇名細目，而不用通行鄭玄周禮"五禮"系統，[①]以求更貼合何休《春秋》禮制觀原意。通過上表考察梳理可以看出，何休所徵引禮制涉及六藝經讖及先師家法師説，且旁涉諸多子史文獻，覆蓋面極廣。在此基礎上，窺其禮制注解，大致有如下特點：

---

① 參高瑞傑：《重建"周禮"：鄭玄"周禮"觀與會通三禮之探析》，《經學文獻研究集刊》2021 年第 26 輯。另《尚書·皋陶謨》鄭玄注："五禮：天子也，諸侯也，卿大夫也，士也，庶民也。"鄭玄以此五禮劃分，爲夏時禮，亦不用。(清) 王鳴盛：《尚書後案》卷二，北京：北京大學出版社，2012 年，第 61 頁。

首先，從何休禮制徵引典籍數量來看，其徵引《禮記》次數最多，此表以禮學爲面向，《禮記》篇目繁多、内容豐富，居首亦合情理；而《白虎通》緊隨其後，則可看出二者相通之密切關係。讖緯文獻亦是何休禮制重要徵引來源。此三類文獻占徵引經籍總數達三分之二，加上《儀禮》等今文典籍，其數量更爲可觀。由此可知何休禮學多承先王舊典，非是師心自用，且其禮制思想來源仍以今文經學爲宗，其徵引禮制的釋解路徑亦頗具今文經學特點。

其次，何休徵引禮制文獻不拘於所謂今古文經學派框限，如亦引《詩》毛傳、《毛詩》説、《周禮》等古文經典。不過，通過考察可以發現，其引《周禮》《毛詩》等文獻主要以訓詁、補充《公羊》禮制之闕漏，極少有對《公羊》禮義産生真正挑戰之徵引。

再次，何休所論一些禮制可稱爲時王之禮，此或指彼時之漢禮，或當爲《春秋》制，而宣發改制之義。其間分殊，亦需分明。

最後，何休禮學注解與詮釋實際上是在充分繼承今文經學禮制成果前提下，對漢代禮樂制作有所回應。其與《白虎通》相較，便有諸多不同傾向。下面可就以上所論作簡單闡發。

三、《白虎通》與何休禮學之面向

在兩漢所出典籍中，何休最爲青睞今文學典籍《白虎通》，因《白虎通》以今文經尤其是《公羊》學爲主旨，其中多闡禮制，學者甚至將其視爲曹褒之《漢禮》，[1]可見一斑。故何休禮制資源多參考《白虎通》，亦不足怪。然對比之下，可發現《白虎通》與何休所論面向有别：

首先，《白虎通》爲説理之書，更側重對今文禮的合理性進行闡明分析；而何休《解詁》所言禮制則在此基礎上又多關注實踐層面，從而更切於施用。如《春秋》莊公二十四年，秋，八月，戊寅，大夫宗婦覿，用幣。《公羊傳》："見用幣，非禮也。然則曷用？棗栗云乎？腶修云乎？"

> 何休解詁：腶修者，脯也。禮，婦人見舅，以棗栗爲贄；見姑，以腶修爲贄；見夫人，至尊，兼而用之。[2] 云乎，辭也。棗栗取其早自謹敬，腶修取其斷

---

① 周德良：《〈白虎通〉研究——〈白虎通〉暨〈漢禮〉考》，《古典文獻研究輯刊》，臺北：花木蘭文化出版社，2012 年。

② 其句本"舅"下有"姑"，"姑"前有"女"字，據《儀禮·士昏禮》賈疏改。參（清）陳立：《公羊義疏》卷二三，北京：中華書局，2017 年，第 882 頁。

斷自修正。執此者,若其辭云爾,所以叙情配志也。

《白虎通·婦人之贄》:婦人之贄以棗栗腶修者,婦人無專制之義,御衆之任,交接辭讓之禮,職在供養饋食之間。其義一也。故后夫人以棗栗腶修者,凡内修陰也。又取其朝早起,栗戰自正也。腶修者,脯也。故《春秋傳》曰:"宗婦覿用幣,非禮也。然則曷用? 棗栗云乎,腶修云乎。"

此兩段文字皆言婦人執贄之禮,所執當爲棗栗、腶修,《白虎通》主要側重論述所執棗栗、腶修有何寓意,并分殊婦人與后夫人所執此贄其義有别,且亦引《公羊傳》此文。何休一方面承繼《白虎通》以物寓情之意,并以"叙情配志"概括此意涵。另一方面又兼合此經與《儀禮》所説,分殊三種情形:以《儀禮》而言,婦人當執棗栗見舅,執腶修見姑;①以《公羊》而論,此處爲大夫宗婦見諸侯夫人之禮,故當兼而執之,其既能援引《儀禮》以推拓《春秋》此經所用禮之標準,亦兼采《白虎通》所闡此所執禮背後之深意。相較而言,其所闡釋意涵豐富,且實踐性更强。又如,《春秋》莊公三十一年,春,築臺於郎。

何休解詁:禮,天子有靈臺,以候天地;諸侯有時臺,以候四時。登高遠望,人情所樂,動而無益於民者,雖樂不爲也。四方而高曰臺。

《白虎通·辟雍》:天子所以有靈臺者何? 所以考天人之心,察陰陽之會,揆星辰之證驗,爲萬物獲福無方之元。

此兩段亦皆言及天子"靈臺",《白虎通》僅言天子設靈臺所寓政教之義,側重説理;而何休既説明"臺"之形制,又分殊天子、諸侯之臺,其名稱、功用各有不同,且申明君主不可爲之事,益明教化之義,更爲全面。需要指出,此處其既承襲《白虎通》之理,又采讖緯、《公羊》先師説,②使其所論既切於經傳又便於禮樂制作,是其特色。又如論后、夫人有傅、母之禮,《白虎通》僅言須備傅母之理據,而何休據《春秋緯》進一步明晰傅、

---

① 《儀禮·士昏禮》:"質明,贊見婦於舅姑,席於阼。舅即席,席於房外,南面。姑即席。婦執笲棗栗……舅坐撫之,興,答拜。婦還又拜。降階,受笲腶修……姑坐舉以興,拜,授人。"

② 何休此言,徐彦以爲出自《禮緯》。趙在翰輯收録之,見(清)趙在翰輯:《七緯》,北京:中華書局,2012年,第316頁。又《五經異義》載《公羊》説:"天子三,諸侯二。天子有靈臺,以觀天文;有時臺,以觀四時施化;有囿臺,觀鳥獸魚鼈。諸侯當有時臺、囿臺。諸侯卑,不得觀天文,無靈臺。"(清)皮錫瑞:《駮五經異義疏證》卷八,北京:中華書局,2014年,第521—522頁。此《公羊》説亦可與何休解詁對讀。

母人選標準，①更爲細密。再如論男子閉房之事，《白虎通》强調男子六十閉房的原因；而何休則考慮若閉房無世子，當如何選擇繼承人之事。② 等等。由此可見何休解詁實踐性、系統性一面。

其次，何休爲求《春秋》經典體系的系統性，故執一而解，罕有不定之説。前文提到，《白虎通》雖亦偏重《公羊》等今文經，但爲"廣異聞"考慮，往往以"或曰""或云""一曰"等形式，將正説與異説皆作保留，且不作裁决，使其思想統一性大打折扣。

> 《白虎通·爵篇》：殷爵三等，謂公侯伯也。所以合子男從伯者何？王者受命，改文從質，無虛退人之義，故上就伯也。《尚書》曰"侯甸任衛作國伯"，謂殷也。《春秋傳》曰："合伯子男爲一爵。"或曰：合從子，貴中也。以《春秋》名鄭忽，忽者，鄭伯也。此未踰年之君，當稱子，嫌爲改伯從子，故名之也。

此論爵制因文質而增減之禮，《白虎通》先言從質當爲公侯伯三等，子男皆從伯爵，以《尚書》證之；然又"或曰"以爲伯子男合從"子"，并以《春秋》釋之，二説顯然彼此違異，其亦不作調衡。何休則從《公羊》出發，摒棄"上就伯"之説，只取"合從子"義。《春秋》桓公十一年，九月，鄭忽出奔衛。《公羊傳》："忽何以名？《春秋》伯子男一也，辭無所貶。"

> 何休解詁：《春秋》改周之文，從殷之質，合伯子男爲一，一辭無所貶，皆從"子"，夷狄進爵稱子是也。忽稱子，則與《春秋》改"伯"從"子"辭同，於成君無所貶損，故名也。名者，緣君薨有降既葬名義也，此非罪貶也。

此鄭忽即鄭國嗣君鄭昭公，《公羊》嗣君名例"君薨稱子某，既葬稱子，踰年稱公"(莊公三十二年《公羊傳》文)，鄭莊公已於七月葬，故當稱"鄭子"，而此處經稱名，故《傳》發問。何休據《傳》説以爲，《春秋》改文從質，伯子男爲一，皆從子，故鄭伯與鄭子無異，若仍稱"鄭子"，無從體現喪貶之義。《春秋》於是降稱名以示"喪降"之義。如此與經

---

① 《白虎通·嫁娶》："婦人所以有師何？學事人之道也。……女必有傅、姆何？尊之也。《春秋傳》曰：'傅至矣，姆未至。'"此見於《春秋》襄公三十年，秋，七月，叔弓如宋，葬宋共姬。《公羊傳》："宋災，伯姬存焉。有司復曰：'火至矣！請出。'伯姬曰：'不可。吾聞之也，婦人夜出，不見傅、母不下堂。傅至矣，母未至也。'逮乎火而死。"何休解詁："禮，后、夫人必有傅、母，所以輔正其行，衛其身也。選老大夫爲傅，選老大夫妻爲母。"傅、母人選標準即本之《春秋緯》，而教化義則采《白虎通》之説。見(清)趙在翰輯：《七緯》，第 654 頁。

② 《白虎通·嫁娶》："男子六十閉房何？所以輔衰也。故重性命也。"而何休解詁云："男子年六十閉房，無世子，則命貴公子。將薨亦如之。"

傳皆合。且不同於《白虎通》不定之説，①可謂執一。

《白虎通》爲諸儒調停之書，其思想不一，既有先師異説之并存，亦有今古經學禮義之雜糅。如其《田獵篇》從《穀梁》義而傾向"四時皆田"禮，②又如《誅伐篇》言"大喪作畔"之事，雖引據《公羊傳》，然其説似出自賈逵，③故何休皆不從。又如《春秋》桓公十四年，秋，八月，壬申，《公羊傳》："御廩者何，粢盛委之所藏也。"

> 何休解詁：禮，天子親耕東田千畝，諸侯百畝。后、夫人親西郊采桑，以
> 共粢盛、祭服，躬行孝道以先天下。

御廩爲粢盛委藏之所，何休引申出天子、諸侯，后、夫人親耕桑之禮，并强調其田畝、地點之等差，其説亦可與《白虎通》參照：

> 《白虎通·耕桑》：王者所以親耕，后親桑何？以率天下農蠶也。天子親
> 耕以供郊廟之祭，后親桑以供祭服。……耕於東郊何？ 東方少陽，農事始
> 起。桑於西郊何？ 西方少陰，女功所成。故《曾子問》曰："天子耕東田而三
> 反之。"《周官》曰："后親桑，率外内命婦蠶於北郊。"

何休所論王、后親耕桑之目的當本自《白虎通》，然《白虎通》對天子、諸侯此禮之等差，親耕田畝數量等均未措意，且后親桑之地，或從西郊，或據《周禮》從北郊，④并無裁奪。何休所論與之相較，甚爲純一。

最後，需要指出，何休解詁畢竟是專門訓解《春秋公羊傳》之書，故其訓解主要圍

---

① 陳立推測"貴中"説爲《公羊》先師異説"，又從何休從《白虎通》"或曰"説考其師承，云："考休受學於羊弼，本傳云休與弼追論李育意。《後漢·儒林傳》：'李育習《公羊春秋》，建初元年，衛尉馬廖舉育方正，爲議郎，後拜博士。四年，詔與諸儒論五經於白虎觀。育以《公羊》義難賈逵，往返皆有理證，最爲通儒。'然則此蓋李育説也。李育之義，未知爲《嚴氏春秋》《顏氏春秋》，然休序以二家并非。又云'依胡母子都條例'，則李育之説亦本之胡母子都也。"此勾連胡母子都、李育、羊弼至何休學術脈絡，亦爲通説。（清）陳立：《白虎通疏證》卷一，北京：中華書局，1994 年，第 12、13 頁。

② 《白虎通·田獵》："四時之田，總名爲田何？ 爲田除害也。《春秋穀梁傳》曰：'春曰田，夏曰苗，秋曰蒐，冬曰狩。'"

③ 《白虎通·誅伐》："王者有三年之喪，夷狄有内侵，伐之者，重天誅，爲宗廟社稷也。《春秋傳》曰：'天王居於狄泉。'《傳》曰：'此未三年，其稱天王何？ 著有天子也。'"（清）陳立：《白虎通疏證》卷五，第 210 頁。此見於《春秋》昭公二十三年，彼時無夷狄内侵之事，故何休不從，解詁云："時庶孽并篡，天王失位徙居，微弱甚，故急著正其號，明天下當救其難而事之。"金德建以爲《白虎通》所論，當爲賈逵説，參氏撰《李育公羊義四十一事輯證》，《古籍叢考》，上海：上海書店出版社，北京：中華書局，1986 年，第 123 頁。

④ 陳立："此引古文禮説，備異解也。即約《内宰》文。《内宰職》云：'中春詔后帥外内命婦始蠶於北郊。'是也。"（清）陳立：《白虎通疏證》卷六，第 277 頁。

繞《公羊傳》展開,針對性更强。而《白虎通》引《公羊傳》,往往只是隨文取義,可能與經文本身之義相距甚遠,對《公羊傳》本身系統性亦并不措意。

如言三公之制,《白虎通·封公侯篇》云:"司馬主兵,司徒主人,司空主地。王者受命爲天地人之職,故分職以置三公,各主其一,以效其功。"此强調王者設司馬、司徒、司空三公政教義,當從普適角度出發。而《公羊傳》隱公五年何休解詁:"禮,司馬主兵,司徒主教,司空主土。《春秋》撥亂世,以黜陟爲本,故舉黜陟以所主者言之。"其説三公所主,當承自《白虎通》所論。但何休進一步指出,《公羊傳》僅詳述"天子三公",略言"王者之後"之公,是因爲天子三公主於黜陟,《春秋》撥亂世,故偏取之。[①] 其釋解圍繞經傳,且將《公羊》深切著明之義注入,可見其謹嚴思路。

又如,何休在《白虎通》基礎上,而對《公羊》禮作合乎情理的推致。如《白虎通·喪服》:"諸侯爲天子斬衰三年何? 普天之下,莫非王土。率土之賓,莫非王臣。臣之於君,猶子之於父。明至尊,臣子之義也。"此言諸侯爲天子喪當服斬衰,據此可推,諸侯之臣當亦爲諸侯服斬衰。《春秋》僖公元年,春,王正月。《公羊傳》:"繼弑君,子不言即位。此非子也,其稱子何? 臣子一例也。"何休解詁:"禮,諸侯臣諸父兄弟,以臣之繼君,猶子之繼父也,其服皆斬衰。"其説當兼采《儀禮·喪服》與《白虎通》諸説,[②]推致出《白虎通》君臣父子之義當兼諸侯,頗合情理。

綜上,何休禮制雖多承襲《白虎通》之説,然又棄其調停雜糅之見,呈現禮學實踐性一面;并在其基礎上有所推拓,突出《公羊》義理,其立足《公羊》的禮制特質,頗有張大《公羊》致用之效。

四、何休對禮典的擇取及特色

平心而論,何休禮制多承繼經緯文獻及先儒舊説,且不拘經今古文框限,看似駁雜繁蕪,然其擇取多爲補缺今文禮制之闕漏,取捨十分審慎,并非隨意爲之,故其論大多信且有徵,需仔細辨析。

---

① 陳立疏:"上傳説諸公有二:一王者之後,一天子三公,此《傳》止申言天子三公,不及二王之後,故解之,正以天子三公主黜陟,《春秋》撥亂之書,黜陟爲本,故偏取以明所主焉。"此説甚爲明晰。參(清)陳立:《公羊義疏》卷七,第259頁。

② 《儀禮·喪服傳》:"是故始封之君不臣諸父昆弟,封君之子不臣諸父而臣昆弟。封君之孫盡臣諸父昆弟。"《白虎通·王者不臣》云:"始封之君,不臣諸父昆弟何? 不忍以己一日之功德加於諸父昆弟也。"此亦可見其説理傾向。

　　首先，其禮制訓釋亦間采《左氏》《周禮》等古文經説，集中於制度名物等方面，以補充今文禮説之未備。如何休引《周禮》所論軍禮極多，《公羊傳》隱公五年何休解詁："二千五百人稱師。"莊公八年其云："五百人曰旅。"其説皆出自《周禮·夏官司馬》序官。① 另如刑法制度亦間采《周禮》，《公羊傳》閔公元年何休解詁："論季子當從議親之辟，猶律親親得相首匿。"此出自《周官》"八議"制度，②等等。不過，需要指出，或許《周禮》所載此類制度於兩漢實際政治實踐即已采用，何休只是援引成説而已。如《漢書·刑法志》已明載《周官》八議，③後漢儒者多以"八議"爲現實刑法制度而加以承認。④ 可知名物制度當有一定社會共識，不必强分今古。

　　又有采《左氏》禮制者，《春秋》隱公三年，冬，癸未，葬宋繆公。何休解詁："禮，天子七月而葬，同軌畢至。諸侯五月而葬，同盟至。大夫三月而葬，同位至。士逾月，外姻至。"此説當本於《左傳》，⑤陳立或以爲何休本劉向、《白虎通》之説，或以爲此本"逸禮"，何休必不肯引《左氏》證《公羊》，似有文過飾非之嫌。⑥ 又如《春秋》宣公八年，冬，十月，己丑，葬我小君頃熊，雨不克葬。庚寅，日中而克葬。何休解詁："禮，卜葬從遠

---

① 按《白虎通·三軍》亦云："國必三軍何？所以戒非常，伐無道，尊宗廟，重社稷，安不忘危也。……三軍者何法？天地人也。以爲五人爲伍，五伍爲兩，四兩爲卒，五卒爲旅，五旅爲師，五師爲軍。萬二千五百人爲一軍。"此推致亦可得二千五百人爲師，五百人曰旅，但其説亦當本自《周禮》。參（清）陳立：《白虎通疏證》卷五，第 200 頁。

② 《周禮·秋官·小司寇》："以八辟麗邦灋，附刑罰。一曰議親之辟。"

③ 《漢書·刑法志》載："《周官》有五聽、八議、三刺、三宥、三赦之法。"

④ 《後漢書·應劭傳》載其奏曰："陳忠不詳制刑之本，而信一時之仁，遂廣引八議求生之端。夫親故賢能功貴勤賓，豈有次、玉當罪之科哉？"《續漢書》又載："中平元年，黄巾賊起，故武威太守酒泉黄儁被徵，失期。梁鵠欲奏誅儁，劭爲言得免。儁以黄金二十斤謝劭，劭謂儁曰：'吾以子罪在八議，故爲子言。吾豈賣評哉！'終辭不受。"引自（南朝宋）范曄撰，（唐）李賢等注：《後漢書》卷五八，北京：中華書局，1965 年，第 1880 頁。可見後漢時，《周官》"八議"制度已爲儒生廣泛認可。

⑤ 《左傳》隱公元年："天子七月而葬，同軌畢至；諸侯五月，同盟至；大夫三月，同位至；士逾月，外姻至。"

⑥ 陳立《公羊義疏》："《説苑·修文》云：'故天子七月而葬，同軌畢至；諸侯五月而葬，同會畢至，大夫三月而葬，同朝畢至；士庶人二月而葬，外姻畢至。'劉向、班固、何君皆不習《左氏》，恐古禮有是語，故依用焉。"（清）陳立：《公羊義疏》卷五，第 198 頁。其《白虎通疏證》亦云："《左傳》隱元年亦有此語。何氏所據，蓋逸禮文也。"陳立以爲何休謹守家法，不引《左氏》，似有文過飾非之嫌。（清）陳立：《白虎通疏證》卷一一，第 557 頁。不過需要指出，何休《左氏膏肓》言："士禮三月而葬，今《左氏》云'踰月'，於義《左氏》爲短。"似以士三月而葬，非逾月，二者不同，其意與解詁有別。皮錫瑞言："何君《解詁》既引禮分三月、踰月，當如鄭君與蘇寬之説，而作《膏肓》乃據《王制》駁《左氏》，與《解詁》之文相背，或作《膏肓》在前，作《解詁》在後，如鄭答炅模、劉琰之意，不復追改歟？"此可備一説。見（清）皮錫瑞：《箴膏肓疏證》，《皮錫瑞全集》（第 4 册），北京：中華書局，2015 年，第 366 頁。

日。”此亦采《左傳》傳文。① 等等。何休亦間從《穀梁》禮。如《春秋》莊公元年，夏，單伯逆王姬。何休解詁：“禮，齊衰不接弁冕，仇讎不交婚姻。”此説本自《穀梁》。② 又如《春秋》桓公二年何休稱孔父之父爲字，本之《穀梁》，③甚至《公羊》“通三統”之旨中，“故宋”一詞亦本之於《穀梁》。④ 不過其内在機理則有别。

其次，若《左氏》《周禮》等古文禮與《公羊》有違異時，則多從今文説。以上舉例説明何休間采《左氏》《周禮》等古文經，并不意味著其與《白虎通》雜取異説於一爐性質相同。事實上，以上所引皆爲補充《公羊》之不足，并未與《公羊》義有明確衝突，若遇“周禮”與《公羊》有歧見之情形，何休直接不取“周禮”諸説即可，因此并不存在如何融通二者的問題。如《春秋》莊公三十二年，八月，癸亥，公薨於路寢。何休解詁：“天子、諸侯皆有三寢：一曰高寢，二曰路寢，三曰小寢。父居高寢，子居路寢，孫從王父母，妻從夫寢，夫人居小寢。”《春秋》所載寢制，僅有路寢、高寢、小寢三類，⑤而《周禮》云“六寢”，⑥與《春秋》違，故何休不從其説。⑦ 又如《左傳》襄公九年言魯襄公年十二而冠，何休以爲禮“二十而冠”，且推其意上下皆同，不從《左氏》冠禮説。等等。又如上論何休天子、諸侯殯葬奔喪禮，“三寢”制等與劉向《説苑》差似，但并不代表何休即從其説。如《公羊傳》隱公元年何休解詁：“乘馬者，謂大夫以上備四也。禮，大夫以上至天子皆乘四馬，所以通四方也。”

① 《左傳》宣公八年，“禮，卜葬，先遠日，辟不懷也”，徐彦疏：“《左氏傳》云‘禮，卜葬，先遠日，辟不懷也’，舊典之遺存也。”（漢）何休解詁，（唐）徐彦疏：《春秋公羊傳注疏》卷一五，第4953頁上欄。

② 《穀梁傳》云：“仇讎之人非所以接婚姻也，衰麻非所以接弁冕也。”

③ 《春秋》桓公二年，春，王正月，戊申，宋督弑其君與夷，及其大夫孔父。何休解詁：“父者，字也。”徐彦疏：“《穀梁傳》文。”（漢）何休解詁，（唐）徐彦疏：《春秋公羊傳注疏》卷四，第4804頁下欄。而《穀梁傳》云：“孔，氏；父，字，謚也。”陳立引齊召南《考證》曰：“後人每疑於父字非謚，謚字當是衍文。觀於此疏，可知《穀梁》本無‘謚’字也。”（清）陳立：《公羊義疏》卷一一，第389頁。

④ 《春秋》襄公九年，春，宋災。《穀梁傳》：“外災不志，此其志，何也？故宋也。”

⑤ 如《春秋》十二公：定公薨於高寢。僖公薨於小寢。其餘常例皆薨於路寢（如文公、襄公、昭公分别薨於臺下、楚宫、乾侯之類，顯然非常居之所），可知有三寢。徐彦疏：“皆時王之禮矣。”（漢）何休解詁，（唐）徐彦疏：《春秋公羊傳注疏》卷九，第4869頁下欄。《説苑·修文》云：“《春秋》曰：壬申，公薨於高寢。《傳》曰：高寢者何？正寢也。曷爲或言高寢，或言路寢？曰：諸侯正寢三：一曰高寢，二曰左路寢，三曰右路寢。高寢者，始封君之寢也。二路寢者，繼體之君寢也。……然則天子之寢奈何？曰：亦三。承明繼體守文之君之寢，曰左右之路寢。”（漢）劉向撰，向宗魯校證：《説苑校證》卷一九，北京：中華書局，1987年，第484頁。其説與何休略同，可見此説亦淵源有自。

⑥ 《周禮·春官·宫人》：“宫人掌王之六寢之修。”鄭玄注：“六寢者，路寢一，小寢五。”

⑦ 陳立疏：“何氏所據，或異代禮，《春秋》改周之文，從殷之質，故與周制不必强同，亦無庸偏非也。”（清）陳立：《公羊義疏》卷二六，第983—984頁。

此何休説與《毛詩》説略同,而不從《公羊》先師、《説苑》文,[1]亦別具深意。

上述分析可見,何休一方面間引《左氏》《周禮》"古文"諸經,非如後儒所逆窺其當謹守今文家法,并以"別有所出"搪塞之;另一方面,其徵引《周禮》《左氏》等説又多在《公羊》義理框架下可補充《春秋》禮之未備,其禮并不會與《公羊》禮產生實質性衝突。事實上,結合何休的歷史觀可知,[2]何休《春秋》禮學觀,亦當置於其歷史哲學理論體系中,其《春秋》禮有承繼"周禮"制或"古禮"者,有孔子新制《春秋》禮者,而《周禮》《左氏》所言亦有符合"周禮"或"古禮"通説者,若《春秋》所論乃承襲"周制"或"古禮"而來,亦可援引《周禮》《左氏》以證之,不必勢若水火。陳立即言:

> 正以《春秋》典禮多與《周官》及各禮殊,或因或革,孔子所定,爲一代之制。[3]

要之,何休所欲實現之《春秋》禮學乃一常道,其禮爲孔子所定"貫於百王而不滅"之道,具有恒定義,故其道可"通於三王",而一裁決於《公羊》。何休采取這樣一種融通的《春秋》禮制觀,可以使其立足《公羊》學、强調孔子改制義前提下,又將"古禮"納於其中,使得《春秋》"通三統"之義更爲明朗,且可擴大其禮制徵引範圍,亦使得《春秋》禮的涵攝能力極大擴容,此無疑使得《春秋》禮更具普適性與統攝性。

五、何休《公羊》引禮意圖及困境

通過何休覃思獨運,《公羊》禮學面向愈加凸顯,亦使《公羊》體系更加謹嚴,然而令人奇怪的是,其以《公羊春秋》爲主導的經典體系何以既無法在漢世最終振起,亦在隨後魏晋之世并未引起多少反響呢? 這也值得我們思考。我們需要對其撰作《公羊》意圖與困境復作探討:

首先,漢末政治與經學危機下,《春秋》亦爲人所冷落。何休《春秋》經典體系建構意欲使《公羊春秋》重新振起,對《春秋公羊》權威性與體系性的重構與恢復,[4]是其用

---

[1] 《説苑·修文》:"天子乘馬六匹,諸侯四匹,大夫三匹,元士二匹,下士一匹。"與何休不同,陳立疏:"《説苑》多雜諸家爲説,何氏所不取。"(清) 陳立:《公羊義疏》卷三,第 97 頁。

[2] 參高瑞傑:《東漢經學家的歷史意識——何休、鄭玄爲中心的討論》,《公共儒學》第 1 輯,上海:上海人民出版社,2019 年,第 23—45 頁。

[3] (清) 陳立:《公羊義疏》卷三,第 100 頁。

[4] 在後世學者看來,漢世經學家多作"構建"之工作,然在其自身看來,却是一種"重構"與"恢復",因其認爲自己所述,必爲經學所内蘊聖人本然之義。故其所作稱爲"學"而非"造",此并非自謙,實是經學家之操持與信仰所在。

心處。所謂權威性的復振,何休從孔子"以《春秋》當新王""托王於魯""爲漢制法"等說確立其權威性,使得《春秋》不僅具有神聖權威性,而且具有現實關照性,足以聳動人心。

其次,何休立足《公羊》,博稽群經,使《春秋公羊》條例之學更爲嚴密,以廓清博士先師"觀聽不決"之局面,斥退賈逵以《左氏》褫奪《公羊》之篡心。在此過程中,其吸收今古經學之長,既秉持漢代今文博士之學專精之風氣,力圖使一部經典內部充分自洽,又吸收東漢以來古學博采之風習,將今文學大義與古文學訓詁融爲一爐,使得《公羊》可自成一謹嚴義理體系,其確定性與完備性特徵亦足爲漢世所資取鑒。

最後,漢世發憤增嘆於"制作禮樂",何休力圖改變今文經學拙於制禮的弊端,通過對禮學的發掘與梳理構建其完整的《公羊》禮學,既展現今文禮學實踐性特徵,又兼采今古文經諸說,以補《公羊》禮之不備。往者《公羊》學志在"撥亂"而拙於"治正",尤其無法真正實現漢世朝野所期盼建制之禮樂制度,何休《公羊》學的體系化與《公羊》禮樂制度的建構,無疑極大彌補此一闕漏,使其頗具"漢禮"之規模。

綜上,可見何休通過重構《春秋公羊》經學體系,使其深具權威性、體系性、實踐性、禮樂性等特徵,所論又直面當時現實政治與經學危機,可謂良苦用心。劉逢祿《解詁箋·叙》:"何君生古文盛行之日,廓開衆説,整齊傳義,傳經之功,時罕其匹。"①亦可謂得之。

但問題在於,後漢末年,今文博士系統早已積重難返,憑藉何休一人之力著實無法改變世人對其印象。何休雖然將《春秋》日漸體系化,而《春秋》文成數萬,其旨數千,義例繁複,需待沉潛方能把握,并不適合末世之流行。而其中又多"非常異義可怪"之論,過分強調"假托叙事"之方式使得經典呈現不確定性,其本身的真實性亦受到懷疑,②且假托的"三世漸進義"亦與實際"世愈亂"的現實明顯存在張力,這種內在張力,亦決定其不易流行。

---

① (清)劉逢祿:《解詁箋》,《春秋公羊釋例後錄》,上海:上海古籍出版社,2013年,第292頁。
② 如前述《公羊》例,君殺無罪大夫,例去其葬以貶之,世子亦如之。《春秋》昭公十一年,宋平公書葬。此前襄公二十六年,宋平公殺其世子痤,由此可推,世子痤或因有罪而被殺。故何休解詁:"痤有罪,故平公書葬。"然據《左傳》載,世子痤乃宋平公誤信讒言而殺之,何休此論蓋以例推之。故後儒多疑。如《穀梁傳》昭公十一年范甯注:"晉獻公以殺世子申生,故不書葬。宋平公殺世子痤而書葬,何乎?何休曰'痤有罪'故也。痤之罪,甯所未聞。鄭莊公殺弟而書葬,以段不弟也。何氏將以理例推之,然則段不弟也,故不書'弟';痤若不子,亦不應書'世子',書'世子',則痤之罪非不子明矣。"此處范甯以爲若痤實有罪,則經不當復書"世子",即以爲何休以例推事似推闡過甚,故表示質疑。

小　結

　　事實上，何休《解詁序》雖然稱"恨先師觀聽不決"，但亦間采二家之所長；雖然以援引他經、失其句讀爲非，然其亦精研六藝讖緯，兼取《左》《穀》二傳之説，并非完全墨守顓門；其似沾溉東漢"古學"兼綜風氣，雖斥先師不守家法而自亂家法，與"倍經""反傳"之徒看似無異，實則堅守《公羊》義理，引群經以隱審檢括，使其就《公羊》之道，非如觀聽不決、失其句讀之徒。[①] 要之，何休堅持《春秋》爲夫子治正之書、撥亂之法，其精髓全在《公羊》，《公羊》傳《春秋》之道，爲六經之總，寓太平之法，足資漢世所取鑒。在此基礎上，何休不僅强調《春秋》在經典序列上具有至尊地位，而且在禮樂建制上亦有章可循，其一方面將《春秋》諸義理條例化，使其更具操作性與現實規範性；另一方面又博稽群經，多采納今文禮制成果，將其轉換爲《春秋》改制之法，以突出"新王"之義。與鄭玄相較，何休側重於對《春秋》本身體系性進行把握，博稽諸經籍讖緯僅是爲彌補《公羊》之未備，群經本身有無體系性，是否"整百家之不齊"，求其通義，實非其關注點。質言之，何休以《公羊》學爲宗主，博稽經緯以强化《公羊》禮制普適性及實踐性特色，是其經典觀之核心要義。

　　在後漢《公羊》學已出現衰微的背景下，何休挽狂瀾於既倒，既要駁《周禮》爲制政之書，挺立《春秋》地位；而且在《春秋》中，又進一步挺立《公羊》地位，此爲二層挑戰。即使在《公羊》內部，還需面對"先師觀聽不決，多隨二創""敗績失據"之危機，從而重塑起《公羊》於經典與治道中的權威，其任務之艱巨，氣魄之雄渾，遠非俗常可比。《公羊》學雖未因其努力而復振，但此實有不得已之客觀因素，而不可完全歸咎於邵公。

---

① 　如徐彦稱："顔氏之徒既解《公羊》，乃取他經爲義，猶賊黨入門，主人錯亂。"(漢) 何休解詁，(唐) 徐彦疏：《春秋公羊傳注疏》，第 4760 頁上欄。又如嚴氏家竟言"孔子將修《春秋》，與左丘明乘如周，觀書於周史。歸而修《春秋》，丘明爲之傳，共爲表裏。"(晉) 杜預集解，(唐) 孔穎達正義：《春秋左傳正義》卷一，第 3700 頁上欄。此説與劉歆鼓吹《左氏》之學略同，可謂自亂陣脚。唐晏即指出："依此言，則是《春秋》爲經，《左氏》爲傳，而《公》《穀》二家則其説也。當時本例如是。自後儒不解，將《左氏》竄入義例，謂之三《傳》，而《春秋》從此榛莽矣。"(清) 唐晏：《兩漢三國學案》卷八，北京：中華書局，2008 年，第 425 頁。

《春秋》"弑君三十六（或二）"考正[*]

王　侃

【摘　要】　兩漢有《春秋》"弑君三十六""弑君三十二"之説，於經何應，歷有分歧。顔師古據《左氏》家法釋之，不合古義。今據《公羊》弑例，取崔適《春秋復始》所云之三十六事，删巢人殺吳子謁者一，添楚公子圍弑楚子卷者一，即可合於三十六之數。去外不書弑者四，即可合於三十二之數。三十二、三十六，乃一體之兩面爾：於文則三十二，於實則三十六。又分三十六事爲十三類：内諱弑者五、外弑書卒者三、外弑未逾年之君者三、稱國以弑者四、稱人以弑者三、稱世子以弑者三、稱盜以弑者二、氏國以弑者四、歸以弑者一、弑稱公子者一、及大夫者三、本直者其論輕者三、餘者五（重出者四），一一考其義例，則《春秋》書弑君之義昭然可見也。後附《〈春秋〉弑君三十六表》《董仲舒述弑君之應災異表》《何休述弑君之應災異表》三種。

【關鍵詞】　《春秋》　公羊　弑君　董仲舒

【作者簡介】　王侃，1997年生，復旦大學哲學學院博士研究生。

《禮記·經解》云："屬辭比事，《春秋》教也。"《春秋》二百四十二年之中，其事則繁矣，然論其大惡，則無過於弑君父、滅人國。《孟子·滕文公章句下》云："世衰道微，邪説暴行有作，臣弑其君者有之，子弑其父者有之。孔子懼，作《春秋》。"故知《春秋》實據亂而作。臣弑君、子弑父，篡殺迭起，綱常陵夷，故夫子作《春秋》以撥亂反正、救文以質，有如木鐸也。後世《春秋》家據此有"弑君三十六（或二），亡國五十二"之説，深得孟子義指。然弑君三十六（或二）之數，於經何應，先儒多有議論，歧説紛紜。今試加考正，以求正於方家云爾。

《史記·太史公自序》云："《春秋》之中，弑君三十六，亡國五十二，諸侯奔走不得保

＊　本文爲國家社會科學基金重大項目"《春秋》三傳學術通史"（19ZDA252）的階段性成果。

其社稷者不可勝數。"《淮南子・主術訓》云："《春秋》二百四十二年，亡國五十二，弑君三十六，采善鉏醜，以成王道，論亦博矣。"《漢書・劉向傳》云："當是時，禍亂輒應，弑君三十六，亡國五十二，諸侯奔走不得保其社稷者不可勝數也。"《漢書・天文志》云："當是時，禍亂輒應，周室微弱，上下交怨，殺君三十六，亡國五十二，諸侯奔走不得保其社稷者不可勝數。"《説苑・建本》云："《春秋》，國之鑒也，《春秋》之中，弑君三十六，亡國五十二，諸侯奔走不得保其社稷者甚衆，未有不先見而後從之者也。"以上乃兩漢文獻之數《春秋》弑君爲三十六者。唯有班書《天文志》變弑爲殺，其餘皆大同小異，知其爲成説也。

又，《春秋繁露・王道》云："以此之故，弑君三十二，亡國五十二。細惡不絕之所致也。"《滅國上》云："弑君三十六，亡國五十二。"盧文弨校云："舊本作失國之君三十一，亡國之君五十二，誤。"①《盟會要》云："是以君子以天下爲憂也，患乃至於弑君三十六，亡國五十二，細惡不絕之所致也。"蘇輿注云："天啟本六作一，凌（曙）本同。"②《後漢書・丁鴻列傳》云："《春秋》日食三十六，弑君三十二。變不空生，各以類應。"《東觀漢記・丁鴻傳》云："臣聞《春秋》日蝕三十六，而弑君三十六，變不空生。"吳樹平校云："三十六，聚珍本同，范書作三十二。李賢注云：'劉向上書云：弑君三十六。今據《春秋》與劉向同，而《東觀》及《續漢》、范氏諸本皆云三十二，蓋誤也。'是《東觀漢記》原文作三十二。"③以上乃數《春秋》弑君爲三十二者（三十一蓋三十二之誤也）。盧文弨、《東觀》聚珍本皆據史遷、劉向"弑君三十六"之説，改二爲六，實則未諦。丁鴻上封事如云"《春秋》日食三十六，弑君三十六"，是爲不辭，不如并作"《春秋》日食、弑君三十六"云云。故知董君、丁鴻均取"弑君三十二"之説，與淮南、史遷、劉向微異。

史遷自述其説聞之於董君。《繁露・俞序》云："其爲切而至於殺君亡國，奔走不得保社稷。"疑其即史遷"弑君三十六，亡國五十二，諸侯奔走不得保其社稷者不可勝數"之所本也，《劉向傳》《天文志》《説苑》文句均可與此通。故知其説實首倡於董君、淮南。弑君三十六、三十二之異，并非源於兩個系統，而是一體之兩面爾。下文將明之。

班書《劉向傳》顏注釋"弑君三十六"云：

　　謂隱公四年衛州吁弑其君完；十一年羽父使賊弑公於寪氏；桓二年宋督弑其君與夷；七年曲沃伯誘晉小子侯殺之；十七年鄭高渠彌弑昭公；莊八年齊無知弑其君諸兒；十二年宋萬弑其君捷；十四年傅瑕弑其君鄭子；三十二年共仲使圉人犖賊子般；閔二年共仲使卜齮賊公於武闈；僖十年晉里克弑其

① （清）蘇輿：《春秋繁露義證》，北京：中華書局，1992 年，第 129 頁。
② （清）蘇輿：《春秋繁露義證》，第 137 頁。
③ （漢）劉珍等撰，吳樹平校注：《東觀漢記校注》，北京：中華書局，2008 年，第 652 頁。

君卓;二十四年晉弑懷公於高梁;文元年楚太子商臣弑其君頵;十四年齊公
子商人弑其君舍;十六年宋人弑其君杵臼;十八年齊人弑其君商人;魯襄仲
殺子惡;莒弑其君庶其;宣二年晉趙盾弑其君夷皋;四年鄭公子歸生弑其君
夷;十年陳夏徵舒弑其君平國;成十八年晉弑其君州蒲;襄七年鄭子駟使賊
夜弑僖公;二十五年齊崔杼弑其君光;二十六年衛甯喜弑其君剽;二十九年
閽弑吳子餘祭;三十年蔡太子般弑其君固;三十一年莒人弑其君密州;昭元
年楚公子圍問王疾,縊而弑之;十三年楚公子比弑其君虔於乾谿;十九年許
太子止弑其君買;二十七年吳弑其君僚;定十三年薛弑其君比;哀四年盜殺
蔡侯申;六年齊陳乞弑其君荼;十年齊人弑悼公:凡三十六。①

顏師古首以《春秋》經傳數之,深得比事之旨。梁玉繩《史記志疑》云:"案《左氏春秋》
經書弑者二十五,內諱不書弑者五,書卒者三,書殺(音弑)者一(哀四年盜殺蔡侯申,
《公》《穀》作弑),凡三十四事。此言三十六,通經傳數之。然通數當有三十七。"又云:
"師古《楚元王傳》注刪僖九年晉里克殺奚齊一事以合三十六之數,非也。"②據此,梁氏
以爲於經言之,則有三十四事;合經傳言之,則有三十七事,均不合三十六之數。趙生
群先生所數三十六事,幾與顏注同。③ 牛鴻恩先生則就顏、梁二說而損益之,以爲應添
僖九年晉里克殺奚齊,刪僖二十四年使殺懷公於高梁,即可合於"弑君三十六"之數,
可備一說。④ 然則顏、梁、趙、牛四說皆合《春秋經》《左氏傳》以數之,其說所數之"桓七
年曲沃伯誘晉小子侯殺之""桓十七年鄭高渠彌弑昭公""莊十四年傅瑕弑其君鄭子"
"哀十年齊人弑悼公"四事,均不見於《公》《穀》。不知史遷既聞之於董生,豈會旁采
《左氏》傳文,自亂家法乎?

《公羊》注疏有數弑君者。文十一年"冬,十月,甲午,叔孫得臣敗狄於鹹",何注
云:"故自宣、成以往,弑君二十八,亡國四十。"徐疏云:

　　　案今《春秋》之經,自宣、成以下,訖於哀十四年,止有弑君二十,亡國二
　　十四,則知此注誤也。宜云"弑君二十"也,"八"是衍字;"亡國二十四"也,作
　　"四十"者,錯也。其弑君二十,即宣二年"趙盾弑其君夷獳",四年"歸生弑其

① (漢)班固:《漢書》(第 5 册),北京:中華書局,1962 年,第 1940 頁。
② (清)梁玉繩:《史記志疑》卷三六,《續修四庫全書》(第 263 册),上海:上海古籍出版社,2002 年,第 317
　 頁下。
③ 趙生群:《春秋經傳研究》,上海:上海古籍出版社,2000 年,第 237—242 頁。
④ 牛鴻恩:《"弑君三十六,亡國五十二"考實——兼駁"孔子所作〈春秋〉非'經'而是'傳'說"》,《聊城大學學
　 報(社會科學版)》2003 年第 5 期,第 76—77 頁。

君夷"，十年"夏徵舒弑其君平國"，襄二十五年"崔杼弑其君光"，"吳子謁伐楚，門於巢，卒"，爲巢人所弑，二十六年"衛甯喜弑其君剽"，二十九年"閽弑吳子餘祭"，三十年"蔡世子般弑其君固"，三十一年"莒人弑其君密州"，昭八年"陳招殺偃師"，十一年"楚子虔誘蔡侯般，殺之"，十三年公子比殺其君虔，棄疾殺比，十九年"許世子止弑其君買"，二十三年吳殺胡子髡、沈子楹，二十七年"吳弑其君僚"，定四年蔡殺沈子嘉，十三年"薛弑其君比"，哀六年"齊陳乞弑其君舍"之屬是也。①

又，成五年"梁山崩"，何注云："自是之後，六十年之中，弑君十四，亡國三十二。"徐疏云："《春秋説》文。若對經數之，從今以後，訖於六十年，則不及於此數。何者？自今以後，盡昭十六年，弑君止有十，亡國止有九。"其數成五年至昭十六年十事，與文十一年疏文同辭。惜乎徐彦淆亂弑君義例，以至於誤。《説文》云："弑，臣殺君也。"《易·文言》云："臣弑其君，子弑其父。"《繁露·王道》云："臣弑其君，子弑其父，孽殺其宗。"《白虎通·誅伐》云："弑者何謂也？弑者，試也。欲言臣子殺其君父，不敢卒，候間司事，可稍稍弑之。"隱四年"戊申，衛州吁弑其君完"，《經典釋文》云："弑字從式，殺字從殳，不同也。君父言弑，積漸之名也，臣子云殺，卑賤之意也。"故知唯臣弑君、子弑父言弑，孽殺其宗則言殺；本國之臣殺君謂之弑，他國之人殺君謂之殺、戕，非君死人手即可歸於弑例也。徐疏舉"襄二十五年吳子謁伐楚，門於巢，卒""昭十一年楚子虔誘蔡侯般，殺之""昭二十三年吳殺胡子髡、沈子楹""定四年蔡殺沈子嘉"四事五君，均是他國殺君，不可視之以弑。何注所謂"故自宣、成以往，弑君二十八，亡國四十"，固是《春秋説》文，不可強以經傳釋之。陳立《公羊義疏》云："又舊疏所數，吳子謁弑於巢，楚子虔殺蔡侯，吳殺胡子髡、沈子楹，皆爲外所殺，亦不列諸臣弑君之科。"②即是此意。

以《公羊》經傳應三十六之數者，唯有吳興崔適。其《春秋復始》云：

弑君三十六（更正顏師古注《漢書·劉向傳》之誤）：

○隱公四年，衛州吁弑其君完。以上一。○十一年，公薨。以上二。○桓公二年，宋督弑其君與夷。以上三。○十八年，公薨於齊。以上四。○莊公八年，齊無知弑其君諸兒。以上五。○九年，齊人取子糾殺之。傳曰：其稱子糾何？宜爲君者也。注曰：明魯爲齊殺之，皆當坐弑君。以上六。○十二年，宋萬弑其君接。以上七。○三十二年，子般卒。以上八。○閔公二

① （漢）何休解詁，（唐）徐彦疏：《春秋公羊傳注疏》，上海：上海古籍出版社，2014年，第563頁。

② （清）陳立：《公羊義疏》卷四一，北京：中華書局，2017年，第1547頁。

年,公薨。以上九。○僖公九年,晋里克弑其君之子奚齊。傳曰:弑未踰年君之號。以上十。○十年,晋里克弑其君卓子。以上十一。○文公元年,楚世子商臣弑其君頵。以上十二。○十四年,齊公子商人弑其君舍。以上十三。○十六年宋人弑其君處臼。以上十四。○十八年,齊人弑其君商人。以上十五。○子卒。以上十六。○莒弑其君庶其。以上十七。○宣公二年,晋趙盾弑其君夷獋。以上十八。○四年,鄭公子歸生弑其君夷。以上十九。○十年,陳夏徵舒弑其君平國。以上二十。○成公十八年,晋弑其君州蒲。以上二十一。○襄公七年,鄭伯髡頑如會,未見諸侯。丙戌,卒於操。傳曰:弑也。以上二十二。○二十五年,齊崔杼弑其君光。以上二十三。○吳子謁伐楚,門於巢,卒。傳詳《弑書卒》章。以上二十四。○二十六年,衛甯喜弑其君剽。以上二十五。○二十九年,閽弑吳子餘祭。以上二十六。○三十年,蔡世子般弑其君固。以上二十七。○三十一年,莒人弑其君密州。以上二十八。○昭公八年,陳侯溺卒。上下經傳詳《諸侯》篇《楚靈王》章。以上二十九。○十三年,楚公子比自晋歸於楚,弑其君虔於乾谿。以上三十。○公子棄疾弑公子比。傳同上,又詳《弑稱公子》章。以上三十一。○十九年,許世子止弑其君買。以上三十二。○二十七年,吳弑其君僚。以上三十三。○定公十三年,薛弑其君比。以上三十四。○哀公四年,盗弑蔡侯申。以上三十五。○六年,齊陳乞弑其君舍。以上三十六。

　　案:顏師古注《漢書·劉向傳》此文,誤遺魯桓公、齊子糾、晋奚齊、吳子謁、陳侯溺、楚公子比,而誤舉晋小子侯(桓七年)、鄒昭公(十七年)、鄭子儀(莊十四年)、晋懷公(僖二十四年)、楚子麇(昭元年。案:麇即卷)、齊悼公(哀十年。皆《左氏》文)。誤遺者,猶以左氏不言弑;誤舉之鄭昭公、楚子麇、齊悼公,非弑也。晋小子侯、鄭子儀、晋懷公,《春秋》不載其人。直以《左氏》當《春秋》,豈董仲舒、劉向所謂《春秋》耶? 謬甚![1]

崔氏此論可謂考證詳實,其案語亦是振聾發聵,盡破顏注之謬(其又數"亡國五十二",亦用《公羊》傳文破顏師古注)。然則崔氏尚有百密一疏之處:列"吳子謁伐楚,門於巢,卒"於弑君之科,不當。其《弑書卒》章云:"殺鄰國之君,亦以弑論者,魯桓爲齊襄所殺,傳言君弑者再,言與弑公者一。齊人取子糾殺之,注云'明魯爲齊殺之,皆當坐

①　(清)崔適:《春秋復始》卷二三,《續修四庫全書》(第 131 册),上海:上海古籍出版社,2002 年,第 544—545 頁。

弑君'，亦其例也。"①以齊襄殺魯桓、魯爲齊殺子糾相與比事，以爲殺鄰國之君亦屬《春秋》弑君之例。然則魯桓遇弑，實據文姜而言之：莊元年"夫人孫於齊"，傳云："夫人何以不稱姜氏？貶。曷爲貶？與弑公也。"王者不臣者有三：二王後、妻之父母、夷狄，妻不在其中。推之於諸侯，是知文姜固乃魯桓之臣。《喪服傳》云："夫者，妻之天也。"文姜通於齊襄，譖己之君夫，故可加之以弑君之罪也。桓十八年"夏，四月，丙子，公薨於齊"，何注云："不書齊誘殺公者，深諱恥也。"是知於文姜而言，其罪爲弑君；於齊襄而言，其罪爲誘殺。莊二十二年"肆大省"，何注云："不當忌省，猶爲商人責不討賊。"徐疏云："及文十八年夏，齊人弑其君商人，而不書其葬者，以責臣子不討賊也。似文姜罪，實亦絶之。"注疏比文姜於齊商人，當絶。是知絶文姜謂之討賊，伐齊襄謂之復仇。魯莊不討賊、不復仇，故《春秋》譏之。

又，崔氏以魯爲齊殺子糾爲弑君，固是；然則據此即以殺鄰國君爲弑君，則非。莊九年"齊人取子糾殺之"，何注云："明魯爲齊殺之，皆當坐弑君。"徐疏云："魯所以當坐弑君，即《穀梁傳》云'十室之内可以逃難，百室之邑可以隱死，以千乘之魯而不能存子糾，以公病矣'是。"魯固當坐弑君罪，然則乃齊弑己君之故，是以《春秋》譏内，若與齊同罪。《春秋》首惡者罪特重，取子糾而殺之，齊首惡與？魯首惡與？齊小白脅魯殺兄，弑當立之君，固是首惡無疑。僖二年"虞師、晉師滅夏陽"，何以使虞蒙首惡之名？虞公貪利，君子疾之。魯則力不能至耳，有弑君之名，無首惡之實。若無齊取子糾而弑之，魯殺鄰國君則不得爲弑也。襄二十五年吳子謁卒下，何注雖有"辜内當以弑君論之，辜外當以傷君論之"之語，然徐疏云："若以殺論，巢君合絶；若以傷論，貶黜而已。"疑何注"弑"字當作"殺"，俗者據襄七年注文"辜内當以弑君論之"而改。且陳、蔡非鄰國乎？若殺鄰國君即屬弑君之科，桓六年"蔡人殺陳佗"何以不爲弑君？沈、蔡非鄰國乎？定四年"蔡公孫歸姓帥師滅沈，以沈子嘉歸，殺之"何以不爲弑君？崔氏既不以蔡人殺陳佗、蔡公孫殺沈子嘉二事爲弑君，固不合以巢人殺吳子謁爲弑君。是知崔説非也。

若於崔氏所云三十六事中删巢人殺吳子謁一事，必當添入一事，以全三十六之數。《漢書·五行志》云："董仲舒、劉向以爲先是楚靈王弑君而立。"是以董君、劉向實知公子圍弑楚子卷一事。昭元年"楚子卷卒"，《公羊》未發傳，董君何以知之？一、疑董君所據《公羊》傳文與何氏《解詁》本微異。段熙仲先生《春秋公羊學講疏》考董、何傳文有異者凡八處，是故此説并非無稽。② 或是董君所見傳文發傳，以明公子圍之弑君。二、疑是下文"楚公子比出奔晉"，何注云："辟内難也。"是知公羊學家法或有公子

① （清）崔適：《春秋復始》卷二二，第 538 頁上。

② 段熙仲：《春秋公羊學講疏》，南京：南京師範大學出版社，2002 年，第 16—21 頁。

圍發難弑君、公子比出奔辟難之説。三、疑董君采《穀梁傳》成説。《穀梁》昭四年傳云:"有若楚公子圍弑其兄之子,而代之爲君者乎?"是知公子圍之弑君。《繁露·順命》云:"獨陰不生,獨陽不生,陰陽與天地參然後生。故曰:父之子也可尊,母之子也可卑,尊者取尊號,卑者取卑號。"與《穀梁》莊三年傳文略同。又云:"人於天也,以道受命;其於人,以言受命。不若於道者,天絶之;不若於言者,人絶之。"與《穀梁》莊元年傳文略同。是故蘇輿出注云:"此篇兩用《穀梁傳》,蓋師説同與?"①以此觀之,董君之用《穀梁》義亦未嘗不可。董君何從知曉,雖難有定論,然其以"楚子卷卒"爲公子圍所弑,則無疑竇。添公子圍弑楚子卷一事於崔説之中,則三十六之數全矣。

若楚子卷乃公子圍所弑,《春秋》何以書卒不書弑,如諱内弑?陳立《公羊義疏》引包慎言云:"《春秋》不言弑者,爲内諱也。前此伯國唯齊懿公弑君自立,文公未之朝也。今楚夷狄之國,公子圍親弑君之賊,而昭公屈節往朝,内耻之大者,故略其實,没其文。所以扶中國,存天理。微乎旨乎?"②包説極爲精當。昭七年"三月,公如楚","九月,公至自楚"。僖十年何注云:"故如京師,善則月榮之;如齊、晋,善則月安之;如楚,則月危之。"僖四年何注云:"(至)月者,凡公出滿二時,月,危公之久。"昭公如楚、至自楚皆月,是深惡之,諱公與弑君之賊相交接者也。然則《春秋》諱而不隱,故起公子比出奔,以明楚子卷之遇弑;又書"楚子虔誘蔡侯般,殺之於申"。諸侯例不生名,名者,絶之也。楚子、蔡侯皆名,使若相敵。蔡侯般乃弑君之賊,故知楚子虔亦弑君之賊也。《公羊義疏》引錢大昕《潛研堂答問》云:"楚虔亦弑君之賊,與蔡般同,自當從兩下相殺之例。"③即是此義。《繁露·仁義法》云:"我不自正,雖能正人,弗予爲義。"又云:"昔者楚靈王討陳蔡之賊,齊桓公執袁濤塗之罪,非不能正人也,然而《春秋》弗予,不得爲義者,我不正也。"是知楚子虔身爲弑君之賊,雖討弑君之蔡侯般,《春秋》弗義。《春秋》予撥亂世而反之正,不予以亂濟亂,躬自厚而薄責於人,是其義也。

故於崔氏之説,删襄二十五年"吳子謁伐楚,門於巢,卒"事,添昭元年"楚子卷卒"事,合於臣弑己君之例,又合於"弑君三十六"之數(詳見附表一《〈春秋〉弑君三十六表》)。《漢書·五行志》云:"(襄)二十四年……'八月癸巳朔,日有食之'。董仲舒以爲……後六君弑。"六君者,"襄二十五年齊崔杼弑其君光""二十六年衛甯喜弑其君剽""二十九年閽弑吳子餘祭""三十年蔡世子般弑其君固""三十一年莒人弑其君密州""昭元年楚子卷卒"是也。故知添楚子卷事,若合符契。此乃淮南、史遷、劉向所數

---

① (清)蘇輿:《春秋繁露義證》,第404頁。
② (清)陳立:《公羊義疏》卷六一,第2342頁。
③ (清)陳立:《公羊義疏》卷六二,第2385頁。

之三十六事,明白無誤。下試述之:

一、内諱弑者五:隱十一年“壬辰,公薨”、桓十八年“丙子,公薨於齊”、莊三十二年“乙未,子般卒”、閔二年“辛丑,公薨”、文十八年“十月,子卒”。内弑例不言弑,成君曰薨,未逾年之君曰卒。弑君例日,文十八年子赤卒,何以月?傳云:“弑則何以不日?不忍言也。”何注云:“所聞世,臣子恩痛王父深厚,故不忍言其日,與子般異。”《繁露·楚莊王》云:“子赤殺,弗忍書日,痛其禍也。子般殺而書乙未,殺其恩也。”知其三世異辭之例。未逾年之君卒例書子(昭二十二年“王子猛卒”,何注云:“據子卒不言名。”),莊三十二年變文爲子般何?傳云:“子卒云子卒,此其云子般卒何?君存稱世子,君薨稱子某,既葬稱子,逾年稱公。”子般不葬,故君前臣名,稱子某;子赤既葬,故不名,稱子。公薨例地,君弑何以不地?隱十一年傳云:“公薨何以不地?不忍言也。”何注云:“不忍言其僵尸之處。”閔二年傳云:“公薨何以不地?隱之也。何隱爾?弑也。”是知我君弑例不書地,臣子不忍也。然則桓公何以地?桓十八年何注云:“地者,在外爲大國所殺,於國尤危。國重,故不暇隱也。”知公弑於外者地。内成君例書葬,隱公、閔公均不書葬,何也?君弑賊不討,故不書葬。然則桓公何以葬?傳云:“賊未討,何以書葬?讎在外也。讎在外,則何以書葬?君子辭也。”齊襄、文姜時皆在外,齊襄當討,文姜當絶。魯弱於齊,力不能至,故君子假使書葬。

二、外弑書卒者三:襄七年十二月“鄭伯髡原如會,未見諸侯。丙戌,卒於操”、昭元年“己酉,楚子卷卒”、昭八年“辛丑,陳侯溺卒”。楚子卷事已具言於上。襄七年傳云:“操者何?鄭之邑也。諸侯卒其封内不地,此何以地?隱之也。何隱爾?弑也。孰弑之?其大夫弑之。曷爲不言其大夫弑之?爲中國諱也。曷爲爲中國諱?鄭伯將會諸侯於鄬,其大夫諫曰:‘中國不足歸也,則不若與楚。’鄭伯曰:‘不可。’其大夫曰:‘以中國爲義,則伐我喪;以中國爲彊,則不若楚。’於是弑之。鄭伯髡原何以名?傷而反,未至乎舍而卒也。”何注云:“禍由中國無義,故深諱,使若自卒。”又云:“諸侯卒名,故於如會名之,明如會時爲大夫所傷,以傷辜死也。”是知《春秋》書卒不書弑者,傷鄭伯慕中國而見弑,故爲中國諱伐喪。昭八年陳侯溺卒,《公羊》無傳。然則何以知陳侯之見弑?春,陳侯之弟招殺世子偃師;夏四月,陳侯溺卒,故知公子招之弑君也。昭元年漷之會,經序陳公子招,傳云:“此陳侯之弟招也,何以不稱弟?貶。曷爲貶?爲殺世子偃師貶。曰陳侯之弟招殺世子偃師。大夫相殺稱人,此其稱名氏以殺何?言將自是弑君也。今將爾,詞曷爲與親弑者同?君親無將,將而必誅焉。”何注云:“孔瑗弑君,本謀在招。”是知公子招與孔瑗共謀弑君也。昭八年十月楚師滅陳,執陳公子招放之於越,殺陳孔瑗,葬陳哀公,合於《春秋》賊討書葬之例。九年陳火,傳云:“滅人之國,執人之罪人,殺人之賊,葬人之君。”何注以公子招釋罪人,以孔瑗釋賊。然則不書孔瑗何？公子招歸弑君之罪於孔瑗，有如司馬昭之歸罪於成濟，故君子深疾之，成其意也。使若自卒何？疑乃陳公子招弑君，諸夏不能討，夷狄討之，蓋爲諸夏恥焉。遂致楚靈王藉討賊之名，懷惡滅陳，君子不予，故去弑文以爲中國諱，又深疾靈王之無道也。是知外弑書卒者三，一以諱内，二以諱諸夏。

三、外弑未逾年之君者三：莊九年“九月，齊人取子糾殺之”、僖九年“冬，晉里克弑其君之子奚齊”、文十四年“（九月），齊公子商人弑其君舍”。莊九年傳云：“其稱子糾何？貴也。其貴奈何？宜爲君者也。”何注云：“故以君薨稱子某言之者，著其宜爲君。”子糾何以宜爲君？襄公無嫡子，故貴妾子當立也。《白虎通·封公侯》云：“君見弑，其子當立何？所以尊君，防篡弑也。《春秋經》曰‘齊無知殺其君’，貴妾子公子糾當立也。”何以知晉子奚齊爲未逾年之君？僖九年傳云：“此未逾年之君，其言弑其君之子奚齊何？殺未逾年君之號也。”何注云：“欲言弑其子奚齊，嫌無君文，與殺大夫同；欲言弑其君，又嫌與弑成君同，故引先君冠子之上，則弑未逾年君之號定，而坐之輕重見矣。”《繁露·精華》云：“難晉事者曰：《春秋》之法，未逾年之君稱子，蓋人心之正也。至里克殺奚齊，避此正辭而稱君之子，何也？曰：所聞《詩》無達詁，《易》無達占，《春秋》無達辭，從變從義，而一以奉人。仁人録其同姓之禍，固宜異操。晉，《春秋》之同姓也。驪姬一謀而三君死之，天下之所共痛也。本其所爲爲之者，蔽於所欲得位而不見其難也。《春秋》疾其所蔽，故去其正辭，徒言君之子而已。”案：董君之説略優於何注。何注以爲書“其子奚齊”則嫌無君之辭，然則莊九年何以書“子糾”？是知正辭當作“子奚齊”。蓋君子痛同姓之禍，故變文書“君之子奚齊”爾。何以知齊子舍爲未逾年之君？文十四年傳云：“此未逾年之君也，其言弑其君舍何？己立之，己殺之，成死者而賤生者也。”《繁露·精華》云：“故痛之中有痛，無罪而受其死者，申生、奚齊、卓子是也。惡之中有惡者，己立之，己殺之，不得如他臣之弑君者，齊公子商人是也。故晉禍痛而齊禍重。《春秋》傷痛而敦重，是以奪晉子繼位之辭、與齊子成君之號，詳見之也。”是知君子深疾商人之惡，故許子舍爲成君也；深痛驪姬之禍，故變文書君之子也。弑未逾年之君例月，是以起齊子糾未逾年君之實。然則晉奚齊何以不月？何注云：“不月者，不正遇禍，終始惡明，故略之。”是知奚齊不正，晉禍又於文明暢，無需發覆，故君子略不書月也。齊子舍何以不日？何注云：“從成君不日者，與卓子同。”意當從終始惡明之例。案：何注泥。未逾年君弑例月，故蒙上月以發齊子舍未逾年君之實，無須另解。弑未逾年之君何以與弑君同？《白虎通·封公侯》云：“《春秋》弑太子，罪與弑君同。《春秋》曰‘弑其君之子奚齊’，明與弑君同也。”三子皆君没之太子，非君在之太子。是知外弑未逾年之君三：書子糾，正辭也；書君之子奚齊，痛同姓之禍也；書君舍，深疾弑君之賊也。

四、稱國以弑者四：文十八年"（冬），莒弑其君庶其"、成十八年"庚申，晋弑其君州蒲"、昭二十七年"四月，吳弑其君僚"、定十三年"（冬），薛弑其君比"。稱國以弑者，君失衆也。文十八年何注云："一人弑君，國中人人盡喜，故舉國以明失衆，當坐絶也。"又云："例皆時者，略之也。"故知稱國例時（莒庶其、薛比皆當蒙上時）。然則晋侯州蒲何以日？何注云："厲公猥殺四大夫，臣下人人恐見及，以致此禍，故日起其事，深爲有國者戒也。"猥殺四大夫者，殺三郤、胥童也。厲公無道甚，故《春秋》書日以詳之。然則吳子僚何以月？吳僚實非失衆見弑也。昭二十七年何注云："不書闔廬弑其君者，爲季子諱。明季子不忍父子、兄弟自相殺，讓國闔廬，欲其享之，故爲没其罪也。"季札讓國於闔廬，《春秋》賢之。然闔廬本弑君之賊，不當立。季札明親親之道、有讓國之功，故可除不討賊之罪爾。《春秋》爲賢者諱，故没其文，以稱國之辭書之。是知稱國以弑者四：二書時，正例也；一書日，詳之也；一書月，非失衆而見弑，爲賢者諱也。

五、稱人以弑者三：文十六年"十有一月，宋人弑其君處臼"、十八年"戊戌，齊人弑其君商人"、襄三十一年"十有一月，莒人弑其君密州"。文十六年傳云："弑君者曷爲或稱名氏，或不稱名氏？大夫弑君稱名氏，賤者窮諸人。"何注云："賤者，謂士也，士正自當稱人。"是知稱人以弑者，士弑君也。文八年傳云："宋三世無大夫，三世内娶也。"禮，天子諸侯不臣妻之父母，故君子以爲宋無大夫。疑弑君者實宋大夫，《春秋》譏内娶，故貶稱人也。齊侯商人見弑，無説，蓋爲士所弑之故。莒子密州稱人以弑者何？莊二十七年傳云："莒無大夫，此何以書？"是知莒小國無大夫，當在士弑君之例。襄三十一年何注云："稱人以弑者，莒無大夫。密州爲君惡，民所賤，故稱國以弑之。"案：何注費解，疑"密州"二字誤，當作"庶其"。全句當改爲"稱人以弑者，莒無大夫。庶其爲君惡，民所賤，故稱國以弑之"，前句以釋密州之事，後句以釋文十八年稱國以弑庶其者也（庶其、密州皆莒君。文十八年傳云："稱國以弑何？"何注云："據莒人弑其君密州。"實比此二事）。稱人例日，宋公處臼何以月？文十六年何注云："不日者，内娶略之也。"莒密州何以月？疑其略小國也。是知稱人以弑者三：一書日，正例也；二書月，一以三世内娶，一以小國。

六、稱世子以弑者三：文元年"丁未，楚世子商臣弑其君髡"、襄三十年"四月，蔡世子般弑其君固"、昭十九年"戊辰，許世子止弑其君買"。文元年何注云："不言其父，言其君者，君之於世子，有父之親，有君之尊。言世子者，所以明有父之親；言君者，所以言有君之尊，又責臣子當討賊也。"故知稱世子以弑者，深惡其忘父之親、君之尊，無父無君，是禽獸也。《禮記·檀弓下》云："臣弑君，凡在官者，殺無赦。子弑父，凡在宮者，殺無赦。"世子弑君，犯殺無赦之罪再，罪乎罪者也。楚無大夫，商臣稱世子何？何注云："楚無大夫，言世子者，甚惡世子弑父之禍也。"楚子髡何以日？文元年何注云："日者，夷狄子弑父，忍言其日。"蔡侯固何以月？襄三十年何注云："不日者，深爲中國隱痛有子弑父之禍，故不忍言其日。"是知稱世子者，夷狄日，中國月。文、襄皆處所聞世，内諸夏而外夷狄也。許中國也，世子止何以日？何注云："此日者，加弑也，非實弑也。"是知君子書日以起其非弑也。

七、稱盜以弑者二：襄二十九年"（夏或五月），閽弑吳子餘祭"、哀四年"庚戌，盜殺蔡侯申"（殺，唐石經、撫州本、余仁仲本作弑）。襄二十九年傳云："閽者何？門人也，刑人也。刑人則曷爲謂之閽？刑人非其人也。君子不近刑人，近刑人則輕死之道也。"何注云："以刑人爲閽，非其人，故變盜爲閽。"是知閽乃盜之變辭也。哀四年傳云："弑君賤者窮諸人，此其稱盜以弑者何？賤乎賤者也。賤乎賤者孰謂？謂罪人也。"稱人以弑，弑者乃士；稱盜以弑，弑者乃罪人（然則庶人何處焉？或當并入稱人例與？）。襄二十九年何注又云："不言其君者，公家不畜，士庶不友，放之遠地，欲去聽所之，故不繫國，不繫國，故不言其君。"是知閽盜例不書"弑其君某"，使若非本國之人，絕人倫故也。不書其君，故不書吳閽、蔡盜。蔡侯申日，正例也；吳子餘祭則不知當蒙上時與？當蒙上月與？不日者，吳夷狄也。或以成餘祭輕死讓國之意，故不書之以日例與？

八、氏國以弑者四：隱四年"戊申，衛州吁弑其君完"、桓二年"戊申，宋督弑其君與夷，及其大夫孔父"、莊八年"癸未，齊無知弑其君諸兒"、莊十二年"甲午，宋萬弑其君接，及其大夫仇牧"。州吁衛之公子，曷爲不書公子？隱四年傳云："曷爲以國氏？當國也。"何注云："與段同義。"段即鄭莊公之弟。隱元年何注云："欲當國爲之君，故如其意，使如國君氏上鄭，所以見段之逆。"是知州吁弑君自立，故《春秋》以國氏之。宋督，戴公之孫也，曷爲不書公孫？桓二年何注云："督不氏者，起馮當國。不舉馮弑爲重者，繆公廢子而反國，得正，故爲之諱也。"《繁露·玉英》云："不書莊公馮殺，避所善也。是故讓者《春秋》之所善。宣公不與其子而與其弟，其弟亦不與子而反之兄子，雖不中法，皆有讓高，不可棄也。故君子爲之諱不居正之謂避，其後也亂。移之宋督以存善志。此亦《春秋》之義，善無遺也。"公子馮與督共謀，弑君自立，故《春秋》以國氏督，起公子馮之謀；不直書宋馮弑君者，爲繆公諱也。雖然，宋之禍宣公爲之也。齊無知，莊公之孫也，曷爲不書公孫？蓋亦弑君自立之故。萬，宋之大夫，曷爲不書氏？莊十二年何注云："爭搏弑君而以當國言之者，重録彊御之賊，禍不可測，明當防其重者，急誅之。"十月，宋萬出奔陳。弑君之賊例不復見於經，故何注云："萬弑君所以復見者，重録彊御之賊，明當急誅之也。"弑君自立者當以國氏，然則齊公子商人、楚公子棄疾何不以國氏之？疑齊子舍、楚公子比皆不正，商人、棄疾已立之己殺之，罪惡已見，不待去氏以明當國。哀六年傳云"弑而立者，不以當國之辭言之"者，言入不言弑也。是知氏國以弑者四，三以弑君自立，一以明當急誅之。四者皆日，正例也。

九、歸以弒者一：昭十三年"四月，楚公子比自晉歸於楚，弒其君虔於乾谿"。傳云："此弒其君，其言歸何？歸無惡於弒立也。靈王爲無道，作乾谿之臺，三年不成。楚公子棄疾脅比而立之。"例，言歸者出入無惡，善辭也。公子棄疾脅公子比以弒，故比非首惡也。然則公子比無罪與？曰：不然。以君子加弒，知公子比之有罪也。弒君例日，此何以月？何注云："不日者，惡靈王無道。"外君於封內卒，例不地，此何以地？何注云："封內地者，起禍所由，因以爲戒。"靈王築乾谿而見弒，故書地以明之。

十、弒稱公子者一：昭十三年"（夏），楚公子棄疾弒公子比"。傳云："比已立矣，其稱公子何？其意不當也。其意不當，則曷爲加弒焉爾？比之義宜乎效死不立。大夫相殺稱人，此其稱名氏以弒者何？言將自是爲君也。"是知公子比意不當君，故變文而稱公子也。比有罪奈何？《繁露·王道》云："《春秋》之義，臣不討賊，非臣也。子不復讐，非子也。……楚公子比脅而立，而不免於死。"比不討賊，故有罪無疑。然則比當何爲？吳闔廬弒君而致國於季札，季札不受，終身不入吳國。公子比可效季札之去而不去也。段熙仲《春秋公羊學講疏》云："公子比之立，無先君之命也，棄疾脅而立之以弒虔。虔死而比不討賊而立，力不能也。力雖不能討賊，固可以爲札之去。不能去亦不能討賊，則棄疾固齊之商人也，已立之，已殺之而已。是故比見弒而仍不免於弒君之罪。"又云："效死不立與終身去之，蓋可擇一而處之矣。"[1]是其義也。然則何以不日？辭如大夫之相殺也。文八年何注云"大夫相殺例皆時"，是知當蒙上時。《公羊義疏》引錢大昕《潛研堂答問》云："楚公子比之弒君，棄疾成之，而比獨主惡名者，奸君位也。而棄疾之惡終不可掩，故以相殺爲文，著其罪同。"[2]則又別發一義矣。

十一、及大夫者三：桓二年"戊申，宋督弒其君與夷，及其大夫孔父"、莊十二年"甲午，宋萬弒其君接，及其大夫仇牧"、僖十年"（正月），晉里克弒其君卓子，及其大夫荀息"。桓二年傳云："及者何？累也。弒君多矣，舍此無累乎？曰：有。仇牧、荀息皆累也。舍仇牧、荀息無累者乎？曰：有。有則此何以書？賢也。何賢乎孔父？孔父可謂義形於色矣。"莊十二年傳云："及者何？累也。弒君多矣，舍此無累乎？曰：有。孔父、荀息皆累也。舍孔父、荀息無累者乎？曰：有。有則此何以書？賢也。何賢乎仇牧？仇牧可謂不畏彊御矣。"僖十年傳云："及者何？累也。弒君多矣，舍此無累乎？曰：有。孔父、仇牧皆累也。舍孔父、仇牧無累者乎？曰：有。有則此何以書？賢也。何賢乎荀息？荀息可謂不食其言矣。"書之重，辭之復，不可不察，其中必有美焉是也。《韓詩外傳》云："仇牧可謂不畏彊御矣！《詩》曰：'惟仲山甫，柔亦不茹，剛亦不吐。'"

① 段熙仲：《春秋公羊學講疏》，第413頁。
② （清）陳立：《公羊義疏》卷六三，第2412頁。

孔父義形於色、仇牧不畏彊御、荀息不食其言,傳文一倡而三歎,如南容三復白圭之辭,賢乎賢者也。是若云國有三子,則亂臣賊子懼焉。仇牧、荀息皆名,孔父何以字?何注云"以稱字見先君死"是也。孔父先君死,仇牧、荀息後君死也。孔父、仇牧書日,正例也。荀息何以不日?何注云:"不日者,不正遇禍,終始惡明,故略之。"與奚齊見弒之注略同。哀六年徐疏云:"正以卓子之弒實書月。"是知當蒙上月。子赤卒,叔仲惠伯亦見累,何以不書及?成十五年何注云:"殺叔仲惠伯不書者,舉弒君爲重。叔仲惠伯事與荀息相類,不得爲累者,有異也。叔仲惠伯直先見弒爾,不如荀息死之。"段熙仲駁之云:"何君此説非也。舉弒君爲重,則孔父、仇牧何以書?直先見殺,則孔父何以書?《解詁》固以孔父稱字爲先君死矣。孔父、仇牧、荀息三傳文,俱曰:'舍三人者無累者乎?曰:有。'《解詁》以叔仲惠伯當之,是也。但曰有而不言叔仲惠伯者,蓋諱之也。魯諱弒君,故雖未逾年之君皆不書弒。曰子般卒、曰子卒是也。其君之弒諱,則文不可及大夫也。若徐疏所云,宜云冬十月子赤及叔仲彭生卒。卒何以可及?直不辭耳。"①案:段説極是。諱内弒曰薨、曰卒者,使若自卒然。書及,則君弒昭然可見也。是故於辭、於義均不當書及叔仲惠伯也。

十二、本直者其論輕者三:宣二年"乙丑,晋趙盾弒其君夷獳"、昭十三年"四月,楚公子比自晋歸於楚,弒其君虔於乾谿"、昭十九年"戊辰,許世子止弒其君買"。《繁露·精華》云:"《春秋》之聽獄也,必本其事而原其志。志邪者不待成,首惡者罪特重,本直者其論輕。"又云:"俱弒君,或誅或不誅。"不誅者何?不誅趙盾、不誅楚比、不誅許止也。何以知趙盾不誅?宣六年復書趙盾也。弒君之賊例不復見於經,復見趙盾,則知其非弒君也。宣六年傳云:"趙盾弒君,此其復見何?親弒君者,趙穿也。親弒者趙穿,則曷爲加之趙盾?不討賊也。"《繁露·玉杯》云:"且吾語盾有本,《詩》云:'他人有心,予忖度之。'此言物莫無鄰,察視其外,可以見其内也。今案盾事而觀其心,愿而不刑,合而信之,非篡弒之隣也。按盾辭號乎天,苟内不誠,安能如是?是故訓其終始無弒之志。掛惡謀者,過在不遂去,罪在不討賊而已。"何以知楚比不誅?書歸以弒,見弒則稱公子比也。楚比意不當於君(説見上),故《玉英》云"晋趙盾、楚公子比皆不誅之文"是也。何以知許止不誅?冬,書葬許悼公也。弒君之賊未討,例不書葬。書葬,則知許止非弒君之賊也。昭十九年傳云:"葬許悼公,是君子之赦止也。赦止者,免止之罪辭也。"許止進藥而蒙弒辭,已不先嘗之故也。《禮記·曲禮下》云:"君有疾飲藥,臣先嘗之;親有疾飲藥,子先嘗之。"許止不嘗藥,故不免於弒君父之名。是三子皆無意於弒,君子原心定罪,故不誅之。然則三子無罪與?曰:有罪。一不討賊、一不效死、一不嘗藥,是三子之罪也。

---

① 段熙仲:《春秋公羊學講疏》,第 568 頁。

昭十九年何注云：“明止但得免罪，不得繼父後，許男斯代立，無惡文是也。”是知君子絕而不誅。絕之者，有罪也；不誅者，論輕也。故《玉英》云：“今趙盾賢而不遂於理，皆見於善，莫見其罪，故因其所賢而加之大惡，繫之重責，使人湛思而自省悟以反道。曰：吁！君臣之大義，父子之道，乃至乎此。此所由惡薄而責之厚也。”又云：“故公子比嫌可以立，趙盾嫌無臣責，許止嫌無子罪。《春秋》爲人不知惡而恬行不備也，是故重累責之，以矯枉世而直之。矯者不過其正，弗能直。知此而義畢矣。”《春秋》之義何其微也，《春秋》常於其嫌得者見其不得也。《太史公自序》云：“爲人臣子而不通於《春秋》之義者，必陷篡弑之誅、死罪之名。”此非三子之謂與？

十三、餘者五：宣四年“乙酉，鄭公子歸生弑其君夷”、宣十年“癸巳，陳夏徵舒弑其君平國”、襄二十五年“乙亥，齊崔杼弑其君光”、二十六年“辛卯，衛甯喜弑其君剽”、哀六年“（秋），齊陳乞弑其君舍”。稱大夫名氏以弑者，正例也。甯喜爲衛侯衍弑君，何以不舉重言之？何注云：“不舉衍弑剽者，謀成於喜。”《春秋》賤詐而貴信也。齊侯舍何以不日？何注云：“不日者，與卓子同。”徐疏云：“陽生之事既不宜月，是以陳乞之事不得月也。”是知當蒙上時。疑凡取終始惡明之例者，皆當略日爲月（晋卓子）、略月爲時（晋奚齊），降一等也。齊侯舍成君也，當略爲月，此何以時？徐疏云：“不月者，正以文承陽生入於齊之下。”陽生入齊不當月，陳乞弑君固不當月。餘皆日，正也。

案：重出者四。許世子止事雙見於“稱世子以弑者”類、“本直者其論輕”類，公子比事雙見於“歸以弑者”類、“本直者其論輕”類，宋公與夷及其大夫孔父事、宋公接及其大夫仇牧事，均雙見於“氏國以弑者”類、“及大夫者”類也。

上分三十六事爲十三類，述其義例，“弑君三十六”之説於此盡矣。然則董君、丁鴻何以數“弑君三十二”？愚以爲三十六、三十二，實乃一體之兩面也。外弑書卒者三：襄七年“鄭伯髠原如會，未見諸侯。丙戌，卒於操”、昭元年“楚子卷卒”、昭八年“陳侯溺卒”，與莊九年“齊人取子糾殺之”一（不書弑者，實亦爲內諱），合之爲四。其不以弑辭書之，皆爲內、爲諸夏諱。去此四事，即合三十二之數也。然則內諱弑者五，成君書薨，未逾年之君書卒，亦使若自卒然，何以不去此五事？內弑重，故不敢略；外弑輕，故可順經文略之。是故合內諱弑者五、外書弑者二十七（哀四年“庚戌，盜殺蔡侯申”，唐石經、撫州本、余本皆作弑），即董君“弑君三十二”所本。然則董君知此四事爲弑君乎？曰：董君知之。《繁露·王道》云：“鄭伯髠原卒於會，諱弑，痛强臣奪君，君不得爲善也。”《漢書·五行志》云：“（成）十七年‘十二月丁巳朔，日有食之’。董仲舒、劉向以爲……鄭伯弑死。”是董君知鄭伯髠原遇弑之證。《五行志》又云：“董仲舒、劉向以爲先是楚靈王弑君而立。”是董君知楚子卷遇弑之證。《繁露·仁義法》云：“昔者楚靈王討陳蔡之賊。”是董君知陳侯溺遇弑之證。唯子糾之事無考。是知弑君之數，於文則三十二，董君、丁鴻數之;於實則三十六,淮南、史遷、劉向數之。今人不識,反以三十二屬公羊,三十六屬左氏,乃至發夫子作《左氏傳》之説,是不知《公羊》微辭,甚可閔笑者也。

附表三種:

表一:《春秋》弑君三十六表

(《孟子·離婁下》云:"其事則齊桓晉文,其文則史。孔子曰:'其義則丘竊取之矣。'")

繫　年	其　文	其　事	其義(例)
隱四年	戊申,衛州吁弑其君完	衛公孫州吁弑衛桓公	弑君自立
隱十一年	壬辰,公薨	魯桓公、魯公子翬弑魯隱公	內諱
桓二年	戊申,宋督弑其君與夷,及其大夫孔父	宋公子馮、公孫督弑宋殤公及其大夫孔父	公子馮弑君自立;爲宋繆公讓國諱,移弑辭於宋督;賢大夫孔父
桓十八年	丙子,公薨於齊	魯夫人文姜譖公於齊襄,誘殺之	內諱;書地,國危不暇隱
莊八年	癸未,齊無知弑其君諸兒	齊公孫無知弑齊襄公	弑君自立
莊九年	九月,齊人取子糾殺之	齊桓公使人取公子糾於魯而弑之	未逾年君;齊、魯皆當坐弑君
莊十二年	甲午,宋萬弑其君接,及其大夫仇牧	宋大夫萬弑宋公接及其大夫仇牧	當急誅之;賢大夫仇牧
莊三十二年	乙未,子般卒	魯公子慶父、夫人哀姜弑魯子般	內諱
閔二年	辛丑,公薨	魯公子慶父、夫人哀姜弑魯閔公	內諱
僖九年	冬,晉里克弑其君之子奚齊	晉大夫里克弑晉子奚齊	未逾年君;書時,終始惡明;君子痛同姓之禍
僖十年	(正月),晉里克弑其君卓子,及其大夫荀息	晉大夫里克弑晉侯卓子	書月,終始惡明;君子痛同姓之禍;賢大夫荀息
文元年	丁未,楚世子商臣弑其君髡	楚世子商臣弑楚王髡	夷狄子弑父,忍言其日
文十四年	(九月),齊公子商人弑其君舍	齊公子商人弑齊子舍	未逾年君;已立已殺,君子深疾之

續　表

繫　年	其　文	其　事	其　義(例)
文十六年	十有一月，宋人弑其君處臼	宋大夫弑宋公處臼	譏三世内娶
文十八年	戊戌，齊人弑其君商人	齊士弑齊侯商人	齊人已君事之，殺之當坐弑君
文十八年	十月，子卒	魯宣公、公子遂弑魯子赤及其大夫叔仲彭生	内諱；所聞世，内不忍書日；書及不辭
文十八年	(冬)，莒弑其君庶其	莒某弑莒子庶其	君失衆也
宣二年	乙丑，晋趙盾弑其君夷獋	晋大夫趙穿弑晋靈公，趙盾不討賊	絶而不誅
宣四年	乙酉，鄭公子歸生弑其君夷	鄭公子歸生弑鄭伯夷	正例
宣十年	癸巳，陳夏徵舒弑其君平國	陳大夫夏徵舒弑陳靈公	正例
成十八年	庚申，晋弑其君州蒲	晋某弑晋厲公	君失衆也；書日，屬公無道甚
襄七年	鄭伯髡原如會，未見諸侯。丙戌，卒於操	鄭大夫弑鄭僖公於鄭地操	爲中國諱伐喪
襄二十五年	乙亥，齊崔杼弑其君光	齊大夫崔杼弑齊侯光	正例
襄二十六年	辛卯，衛甯喜弑其君剽	衛侯珩、衛大夫甯喜弑衛侯剽	甯喜謏也
襄二十九年	(夏或五月)，閽弑吳子餘祭	吳閽人弑吳王餘祭	宜不近刑人；不書日，略夷狄，或成讓國之志
襄三十年	四月，蔡世子般弑其君固	蔡世子般弑蔡景公	中國子弑父，不忍言其日
襄三十一年	十有一月，莒人弑其君密州	莒士弑莒子密州	莒無大夫；不書日，小國也
昭元年	己酉，楚子卷卒	楚公子圍弑楚王卷，楚公子比出奔	爲昭公諱與弑君之賊相交接
昭八年	辛丑，陳侯溺卒	陳公子招、陳大夫孔瑗弑陳哀公	爲中國不能討賊、遂致楚靈王懷惡滅陳諱

續　表

繫　　年	其　　文	其　　事	其義(例)
昭十三年	四月,楚公子比自晋歸於楚,弑其君虔於乾谿	楚公子棄疾脅公子比弑楚靈王於乾谿	絕而不誅,比之義宜乎效死不立;書月,惡靈王無道;書地以戒
昭十三年	(夏),楚公子棄疾弑公子比	楚公子棄疾弑楚子比	書時,辭如大夫之相殺,比意不當君也
昭十九年	戊辰,許世子止弑其君買	許世子止不先嘗藥,弑許悼公	絕而不誅;書日,非實弑也
昭二十七年	四月,吳弑其君僚	吳公子光使專諸弑吳王僚,致國於季札	爲季札讓國於弑君之賊諱;書月,君非失衆也
定十三年	(冬),薛弑其君比	薛某弑薛伯比	君失衆也
哀四年	庚戌,盜殺蔡侯申(諸本殺作弑)	蔡罪人弑蔡昭公	宜不近罪人
哀六年	(秋),齊陳乞弑其君舍	齊大夫陳乞弑齊侯舍,納公子陽生	諼也;書時,終始惡明

案:弑君例書日,"從外赴辭,以賊聞例"也。弑未逾年之君者例書月,稱國以弑者例書時。稱世子以弑者,夷狄書日,諸夏不書日。餘皆變文。

表二: 董仲舒述弑君之應災異表
(據《漢書‧五行志》)

繫　　年	災　　異	《五行志》文	弑君之事
隱三年	二月己巳,日有食之	衛、魯、宋咸殺君	隱四年衛桓公、十一年魯隱公、桓二年宋殤公
桓元年	秋,大水	桓弑兄隱公;後宋督弑其君	隱十一年魯隱公、桓二年宋殤公
桓三年	七月壬辰朔,日有食之,既	先是魯、宋弑君	隱十一年魯隱公、桓二年宋殤公
桓十七年	十月朔,日有食之	惡魯桓且有夫人之禍,將不終日也	桓十八年魯桓公

繫　　年	災　　異	《五行志》文	弒君之事
莊七年	秋,大水,亡麥苗	嚴母文姜與兄齊襄公淫,共殺桓公	桓十八年魯桓公
莊二十九年	有蜚	其後夫人與兩叔作亂,二嗣以殺	莊三十二年魯子般、閔二年魯閔公
莊三十年	九月庚午朔,日有食之	後魯二君弒	莊三十二年魯子般、閔二年魯閔公
僖二年、三年	冬十月不雨;春正月不雨,夏四月不雨;六月雨	先是者,嚴公夫人與公子慶父淫,而殺二君	莊三十二年魯子般、閔二年魯閔公
僖五年	九月戊申朔,日有食之	晋弒二君	僖九年晋子奚齊、十年晋侯卓子
僖三十三年	十二月,隕霜不殺草	其後遂殺子赤	文十八年魯子赤
文元年	二月癸亥,日有食之	後楚世子商臣殺父,齊公子商人弒君,皆自立	文元年楚王髠、十四年齊子舍
文九年	九月癸酉,地震	先是楚穆王殺父;後宋、魯、晋、莒、鄭、陳、齊皆殺君	文元年楚王髠、十四年齊子舍、十六年宋公處臼、十八年齊侯商人、魯子赤、莒子庶其、宣二年晋靈公、宣四年鄭伯夷、宣十年陳靈公
文十四年	七月,有星孛入於北斗	後齊、宋、魯、莒、晋皆弒君	文十四年齊子舍、十六年宋公處臼、十八年齊侯商人、魯子赤、莒子庶其、宣二年晋靈公
文十五年	六月辛丑朔,日有食之	後宋、齊、莒、晋、鄭八年之間五君殺死	文十六年宋公處臼、十八年齊侯商人、莒子庶其、宣二年晋靈公、宣四年鄭伯夷
宣三年	郊牛之口傷,改卜牛,牛死	宣公與公子遂謀共殺子赤而立	文十八年魯子赤
宣八年	七月甲子,日有食之,既	先是楚商臣弒父而立;齊、晋新有篡弒之禍	文元年楚王髠、十四年齊子舍、十八年齊侯商人、宣二年晋靈公

續　表

繫　年	災　異	《五行志》文	弒君之事
宣十年	四月丙辰,日有食之	後陳夏徵舒弒其君	宣十年陳靈公
成五年	夏,梁山崩	後晉暴殺三卿,厲公以弒	成十八年晉厲公
成十七年	十二月丁巳朔,日有食之	晉弒其君	成十八年晉厲公
襄十六年	五月甲子,地震	闔殺吳子	襄二十九年吳王餘祭
襄二十三年	二月癸酉朔,日有食之	甯喜弒其君剽	襄二十六年衛侯剽
襄二十四年	八月癸巳朔,日有食之	後六君弒	襄二十五年齊侯光、二十六年衛侯剽、二十九年吳王餘祭、三十年蔡景公、三十一年莒子密州、昭元年楚王卷
襄二十七年	十二月乙亥朔,日有食之	後闔戕吳子,蔡世子般弒其父,莒人亦弒君而庶子爭	襄二十九年吳王餘祭、三十年蔡景公、三十一年莒子密州
昭七年	四月甲辰朔,日有食之	先是楚靈王弒君而立;後靈王亦弒死	昭元年楚王卷、十三年楚靈王
昭二十三年	八月乙未,地震	吳殺其君僚	昭二十七年吳王僚
定十二年	十一月丙寅朔,日有食之	薛弒其君	定十三年薛伯比
哀三年	四月甲午,地震	盜殺蔡侯,齊陳乞弒君	哀四年蔡昭公、哀六年齊侯舍

　　案：録災異凡二十七事,災者二(桓元年、莊七年大水),異者二十五。災者小,異者大,《繁露·必仁且智》"天地之物有不常之變者謂之異,小者謂之災"是也。弒君者,《春秋》所重者也,故多以異應。又,莊二十九年蜚,僖二年不雨,僖三十三年草妖,宣三年牛禍,文九年、襄十六年、昭二十三年、哀三年地震凡八事,皆劉向之説也。而《志》云："董仲舒指略同。"又云："諸雩旱不雨,略皆同説。"又云："諸震,略皆從董仲舒説也。"姑録之。

表三：何休述弑君之應災異表

（據劉逢禄《春秋公羊經何氏釋例》卷一〇《災異例》章①）

繫　　年	災　　異	何　　注	弑君之事
隱三年	二月己巳，日有食之	是後州吁弑君	隱四年衛桓公
隱九年	三月庚辰，大雨雪	此桓將怒而弑隱公之象	隱十一年魯隱公
桓元年	秋，大水	先是桓篡隱	隱十一年魯隱公
桓十七年	十月朔，日有食之	是後夫人僭（當作譖）公，爲齊侯所誘殺	桓十八年魯桓公
莊二十五年	六月辛未朔，日有食之	是後夫人遂不制，通於二叔，殺二嗣子	莊三十二年魯子般、閔二年魯閔公
莊二十六年	十有二月癸亥朔，日有食之	與上略同	莊三十二年魯子般、閔二年魯閔公
僖五年	九月戊申朔，日有食之	晉里克比弑二君	僖九年晉子奚齊、十年晉侯卓子
文元年	二月癸亥朔，日有食之	是後楚世子商臣弑君	文元年楚王髡
文十一年	十月甲午，叔孫得臣敗狄於鹹	故自宣、成以後，弑君二十八，亡國四十	《春秋說》文，不可强以經傳釋之
文十四年	七月，有星孛入於北斗	宋、齊、莒、魯弑君之應	文十六年宋公處臼、十八年齊侯商人、魯子赤、莒子庶其
文十五年	六月辛丑朔，日有食之	宋人弑其君處臼，齊人弑其君商人，宣公弑子赤，莒弑其君庶其	文十六年宋公處臼、十八年齊侯商人、魯子赤、莒子庶其
成五年	梁山崩	自是之後，六十年之中，弑君十四，亡國三十二	《春秋說》文，不可强以經傳釋之

---

① （清）劉逢禄：《春秋公羊經何氏釋例、春秋公羊釋例後録》，上海：上海古籍出版社，2013 年，第 268—288 頁。

續　表

繫　年	災　異	何　注	弑君之事
成十六年	六月丙寅朔,日有食之	晋厲公見餓殺尤重	成十八年晋厲公
襄十五年	八月丁巳,日有食之	齊、蔡、莒、吳、衛之禍,徧滿天下	襄二十五年齊侯光、二十六年衛侯剽、二十九年吳王餘祭、三十年蔡景公、三十一年莒子密州
襄十六年	五月甲子,地震	其後叛臣二,弑君五	襄二十五年齊侯光、二十六年衛侯剽、二十九年吳王餘祭、三十年蔡景公、三十一年莒子密州
襄二十四年	七月甲子朔,日有食之,既	齊崔杼、衛甯喜弑其君	襄二十五年齊侯光、二十六年衛侯剽
襄二十四年	八月癸巳朔,日有食之	與甲子同	襄二十五年齊侯光、二十六年衛侯剽
襄二十七年	十有二月乙亥朔,日有食之	是後吳、蔡、莒弑君之應	襄二十九年吳王餘祭、三十年蔡景公、三十一年莒子密州
昭七年	四月甲辰朔,日有食之	是後楚滅陳、蔡殺其君虔於乾谿	昭十三年楚靈王
昭二十三年	八月乙未,地震	吳光弑僚滅徐	昭二十七年吳王僚
昭二十四年	五月乙未朔,日有食之	吳滅巢,弑其君僚	昭二十七年吳王僚
定十二年	十有一月丙寅朔,日有食之	是後薛弑其君比	定十三年薛伯比
定十五年	八月庚辰朔,日有食之	蔡、齊弑君	哀四年蔡昭公、哀六年齊侯舍
哀三年	四月甲午,地震	盜殺蔡侯申	哀四年蔡昭公

案:録災異凡二十四事,災者一(桓元年大水),異者二十三。隱三年何注云:"異者,非常可怪,先事而至者。"隱五年何注云:"災者,有害於人物,隨事而至者。"是知弑君之事皆後於異而先於災。何例較董君爲精者也。

三傳通論

《左傳》宋國二位子魚析論[*]

黃聖松

【摘　要】　僖公二十二年《左傳》"大司馬固諫曰","固"或釋爲堅持義,作副詞解;或解"固"爲大司馬公孫固之名。清人梁玉繩不僅持後說,更首倡春秋宋國公子目夷與公孫固同字子魚。本文梳理《左傳》《國語》《史記》相關記載,證實僖公二十二年《左傳》"大司馬固諫曰"之"固"乃公孫固之名,且公孫固與公子目夷同字子魚。《左傳》記同名或同字者,爲予區別而於名或字前綴加文字。《左傳》分別"子魚""司馬子魚"亦是此理,前指公子目夷而後謂公孫固。公子目夷字子魚,此"魚"非魚類而係馬屬,則公孫固字子魚亦當如是。《春秋經》記宋共公名"固",他書作"瑕",乃音近通假。公孫固係春秋宋人,其名當亦作"瑕"。"瑕"應讀同從"叚"聲之"騢",《爾雅・釋畜》將"騢"與馬屬之"魚"同列。又《毛詩・魯頌・駉》言"薄言駉者,有駰有騢,有驔有魚,以車袪袪","騢""魚"并陳,此即公孫固名與字取義之本。

【關鍵詞】　《左傳》　宋國　公子目夷　公孫固　子魚
【作者簡介】　黃聖松,1975 年生,臺灣成功大學中文系教授兼系主任。

一、前　　言

　　僖公八年《左傳》:"宋公疾,大子兹父固請曰:'目夷長且仁,君其立之!'公命子魚。子魚辭曰:'能以國讓,仁孰大焉?臣不及也,且又不順。'遂走而退。"晋人杜預(222—285)《春秋左傳集解》(以下簡稱《集解》)謂:"兹父,襄公也。目夷,兹

---

*　本文曾於臺灣東吳大學中國文學系主辦"第七屆中國古典文獻學國際學術研討會"(2022 年 4 月 28 日)宣讀,經特約討論人點評後修訂。

父庶兄,子魚也。"①又僖公九年《左傳》:"宋襄公即位,以公子目夷爲仁,使爲左師以聽政,於是宋治。故魚氏世爲左師。"(第 220 頁)宋襄公庶兄公子目夷字子魚,宋襄公命爲左師。爾後數年宋襄公欲霸中原,《左傳》屢載子魚之諫,僖公十九年《左傳》:"宋公使邾文公用鄫子於次睢之社,欲以屬東夷。司馬子魚曰:'古者六畜不相爲用,小事不用大牲,而况敢用人乎?'"《集解》言:"司馬子魚,公子目夷也。"(第 239 頁)同年《左傳》又云:"宋人圍曹,討不服也。子魚言於宋公曰:'文王聞崇德亂而伐之,軍三旬而不降。退修教而復伐之,因壘而降。'"(第 240 頁)又僖公二十一年《左傳》:"諸侯會宋公於盂。子魚曰:'禍其在此乎!君欲已甚,其何以堪之?'於是楚執宋公以伐宋。冬,會於薄以釋之。子魚曰:'禍猶未也,未足以懲君。'"(第 242 頁)又僖公二十二年《左傳》:"宋公伐鄭。子魚曰:'所謂禍在此矣。'"(第 247 頁)同年《左傳》於楚、宋泓之戰後又言:"國人皆咎公。……子魚曰:'君未知戰。'"(第 248 頁)依《集解》則上揭傳文之子魚皆公子目夷。然僖公二十二年《左傳》於泓之戰前記云:"楚人伐宋以救鄭。宋公將戰,大司馬固諫曰:'天之棄商久矣,君將興之,弗可赦也已。'弗聽。"《集解》謂:"大司馬固,莊公之孫,公孫固也。"(第 248 頁)又《國語·晋語四》:"公子過宋,②與司馬公孫固相善。"三國吳人韋昭(204—273)《注》謂:"固,宋莊公之孫,大司馬固也。"③《史記·晋世家》亦記此事云:"過宋,宋襄公新困兵於楚,傷於泓,聞重耳賢,乃以國禮禮於重耳。宋司馬公孫固善於咎犯。"④則此時宋司馬又爲公孫固。近世學者對此大致主張是時宋司馬爲公子目夷,⑤或謂僖公二十二年《左傳》與《國語·晋語四》之文有誤,然此見有待商榷。清人梁玉繩(1744—1792)《史記志疑》(以下簡稱《志疑》)首倡是時宋有二位同字子魚者,除公子目夷字子魚,另

---

① (晋)杜預集解,(唐)孔穎達正義:《春秋左傳注疏》,臺北:藝文印書館,1993 年,第 217 頁。爲簡省篇幅及便於讀者閲讀,下文徵引本書時,徑於引文之後標注頁碼。

② 筆者按:此公子乃公子重耳。

③ (周)左丘明著,(三國吳)韋昭注:《國語韋昭注》,臺北:藝文印書館,1974 年,第 253 頁。

④ (漢)司馬遷著,(南朝宋)裴駰集解,(唐)司馬貞索引,(唐)張守節正義,[日]瀧川龜太郎考證:《史記會注考證》,高雄:復文圖書出版社,1991 年,第 616 頁。

⑤ 仇振中:《談〈子魚論戰〉中的"大司馬固諫"》,《山東師範大學學報》1978 年第 6 期,第 66、52 頁。閻豐古、劉學敏:《也談〈子魚論戰〉中的"大司馬固諫"——同仇振中同志商榷》,《山東師範大學學報》1979 年第 1 期,第 78—79、46 頁。周維綱:《〈左傳〉大司馬固諫杜注質疑》,《社會科學戰線》1995 年第 4 期,第 36 頁。

一位乃公孫固。① 因二人皆字子魚，後世混同爲一。然《志疑》仍有部分意見尚待修訂，今不揣疏陋，將讀書心得形諸文字，就教於方家學者。

二、舊 説 之 論

舊説主張是時宋司馬乃公子目夷，僖公二十二年《左傳》之"大司馬固"與《國語·晋語四》之"司馬公孫固"爲誤。此説始見清人顧炎武（1613—1682）《左傳杜解補正》（以下簡稱《補正》）卷上：②

> 大司馬即司馬子魚也，"固諫"，堅辭以諫也。隱三年言"召大司馬孔父而屬殤公焉"，③桓二年言"孔父嘉爲司馬"，④知大司馬即司馬也。文八年上言"殺大司馬公子卬"，⑤下言"司馬握節以死"，⑥知大司馬即司馬也。定十年"公若藐固諫"，⑦知"固諫"之爲堅辭以諫也。杜以固爲名，謂"莊公之孫，公孫固"者，非。朱鶴齡曰："按《史記·宋世家》，則前後俱子魚之言。⑧"⑨

《補正》謂《左傳》"大司馬"可省稱"司馬"，此自無疑義，下節將再議論。《補正》又言《左傳》"大司馬固諫曰"之"固諫"乃"堅辭以諫"，則"固"非公孫固之名而作副詞。《補正》引清人朱鶴齡（1606—1683）之文見《讀左日鈔》卷三：

> 按：《國語》："晋文公過宋，與司馬公孫固相善。"杜氏以諫戰楚者即此公孫固，故以下文請擊未濟之司馬爲子魚，蓋謂司馬與大司馬爲二也。《史

---

① （清）梁玉繩：《史記志疑》，文懷沙主編：《四部文明·秦漢文明卷》（第11冊），西安：陝西人民出版社，2007年，第394頁。

② （清）顧炎武：《左傳杜解補正》，《叢書集成新編》（第109冊），臺北：新文豐出版公司，1985年，第267頁。

③ 原句見隱公三年《左傳》："宋穆公疾，召大司馬孔父而屬殤公焉。"（第52頁）

④ 原句見桓公二年《左傳》："孔父嘉爲司馬，督爲大宰，故因民之不堪命。"（第90頁）

⑤ 原句見文公八年《左傳》："夫人因戴氏之族，以殺……及大司馬公子卬。"（第319頁）

⑥ 原句見文公八年《左傳》："司馬握節以死，故書以官。"（第319頁）

⑦ 原句見定公十年《左傳》："初，叔孫成子欲立武叔，公若藐固諫曰：'不可。'"（第978頁）

⑧ 原句見《史記·宋微子世家》："秋，楚伐宋以救鄭。襄公將戰，子魚諫曰：'天之棄商久矣，不可。'"見（漢）司馬遷著，（南朝宋）裴駰集解，（唐）司馬貞索引，（唐）張守節正義，［日］瀧川龜太郎考證：《史記會注考證》，第601頁。

⑨ 原句見清人朱鶴齡《讀左日鈔》卷三："《史記·宋世家》則以前後俱子魚之言，微詳孰是。"見（清）朱鶴齡：《讀左日鈔》，任繼愈、傅璇琮主編：《文津閣四庫全書》（第60冊），北京：商務印書館，2005年，第215頁。

記·宋世家》則以前後俱子魚之言，未詳孰是。子魚即公子目夷也。①

朱氏疑宋大司馬與司馬爲二官，大司馬乃公孫固而公子目夷任司馬。然因與《史記·宋微子世家》所載相違，朱氏乃言"未詳孰是"。此外，朱氏《讀左日鈔補》卷上又增補意見，先引上揭《補正》，後言："愚按：亭林此解與《史記》合公孫固之官司馬，蓋與子魚先後爲之。《公羊傳》述宋襄此事，亦作公子目夷。"②是朱氏略修前見，仍主張公子目夷與公孫固乃前後任司馬。朱氏於此另揭僖公二十一年《公羊傳》：

> 宋公與楚子期以乘車之會，公子目夷諫曰："楚，夷國也，强而無義，請君以兵車之會往。"宋公曰："不可。……"終以乘車之會往，楚人果伏兵車，執宋公以伐宋。宋公謂公子目夷曰："子歸守國矣。……"公子目夷復曰："君雖不言國，國固臣之國也。"於是歸設守械而守國。……楚人知雖殺宋公，猶不得宋國，於是釋宋公。宋公釋乎執，走之衛。公子目夷復曰："國爲君守之，君曷爲不入？"然後逆襄公歸。③

依傳文則先後諫宋襄公者皆公子目夷，清人顧棟高(1679—1759)《春秋大事表·春秋列國官制表》亦引此與上揭《補正》而同意《補正》之説。顧氏又補云："文七年《傳》殺公孫固、公孫鄭，於是樂豫爲司馬，列於六卿，則固非卿明矣。"④文公七年《左傳》："夏四月，宋成公卒。於是公子成爲右師，公孫友爲左師，樂豫爲司馬，鱗矔爲司徒，公子蕩爲司城，華御事爲司寇。……穆、襄之族率國人以攻公，殺公孫固、公孫鄭於公宮。"(第316—317頁)是時樂豫確任司馬，對此下文第三節將另行討論，於此不贅述。此外，日本人竹添光鴻(1842—1917)《左傳會箋》(以下簡稱《會箋》)全引《補正》，亦主"大司馬固諫曰"之"固諫猶固辭、固讓、固請、固謝之固，言堅固也，與强諫同"。⑤ 總而言之，顧棟高與《會箋》皆同意《補正》，主張第一節所揭諸段傳文之子魚皆公子目夷，"大司馬固諫曰"之"固"非公孫固。

主張"大司馬固諫曰"之"固"爲公孫固者，見清人惠棟(1697—1758)《春秋左傳補注》，其引第一節所揭《晋語四》之文與韋昭《注》爲據，謂："公子過宋，適當襄公之時，韋、杜皆據《世本》而言。稱大司馬，所以别下司馬也。顧氏不見《世本》而曲爲之説，

---

① （清）朱鶴齡：《讀左日鈔》，第215頁。

② （清）朱鶴齡：《讀左日鈔》，第278頁。

③ （漢）何休解詁，（唐）徐彥疏：《春秋公羊傳注疏》，臺北：藝文印書館，1993年，第143頁。

④ （清）顧棟高：《春秋大事表》，北京：中華書局，1993年，第1046頁。

⑤ ［日］竹添光鴻：《左傳會箋》，臺北：天工書局，1998年，第437頁。

失之,《史記》疏略,不足取證。"①針對"稱大司馬,所以別下司馬也"句,惠氏云:

> 大司馬與大宰不在六卿之列,文七年穆、襄之族殺公孫固時,樂豫爲司馬;泓之戰,子魚爲司馬;明大司馬是宋之孤卿也。文七年《正義》云:"宋上公,禮得有孤。且春秋變周,不必如禮。"②晉有太師、太傅,僭爲之。③

關於宋大司馬與司馬究爲一職或二官,下文第三節將予説明,實則司馬乃大司馬省稱,二者無別。至於惠氏所言《世本》,依清人秦嘉謨輯自"北宋本《史記・宋世家》《正義》"之《世本》曰"宋莊公孫名固,爲大司馬"。秦氏案語云:"《世本》言公孫固一條,其後不見於《左傳》,未知其何氏。"④惠氏以此謂韋昭《注》與《集解》言之有據,駁《補正》不足取。又清人沈欽韓(1775—1831)《春秋左氏傳補注》云:"子魚爲左師,不爲大司馬。《晉語》'公子過宋與司馬公孫固相善',是此大司馬固矣,顧失之。"⑤沈氏引第一節所揭僖公九年《左傳》爲證,謂公子目夷時任左師而非司馬。此部分第三節將論之,於此不贅述。又近人楊伯峻(1909—1992)《春秋左傳注》(以下簡稱《左傳注》)亦主"大司馬固諫曰"之"固"乃公孫固,謂僖公十九年《左傳》"司馬子魚"之子魚雖爲公子目夷,然至魯僖公二十二年(前 638 年)公子目夷"已不爲司馬矣";⑥近人方炫琛(1952—2000)《左傳人物名號研究》從之。⑦ 諸家皆主"大司馬固諫曰"之"固"爲公孫固,任大司馬者非公子目夷,然論據各異。惠氏謂大司馬固乃公孫固而公子目夷之職爲司馬,一任大司馬而一任司馬,不得混淆。沈氏則主公子目夷爲左師而非司馬,知大司馬固乃公孫固。《左傳注》以爲魯僖公十九年(前 641 年)時公子目夷仍任司馬,至魯僖公二十二年(前 638 年)則易爲公孫固。

大司馬固究爲公子目夷或公孫固,近世譯《左傳》論著各有所承。如近人李宗侗(1895—1974)《春秋左傳今注今譯》主公子目夷,⑧沈玉成《左傳譯文》與李索《左傳正

---

① (清)惠棟:《春秋左傳補注》,(清)阮元編:《皇清經解春秋類彙編》,臺北:藝文印書館,1986 年,第 961 頁。

② 原句見文公七年《左傳》之《正義》曰:"宋是上公,禮得有孤。且春秋之時,不必如禮。"(第 317 頁)

③ (清)惠棟:《春秋左傳補注》,(清)阮元編:《皇清經解春秋類彙編》,第 961 頁。

④ (漢)宋衷注,(清)秦嘉謨等輯:《世本八種》,北京:北京圖書館出版社,2008 年,第 288 頁。

⑤ (清)沈欽韓:《春秋左氏傳補注》,(清)王先謙編:《續經解春秋類彙編》,臺北:藝文印書館,1986 年,第 2517 頁。

⑥ 楊伯峻:《春秋左傳注》,北京:中華書局,2000 年,第 396 頁。

⑦ 方炫琛:《左傳人物名號研究》,臺灣政治大學博士學位論文,1983 年,第 148 頁。

⑧ 李宗侗著,葉慶炳校訂:《春秋左傳今注今譯》,臺北:臺灣商務印書館,1993 年,第 324—325 頁。

宗》皆主公孫固；①郁賢皓、周福昌、姚曼波《新譯左傳讀本》雖言二見可存，然翻譯時則用公孫固之説。② 筆者以爲《左傳》稱"司馬子魚"與"大司馬固諫曰"之"固"皆公孫固，單稱"子魚"者乃公子目夷；易言之，是時宋有二位子魚并存，於下文諸節申論之。

三、公孫固任司馬而公子目夷任左師

第一節所揭僖公十九年《左傳》載"司馬子魚"（第 220 頁），又僖公二十二年《左傳》言"大司馬固諫曰"（第 248 頁），且依《集解》知第一節所引諸文之"子魚"與"司馬子魚"皆公子目夷，"大司馬固"之公孫固亦司馬，則宋國豈有二位司馬？ 治先秦史與春秋史學者皆知司馬掌一國軍事，大抵一國僅一位司馬。《左傳》載楚國於春秋晚期，③司馬析爲"大司馬""右司馬""左司馬"。④ 宋國亦見"大司馬"與"少司馬"，"大司馬"除上揭僖公二十二年《左傳》"大司馬固諫曰"（第 248 頁），與上節所引《補正》述及文公八年《左傳》之"大司馬公子卬"，尚見隱公三年《左傳》"宋穆公疾，召大司馬孔父而屬殤公焉"（第 52 頁），又昭公二十二年《左傳》"宋公使公孫忌爲大司馬……以靖國人"（第 871 頁），又哀公二十六年《左傳》"於是皇緩爲右師，皇非我爲大司馬……六卿三族降聽政"（第 1052 頁）。"少司馬"則見昭公二十一年《左傳》"宋華費遂生華貙、華多僚、華登。貙爲少司馬，多僚爲御士，與貙相惡"（第 868 頁）。 讀者或以爲宋既分大司馬、少司馬，則公子目夷與公孫固乃分居二職，然《左傳》不加區分而混稱司馬。 筆者以爲此説不確，申論於下。

宋大司馬得省稱司馬，可由上揭文公八年《左傳》證實。該年傳文先記宋襄夫人殺大司馬公子卬，後言"司馬握節以死，故書以官"。《集解》謂："節，國之符信也。 握

① 沈玉成：《左傳譯文》，臺北：洪葉文化事業公司，1994 年，第 98 頁。 李索：《左傳正宗》，北京：華夏出版社，2011 年，第 130 頁。

② 郁賢皓、周福昌、姚曼波著，傅武光校閱：《新譯左傳讀本》，臺北：三民書局，2016 年，第 390—392 頁。

③ 關於春秋時代之定義，本文依《左傳》起迄之魯隱公元年（前 722 年）至魯哀公二十七年（前 468 年）爲範圍，歷時 255 年。 本文所謂中期與後期乃將 255 年等分三期，春秋前期指魯隱公元年（前 722 年）至魯僖公二十二年（前 638 年），中期爲魯僖公二十三年（前 637 年）至魯襄公二十年（前 553 年），晚期爲魯襄公二十一年（前 552 年）至魯哀公二十七年（前 468 年）。

④ 如襄公二年《左傳》："楚公子申爲右司馬，多受小國之賂，以偪子重、子辛。"（第 499 頁）又襄公十五年《左傳》："楚公子午爲令尹，公子罷戎爲右尹，蒍子馮爲大司馬，公子橐師爲右司馬，公子成爲左司馬……以靖國人。"（第 565 頁）又襄公三十一年《左傳》："楚公子圍殺大司馬蒍掩而取其室。"（第 683 頁）又昭公三十一年《左傳》："吳師圍弦，左司馬戌、右司馬稽帥師救弦。"（第 930 頁）

之以死,示不廢命。"(第 319—320 頁)依上下文意可知,"握節以死"之司馬即宋襄夫人所殺之大司馬公子卬,大司馬得省稱司馬。上節所引《補正》已述此,是爲一證。《補正》又舉隱公三年《左傳》稱孔父爲大司馬,桓公二年《左傳》則記曰"孔父嘉爲司馬",是大司馬可省稱司馬,此第二證。又文公七年《左傳》:"夏四月,宋成公卒。於是公子成爲右師,公孫友爲左師,樂豫爲司馬……六卿和公室,樂豫舍司馬以讓公子卬。"(第 316—317 頁)此段述大司馬公子卬得官之由,知任司馬者本樂豫,爲"和公室"而讓予公子卬。文公七年《左傳》稱公子卬任司馬,翌年《左傳》則書爲大司馬,知司馬乃大司馬省稱,此第三證。上揭三證《左傳注》已述及,[①]筆者再補上揭昭公二十一年《左傳》,是時華貙任少司馬,後言:"公曰:'司馬以吾故,亡其良子。死亡有命,吾不可以再亡之。'"《集解》言:"司馬謂費遂,爲大司馬。"(第 868 頁)依《左傳》知華貙之父爲華費遂,宋元公既稱華費遂爲司馬而《集解》乃言大司馬,知大司馬得省稱司馬,此第四證。據上所陳,則學者主張宋大司馬與司馬爲二職,其論不可從。[②] 至於少司馬是否可省稱司馬? 筆者持否定意見。《左傳》少司馬僅一例,然《周禮》有"小司馬",當即少司馬。[③]《周禮·夏官司馬》:"大司馬,卿一人。小司馬,中大夫二人。"[④]知大司馬乃卿官而小司馬則非,品秩既有別,小司馬或少司馬當不容省稱司馬以致混淆。春秋宋大司馬得省稱司馬,雖有少司馬一職然不得又稱司馬,則公子目夷與公孫固必非同任司馬。

公子目夷與公孫固既不得咸掌司馬,公子目夷是時所任何職? 第二節所引沈欽韓已言"子魚爲左師,不爲大司馬",其說可從。第一節所揭僖公九年《左傳》已明載:"以公子目夷爲仁,使爲左師以聽政,於是宋治。故魚氏世爲左師。"公子目夷不僅"爲左師以聽政"而使"宋治",且"魚氏世爲左師"。所謂"聽政",哀公七年《左傳》有類似文句曰:"曹鄙人公孫強好弋,獲白雁,獻之,且言田弋之説,説之。因訪政事,大説之。有寵,使爲司城以聽政。"(第 1011 頁)《會箋》釋"聽政"爲"蓋政卿也",[⑤]即秉一國政事之卿。公子目夷既聽宋國之政,《會箋》又謂:"宋之治,由用目夷也。用目夷,雖繼桓之業可矣。不用其言,襄之所以敗也。猶用其人,襄之所以不亡也。"[⑥]味《左傳》之文

① 楊伯峻:《春秋左傳注》,北京:中華書局,2000 年,第 397 頁。

② 郝鐵川、趙長征:《春秋宋國官制初探》,《商丘師專學報(社會科學版)》1985 年第 2 期,第 22—24 頁。趙曉斌:《春秋官制研究——以宗法禮治社會爲背景》,浙江大學博士學位論文,2009 年,第 335—338 頁。

③ 許秀霞:《〈左傳〉職官考述》,新北:花木蘭文化出版社,2009 年,第 252 頁。

④ (漢)鄭玄注,(唐)賈公彦疏:《周禮注疏》,臺北:藝文印書館,1993 年,第 429 頁。

⑤ [日]竹添光鴻:《左傳會箋》,臺北:天工書局,1998 年,第 1922 頁。

⑥ [日]竹添光鴻:《左傳會箋》,臺北:天工書局,1998 年,第 377 頁。

與《會箋》之釋,則終宋襄公之世,公子目夷不僅任左師且執宋國政事。《世本》載"魚氏"世系曰:"桓公生左師目夷,目夷生左師友,友之孫左師石、少宰府。"①"左師友"即公孫友,第二節所揭文公七年《左傳》:"夏四月,宋成公卒。於是公子成爲右師,公孫友爲左師。"《集解》謂公孫友乃"目夷子"(第 316 頁),知公孫友繼其父任左師;直至文公十六年《左傳》仍言:"於是華元爲右師,公孫友爲左師。"(第 348 頁)又成公十五年《左傳》:"秋八月,葬宋共公。於是華元爲右師,魚石爲左師。"(第 466 頁)該年《春秋經》:"宋魚石出奔楚。"《集解》謂:"公子目夷之曾孫。"(第 466 頁)知《春秋經》與《左傳》之魚石乃《世本》之左師石,自公子目夷至魚石三代任左師,後因魚石叛宋乃止,此即《左傳》"魚氏世爲左師"之意。《志疑》卷二〇言:"目夷以左師聽政,《傳》有明文,安得降爲司馬?"②《志疑》謂公子目夷既"爲左師以聽政",且三代任左師而爲"世卿"——即世代任卿官者,③豈有任意更易職司之理?《左傳注》謂僖公九年《左傳》司馬子魚爲公子目夷,"此時或又改爲司馬矣"④。然《左傳》言公子目夷"世爲左師",且上文已證其詞,則公子目夷豈又再易爲左師?知《左傳注》改易職官之説不可從。⑤

第一節已揭《國語·晋語四》與《史記·晋世家》之文,皆載公子重耳過宋時,宋司馬乃公孫固。至於公子重耳過宋之年,《史記·宋微子世家》:"是年,晋公子重耳過宋,襄公以傷於楚,欲得晋援,厚禮重耳,以馬二十乘。"日本人瀧川龜太郎(1865—1946)《史記會注考證》:"此及《晋世家》書'過宋',於宋襄公十三年傷泓之後。"⑥《宋微

---

① (漢)宋衷注,(清)秦嘉謨等輯:《世本八種》,北京:北京圖書館出版社,2008 年,第 288 頁。

② (清)梁玉繩:《史記志疑》,文懷沙主編:《四部文明·秦漢文明卷》(第 11 冊),西安:陝西人民出版社,2007 年,第 394 頁。

③ 隱公三年《公羊傳》:"譏世卿,世卿非禮也。"《解詁》謂:"世卿者,父死子繼也。"見(漢)何休解詁,(唐)徐彥疏:《春秋公羊傳注疏》,臺北:藝文印書館,1993 年,第 27 頁。近人錢玄(1910—1999)《三禮通論》謂:"春秋時也承西周行世卿制……齊國的高氏、國氏、崔氏、陳氏等,世世相繼爲卿大夫,多則七八世,少則四五世。"見錢玄:《三禮通論》,南京:南京師範大學出版社,1996 年,第 339 頁。又近人熊得山(1891—1939)《中國社會史論》亦有相同意見,見熊得山:《中國社會史論》,上海:上海書店出版社,2010 年,第 154 頁。又日本人吉本道雅《先秦時期國制史》認爲春秋時代"身爲卿的世族,構成了諸侯國統治結構中的最上端部分。各個諸侯國之中,卿的成員大致一定。同時存在若干的卿成爲世族統治體制完成後,體制穩定不可或缺的因素"。見[日]吉本道雅:《先秦時期國制史》,[日]佐竹靖彥編:《殷周秦漢史學的基本問題》,北京:中華書局,2008 年,第 48—69 頁。

④ 楊伯峻:《春秋左傳注》,北京:中華書局,2000 年,第 381 頁。

⑤ 李慧强:《古史新證與宋襄公泓之戰》,《民族史研究》,2012 年,第 1—13 頁。

⑥ (漢)司馬遷著,(南朝宋)裴駰集解,(唐)司馬貞索引,(唐)張守節正義,[日]瀧川龜太郎考證:《史記會注考證》,高雄:復文圖書出版社,1991 年,第 601 頁。

子世家》所謂"是年"與瀧川氏所言"宋襄公十三年傷泓之後"即宋、楚泓之戰，僖公二十二年《春秋經》："冬十有一月己巳朔，宋公及楚人戰於泓，宋師敗績。"（第247頁）同年《左傳》："冬十一月己巳朔，宋公及楚人戰於泓。……宋師敗績。公傷股。"（第248頁）依《宋微子世家》則重耳過宋在魯僖公二十二年（前638年）年末，此時宋司馬乃公孫固。又僖公二十九年《春秋經》："夏六月，會王人、晋人、宋人、齊人、陳人、蔡人、秦人，盟於翟泉。"（第283頁）同年《左傳》："夏，公會王子虎、晋狐偃、宋公孫固、齊國歸父、陳轅濤塗、秦小子憖，盟於翟泉，尋踐土之盟，且謀伐鄭也。卿不書，罪之也。在禮，卿不會公侯，會伯子男可也。"（第283頁）比對《春秋經》與《左傳》，知《春秋經》所謂"宋人"即《左傳》之"宋公孫固"。且依《左傳》解《春秋經》"卿不書，罪之也"，知公孫固乃宋卿，至少此時公孫固仍任司馬。依上揭文公七年《左傳》，知是時宋司馬乃樂豫而非公孫固，且穆、襄之族作亂時殺公孫固於公宫，則該年公孫固已然致仕。至於公子目夷何時謝世或致仕？文獻未見相關記載，文公七年《左傳》載左師已由公子目夷之子公孫友擔綱，僅知此年前公子目夷或謝世或致仕，活動時間約與公孫固重疊。

總上所述，以爲本節結束。依《左傳》《國語》《史記》相關記載，可證公孫固任司馬而公子目夷任左師，僖公二十二年《左傳》"大司馬固諫曰"之"固"乃公孫固無疑。至於《左傳注》謂公子目夷先任左師，爲遷就僖公十九年《左傳》載"司馬子魚"，又言此時公子目夷改任司馬，此説不可從。

四、公子目夷與公孫固同字子魚

第三節已證公孫固任司馬而公子目夷爲左師，則僖公十九年《左傳》"司馬子魚"應是公孫固。讀者或許質疑，子魚既是公子目夷之字，然依筆者之見，司馬子魚所指爲公孫固，如此豈非矛盾？又應如何解釋此現象？對此筆者認爲第一節所揭僖公十九年、二十一年與二十二年《左傳》稱"子魚"者乃公子目夷，僖公十九年《左傳》稱"司馬子魚"則是公孫固；易言之，公子目夷與公孫固皆字子魚，申論於下。

《左傳》偶見同名或同字者，若同國又同見傳文則須甄別。如襄公二十七年《左傳》："鄭伯享趙孟於垂隴，子展、伯有、子西、子産、子大叔、二子石從。……印段賦《蟋蟀》……公孫段賦《桑扈》。"（第647—648頁）《集解》謂："二子石，印段、公孫段。"（第647頁）"二子石"乃後文之印段與公孫段，因二人皆字子石，序列"子展、伯有、子西、子産、子大叔"諸人皆載其字，故傳文乃記曰"二子石"。後文分述二子石賦詩則不稱字而代之以名，藉此避免混淆。此外，《左傳》另見二處同文俱載同名或同字者，爲區別而綴加文字於名號前。首先是襄公十九年《左傳》:"子然、子孔,宋子之子也;士子孔,圭嬀之子也。圭嬀之班亞宋子,而相親也;二子孔亦相親也。"(第587頁)宋人鄭樵(1104—1162)《通志·氏族略三》:"子孔氏,至公子嘉字子孔之後也,姬姓。又有公子志謂之士子孔,并穆公之子,亦爲孔氏。"①《會箋》又謂公子志稱"'士子孔'者,疑爲士官,故稱士子孔以别之",②可備一説。公子嘉與公子志皆字子孔,《左傳》爲别二人乃於公子志之字前綴"士"而稱"士子孔"。上揭傳文載明公子嘉之母宋子尊於公子志之母圭嬀,故《左傳》以二人之母班秩尊卑爲第,以公子嘉爲主而稱其字"子孔",公子志則記"士子孔"從之。又襄公二十五年《左傳》:"公鞭侍人賈舉,而又近之,乃爲崔子間公。……侍人賈舉止衆從者而入,閉門。……賈舉、州綽、邴師、公孫敖、封具、鐸父、襄伊、僂堙皆死。"(第618—619頁)《集解》於"侍人賈舉"下曰"重言'侍人賈舉',别下賈舉"(第618頁),於下文"賈舉"處言"八子皆齊勇力之臣,爲公所嬖者,與公共死於崔子之宫"(第619頁)。《左傳注》謂:"莊公近臣有二賈舉,一爲侍人賈舉,一爲死難者之賈舉。"③勇力之臣賈舉爲齊莊公嬖幸,其位尊於侍人,故《左傳》直記其名而另稱"侍人賈舉"别之。

須説明者爲哀公二年《左傳》所載"趙羅"與"温大夫趙羅","繁羽御趙羅,宋勇爲右。羅無勇,麇之。……鄭師北,獲温大夫趙羅"。《集解》於前句言"三子,晋大夫",於後句謂"羅無勇,故鄭師雖北,猶獲羅"(第996頁),以爲二處趙羅爲一人。清人于鬯(1862?—1919)《香草校書》卷四三"獲温大夫趙羅"條,謂温大夫趙羅"蓋范氏之黨羽,與上趙羅異人也。……故不第曰趙羅,而曰温大夫趙羅。於趙羅上特著'温大夫'三字,乃所以别於上文之趙羅非温大夫也"④。《左傳注》引于氏之文而同意其説。然該年《左傳》先記衛太子"望見鄭師衆,太子懼,自投於車下",同車之子良譴稱其"婦人也"(第996頁),再記上揭趙羅"無勇,麇之",則此趙羅屬趙簡子陣營,當非于氏所謂"范氏之黨羽"。且若趙羅爲范氏黨羽,助范氏之鄭師又豈能擄趙羅而歸?如此則"趙羅"與"温大夫趙羅"乃一人,于氏之説不可從。

公子目夷與公孫固於宋襄公時同朝任職,若二人皆字子魚則須分别以避混淆。《志疑》卷二〇已發此論,謂"固亦字子魚"。然《志疑》又言"《傳》稱目夷爲子魚,止見僖八年辭位一篇,先稱目夷,繼稱子魚。其餘稱司馬子魚與單稱子魚者,皆莊公

① (宋)鄭樵:《通志》(第1册),杭州:浙江古籍出版社,2000年,第461頁。

② 〔日〕竹添光鴻:《左傳會箋》,臺北:天工書局,1998年,第1126頁。

③ 楊伯峻:《春秋左傳注》,北京:中華書局,2000年,第1096頁。

④ (清)于鬯:《香草校書》,北京:中華書局,1984年,第869頁。

孫公孫固"①。《志疑》主張僅僖公八年《左傳》之子魚爲公子目夷,其餘子魚皆公孫固,筆者以爲此説過於武斷,申論如下。僖公二十一年《左傳》:"二十一年春,宋人爲鹿上之盟,以求諸侯於楚。楚人許之。公子目夷曰:'小國争盟,禍也。宋其亡乎! 幸而後敗。'"(第241頁)《左傳注》分析傳文云"齊桓卒於僖十七年,②中國失霸主。十八年,鄭始朝楚;③十九年,楚又與陳、蔡、鄭盟於齊,④則此時楚已得諸侯矣。故宋襄欲既齊桓之霸業,必求於楚而後可",⑤其説可從。此段録公子目夷評議宋襄公爲圖霸業,向楚求其與國出席鹿上之盟,謂宋乃小國而欲争盟係自取其禍。僖公二十一年《左傳》又載:"秋,諸侯會宋公於盂。子魚曰:'禍其在此乎! 君欲已甚,其何以堪之?'於是楚執宋公以伐宋。冬,會於薄以釋之。子魚曰:'禍猶未也,未足以懲君。'"(第242頁)此段所録評議雖爲子魚所言,然内容仍與宋襄公圖霸關聯,二段傳文皆强調"禍"字,足證此段之子魚係公子目夷。又翌年僖公二十二年《左傳》:"夏,宋公伐鄭。子魚曰:'所謂禍在此矣。'"(第247頁)此載子魚之言仍延續"禍"之議論,足知此子魚亦公子目夷。上揭三段傳文之子魚既係公子目夷,可證《志疑》之説不可從。

此外,上文已陳《左傳》爲別同名或同字者,乃於名或字前綴加他字,"子魚"與"司馬子魚"即此。《左傳注》述及宋六卿次第與尊卑云:

> 宋以右師、左師、司馬、司徒、司城、司寇爲六卿,文十六年《傳》及成十五年《傳》所叙次序與此同,⑥惟成十五年司寇分大司寇、少司寇,又有太宰、少宰耳。昭二十二年《傳》則以大司馬、大司徒、司城、左師、右師、大司寇爲序,⑦哀二十

---

① (清)梁玉繩:《史記志疑》,文懷沙主編:《四部文明·秦漢文明卷》(第11册),西安:陝西人民出版社,2007年,第394頁。

② 原句見僖公十七年《春秋經》:"冬十有二月乙亥,齊侯小白卒。"同年《左傳》:"冬十月乙亥,齊桓公卒。"(第237頁)

③ 原句見僖公十八年《左傳》:"鄭伯始朝於楚。"《集解》謂:"中國無霸故。"(第238頁)

④ 原句見僖公十九年《春秋經》:"冬,會陳人、蔡人、楚人、鄭人盟於齊。"《集解》謂:"地於齊,齊亦與盟。"(第239頁)同年《左傳》:"陳穆公請修好於諸侯,以無忘齊桓之德。冬,盟於齊,修桓公之好也。"(第240頁)

⑤ 楊伯峻:《春秋左傳注》,北京:中華書局,2000年,第389頁。

⑥ 原句見文公十六年《左傳》:"於是華元爲右師,公孫友爲左師,華耦爲司馬,鱗鱹爲司徒,蕩意諸爲司城,公子朝爲司寇。"(第348頁)又成公十五年《左傳》:"於是華元爲右師,魚石爲左師,蕩澤爲司馬,華喜爲司徒,公孫師爲司城,向爲人爲大司寇,鱗朱爲少司寇,向帶爲大宰,魚府爲少宰。"(第466—467頁)

⑦ 原句見昭公二十二年《左傳》:"宋公使公孫忌爲大司馬,邊卬爲大司徒,樂祁爲司城,仲幾爲左師,樂大心爲右師,樂輓爲大司寇,以靖國人。"(第872頁)

六年《傳》又以右師、大司馬、司徒、左師、司城、大司寇爲序，①蓋因時世之不同，六卿之輕重遂因之而移易。殤公以前，皆以大司馬執政，②華督則以太宰執政。③ 僖九年《傳》云："以公子目夷爲仁，使爲左師以聽政。"則宋襄之世，左師居右師上。④

《左傳注》所言"文十六年《傳》及成十五年《傳》所敘次序與此同"，"此"乃上揭文公七年《左傳》："於是公子成爲右師，公孫友爲左師，樂豫爲司馬，鱗矔爲司徒，公子蕩爲司城，華御事爲司寇。"(第316頁)《左傳注》謂宋襄公之世左師居右師之上，是時於宋最爲尊，其見可從。公子目夷始見僖公八年《左傳》，且傳文明載其字，其任左師乃秉宋國政，故《左傳》稱"子魚"乃以其爲主，而綴"司馬"於公孫固之字前爲"司馬子魚"以附從之。故《左傳》稱"子魚"乃公子目夷，"司馬子魚"則指公孫固，如是當益勝《志疑》之説。

學者或舉《韓非子·外儲説左上》反駁，其文云："宋襄公與楚人戰於涿谷上，宋人既成列矣，楚人未及濟，右司馬購强趨而諫曰：'楚人衆而宋人寡，請使楚人半涉未成列而擊之，必敗。'"⑤清人顧廣圻(1766—1835)雖謂此段"與三《傳》不合"，⑥然檢諸《左傳》可知乃魯僖公二十二年(前638年)宋、楚泓之戰。該年《左傳》記爲："宋人既成列，楚人未既濟。司馬曰：'彼衆我寡，及其未既濟也，請擊之。'"(第247頁)則《韓非子》之"右司馬購强"即《左傳》之"司馬"。清人盧文弨(1717—1796)《鍾山札記》卷一"大司馬固"條言"購强似即固之字"，⑦《志疑》謂此見"似未的"。⑧《左傳注》認爲："'購强'即'固'之緩讀。固是魚部字，强爲陽部字，古音可通。"⑨"固"上古音爲見母魚部，

---

① 原句見哀公二十六年《左傳》："於是皇緩爲右師，皇非我爲大司馬，皇懷爲司徒，靈不緩爲左師，樂茷爲司城，樂朱鉏爲大司寇，六卿三族降聽政，因大尹以達。"(第1052頁)

② 原句見隱公三年《左傳》："宋穆公疾，召大司馬孔父而屬殤公焉。"(第52頁)又桓公二年《春秋經》："二年春王正月戊申，宋督弑其君與夷及其大夫孔父。"(第88頁)同年《傳》："二年春，宋督攻孔氏，殺孔父而取其妻。公怒，督懼，遂弑殤公。君子以督爲有無君之心，而後動於惡，故先書弑其君。……宋殤公立，十年十一戰，民不堪命。孔父嘉爲司馬，督爲大宰，故因民之不堪命，先宣言曰：'司馬則然。'"(第90頁)

③ 原句見桓公二年《左傳》："二年春，宋督攻孔氏……公怒，督懼，遂弑殤公。……已殺孔父而弑殤公，召莊公於鄭而立之，以親鄭。……故遂相宋公。"(第90—91頁)

④ 楊伯峻：《春秋左傳注》，北京：中華書局，2000年，第556頁。

⑤ (清)王先慎：《韓非子集解》，北京：中華書局，1998年，第283頁。

⑥ (清)王先慎：《韓非子集解》，第283頁。

⑦ (清)盧文弨：《鍾山札記》，北京：中華書局，2010年，第19頁。

⑧ (清)梁玉繩：《史記志疑》，文懷沙主編：《四部文明·秦漢文明卷》(第11冊)，西安：陝西人民出版社，2007年，第394頁。

⑨ 楊伯峻：《春秋左傳注》，北京：中華書局，2000年，第1096頁。

"購"爲見母侯部、"强"爲群母陽部，①《左傳注》所謂"緩讀"乃取"購"之聲母與"强"之韵部，"購强"可合音爲見母陽部。魚部與陽部主要元音相同，前者爲陰韵而後者乃陽韵，屬陰陽對轉關係；且"固""購"聲母皆見母，故《左傳注》謂"古音可通"，此見可從。如此則"購强"乃"固"之緩讀而非公孫固之字，仍未可反駁公孫固字子魚之實。

總上所述，以爲本節結束。《左傳》記同名或同字者，爲予區别而於名或字前綴加文字，鄭人"子孔""士子孔"與齊人"賈舉""侍人賈舉"即是著例。《左傳》分别"子魚""司馬子魚"亦是此理，前指公子目夷而後謂公孫固。《志疑》雖倡公子目夷與公孫固皆字子魚，然其言公子目夷僅見僖公八年《左傳》，其餘"子魚""司馬子魚"皆公孫固，此説不可從。

五、公子目夷與公孫固字子魚之由

《志疑》主張公子目夷與公孫固皆字子魚，謂公孫固字子魚乃讀"固"爲从"固"聲之"鯝"。② 然"鯝"晚至《廣韵》方收此字，③其説不可從。清人王引之(1766—1834)《春秋名字解詁》(以下簡稱《解詁》)録春秋人物字"魚"者有魯公子奚斯字子魚、④衛史鰌字魚、⑤晋羊舌鮒字叔魚、⑥楚公子魴字子魚、⑦衛祝佗字子魚、⑧梁鱣字叔魚、⑨魯孔鯉

① 郭錫良：《漢字古音手册》，北京：北京大學出版社，1986年，第93、171、257頁。

② (清)梁玉繩：《史記志疑》，文懷沙主編：《四部文明·秦漢文明卷》(第11册)，西安：陝西人民出版社，2007年，第394頁。

③ 《廣韵》："鯝，魚肚中腸。"見(宋)陳彭年等修，林尹校訂：《新校正切宋本廣韵》，臺北：黎明文化事業公司，1976年，第368頁。

④ 原句見閔公二年《左傳》："及密，使公子魚請。不許，哭而往。共仲曰：'奚斯之聲也。'"《集解》謂："公子魚，奚斯也。"(第190頁)

⑤ 襄公二十九年《左傳》："適衛，説蘧瑗、史狗、史鰌、公子荆、公叔發、公子朝。"《集解》於"史鰌"下云："史魚。"(第673頁)

⑥ 昭公十三年《左傳》："宣子患之，謂叔向曰：'子能歸季孫乎？'對曰：'不能。鮒也能。'乃使叔魚。"《集解》於"鮒也能"下云："鮒，叔魚。"(第814頁)

⑦ 昭公十七年《左傳》："司馬子魚曰：'我得上流，何故不吉？且楚故，司馬令龜，我請改卜。'令曰：'魴也以其屬死之，楚師繼之，尚大克之！'"《集解》謂："子魚，公子魴也。"(第839頁)

⑧ 定公四年《左傳》："將會，衛子行敬子言於靈公曰：'會同難，嘖有煩言，莫之治也。其使祝佗從！'"《集解》謂："祝佗，大祝子魚。"(第946頁)

⑨ 《史記·仲尼弟子列傳》："梁鱣字叔魚，少孔子二十九歲。"裴駰《集解》謂："鱣，一作鯉。"見(漢)司馬遷著，(南朝宋)裴駰集解，(唐)司馬貞索引，(唐)張守節正義，[日]瀧川龜太郎考證：《史記會注考證》，高雄：復文圖書出版社，1991年，第865頁。

字伯魚、①衛庾公差字子魚等,②然《解詁》列公子目夷字子魚爲待考。③ 清人俞樾
(1821—1907)《〈春秋名字解詁〉補義》釋公子目夷名與字關係云:

> 夷讀爲鮧,《説文·魚部》:"鮧,大鮎也。"④字亦作鯬。《爾雅翼》曰:"鯬
> 魚偃額,兩目上陳,頭大尾小,身滑無鱗。謂之鮎魚,言其黏滑也。"⑤鯬即鮧
> 字也。蓋弟、夷古聲同,故從弟者從夷。……目夷之名當取義於鮧魚,故字
> 子魚。作夷者,鯬之省。目夷猶言鯬目,鯬魚兩目上陳,疑宋公子之目似之,
> 故取此名。⑥

俞氏讀公子目夷之"夷"爲"鮧","鮧"即今日鮎魚。俞氏謂"目夷"乃鮧魚之目,因鮧爲
魚類而字子魚。唯"弟"上古音爲定母脂部,"夷"爲余母脂部,⑦韵部雖同然聲母稍遠,
音韵仍有疑慮。又清人胡元玉《駁〈春秋名字解詁〉》:

> 《爾雅·釋畜》馬屬:"一目白,瞯;二目白,魚。"《注》:"似魚目也。《詩》
> 曰:'有驔有魚。'⑧"⑨馬具魚目,神駿之狀,故《漢書·西域傳》"贊"以魚目爲
> 駿馬之名。⑩ 邵二雲見《釋文》引《倉頡篇》云"瞯,目病也",⑪遂以馬目白爲

---

① 《史記·孔子世家》:"孔子生鯉,字伯魚。"同上引,第 747 頁。

② 襄公十四年《左傳》:"初,尹公佗學射於庾公差,庾公差學射於公孫丁。二子追公,公孫丁御公。子魚
曰……"《集解》謂:"子魚,庾公差。"(第 561 頁)

③ (清)王引之:《經義述聞》卷二三,臺北:廣文書局,1979 年,第 33—34、41 頁。

④ 原句見《説文解字·魚部》:"鮧,大鮎也。"見(漢)許慎著,(清)段玉裁注:《説文解字注》,臺北:黎明文
化事業公司,1994 年,第 584 頁。

⑤ 原句見《爾雅翼·釋魚二》:"鯬魚偃額,兩目上陳,頭大尾小,身滑無鱗。謂之鮎魚,言其黏滑也。"見(宋)
羅願:《爾雅翼》,任繼愈、傅璇琮主編:《文津閣四庫全書》(第 76 册),北京:商務印書館,2005 年,第
382 頁。

⑥ (清)俞樾:《〈春秋名字解詁〉補義》,《續修四庫全書》編輯委員會:《續修四庫全書》(第 128 册),上海:
上海古籍出版社,1996 年,第 430 頁。

⑦ 郭錫良:《漢字古音手册》,北京:北京大學出版社,1986 年,第 80、63 頁。

⑧ 原句見《毛詩·魯頌·駉》:"有驔有魚。"見(漢)毛亨傳,(漢)鄭玄箋,(唐)孔穎達正義:《毛詩注疏》,臺
北:藝文印書館,1993 年,第 765 頁。

⑨ 原句見《爾雅·釋畜》:"一目白,瞯;二目白,魚。"郭璞《注》謂:"似魚目也。《詩》曰:'有驔有魚。'"見(晋)
郭璞注,(宋)邢昺疏:《爾雅注疏》,臺北:藝文印書館,1993 年,第 193 頁。

⑩ 原句見《漢書·西域傳下》"贊"云:"蒲梢、龍文、魚目、汗血之馬充於黄門。"顔師古《注》謂:"孟康曰:'四
駿馬名也。'"見(漢)班固著,(唐)顔師古注:《漢書》,臺北:宏業書局,1996 年,第 3928—3929 頁。

⑪ 原句見《經典釋文》卷三〇曰:"瞯:音閑,本又作瞯。《蒼頡篇》云:'目病也。'"見(唐)陸德明:《經典釋
文》卷三〇,北京:中華書局,1983 年,第 28 頁。

病，①誤矣。《禮記·曲禮》：“在醜夷不争。”《注》：“夷猶儕也，四皓曰：‘陛下之等夷。’”②《詩·桑柔》《傳》：“夷，平也。”《疏》云：“夷是齊等之言。”③魚，馬二目俱白，異於睭馬，故名目夷，言二目皆如是，猶等夷之無別爾。④

胡氏以《爾雅·釋畜》“一目白，瞷；二目白，魚”，與《毛詩·魯頌·駉》“有驔有魚”爲證，主張公子目夷之字乃馬屬而非魚類。馬屬之“魚”特徵爲雙目四周有白圈，其狀猶魚目而得名。公子目夷之“夷”有齊等義，“目夷”謂雙目特徵相同，與馬屬之“魚”雙目有白圈關聯。又清人陶方琦（1845—1884）《〈春秋名字解詁〉補誼》之見與胡氏相類：

> 夷同痍，傷也。⑤ 取名目夷者，必有目疾，即《爾雅》言“一目白，瞷；二目白，魚”之誼。瞷，《釋文》引《蒼頡篇》“瞷，目病也”，《廣韵》以“人目多白”爲瞷，⑥《説文》作䀹。⑦《爾雅》：“一目白，瞷。”《詩》有“有驔有魚”，毛《傳》作“一目白曰魚”，⑧故目夷字子魚。⑨

---

① 原句見《爾雅正義》卷二〇曰：“若目小多白則驚畏，驚畏，馬之病也。”見（清）邵晋涵：《爾雅正義》，（清）阮元、（清）王先謙編：《清經解　清經解續編》，南京：鳳凰出版社，2005 年，第 4236 頁。

② 原句見《禮記·曲禮上》：“在醜夷不争。”鄭玄《注》謂：“夷猶儕也，四皓曰：‘陛下之等夷。’”見（漢）鄭玄注，（唐）孔穎達正義：《禮記注疏》，臺北：藝文印書館，1993 年，第 18 頁。

③ 原句見《毛詩·大雅·桑柔》：“亂生不夷，靡國不泯。”毛亨《傳》謂：“夷，平。”孔穎達《正義》言：“夷是齊等之言。”見（漢）毛亨傳，（漢）鄭玄箋，（唐）孔穎達正義：《毛詩注疏》，臺北：藝文印書館，1993 年，第 653—654 頁。

④ （清）胡元玉：《駁〈春秋名字解詁〉》，《續修四庫全書》編輯委員會：《續修四庫全書》（第 128 册），上海：上海古籍出版社，1996 年，第 452 頁。

⑤ 原句見《説文解字·疒部》：“痍，傷也。”見（漢）許慎著，（清）段玉裁注：《説文解字注》，臺北：黎明文化事業公司，1994 年，第 355 頁。

⑥ 原句見《廣韵》：“瞷，馬一目白。”見（宋）陳彭年等修，林尹校訂：《新校正切宋本廣韵》，臺北：黎明文化事業公司，1976 年，第 129 頁。

⑦ 原句見《説文解字·目部》：“瞷：馬一目白曰瞷；二目白，魚。”見（漢）許慎著，（清）段玉裁注：《説文解字注》，臺北：黎明文化事業公司，1994 年，第 465 頁。

⑧ 原句見《毛詩·魯頌·駉》：“有驔有魚。”毛亨《傳》謂：“二目白曰魚。”阮元《校勘記》曰：“案：《釋文》云‘毛云“一目白曰魚”。《爾雅》云“一目白，瞷；二目白，魚”’。《正義》亦引《爾雅》并舍人郭璞《注》，而不云有異，是其本字與《爾雅》同，亦作二目也。但考毛《傳》多與《爾雅》不合者……或此《傳》亦然，《正義》本依《爾雅》改耳。”見（漢）毛亨傳，（漢）鄭玄箋，（唐）孔穎達正義：《毛詩注疏》，臺北：藝文印書館，1993 年，第 765、773 頁。《經典釋文》原句作：“毛云：‘一目白曰魚。’《爾雅》云：‘一目白，瞷；二目白，瞡。’”見（唐）陸德明：《經典釋文》卷七，北京：中華書局，1983 年，第 30 頁。

⑨ （清）陶方琦：《〈春秋名字解詁〉補誼》，收入氏著：《漢孳室文鈔》，收入國家清史編纂委員會：《清代詩文集彙編》（第 758 册），上海：上海古籍出版社，2010 年，第 87—89 頁。

陶氏亦主子魚之"魚"係馬屬,然釋目夷之"夷"有傷義,謂公子目夷以此爲名乃因其有目疾。此說純屬臆測,不可信從。近人黃侃(1886—1935)《〈春秋名字解詁〉補誼》又言:"《老子》:'視之不見曰夷。'①夷,蓋無色之謂。《爾雅·釋畜》:'馬二目白,魚。'白即無色矣。"②黃氏謂"夷"乃無色,又謂白即無色,然"夷"釋無色不見先秦古籍,③不從其說。總上所述,胡氏引《爾雅·釋畜》與《毛詩·魯頌·駉》以釋"魚"乃馬屬,目夷之"夷"有齊等義,"目夷"謂雙目皆有白圈,此見最爲適切。

類似公子目夷名與字關係者,尚見魯公子奚斯字子魚。《解詁》釋公子奚斯名與字關係有二說,其一謂:"或曰奚斯,馬名,《赭白馬賦》《注》引劉邵《趙都賦》曰'良馬則飛兔、奚斯、常驪、紫燕'④,⑤或作雞斯。"⑥俞樾認爲:"如後說則魚字不必改讀,亦馬名也。……奚斯字子魚,其名、字皆取馬名耳。"⑦此外,宣公十二年《左傳》:"是役也,鄭石制實入楚師,將以分鄭,而立公子魚臣。辛未,鄭殺僕叔及子服。"《集解》言:"僕叔,魚臣也。"(第398頁)鄭公子魚臣字僕叔,胡元玉謂:"魚,馬名也。……《說文》:'臣,牽也,事君也,象屈服之形。'⑧名魚臣字僕叔,蓋取御者能使良馬屈服,進退如志之意。"⑨如是公子奚斯字子魚與公子魚臣字僕叔,其名或字之"魚"皆取義馬屬而非魚類,可證公子目夷名與字關係乃是時流行取名命字之法而非孤例。

至於公孫固字子魚,其字既與公子目夷同,其字之"魚"應是馬屬而非魚類。成公

① 原句見《道德經》第十四章曰:"視之不見名曰夷。"見高明:《帛書老子校注》,北京:中華書局,1996年,第282頁。

② 黃侃:《〈春秋名字解詁〉補誼》,《黃侃經典文存》,上海:上海大學出版社,2008年,第297—302頁。

③ (清)阮元等:《經籍纂詁》,臺北:宏業書局,1993年,第37—39頁。

④ 原句見《全三國文》卷三二劉劭《趙都賦》:"其器用良馬則六弓、四弩:綠沈、黃間、堂嵠、魚腸、下令、角端、飛兔、奚斯、常驪、紫燕。"見(清)嚴可均:《全三國文》,文懷沙主編:《四部文明·魏晋南北朝卷》(第18冊),西安:陝西人民出版社,2007年,第179頁。

⑤ 原句見《文選·鳥獸下〈赭白馬賦并序〉》:"將使紫燕駢衡,綠虵衛轂。"李善《注》謂:"劉邵《趙都賦》:'良馬則飛兔、奚斯、常驪、紫燕。'"見(南朝梁)蕭統編,(唐)李善注:《文選》,上海:上海古籍出版社,1986年,第627頁。

⑥ (清)王引之:《經義述聞》卷二三,臺北:廣文書局,1979年,第33頁。

⑦ (清)俞樾:《〈春秋名字解詁〉補義》,《續修四庫全書》編輯委員會:《續修四庫全書》(第128冊),上海:上海古籍出版社,1996年,第430頁。

⑧ 原句見《說文解字·臣部》:"臣,牽也,事君者,象屈服之形。"見(漢)許慎著,(清)段玉裁注:《說文解字注》,臺北:黎明文化事業公司,1994年,第119頁。

⑨ (清)胡元玉:《駁〈春秋名字解詁〉》,《續修四庫全書》編輯委員會:《續修四庫全書》(第128冊),上海:上海古籍出版社,1996年,第448頁。

十五年《春秋經》："夏六月，宋公固卒。"同年《左傳》："夏六月，宋共公卒。"（第 466 頁）
《春秋經》載宋共公之名爲固，然《世本》《史記·十二諸侯年表》《宋微子世家》《漢書·
古今人表》皆載宋共公名"瑕"。① 《左傳注》謂："固、瑕古音近，蓋可通用。"②"固"上古
音爲見母魚部，"瑕"雖是匣母魚部，然所從聲符"叚"亦見母魚部，③《左傳注》之見可
從。此外，與"固"同从"古"聲之"胡"，與同从"叚"聲之"遐"有典籍異文之證。④ 如《毛
詩·大雅·旱麓》"遐不作人"，⑤漢人王符（85？ —163？）《潛夫論·德化》引作"胡不作
人"。⑥ 又《儀禮·士冠禮》"永受胡福"，⑦唐人徐堅（659—729）等編《初學記·禮部下》
引作"永受遐福"。⑧ 宋共公之名既見"固""瑕"異文，同是春秋宋人之公孫固，其名極
可能亦作"瑕"。若此推論無誤，其名"瑕"可讀同从"叚"聲之"騢"。《爾雅·釋畜》"彤
白雜毛，騢"，⑨與馬屬之"魚"同列。更重要者爲上揭《毛詩·魯頌·駉》有"薄言駉者，
有駰有騢，有驔有魚，以車祛祛"之句，⑩"騢"與馬屬之"魚"并陳，此即公孫固名與字取
義之本。

　　總上所述，以爲本節結束。公子目夷字子魚之"魚"係馬屬之名，同字子魚之公孫
固，其字之"魚"亦當如是。《春秋經》記宋共公之名爲"固"，他書乃作"瑕"，二字乃通
假關係。公孫固同是春秋宋人，其名當亦作"瑕"。"瑕"應讀同从"叚"聲之"騢"，《爾
雅·釋畜》將之與馬屬之"魚"同列。更重要者乃《毛詩·魯頌·駉》言"薄言駉者，有

① 《世本》卷四"宋世家"言："鮑生共公瑕，瑕生平公成。"見（漢）宋衷注，（清）秦嘉謨等輯：《世本八種》，北
　　京：北京圖書館出版社，2008 年，第 167 頁。又《史記·十二諸侯年表》："宋共公瑕元年。"又《宋微子世
　　家》："二十二年，文公卒，子共公瑕立。"見（漢）司馬遷著，（南朝宋）裴駰集解，（唐）司馬貞索引，（唐）張
　　守節正義，［日］瀧川龜太郎考證：《史記會注考證》，高雄：復文圖書出版社，1991 年，第 253、602 頁。又
　　《漢書·古今人表》"宋共公瑕"，見（漢）班固著，（唐）顔師古注：《漢書》，臺北：宏業書局，1996 年，第
　　918 頁。
② 楊伯峻：《春秋左傳注》，北京：中華書局，2000 年，第 871 頁。
③ 郭錫良：《漢字古音手册》，北京：北京大學出版社，1986 年，第 93、9、8 頁。
④ 高亨：《古字通假會典》，濟南：齊魯書社，1989 年，第 863 頁。
⑤ 原句見《毛詩·大雅·旱麓》："豈弟君子，遐不作人？"見（漢）毛亨傳，（漢）鄭玄箋，（唐）孔穎達正義：
　　《毛詩注疏》，臺北：藝文印書館，1993 年，第 560 頁。
⑥ （漢）王符著，（清）汪繼培箋，彭鐸校正：《潛夫論箋校正》，北京：中華書局，1985 年，第 373 頁。
⑦ 原句見《儀禮·士冠禮》："眉壽萬年，永受胡福。"見（漢）鄭玄注，（唐）賈公彦疏：《儀禮注疏》，臺北：藝
　　文印書館，1993 年，第 31 頁。
⑧ 原句見《初學記·禮部下·冠》"順德敬名"下引《儀禮·士冠禮》："眉壽萬年，永受遐福。"見（唐）徐堅等：
　　《初學記》，北京：中華書局，1962 年，第 352 頁。
⑨ （晋）郭璞注，（宋）邢昺疏：《爾雅注疏》，臺北：藝文印書館，1993 年，第 193 頁。
⑩ （漢）毛亨傳，（漢）鄭玄箋，（唐）孔穎達正義：《毛詩注疏》，臺北：藝文印書館，1993 年，第 765 頁。

駉有騢,有驔有魚,以車祛祛",“騢"“魚"并陳,當即公孫固名與字取義之本。

六、結　語

　　僖公二十二年《左傳》“大司馬固諫曰",顧炎武釋“固"爲堅持義,作副詞解,顧棟高、竹添光鴻等學者同之。惠棟、梁玉繩、沈欽韓則謂“固"乃大司馬公孫固之名,楊伯峻等近世學者從之。梁玉繩不僅贊成惠氏之見,更首倡春秋宋國有二位同字子魚者:除公子目夷字子魚,另一位乃公孫固。本文梳理《左傳》《國語》《史記》相關記載,可證公孫固爲司馬而公子目夷任左師,僖公二十二年《左傳》“大司馬固諫曰"之“固"乃公孫固無疑,且公孫固與公子目夷同字子魚。《左傳》記同名或同字者,爲予區別而於名或字前綴加文字。《左傳》分別“子魚"“司馬子魚"亦是此理,前指公子目夷而後謂公孫固。梁玉繩雖倡公子目夷與公孫固皆字子魚,然其言公子目夷僅見僖公八年《左傳》,其餘“子魚"“司馬子魚"皆公孫固,此説不可從。公子目夷字子魚,此“魚"非魚類而係馬屬之名,則公孫固之字子魚亦當如是。《春秋經》記宋共公名“固",他書作“瑕",乃音近通假。公孫固係春秋宋人,其名當亦作“瑕"。“瑕"應讀同从“叚"聲之“騢",《爾雅·釋畜》將“騢"與馬屬之“魚"同列。又《毛詩·魯頌·駉》言“薄言駉者,有駰有騢,有驔有魚,以車祛祛",“騢"“魚"并陳,此即公孫固名與字取義之本。

鄭玄的"《春秋》觀"及其
《春秋》經傳詮釋先見 *

閆春新　劉西濤

【摘　要】　鄭玄作爲融通今古的漢末通儒,其"《春秋》學"的詮釋"先見",既有其對《春秋》經傳的文本文意的獨到解讀及經傳彼此兩兩關係的整體把握,又有漢末與孔子極相似的現實考量、"五經"整體觀及其中所緣由的孔子原意的統領與融攝。

【關鍵詞】　鄭玄　《春秋》觀　詮釋先見

【作者簡介】　閆春新,1971年生,山東師範大學齊魯文化研究院教授,尼山學者,孔子研究院特聘專家。劉西濤,1995年生,曲阜師範大學孔子文化研究院碩士研究生。

鄭玄作爲融通今古的漢末通儒與經學大師,學術界對其"《春秋》學"的研究,因材料匱乏及散佚的緣故,一直就很薄弱;而鄭玄"《春秋》學"既是"鄭學"非常重要的組成部分,更是漢晉"《春秋》學"尤其是其中"左氏學"轉圜的極爲關鍵的一環。本文借用詮釋學理論,著重從其《春秋》經傳詮釋前的孔子原意預設、《春秋》經及其三傳乃至五經的相通一體而同源於孔子對原有禮樂文明的繼承與創造性發揮等方面,擬專論之。

一、鄭玄對先秦時期乃至秦漢
"《春秋》觀"的總結

所謂"《春秋》觀",主要是指孔子作《春秋》之後的孔門後學、後世學人對於《春秋》實質、意蘊以及孔子"微言大義"的整體觀念性厘定,还可下衍到孔子《春秋》與原魯

---

*　本文系國家社科基金年度項目"經學觀念視野下的漢唐《春秋》學研究"(16BZX055)的階段性研究成果。

史、《春秋》傳記相互關係等等的一些看法。例如《孟子》中的"《春秋》觀",在理解《春秋》創作意圖、性質作用、書法意義這三點上具有三重内涵。其大體認爲《春秋》是孔子政治思想的集中反映,其中蘊含著聖人的政治主張和社會願望。① 荀子在肯定《春秋》經蘊含微言大義的基礎上,承認了《公羊傳》的合理性。漢代董仲舒作爲《春秋》經學發展和詮釋史上重要代表性人物,其所言《春秋》則多指向《春秋》經文(孔子所作)以及《公羊傳》。②

而鄭玄"《春秋》觀",是在繼承孟、莊、荀、韓非及其後漢代諸儒"《春秋》觀"基礎上的總匯、提升。其主要呈現在鄭玄《六藝論》及其《禮記·經解》注文中。

(一)《禮記·經解》鄭玄注中的"《春秋》觀"

經曰:"屬辭比事,《春秋》教也。"

鄭玄注曰:"屬,猶合也。《春秋》多記諸侯朝聘、會同,有相接之辭,罪辯之事。"③

鄭玄認爲《春秋》經文的内容,大都記載天子與諸侯、諸侯之間的朝聘、會盟;多連綴文辭,根據褒貶大義排比史事之異同。鄭玄這處雖主之以《左氏》,却也與《孟子·滕文公下》"世衰道微,邪説暴行有作,臣弑其君者有之,子弑其父者有之。孔子懼,作《春秋》"④相合,都闡述了一個明確的觀點,即《春秋》是孔子通過對典型事例的褒貶,來對當時社會上出現的人倫失序、正道不顯現象的側面警醒;通過正面樹立前車之鑒,試圖對政治發展產生一種糾正性的作用。又《韓非子·備内》,亦闡明《春秋》所記對於後世有借鑒的功用:"上古之傳言,《春秋》所記,犯法爲逆以成大奸者,未嘗不從尊貴之臣也。"⑤

經曰:"故《詩》之失愚,《書》之失誣,《樂》之失奢,《易》之失賊,《禮》之失煩,《春秋》之失亂。"

鄭玄注曰:"失,謂不能節其教者也。《詩》敦厚,近愚。《書》知遠,近誣。《易》精微,愛惡相攻,遠近相取,則不能容人,近於傷害。《春秋》習戰爭之

---

① 筆者據"己之意"綜理柴妍相關成果而成。請見柴妍:先秦諸子《春秋》觀研究,西北師範大學碩士學位論文,2020年,第26—63頁。

② 張俊婭:《董仲舒的"春秋"觀——觀念史與史學史的考察》,《衡水學院學報》2021年第2期,第50—55頁。

③ (清)紀昀等編:《四庫全書·經部》(第116册),上海古籍出版社,1987年,第309—310頁。

④ (宋)朱熹:《四書章句集注》,北京:中華書局,1983年,第276頁。

⑤ (清)王先慎:《韓非子集解》,北京:中華書局,1983年,第125頁。

事,近亂。"①

鄭玄對過度依賴解讀經義所產生的負面或歧途進行了評述。其中《春秋》因記載了不少與戰爭相關的史實,如果不能形成正確的理解,容易導致政治混亂。其後又言:"屬辭比事而不亂,則深於《春秋》者也,言深者,既能以教,又防其失。"②鄭玄在此言明對《春秋》的解讀與借鑒應有正確的方法與角度,才能够汲取其精華,而非流於其失。

總體而言,鄭玄在《經解》注文中對於《春秋》經總的觀念,是認可《春秋》之教的;并認爲是孔子對於以往魯史所記的"失亂"之撥亂反正,即對原魯史《春秋》予以共時性的"屬辭比事而不亂",通過筆削原有史事,并作出或褒或貶的價值性判斷,以實現對於現實政治的發展起到正軌的作用。顯然,對於鄭玄來説,六經的闡發解讀需要通過正確的方向和詮釋方法,才能得教防失,孔子新成《春秋》,糾偏春秋習戰之"亂",蘊孔子聖意,需深究之。

(二)《六藝論》對先秦、秦漢"《春秋》觀"的繼承

《六藝論》是鄭玄闡明"六藝"意旨及其相互關係的一篇論作。清人陳鱣在《六藝論序》中提及"隋唐志載其目,五季以來,鄭學自《毛詩》《三禮》外,盡已散佚",③且提及在其之前未見輯本。對於《六藝論》的完成時間,徐彦《公羊傳疏》中言"鄭君先作《六藝論》訖,然後注書"。④ 此處鄭玄所注書,針對其所詮注的所有儒家經傳文本。

目前《六藝論》輯本可見有陳鱣輯本、王謨《漢魏遺書鈔》輯本、馬國翰《玉函山房輯佚書》輯本以及皮錫瑞的《六藝論疏證》,其中以皮錫瑞《六藝論疏證》爲最善。

在所輯錄的《六藝論》中,鄭玄的表述,與《漢書·藝文志》中所記載,多有契合之處。舉例如下:

> 《春秋》者,國史所記人君動作之事也。⑤
> 左史所記爲《春秋》,右史所記爲《尚書》。《春秋》者,古史所記動作之事,右史記事,左史記言。⑥

① （清）紀昀等編:《四庫全書·經部》(第116冊),上海古籍出版社,1987年,第309—310頁。
② （清）紀昀等編:《四庫全書·經部》(第116冊),上海古籍出版社,1987年,第309—310頁。
③ （清）陳鱣:《陳鱣集》,杭州:浙江古籍出版社,2018年,第27頁。
④ （清）阮元校刻:《十三經注疏·春秋公羊傳注疏》,北京:中華書局,1982年,第8頁。
⑤ 皮錫瑞、陳鱣輯本無"也"字,馬國翰、王謨本皆據《御覽》所補。
⑥ 陳鱣輯本、馬國翰輯本皆無"《春秋》者,古史所記動作之事,右史記事,左氏記言"。王謨輯本爲"是以《玉藻》云:動則左史書之,言則右史書之"。此據皮錫瑞輯本。

　　此條王謨輯本爲"是以《玉藻》云：動則左史書之，言則右史書之"。皮錫瑞疏證云"《左傳序》，《正義》引《藝文志》與《玉藻》云左右所記二文相反，王應麟曰《玉藻》動則左史書之，言則右史書之，與此不同"。又《漢書·藝文志》中載："古之王者世有史官，君舉必書，所以慎言行、昭法式也。左史記言，右史記事，事爲《春秋》，言爲《尚書》，帝王靡不同之。"①

　　鄭玄認爲，作爲先秦時期史書統稱的《春秋》，所記載歷史事件的主要當事人，是古代國君，即統治階層中具有決策性地位的人物；其記載多是與人君相關的言與事，分有左史與右史之分。鄭玄又認爲國史所記載的人君動作之事，流變爲其後孔子"筆削"的《春秋》。這與《漢書·藝文志》記載相合。

　　　孔子既西狩獲麟，自號"素王"，爲後世受命之君制明王之法。②

　　《史記·殷本紀》載："或曰，伊尹處士，湯使人聘迎之，五反然後肯往從湯，言素王及九主之事。"又《索隱》言："素王者太素上皇，其道質素，故稱素王。"③又《漢書·董仲舒傳》載董仲舒言："孔子作《春秋》，先正王而系萬事，見素王之文焉。"④鄭玄在《六藝論》中言孔子西狩獲麟之事，其又自封爲素王，使命在於爲孔子之後的歷代承接天命的"王"制定聖明之法。這說明鄭玄認可孔子作《春秋》是在行天子未盡之責，即認可《春秋》中已包含了孔子總結、昇華了的先代聖王之法。素王之位孔子理應得之，西狩獲麟正是孔子得素王之位的祥瑞之徵。其與司馬遷言"素王及九主之事"以及《漢書》所載董仲舒之言相合，共同論證了《春秋》蘊含時王聖明之法及其指導後世政治發展的合理性；同時這又成爲後世追求《春秋》微言大義的邏輯前提。

　　　治《公羊》者，胡毋生，董仲舒，董仲舒弟子嬴公，嬴公弟子眭孟，眭孟弟
　　子嚴彭祖及顔安樂，安樂弟子陰豐、劉向、王彦。

　　此條對《公羊傳》的傳授譜系進行了梳理，皮錫瑞有言："嚴彭祖字公子，東海下邳人也，與顔安樂俱事眭孟。孟弟子百余人，唯彭祖、安樂爲明。"與《漢書·儒林傳》合。

　　　《左氏》善於禮，《公羊》善於識，《穀梁》善於經。⑤

　　鄭玄此處，概括式比較了《春秋》三傳在各自詮發《春秋》要旨上的同異。鄭玄認

---

① （漢）班固：《漢書》，北京：中華書局，1962年，第1715頁。

② 馬國翰輯本無此條，皮錫瑞、王謨、陳鱣據《左傳序正義》《困學紀聞》所輯。

③ （漢）司馬遷：《史記》，北京：中華書局，1959年，第94頁。

④ （漢）班固：《漢書》，北京：中華書局，1962年，第2509頁。

⑤ 此處"《公羊》善於讖"似爲"《公羊》善於識"之誤。

爲《左氏》重點著力於發見《春秋》經文的禮學內涵，《公羊》則善於讖言發微，《穀梁》傳述則最爲貼合經義及所蘊孔子原意。由此可看出鄭玄首先對三傳都有比較深入的研究，同時對三傳文本自身及其各自的後世傳經偏好、優長，尤其是《左氏》以禮解經的路徑，都進行了不同程度的肯定。

　　　　玄①又爲之注。②

　　此條與《世說新語·文學》合，鄭玄曾從張恭祖習《左氏春秋》，後注《春秋》，途遇服虔相談甚歡，遂予服虔已注。③

　　顯然，鄭玄是在事先承認孔子作爲"素王"爲後世制法的前提下，方才詮釋《春秋》經傳的。其"《春秋》觀"，是以《春秋》經文蘊含孔子微言大義爲邏輯前提，進而對《春秋》的具體內容（每一經文及其相應文意乃至此兩者與整篇《春秋》經義的內在關聯）、經文自洽性以及"春秋三傳"在傳經上的詮釋關係和各自得失等方面，就"《春秋》經"性質、內涵實質（每一經文是否均蘊有經義，而所蘊經義是否就是孔子特有的聖人微言大義，這實際上關乎對孔子及其歷史地位的認知問題）甚至其與原魯史、三傳的承繼關係所進行的整體把握與綱領性根本看法，是鄭玄《春秋》經傳詮釋的總的指導觀念。在這一總的"《春秋》學"觀念的指導下，鄭玄順承先秦兩漢《春秋》經傳的詮釋脈絡，最終形成了自己的特色：以《春秋》經"元意"闡發爲指引，用闡發出來的孔子"元意"整合儒家經傳；以《左傳》所載爲主要史事依據，"因事見義"；并結合《公羊》《穀梁》，對《春秋》中的微言大義進行了漢儒中最無門户偏見、較爲全面而準確的解讀。

　　鄭玄這一"《春秋》觀"，作爲其《春秋》經傳詮釋的理論指導與詮釋原則，是其基於先秦兩漢《春秋》經傳詮釋的內在理路，所作出的歷史理性的學術反思。這種經學史的縱橫向考察與學術理性，在鄭玄"《春秋》學"的著述與相關注文及其解經注引《春秋》經傳中，應有著總體性的理論融攝及不同程度的體現。

　　縱觀秦漢"《春秋》學"，不難發現其對先秦時期儒家思想的發展。自孔子新成《春秋》後，周漢之際，其傳記迭興。秦時隱匿，在漢代初期正值文化凋零之時，《春秋》在齊、魯等地廣而傳之。政治上的漸趨一統，需要且不可避免地引發思想層面的回應與現實反思。漢代統治者起於微末，鑒於秦滅之轍，爲適應"安民、固統"的需要，漢初

---

① 四輯本皆作"元"，爲避諱所改，此改正。

② 王謨、馬國翰輯本皆無此條，皮錫瑞據《孝經序疏》、陳鱣據《孝經正義》所輯。

③ 《世說新語·文學》載："鄭玄欲注《春秋》傳，尚未成，時行與服子慎遇，宿客舍。先未相識，服在外車上與人說己注傳意，玄聽之良久，多與己同。玄就車與語曰：'吾久欲注，尚未了。聽君向言，多與我同，今當盡以所注與君。'遂爲服氏注。"

"休養生息"的黃老思想得到大力扶持。及至文景,社會發展已然有了不小的起色,漢武之時"治民、擴統"的現實需求升級,人倫的秩序和諧、宗法社會的穩定發展及相關的儒術治國理政,被提上議事日程。因而,此時儒家六經的重要性得到了體現,武昭宣元時期孔門儒學在政治上的地位逐漸上升。

在董仲舒等漢儒的改造下,《公羊傳》大興,依據"陰陽五行"學說所提出的"三統論"、新"五德終始"說,爲漢初順承天命提供了合理性的解釋,同時爲他人"更受命"提供了合理的依據。只不過,這一學說包含了維護君權與制約君權兩個方面。在漢武帝統治前期,國家強盛,主要起到對王權的維護作用。但在國力衰退、社會問題嚴重之時,限制君權的影響就逐漸體現出來。其"天人感應"思想,將政治好壞的評判標準,最終部分上求於難以捉摸的天象,從而使其特具不確定性與解釋的隨意性;而齊學《公羊》的重權變,更容易在災異說經與災異議政上,喪失原有的經義本旨與經世致用的立場,閹割其引領社會、評判而非阿諛時政的道統原則與儒學精神。

最爲重要的是,一些不可預測的天地"自然異象",如出現的所謂祥瑞、災異,會被別有用心之人加以利用,從"受命改制"上釜底抽薪式地造作君王更換乃至王朝更替的"理據",從而製造社會混亂。故賈逵有言:"《左氏》義深於君父,《公羊》多任於權變,其相殊絕,固以甚遠。"①鄭玄亦於《六藝論》言"《公羊》善於讖"。

學術界一般認爲,《穀梁》與《公羊》同屬於今文經,均溯自子夏傳經而竹帛於文景之時。不過,我們以爲在思想旨要上,亦有不小的差異。漢宣帝時期,甘露元年(前53年),"乃召《五經》名儒太子太傅蕭望之等大議殿中,平《公羊》《穀梁》同異,各以經處是非。時,《公羊》博士嚴彭祖、侍郎申輓、伊推、宋顯,《穀梁》議郎尹更始、待詔劉向、周慶、丁姓并論。《公羊》家多不見從,願請内侍郎許廣,使者亦并内《穀梁》家中郎王亥,各五人,議三十餘事。望之等十一人各以經誼對,多從《穀梁》。由是《穀梁》之學大盛"。② 又《漢書·儒林傳》記載:"宣帝即位,聞衛太子好《穀梁春秋》,以問丞相韋賢、長信少府夏侯勝及侍中樂陵侯史高,皆魯人也,言穀梁子本魯學,公羊氏乃齊學也,宜興《穀梁》。"③這與《穀梁傳》在經典詮釋上的特點"清而婉"④有重要的聯繫。另

---

① (南朝) 范曄:《後漢書》,北京:中華書局,1965 年,第 1236 頁。
② (漢) 班固:《漢書》,北京:中華書局,1962 年,第 3618 頁。
③ (漢) 班固:《漢書》,北京:中華書局,1962 年,第 3618 頁。
④ (清) 阮元校刻:《十三經注疏·春秋穀梁傳注疏》,北京:中華書局,1982 年,第 12 頁。按:此《穀梁》評語雖出自晚於鄭玄的東晉經學大師范甯,鄭玄不可能受其影響。可反過來,范甯此《穀梁》評語,一定程度上說應是鄭玄"《春秋》觀"的邏輯推衍。

外,"善於經"的《穀梁傳》的興盛,可以在一定程度上弱化甚至抵消《公羊傳》所過度發揮出來的"改制""更受命"等傳意的消極影響。

當下學界基本共識,《左氏》成於左丘明,又名《左氏春秋》《春秋左氏傳》《左氏傳》等。據現存文獻,因秦火餘燼,傳本流傳在漢前中期,應晚出於戰國便開始傳述層累的《公羊》《穀梁》,最初傳於民間,在漢武帝前基本未入中央官學。漢哀帝時期,劉歆議立《左氏》未成,其後又經三次論爭,《左氏》的優勢得以逐步體現,并在學術上取得了對《公羊》《穀梁》的壓倒性地位。兩晋時期,受到戰亂等多方面的影響,今文經學幾乎消亡殆盡。《左氏》成爲了《春秋》詮釋的主流,并在其後發展中綿延不絶。

鄭玄對於"左氏善於禮"的看法,雖未有完整專著文獻留存於世而爲内證。但其以禮遍注群經,定會認定"禮義"蘊涵其中且融攝所有儒家經典,必然從"禮義之大宗"的視角看待《春秋》經及《左氏傳》。其以《左氏》爲宗,注解《三禮》多采《左氏》之説;在與何休論爭作《起廢疾》《發墨守》《箴膏肓》,以及在爲《毛詩》作箋之時,亦多采《左氏》所傳,以古禮、古俗爲據。故而,鄭玄"左氏學"成爲漢唐"《春秋》學"尤其是漢晋官學"左氏學"發展流變下重要的轉捩點,鄭玄在繼承、批評與深入研究先代"左氏學"的基礎上,完成了《左氏》"由私入官"的重要鋪墊。鄭玄主之以《左氏》,而又相容三傳,融通今、古;又在遍注群經中廣引三傳,尤其是《左傳》,這對於《左氏》的學術傳播,進而成爲晋唐官學"《春秋》學"的主體,在學理準備上,有著根始性的奠基作用。

二、鄭玄"《春秋》學"的詮釋"先見"

鄭玄作爲融通今古的漢末通儒,其"《春秋》學"的詮釋"先見",既有正如上言,鄭玄詮釋之前的整體"《春秋》觀",例如,其對《春秋》經傳的文本文意的通透解讀及經傳彼此兩兩關係的獨到把握,又有漢末與孔子極相似的現實考量、"五經"整體觀及其中所緣由的孔子原意的統領與融攝。

(一) 與孔子具有現實同感

鄭玄少時習書數,八歲能下乘除,十三歲便能誦五經,好天文、占候、風角、隱術,十六歲便被譽爲"神童",及至漢桓帝建和元年(147 年)已然二十一歲,博極群書,精歷數圖讖之學,且精通算術。其受到北海相杜密器重,入太學受業。漢桓帝永壽三年(157 年),時鄭玄 30 歲,已然成爲"得意者咸從捧手"的有名學者,後入馬融門下七年,辭歸時馬融喟然歎曰:"鄭生今去,吾道東矣!"然而正值鄭玄學術大成,廣納門人講學之時,却遭受"黨錮",時達十四年之久。

鄭玄的生存年代正值東漢末年桓、靈之間,宦官與外戚的輪流專權,使得皇權受到極大威脅;再加上黃巾軍起義後,軍閥混戰,漢室更爲衰微,時局極類諸侯爭霸的春秋時期。基於這一王權不張的歷史相似性與人倫失范的共同現實關切,鄭玄如同孔子,在社會動盪、人倫失序中,都因王室衰微而高舉"尊王"大旗,均立足於君君臣臣、父父子子的重整而試圖將人倫社會"撥亂反正"——前者承緒後者學統,以"禮"而遍注群經;後者則更是再造禮樂教化,於原六經中寄寓其獨特的王道理想。

《春秋》是孔子在魯國史書的基礎上删削而成,被後世認定是指導社會政治正常運行的重要經典。孔子深感春秋之時周公所制禮樂因王室衰微、人心不古而形同虛設,受到很大衝擊,故而試圖通過正名,以仁、讓、和釋禮等創造性發揮,來興複以禮樂教化爲核心的"先王之道"。

而在鄭玄看來,孔子對《春秋》的或述或作,是在用其自身所理解的"先王之道"及其獨特的現實,來取捨、"整齊"、統攝原有"六經",并進而使所成"六經"能夠表達出統一的思想(聖人元意),來規範、約束其時諸侯國君的行爲,從而實現恢復"周禮"的目標。另外,鄭玄在其《六藝論》中認爲《左氏》以闡發《春秋》中的禮學思想爲擅長之處,其也以禮而遍注群經,充分體現了先秦以來古代中國宗法農耕文明一以貫之的禮文化特色。同時,鄭玄經學成就中,又以其禮學成就最爲突出。包括先秦與兩漢在内的中國古代的現實政治與人倫社會,是以"禮"作爲重要的發展線索與主要倫理形式的,《論語·八佾》載:"子曰:'夏禮,吾能言之,杞不足徵也;殷禮,吾能言之,宋不足徵也。文獻不足故也,足則吾能徵之矣。'"①可推知,夏、商、周都有屬於自己的禮,且前後連貫而延及漢宋以至元明清。

總之,正是鄭玄與先聖孔子有著在歷史境遇、學術境遇、現實關切上的多重現實同感,所以實現了春秋之期與漢末之世跨越數百年的視域融合。

(二) 儒家五經整體觀

鄭玄一生的學術生涯正如范曄所言"括囊大典,網羅衆家,删裁繁誣,刊改漏失",②在其遍注群經的過程中,其所有的儒家經傳詮釋的一大特色,就是十分注重儒家六經之間經義的整一性、系統性。因爲對鄭玄等漢儒來說,孔子新成六經,是以孔

---

① (宋)朱熹:《四書章句集注》,北京:中華書局,1983年,第63頁。

② (南朝)范曄:《後漢書》,北京:中華書局,1965年,第1213頁。

子聖人元意①而重新整理而成的,它們一體而同源於孔子學説;孔子及其後學,以孔子思想整合新成六經甚或其各自相應的傳、記,不同程度上,全都是孔子儒學理論的各自側重的體現。因而,在鄭玄等看來,儒家六經及其諸傳記之間應是相互支撐、不應有矛盾之處的。

例如,在"左氏學"思想的闡發上,鄭玄雖未留下注,但我們通過前文的相關分析,發現鄭玄在闡發之中,通過與其他經典的互引互證,體現了儒家五經經文經義之間的相通和整體性。

《春秋》經文:(文西元年,冬)公孫敖如齊。

《左傳》傳文:穆伯如齊,始聘焉,禮也。凡君即位,卿出并聘,踐修舊好,要結外援,好事鄰國,以衛社稷,忠信卑讓之道也。忠,德之正也;信,德之固也;卑讓,德之基也。

何休《膏肓》以爲三年之喪,使卿出聘,於義《左氏》爲短。

鄭康成箴云:《周禮》:"諸侯邦交,歲相問,殷相聘,世相朝。"《左氏》合古禮,何以難之?②

對於何休的觀點,鄭玄在辯駁的過程中,直接引《周禮》之言,爲《左氏》提供合理依據。相似的還有辯駁"王使榮叔歸含,且賵""秦人來歸僖公成風之襚",鄭玄引用《周禮》;"衛孫林父帥師伐齊",鄭玄引用《禮記·王制》;"(昭公)四年,春,王正月,大雨雹",引用《禮記·月令》;"(昭公七年)夏,四月,甲辰,朔,日有食之",引用《尚書》《禮記》等。

在鄭玄駁許慎《五經異義》中亦有多例,試舉如下:

第六天號

許慎異義:今《尚書》歐陽説曰"欽若昊天",春曰昊天,夏曰蒼天,秋曰旻天,冬曰上天,總爲皇天。《爾雅》亦然。古《尚書》説云,天有五號,各用所宜稱之。尊而君之則曰皇天,元氣廣大則稱昊天,仁覆愍下則稱旻天,自上監下則稱上天,據遠視之蒼蒼然則稱蒼天。

① 如同鄭玄所認爲的,孔子當時所做的,就是以"己之意",整合、闡發原有六經資料,并用這一"己之意"融攝新修六經,使其成爲蘊涵孔子這一獨特思想的儒家六經。而鄭玄所做的,就是通過其自身的創新性闡釋,發見、尋求出孔子新成六經所蘊涵的聖人"元意"(實即諸經經文所蘊涵的孔子祖述、闡發的以禮樂教化的先王之道)。

② (清)阮元校刻:《十三經注疏·春秋左傳正義》,北京:中華書局,1982年,第561頁。

　　鄭玄駁曰：《爾雅》者，孔子門人所作，以釋六藝之文，蓋不誤也。春氣博
施，故以廣大言之；夏氣高明，故以遠言之；秋氣或生或殺，故以閔下言之；冬
氣閉藏而清察，故以監下言之。皇天者，至尊之號也。六藝之中，諸稱天者，
以己情所求言之耳，非必於其時稱之。浩浩昊天，求天之博施；蒼天蒼天，求
天之高明；旻天不吊，求天之生殺當得其宜。上天同雲，求天之所爲當順其
時也。此之求天，猶人之説事，各從其主耳。若察於是，則堯命羲和"欽若昊
天"，孔丘卒稱"旻天不吊"，無可怪耳。①

　　此例中許慎對《尚書》歐陽説及《爾雅》與古文《尚書》中關於天號的不同表達提出
質疑，鄭玄則先言《爾雅》無誤，後言兩者相通之處，又解釋了《左氏春秋》中"夏四月己
丑，孔子卒"稱"旻天不吊"的原因。

　　鄭玄在注經的過程中，打破家法、師法的界限，在今古文經之間選擇能夠貫通五
經的經文，以他所闡釋與認定的孔子經義來形成其儒家經傳詮釋整體的思想架構。
這與鄭玄淵博的學識和創新的精神是分不開的。鄭玄在其諸多儒家經傳詮釋中，特
別是其"左氏學"的傳意經義的闡發，始終貫徹了其儒家經傳爲一整體的思想，注重各
經文及其傳文與孔子經義的互文相通，從而能夠實現對百家不齊的"整齊"，形成完整
的經學思想體系。

(三) 對孔子原意的追求及其整齊百家的詮釋意旨

　　鄭玄在《戒子益恩書》中言："吾自忖度，無任於此，但念述先聖之元意，思整百家
之不齊，亦庶幾以竭吾才，故聞命罔從。"②鄭玄此言大意是説，其在詮釋儒家經傳過程
中，每每以探尋、顯明先聖之元意爲念，更以其事先認定并闡發出來的這一孔子聖意，
整齊儒經傳記百家。鄭玄戒子此語，意在言明其一生致力於對"先聖元意"的追溯和
對先秦兩漢一路發展而來的經、傳、記、注等各經學成果進行系統性總結。鄭玄在融
合了自身視域的"先聖元意"的指引下，對先秦秦漢的所有經、傳、記、注著述，進行挑
選、裁剪與抽繹、發揮，最終形成了容納歷代先聖之道（包括孔子在內）、兼采今古的
"念述先聖之元意，思整百家之不齊"經學思想。

　　對於鄭玄的這一宏願與齊整百家的經學思想，我們認爲，盡管孔子儒家思想有其
中國宗法倫理的普適性，但應看到，儒家五經作爲包含前代先聖獨特思想意蘊的文本
載體，是先聖在其特定的不可複製的場域中對其自身思想的固定化乃至成熟性展現。

---

① （清）皮錫瑞：《駁五經異義》，北京：中華書局，2014 年，第 273 頁。
② （南朝）范曄：《後漢書》，北京：中華書局，1965 年，第 1209 頁。

其存在著時間上的不可重複性以及空間上所處場域的不可複製性兩大重要的特點。時間上的不可重複性,即所謂"人不可能兩次踏入同一條河流";作者所處場域的不可複製性,即後來的詮釋者甚至作者本人都不可能再次回到創作的場域中。這也便説明,不論運用何種精妙的方法,都無法對作者原意進行毫無距離的複製或重現。這是鄭玄試圖尋求、彰顯聖人原意在詮釋上的理論困境。

同時我們還需要注意到的是,文本所蘊含的原意隨著時間的流逝或轉變,例如客觀原因導致文化斷層的出現、"死文字"的出現等,但這并不代表原意就此陷入了不可知的境遇。文本意蘊的開放性爲後世的詮釋者提供了可能,詮釋者對原意的執著爲解讀者提供不竭的動力,同時爲自身解釋的産生和匯入提供了必要的前提。正是鄭玄對"原意"的執著追溯,以及詮釋者自身視域的不可避免性,使得鄭玄以其所賦義的"原意"去統攝、彌合"五經"文獻的詮釋差異。

鄭玄對包括孔子在内的先聖"元意"的不斷追問,從詮釋學的理論上來分析,其爲自身文本賦義的融入提供了必要的前提。鄭玄在有自身預設的"元意"指導下,對五經的經義進行發微,使得經義統攝於起先預設的"元意"之下,對兩漢經學發展而來的諸多學説進行選擇、抽繹及總結,以經注、箋、駁論等形式在經義之間實現"融通"。

廢興由於好惡：
"宣帝善《穀梁》說"發微 *

許超傑

【摘　要】　西漢宣帝末年,《春秋穀梁傳》曾立於學官,烜赫一時。學界一般將其歸之於漢宣帝對"戾太子好《穀梁》學"的繼承。但通過排比史料可以發現,經學在取得獨尊地位之後,對君主與政治產生了反制作用。漢宣帝之所以推崇《穀梁》學,更重要的是爲了借以《穀梁》爲中心的魯學奪回經學解釋權,從而消解經學對君權之反制、加强君權對學術之控制。在漢宣帝推崇《穀梁》以取代《公羊》的過程中,疏廣、疏受叔侄之去職以懼後悔,韋賢之致仕,魏相、丙吉、黃霸之任相,蕭望之之左遷,災異、祥瑞之控制與製造,皆彰顯了宣帝朝《公》《穀》興廢背後的儒士與文吏之争,其深層原因即宣帝"本以霸王道雜之"的君主統治。《穀梁》之興由於君主之好惡,故其學亦隨宣帝之崩而歸於沉寂。

【關鍵詞】　漢宣帝　《穀梁》《公羊》　董仲舒　本以霸王道雜之
【作者簡介】　許超傑,1985年生,湖南大學嶽麓書院歷史系副教授。

一、《春秋》大一統：董仲舒天人
思想與經學時代之開啓

《史記·儒林列傳》記載了一則黃生與轅固生争論湯、武革命的故事,其言曰：

> 清河王太傅轅固生者,齊人也。以治《詩》,孝景時爲博士。與黃生争論
> 景帝前。黃生曰："湯、武非受命,乃弑也。"轅固生曰："不然。夫桀紂虐亂,

---

*　本文爲國家社科基金後期資助項目"《穀梁》釋經學及其建構史研究"(19FZXB055)階段性成果。

天下之心皆歸湯、武，湯、武與天下之心而誅桀、紂，桀、紂之民不爲之使而歸湯、武，湯、武不得已而立，非受命爲何？"黄生曰："冠雖敝，必加於首；履雖新，必關於足。何者？上下之分也。今桀、紂雖失道，然君上也；湯、武雖聖，臣下也。夫主有失行，臣下不能正言匡過以尊天子，反因過而誅之，代立踐南面，非弒而何也？"轅固生曰："必若所云，是高帝代秦即天子之位，非邪？"於是景帝曰："食肉不食馬肝，不爲不知味；言學者無言湯、武受命，不爲愚。"遂罷。是後學者莫敢明受命放殺者。[1]

轅固生由湯武革命論及漢高祖之代秦而立，提出了漢朝統治的合法性問題。雖然"是後學者莫敢明受命放殺者"，但"莫敢明"并不代表已經解決了這一問題。相反，正是因爲不曾解決、不能解決，故莫敢言。但這一問題既關乎漢朝統治的合法性，如不能解決，終究不能使其統治得到真正的"認可"。這一問題的解決，有待於轅固生及其後之儒生，而董仲舒則是其中最爲重要的代表人物之一。建元元年，"冬，十月，詔舉賢良方正直諫之士，上親策問以古今治道，對者百餘人"。[2] 董仲舒以是進對，上天人三策，從而於建元五年"置《五經》博士"。[3] 由是進入經學昌明時代，亦進入中國兩千餘年的經學時代。[4]

事實上，漢武帝"親策問以古今治道"，其首先要解決的就是漢代統治合法性問題，也就是轅固生提出的"高帝代秦即天子之位"的合法性問題。是以，漢武帝之問與董仲舒之對，蓋非在經學義理之道，其要當在"當下之治"以至於"傳之無窮之方"。故漢武帝制曰：

> 朕獲承至尊休德，傳之亡窮，而施之罔極，任大而守重，是以夙夜不皇康寧，永惟萬事之統，猶懼有闕。故廣延四方之豪儁，郡國諸侯公選賢良修絜博習之士，欲聞大道之要，至論之極。今子大夫襃然爲舉首，朕甚嘉之。子大夫其精心致思，朕垂聽而問焉。

又曰：

① （漢）司馬遷撰，[日] 瀧川資言考證：《史記會注考證》卷一二一《儒林列傳第六十一》，上海：上海古籍出版社，2016年，第4075頁。

② （宋）司馬光：《資治通鑑》卷一七，北京：中華書局，2011年，第555頁。

③ （漢）班固撰，（清）王先謙補注：《漢書補注》卷六《武帝紀第六》，上海：上海古籍出版社，2012年，第229頁。

④ 皮錫瑞《經學歷史》曰："經學至漢武始昌明，而漢武時之經學爲最純正。"（清）皮錫瑞：《皮錫瑞全集》（第6册），北京：中華書局，2015年，第24頁。

朕夙寤晨興,惟前帝王之憲,永思所以奉至尊、章洪業,皆在力本任賢。今朕親耕藉田,以爲農先,勸孝弟,崇有德,使者冠蓋相望,問勤勞,恤孤獨,盡思極神,功烈休德未始云獲也。今陰陽錯繆,氛氣充塞,群生寡遂,黎民未濟,廉恥貿亂,賢不肖渾淆,未得其真,故詳延特起之士,意庶幾乎! 今子大夫待詔百有餘人,或道世務而未濟,稽諸上古之不同,考之於今而難行,毋乃牽於文繫而不得騁歟? 將所由異術,所聞殊方與?①

董仲舒以是提出著名的"天人三策",②而以"一統"終其對:

《春秋》大一統者,天地之常經、古今之通誼也。今師異道、人異論,百家殊方,指意不同。是以上亡以持一統、法制數變,下不知所守。臣愚以爲諸不在六藝之科、孔子之術者,皆絶其道,勿使并進。邪辟之説滅息,然後統紀可一而法度可明,民知所從矣。③

由是可知,無論是漢武帝之問,還是董仲舒之答,其要皆在於長久之"治"。六藝之科與孔子之術的倡導,或者以後世的話説,即"罷黜百家,獨尊儒術",④其要在政而不在學。經學之所以被選擇,正在其可以爲上持一統、下知所守提供理論依據。但事實上,董仲舒等儒生所提倡之經學,已非孔子所知之經學,而應是經過戰國百家融合之後的新學説與新模式。⑤《論語》載子貢之言曰:"夫子之文章,可得而聞也。夫子之言性與天道,不可得而聞也已矣。"⑥子貢作爲孔門十哲之一,却説"夫子之言性與天道,

---

① (漢)班固撰,(清)王先謙補注:《漢書補注》卷五六《董仲舒傳第二十六》,上海:上海古籍出版社,2012年,第4018、4032—4033頁。

② 董仲舒對策時間,多有異説。錢穆曰:"仲舒對策之年,昔人尚多異議。《漢書·武紀》載於元光元年,與公孫弘列。《通鑑》則據《史記》'武帝即位,爲江都相'之文,載於建元元年。蓋《通鑑》所定實是。"錢穆:《兩漢博士家法考》,《兩漢經學今古文平議》,北京:九州出版社,2011年,第163頁。王葆玹認爲董仲舒對策當在元朔五年。參氏著:《西漢經學源流》,成都:四川人民出版社,2021年,第157—166頁。因此時間差異與本文論述并無緊密關聯,故不再辨析。

③ (漢)班固撰,(清)王先謙補注:《漢書補注》卷五六《董仲舒傳第二十六》,上海:上海古籍出版社,2012年,第4052頁。

④ 《漢書·董仲舒傳》曰:"及仲舒對册,推明孔氏,抑黜百家。"參《漢書補注》,第4055頁。關於"罷黜百家,獨尊儒術"與"諸不在六藝之科、孔子之術者,皆絶其道,勿使并進"之差别,可參見楊勇:《"罷黜百家,獨尊儒術"的歷史考察——以"六藝之科"與"孔子之術"的分合爲中心》,《文史哲》2019年第6期。

⑤ 關於董仲舒之思想,參見曾亦、郭曉東:《春秋公羊學史》第三章《董仲舒與漢代〈公羊〉學》,上海:華東師範大學出版社,2017年。

⑥ (梁)皇侃:《論語義疏》卷三《公冶長第三》,北京:中華書局,2013年,第110頁。

不可得而聞",但董仲舒之對策,却都是在談性與天道。董仲舒首次對策即曰:

> 陛下發德音、下明詔,求天命與情性,皆非愚臣之所能及也。臣謹案《春秋》之中,視前世已行之事,以觀天人相與之際,甚可畏也。

又曰:

> 臣謹案《春秋》謂一元之意,一者萬物之所從始也,元者辭之所謂大也。謂一爲元者,視大始而欲正本也。《春秋》深探其本,而反自貴者始。故爲人君者,正心以正朝廷,正朝廷以正百官,正百官以正萬民,正萬民以正四方。四方正,遠近莫敢不壹於正,而亡有邪氣奸其間者。是以陰陽調而風雨時,群生和而萬民殖,五穀孰而艸木茂,天地之間被潤澤而大豐美,四海之内聞盛德而皆徠臣,諸福之物、可致之祥莫不畢至,而王道終矣。①

董仲舒雖謙稱"天命與情性,皆非愚臣之所能及",然其言天人相與之際、正心以正民,莫不皆是"天命與情性"。以是而論,董仲舒之經、儒已與孔子頗爲不同,②其要蓋在以道家、陰陽家之說融入儒家。《漢書·藝文志》曰:

> 儒家者流,蓋出於司徒之官,助人君順陰陽明教化者也。游文於六經之中,留意於仁義之際,祖述堯舜,憲章文武,宗師仲尼,以重其言,於道最爲高。③

班固繼承劉歆《七略》之說,以儒家者流爲"助人君順陰陽明教化者",則漢人所認可之儒家,固是摻雜道家、陰陽家之說者也。④ 是以,董仲舒爲漢武帝所制定的漢家制度,實際上并非是純粹的儒家思想的産物,而是儒家雜糅道家、陰陽家的結果。面對漢武

---

① (漢)班固撰,(清)王先謙補注:《漢書補注》卷五六《董仲舒傳第二十六》,上海:上海古籍出版社,2012年,第4022、4026—4027頁。

② 顧頡剛於《秦漢的方士與儒生》一文曰:"勸武帝罷黜百家的董仲舒,他真是孔子的信徒嗎? 聽了董仲舒的話尊崇儒家的武帝,他真行孔子之道嗎? 這不勞我細説,只消把董仲舒所作的《春秋繁露》,和記武帝事實最詳細的《史記·封禪書》去比較《論語》,就會知道。"參顧頡剛:《顧頡剛古史論文集》卷二,北京:中華書局,2011年,第506頁。

③ (漢)班固撰,(清)王先謙補注:《漢書補注》卷三〇《藝文志第十》,上海:上海古籍出版社,2012年,第2966頁。

④ 張舜徽曰:"若漢以前之所謂儒,乃術士之通稱。"參氏著:《漢書藝文志通釋》,武漢:華中師範大學出版社,2004年,第280頁。若依張氏之説,則儒本術士,故漢人援陰陽家説以入儒家,固其宜也。按照葛兆光的説法,漢初儒家對於先秦儒家的變革,實即要建構一套可予施行的政治理論與思想依據:"作爲一種思想學説,儒學要在這種社會急劇變動的時候成爲民族國家的意識形態,并取得在其他學説 (轉下頁)

帝"風流而令行,刑輕而奸改,百姓和樂,政事宣昭,何修何飭而膏露降、百穀登,惠潤四海、澤臻屮木,三光全、寒暑平,受天之祜,享鬼神之靈,惠澤洋溢,施虖方外,延及群生"①的追問與期待,董仲舒給出的方案就是以漢初儒家政治思想爲依據與核心的"更化":

> 自古以徠,未嘗有以亂濟亂,大敗天下之民如秦者也。……孔子曰:"腐朽之木不可雕也,糞土之牆不可圬也。"今漢繼秦之後,如朽木糞牆矣,雖欲善治之,亡可奈何。法出而奸生,令下而詐起,如以湯止沸,抱薪救火,愈甚亡益也。竊譬之琴瑟不調,甚者必解而更張之,乃可鼓也。爲政而不行,甚者必變而更化之,乃可理也。當更張而不更張,雖有良工不能善調也。當更化而不更化,雖有大賢不能善治也。故漢得天下以來,常欲善治而至今不可善治者,失之於當更化而不更化也。古人有言曰:"臨淵羨魚,不如退而結網。"今臨政而願治七十餘歲矣,不如退而更化,更化則可善治,善治則災害日去、福祿日來。《詩》云:"宜民宜人,受祿於天。"爲政而宜於民者,固當受祿於天。夫仁、誼、禮、知、信,五常之道,王者所當修飭也。五者修飭,故受天之祐而享鬼神之靈,德施於方外、延及群生也。②

董仲舒將漢興七十餘年而未能善治歸責於未能"更化"。所謂更化,即以儒家之道代替秦人"重禁文學,不得挾書,棄捐禮誼而惡聞之,其心欲滅先王之道,而顯爲自恣苟

(接上頁) 之上的獨尊地位,則要建設一個擁有天然合理的終極依據、涵蓋一切的理論框架、解釋現象的知識系統以及切合當時并可供操作的政治策略在內的龐大體系,以規範和清理世界的秩序,確定與指引歷史的路向。……作爲一個民族國家的意識形態,早期儒學中的宇宙論依據并不發達。孔子所謂'天何言哉'的表述實在太簡略,而'唯天爲大'的説法又實在太籠統,由於這種不發達,一方面使得儒學中關於人與社會的道德學説與禮樂制度的合理性仿佛缺少自然法則的支持,其不言而喻的權威性便不免脚下空虛,一方面使得儒學無法與民衆生活所尊奉與需要的實用技術與知識彼此溝通……儒學似乎只能處理道德層面上的問題而不能深層地進入生活,不能給人們提供生活上的自信與知識。……至少在漢初,例如陸賈便接納了黃、老之學,陰陽五行思想,乃至數術方技共同依據的一些基礎性思想,有意識地建立儒學的形而上的宇宙支持系統。……從現在所存的文獻資料看,把'天'作爲人間秩序合理性的背景,并對於這套解釋自然與歷史的宇宙法則,論述得最充分的是董仲舒。"參氏著:《中國思想史》(第1卷),上海:復旦大學出版社,2005年,第258—259頁。

① (漢) 班固撰,(清) 王先謙補注:《漢書補注》卷五六《董仲舒傳第二十六》,上海:上海古籍出版社,2012年,第4019頁。

② (漢) 班固撰,(清) 王先謙補注:《漢書補注》卷五六《董仲舒傳第二十六》,上海:上海古籍出版社,2012年,第4029頁。

簡之治"。① 具體而言,即以五經爲據,"改正朔,易服色,所以應天"。② 而依據《春秋》
公羊學而來的"應天"成爲董仲舒爲漢武帝設計的政治理論的核心：

> 臣謹案《春秋》之文,求王道之端,得之於正。正次王,王次春,春者天之
> 所爲也,正者王之所爲也。其意曰,上承天之所爲,而下以正其所爲,正王道
> 之端云爾。然則王者欲有所爲,宜求其端於天。天道之大者在陰陽。陽爲
> 德,陰爲刑,刑主殺而德主生。是故陽常居大夏,而以生育養長爲事；陰常居
> 大冬,而積於空虛不用之處。以此見天之任德不任刑也。……王者承天意
> 以從事,故任德不任刑。③

董仲舒將必須要"更化"的理論推及天道陰陽,而將秦政歸之於刑陰,而德政比之於德
陽。是以,在董仲舒的思想中,若漢武帝欲其治也,必由刑而德,即由崇法家轉向儒
家。當然,漢武帝之所以最終能從而"更化",自不是董仲舒一人之力,《史記·儒林
傳》曰"及今上即位,趙綰、王臧之屬明儒學,而上亦鄉之",④則儒學、五經之興本就是
漢武帝時期儒家學者一致推動所致；事實上,也并不僅僅是儒生的推動,更重要的是
統治者對於"一統"的追求,而漢儒思想恰逢其時。⑤ 是以,在統治者與儒生的一致推

---

① （漢）班固撰,（清）王先謙補注：《漢書補注》卷五六《董仲舒傳第二十六》,上海：上海古籍出版社,2012
年,第 4029 頁。

② （漢）班固撰,（清）王先謙補注：《漢書補注》卷五六《董仲舒傳第二十六》,上海：上海古籍出版社,2012
年,第 4036 頁。

③ （漢）班固撰,（清）王先謙補注：《漢書補注》卷五六《董仲舒傳第二十六》,上海：上海古籍出版社,2012
年,第 4025—4026 頁。

④ （漢）司馬遷撰,[日]瀧川資言考證：《史記會注考證》卷一二一《儒林列傳第六十一》,上海：上海古籍出
版社,2016 年,第 4067 頁。

⑤ 錢穆《秦漢史》曰："漢興七十年,恭儉無爲之治,繼承勿輟。至於武帝,而社會財富,日趨盈溢。又其功
臣、外戚、同姓三系之紛爭,亦至武帝時而止。中央政府統一之權威,於以確立。而民間古學復興,學者
受新鮮之刺激,不肯再安於無爲。而邊患亦迄未寧息,抑且與時俱進,不得不謀一痛懲創之道。凡此均
爲促成漢武一朝政治之背景。"參氏著：《秦漢史》,北京：九州出版社,2011 年,第 72 頁。但徐復觀也指
出："在董仲舒以前,漢初思想,大概上是傳承先秦思想的格局,不易舉出它作爲'漢代思想'的特性。漢
代思想的特性,是由董仲舒所塑造的。……正因爲如此,所以儒家思想發展到董仲舒,在許多地方變了
形；在許多地方,可以把董氏以前與董氏的新説及受董氏新説影響的繼起之説,劃一個大分水嶺。而兩
千餘年,陰陽五行之説,深入於社會,成了廣大的流俗人生哲學,皆可追溯到董仲舒的思想上去。他是有
意識地發展《吕氏春秋》十二紀紀首,以建立無所不包的哲學系統的,并把他所傳承的《公羊春秋》乃至
《尚書》的《洪範》組入此一系統中去,以促成儒家思想的轉折。他的這一意圖,與大一統專制政治的趨於
成熟,有密切關係。他一方面在思想上、觀念上,肯定此一體制的合理性。同時,又想給此一體（轉下頁）

動下,漢朝開始以儒學爲核心與依據的"更化"運動。從學術上説,建元五年置五經博士可謂從學理上肯定了五經與儒家思想的主導地位;而漢武帝一系列迎合儒家思想的改革,則是從政治上重構了儒學與五經的現實意義。元封元年封泰山,太初元年頒布《太初曆》,"十一月甲子朔旦冬至,天曆始改,建於明堂,諸神受紀",①代表著漢武帝以儒家思想爲核心的政治文化改革基本完成。但正如前文所述,漢武帝對儒學與五經的選擇,并不僅僅是出於學術的追求,更是政治的需要。錢穆指出:

> 秦皇、漢武,同爲中國史上之雄主。秦皇焚書,以吏爲師,禁天下之以古非今。迄於漢武,不及百年,乃表彰六藝,高慕堯舜,處處以希古法先爲務。若漢武之於始皇,所處在絶相反之兩極。而論其措施,則漢武之置五經博士,設博士弟子員,即猶始皇之焚非博士官書,以吏爲師,統私學於王官之制也。②

無論是秦始皇的焚書坑儒,還是漢武帝的"推明孔氏,抑黜百家",其目的都在於實現統治歸於"一"。而經過融合道家、陰陽家的儒家思想,恰好符合這一需求。董仲舒及武帝年間儒家對於天道的提倡,以及"天人感應""受命"等學説日漸成爲漢代政治文化之核心內容,儒術也爲漢家統治提供了理論依據與合法性緣飾。"陰陽配性情,五行配五常,以天人相應爲理論,凸顯君主權威,并建立相應制度與法律的儒家也從此改變了先秦儒學象徵主義與人本主義的性質與路向。"③是以,權力與學術縮合在一起,最終開啓了經學影響政治的時代。

二、天道與君政:儒家思想對君權之反制

漢武帝依儒術緣飾政治,儒家亦援政治以推崇五經,互相爲用,互爲輔佐。《鹽鐵論》即曰:"天下不平,庶國不寧,明王之憂也。上無天子,下無方伯,天下煩

(接上頁) 制以新的内容、新的理想,這便構成他的天的哲學大系統的現實意義。"參氏著:《兩漢思想史》(第2冊),北京:九州出版社,2014年,第269—270頁。則漢武帝之以儒術緣飾政治,故大勢所趨,然董仲舒在其中所處之重要性亦不容忽視。

① (漢)司馬遷撰,[日]瀧川資言考證:《史記會注考證》卷一三〇《太史公自序第七十》,上海:上海古籍出版社,2016年,第4315頁。

② 錢穆:《秦漢史》,北京:九州出版社,2011年,第73頁。

③ 葛兆光:《中國思想史》(第1卷),上海:復旦大學出版社,2005年,第270頁。

亂,賢聖之憂也。"①君主與聖賢最終的目的被縮合在一起,即面向當下之治。儒術爲君權解決了合法性的問題,君權亦爲儒術之獨尊掃清了障礙。但儒生與經術雖然解決了漢朝統治的合法性問題,同時却也給漢朝統治帶來了新的挑戰,即"天人感應"説對君權的反制。但正如葛兆光所指出的,儒術與政治相互爲用的同時,亦存在相互制約的一面:

> 相當多的思想史或哲學史著作都注意到了董仲舒以及其後的一些儒者以自然災異與政治人事相聯繫的傾向。……但是,却很少有人探討一下這種"天人感應"背後的另一種知識階層心境,先秦以來的儒學傳統,一方面以"君君臣臣父父子子""大一統""尊王攘夷"等口號爲漢代國家意識形態的形成提供了學術的依據,但是另一方面又以"仁政""德治"等思想爲非官方的批判的意識形態提供了學術的依據。……董仲舒一而再再而三地提醒君主在利益之上還有正義,在力量之上還有良心,在權力之上還有"天"在臨鑒。所謂"天亦有喜怒之氣、哀樂之氣,與人相副,以類合之,天人一也",所謂君主政令失誤,不尊道德、不行仁義,天就會以災異示警,其實就是在權力已經無限的君主之上再安放一個權力更加無限的"天"。②

靠著縮合天與君,使得"天子"統治具有了天然的合法性,也爲王朝確立了正統性。但也正因爲將天子與王朝的合法性訴諸於"天",故"天"成了"王"之上一個更高的位階,從而使"天"可以約束"君"。這是儒生爲漢朝合法性的確立找到的一個源頭,但同時也是爲自己監督"君權"設立的一個隱含依據。而這一依據的存在,也爲臣監督君創造了條件。何休注《春秋》"元年春王正月"曰:

> 年者十二月之總號,《春秋》書十二月稱年是也。變一爲元,元者氣也,

---

① 王利器校注:《鹽鐵論校注(定本)》卷二《論儒第十一》,北京:中華書局,1992年,第151頁。漢昭帝繼武帝而立,面對武帝後期窮兵黷武所遺留的問題,始元六年二月,"詔有司問郡國所舉賢良文學民所疾苦,議罷鹽鐵榷酤"(《漢書補注》卷七《昭帝紀第七》,第318頁),是謂鹽鐵會議。桓寬《鹽鐵論》據鹽鐵會議之記録而成書,可謂昭帝時期朝廷中央儒生與官吏爭論之記録,亦可以在一定程度上視爲昭帝時期官方意識形態爭論之體現。陳蘇鎮指出:"賢良文學站在'王道'立場上,企圖剔除'漢家制度'中的'霸道'成分,這一點無須多論。需要進一步指出的是,賢良文學所鼓吹的'王道'帶有明顯的《公羊》學色彩。《鹽鐵論》作者桓寬是《公羊》家,史有明文。參加鹽鐵之議的六十多個賢良文學,都是來自全國各地的普通儒生,從《鹽鐵論》的記載看,他們也都深受董仲舒及其《公羊》學的影響。"參氏著:《〈春秋〉與"漢道"——兩漢政治與文化研究》,北京:中華書局,2020年,第369—370頁。

② 葛兆光:《中國思想史》(第1卷),上海:復旦大學出版社,2005年,第268—269頁。

無形以起,有形以分,造起天地,天地之始也。……春者天地開闢之端,養生之首,法象所出,四時本名也。……文王周始受命之王,天之所命,故上繫天端。……王者受命,必徙居處、改正朔、易服色、殊徽號、變犧牲、異器械,明受之於天,不受之於人。……《春秋》以元之氣正天之端,以天之端正王之政,以王之政正諸侯之即位,以諸侯之即位正竟內之治。……王者不承天以制號令則無法,故先言春而後言王。天不深正其元則不能成其化,故先言元而後言春。五者同日并見,相須成體,乃天人之大本、萬物之所繫,不可不察也。①

何休此注以"元""年""春"屬"天",而以"王正月"屬"君",即將"君權"歸之於"天"。王者受命,所受之命即來自於"天"。故"以元之氣正天之端,以天之端正王之政,以王之政正諸侯之即位,以諸侯之即位正竟內之治",而君權與君政終歸於"天"與"氣"之下。何休雖然生活於東漢末年,但此注可視爲兩漢《公羊》學之基本內核。董仲舒曰:"《春秋》之法,以人隨君,以君隨天。"②即以天規定君。因爲天是君權的來源,以天規定君,是以天既可以賦予君以權,亦可收回其所賦之天命。故董仲舒《春秋繁露》曰:

堯舜何緣而得擅移天下哉?《孝經》之語曰:"事父孝,故事天明。"事天與父,同禮也。今父有以重予子,子不敢擅予他人,人心皆然。則王者亦天之子也,天以天下予堯舜,堯舜受命於天而王天下,猶子安敢擅以所重受於天者予他人也。天有不以予堯舜漸奪之,故明爲子道,則堯舜之不私傳天下而擅移位也,無所疑也。……天之生民非爲王也,而天立王以爲民也。故其德足以安樂民者天予之,其惡足以賊害民者天奪之。③

董仲舒雖然以《公羊》學爲基礎爲漢帝國設計了政權的合法性理論,但這一理論同時也限制了君主的權力。一旦君主"惡足以賊害民",則天亦將重新收回其命。是故政權之更迭也被置於天命轉移之下:

《詩》云:"殷士膚敏,祼將於京,侯服於周,天命靡常。"言天之無常予、無

---

① (漢) 何休注,(唐) 徐彥疏:《春秋公羊注疏》卷一,《十三經注疏》(第7冊),臺北:藝文印書館,1973年,第8—10頁。

② (清) 蘇輿:《春秋繁露義證·玉杯第二》,北京:中華書局,1992年,第31頁。

③ (清) 蘇輿:《春秋繁露義證·堯舜不擅移、湯武不專殺第二十五》,北京:中華書局,1992年,第219—220頁。

常奪也。故封泰山之上、禪梁父之下,易姓而王,德如堯舜者七十二人。王
者天之所予也,其所伐皆天之所奪也。······故夏無道而殷伐之,殷無道而周
伐之,周無道而秦伐之,秦無道而漢伐之。有道伐無道,此天理也,所從來
久矣。①

天命靡常,王者即天之所予,故亦可伐而奪之。徐復觀即言:"董氏肯定了大一統的專
制體制,并不等於他肯定了'家天下'。相反的,他贊成禪讓和征誅的兩種政權轉移方
式,即是他依然守住'天下爲公'的政治理想。"②而天命予奪之體現,要在災祥。漢武
帝問董仲舒:"三代受命,其符安在? 災異之變,何緣而起?"③即以符瑞、災異爲王朝興
衰之重要表徵。武帝崇尚儒術之後,儒家亦以符瑞、災異作爲評判君、政之重要指徵。
《鹽鐵論》載賢良文學論災祥曰:

　　天菑之證,禎祥之應,猶施與之望報,各以其類及。故好行善者,天助以
福,符瑞是也。《易》曰:"自天祐之,吉無不利。"好行惡者,天報以禍,妖菑是
也。《春秋》曰:"應是而有天菑。"······日者陽,陽道明;月者陰,陰道冥;君尊
臣卑之義。故陽光盛於上,衆陰之類消於下;月望於天,蚌蛤盛於淵。故臣
不臣,則陰陽不調,日月有變;政教不均,則水旱不時,螟螣生。此災異之應
也。四時代叙,而人則其功;星列於天,而人象其行。常星猶公卿也,衆星猶
萬民也。列星正則衆星齊,常星亂則衆星墜矣。④

賢良文學以災祥與善惡相對應,行善則上天徵之以祥瑞,爲惡則上天徵之以災異,蓋
祥瑞、災異皆上天示之於人的表徵。儒士將常星比之於公卿,列星比之於百姓,以爲
常星正列星始能從之而正,常星亂則衆星墜矣。賢良文學在此以常星比之於公卿,明
顯是不敢斥言皇帝,事實上,皇帝才應該是常星之所指。故錢穆言:

　　夫災異所以譴告,遇災異,則三公可以策免,以至於詔令使自殺,此固
也。然災異之所譴,固非特於三公也;尚有在三公之上,居一國元首之高位,
其對上天之譴告,容得轉無所當乎! 故漢儒言災異,其精神實不屬三公,而

①　(清) 蘇輿:《春秋繁露義證·堯舜不擅移、湯武不專殺第二十五》,北京:中華書局,1992年,第220頁。
②　徐復觀:《兩漢思想史》(第2冊),北京:九州出版社,2014年,第270頁。
③　(漢) 班固撰,(清) 王先謙補注:《漢書補注》卷五六《董仲舒傳第二十六》,上海:上海古籍出版社,2012
年,第4019頁。
④　王利器校注:《鹽鐵論校注(定本)》卷九《論菑第五十四》,北京:中華書局,1992年,第556—557頁。

屬天子。①

君主作爲最高統治者,也作爲"天子",上天的災祥最終都應回到君主之道德行事中來考察。是以,災祥成爲評判君主施政當否的一個重要標準,也成爲限制君權的一個武器。而災異的出現,也成爲皇帝自我貶斥的重要發端。如漢宣帝本始四年:

> 夏四月壬寅,郡國四十九地震,或山崩水出。詔曰:"蓋災異者,天地之戒也。朕承洪業,奉宗廟,托於士民之上,未能和群生。乃者地震北海、琅邪,壞祖宗廟,朕甚懼焉。丞相、御史其與列侯、中二千石博問經學之士,有以應變,輔朕之不逮,毋有所諱。……"大赦天下。上以宗廟墮,素服,避正殿五日。②

即以郡國四十九地震而下詔自我貶斥,而欲以"博問經學之士"匡其不逮。而這種因災異而自我貶斥的情形,在宣帝之後愈演愈烈。如漢元帝初元三年夏,連下二詔罪己。夏四月茂陵白鶴館災,詔曰:

> 乃者火災降於孝武園館,朕戰栗恐懼。不獨變異,咎在朕躬。群司又未肯極言朕過,以至於斯,將何以寤焉! 百姓仍遭凶阨,無以相振,加以煩擾虖苛吏,拘牽虖微文,不得永終性命,朕甚閔焉! 其赦天下。

六月再次下詔曰:

> 蓋聞安民之道,本絲陰陽。間者陰陽錯謬,風雨不時。朕之不德,庶幾群公有敢言朕之過者,今則不然。媮合苟從,未肯極言,朕甚閔焉。永惟烝庶之饑寒,遠離父母妻子,勞於非業之作,衛於不居之宮,恐非所以佐陰陽之道也。其罷甘泉、建章宮衛,令就農。百官各省費。條奏毋有所諱。有司勉之,毋犯四時之禁。③

由是可見,所以救天之災戒者,在於君上自我斥責并加以改正。因爲災異之解釋權在於儒生,故皇帝亦多求所以明災異之儒生。如元帝在初元三年六月自我貶責之

---

① 錢穆:《秦漢史》,北京:九州出版社,2011年,第218頁。
② (漢)班固撰,(清)王先謙補注:《漢書補注》卷八《宣帝紀第八》,上海:上海古籍出版社,2012年,第345頁。
③ (漢)班固撰,(清)王先謙補注:《漢書補注》卷九《元帝紀第九》,上海:上海古籍出版社,2012年,第395、395—396頁。

後，要“丞相、御史舉天下明陰陽災異者各三人”；①漢成帝建始三年十二月日食之
後，要求“丞相、御史與將軍、列侯、中二千石及内郡國舉賢良方正極諫之士”。② 易
言之，儒生藉由災異，以譴告君上，“君道得，則草木昆蟲咸得其所；人君不德，讁見
天地，災異婁發，以告不治”。③ 而災異、譴告之終局，則在改朝換代，即“天子失德，
上天譴告，災異迭見，當遜位讓賢”。④ 自然災害、自然現象的出現不可避免，而隨著
社會矛盾的加劇，人爲的災難也愈發頻繁，是以，所謂災異必將“迭見”。故從災異學
説導出“遜位讓賢”，也成爲一種必然。漢代遜位讓賢的禪讓説之出現，即源於儒生對
災異之解讀：

> 孝昭元鳳三年正月，泰山萊蕪山南匈匈有數千人聲，民視之，有大石自
> 立，高丈五尺，大四十八圍，入地深八尺，三石爲足。石立後，有白鳥數千，
> 下集其旁。是時昌邑有枯木卧復生，又上林苑中大柳樹斷枯卧地，亦自立
> 生，有蟲食樹葉成文字曰：“公孫病已立。”（眭）孟推《春秋》之意，以爲“石
> 柳皆陰類，下民之象，而泰山者岱宗之嶽，王者易姓告代之處。今大石自
> 立，僵柳復起，非人力所爲，此當有從匹夫爲天子者。枯社木復生，故廢之
> 家公孫氏當復興者也。”孟意亦不知其所在，即説曰：“先師董仲舒有言，雖
> 有繼體守文之君，不害聖人之受命。漢家堯後，有傳國之運。漢帝宜誰差
> 天下，求索賢人，禪以帝位，而退自封百里，如殷周二王後，以承順天命。”孟
> 使友人内官長賜上此書。時昭帝幼，大將軍霍光秉政，惡之，下其書廷尉。
> 奏賜、孟妄設祅言惑衆，大逆不道，皆伏誅。後五年，孝宣帝興於民間，即
> 位，徵孟子爲郎。⑤

雖然眭弘據《春秋》推演的“當有匹夫爲天子”“故廢之家公孫氏當復興”云云最終成爲
漢宣帝即位的天象預告，但其“漢帝宜誰差天下，求索賢人，禪以帝位……以承順天

---

① （漢）班固撰，（清）王先謙補注：《漢書補注》卷九《元帝紀第九》，上海：上海古籍出版社，2012 年，第
396 頁。

② （漢）班固撰，（清）王先謙補注：《漢書補注》卷一〇《成帝紀第十》，上海：上海古籍出版社，2012 年，第
425 頁。

③ （漢）班固撰，（清）王先謙補注：《漢書補注》卷一〇《成帝紀第十》，上海：上海古籍出版社，2012 年，第
425 頁。

④ 錢穆：《秦漢史》，北京：九州出版社，2011 年，第 218 頁。

⑤ （漢）班固撰，（清）王先謙補注：《漢書補注》卷七五《眭兩夏侯京翼李傳第四十五》，上海：上海古籍出版
社，2012 年，第 4869 頁。

命"之説,無疑展現了是時民衆對漢朝統治之不滿。顧頡剛即言:

> 那時武帝已經享盡榮華而死,人民經了一番大痛苦,瘡痍未復,他們長
> 在希望易姓受命,有一個新天子出來救濟他們一下,既有這等事情發生,正
> 好爲易姓受命之説張目。……這些説話,都不是眭弘一人忽發奇想想出來
> 的,乃是當時的社會上有此要求,有此醞釀,而後他順了這個趨勢説出
> 來的。①

雖然眭弘被誅,但這種易姓受命的思想既爲當時社會上已發展出來之趨勢,故自不能
因眭弘被殺而歇止,經術對政治之影響日益加深。是以,經學亦在一定程度上日益成
爲限制皇權之手段與依據。但"既經據了天位的人,哪肯輕易讓給人家"②呢,是以才
有了漢宣帝石渠會議,試圖發掘魯學以代替齊學,從而將經術重新置於權力的控制之
下。因爲對西漢政治而言,最具影響之經典當是《春秋》,故在此權力與經術的博弈
中,又以《穀梁》學之興起最具戲劇性。

三、懼有後悔:宣帝崇《穀梁》背景
下的疏氏"乞骸骨"發覆

就漢宣帝之推崇《穀梁》學,不妨從太子太傅疏廣"乞骸骨"開始談起。《漢書·疏
廣傳》曰:

> 疏廣字仲翁,東海蘭陵人也。少好學,明《春秋》,家居教授,學者自遠
> 方至。徵爲博士太中大夫。地節三年,立皇太子,選丙吉爲太傅,廣爲少
> 傅。數月,吉遷御史大夫,廣徙爲太傅。廣兄子受字公子,亦以賢良舉爲太
> 子家令。受好禮恭謹,敏而有辭。宣帝幸太子宮,受迎謁應對,及置酒宴,
> 奉觴上壽,辭禮閑雅,上甚讙説。頃之,拜受爲少傅。……在位五年,皇太
> 子年十二,通《論語》《孝經》。廣謂受曰:"吾聞'知足不辱,知止不殆','功
> 遂身退,天之道'也。今仕宦至二千石,宦成名立,如此不去,懼有後悔,豈
> 如父子相隨出關,歸老故鄉,以壽命終,不亦善乎?"受叩頭曰:"從大人
> 議。"即日父子俱移病。滿三月賜告,廣遂稱篤,上疏乞骸骨。上以其年篤
> 老,皆許之,加賜黄金二十斤,皇太子贈以五十斤。公卿大夫故人邑子設祖

---

① 顧頡剛:《五德終始説下的政治和歷史》,《顧頡剛古史論文集》卷二,北京:中華書局,2011 年,第 312 頁。
② 顧頡剛:《五德終始説下的政治和歷史》,《顧頡剛古史論文集》卷二,北京:中華書局,2011 年,第 312 頁。

道,供張東都門外,送者車數百兩,辭決而去。及道路觀者皆曰:"賢哉二大夫!"或歎息爲之下泣。①

疏廣以明《春秋》徵爲博士太中大夫。地節三年(前 67 年)"夏四月戊申,立皇太子",②丙吉爲太傅,疏廣任少傅。丙吉數月遷,疏廣升任太傅。後廣兄子受拜爲少傅,廣、受同授太子,可謂榮顯。但在位五年之後,也就是元康三年,疏廣却與疏受言"懼有後悔,豈如父子相隨出關,歸老故鄉,以壽命終",以是去職歸鄉。上言爲宣帝所拔擢,而下言"懼有後悔",以至不"歸老故鄉",似有無法壽終之感,頗令人懷疑,到底是什麽樣的情境,讓疏廣作出這樣的判斷,且付諸行動呢? 陳蘇鎮將其指向《公羊》《穀梁》之爭,其言曰:

> 宣帝初立太子,以疏廣叔侄爲師傅,當與武帝詔太子受《公羊春秋》意義相同。其後,宣帝日益偏愛《穀梁》,對太子師傅必然要做相應變更。對此,疏廣叔侄似有所察覺,遂雙雙托病辭職還鄉。……疏廣辭職約當元康四年,其時《穀梁》講習班當已開講。據本傳所載,疏廣與宣帝并無矛盾,且甚"見器重",除師傅之位將被《穀梁》家所奪之外,我們看不出其"辱殆"之"懼"還有什麽別的由來。事實上,疏廣辭職後,擔任太子太傅的先後有夏侯勝、黃霸、蕭望之等人。夏侯勝從夏侯始昌受《尚書》,善説禮服,於《公》《穀》二家,主張"宜興《穀梁》";黃霸則是夏侯勝的獄中弟子,學術立場當與夏侯勝同。蕭望之"事同縣后倉且十年",而后倉則是夏侯始昌的弟子,其學本與夏侯勝同源;後"又從夏侯勝問《論語》《禮服》",成了夏侯勝的弟子。在《公》《穀》兩家中,他也偏向《穀梁》。看來,疏廣之"懼"不是無緣無故。③

陳氏將疏廣、疏受去職歸之於《公》《穀》之爭,似不無道理,畢竟此時宣帝或已欲開始扶持《穀梁》學。但如果僅僅只是《公》《穀》之爭,那麽,"公卿大夫故人邑子設祖道,供張東都門外,送者車數百兩,辭決而去。及道路觀者皆曰:'賢哉二大夫!'或歎息爲之下泣"者,似乎很難索解。即使皇帝推崇《穀梁》,《公羊》學者因學術不合而去職,公卿

---

① (漢) 班固撰,(清) 王先謙補注:《漢書補注》卷七一《雋疏于薛平彭傳第四十一》,上海:上海古籍出版社,2012 年,第 4734—4735 頁。

② (漢) 班固撰,(清) 王先謙補注:《漢書補注》卷八《宣帝紀第八》,上海:上海古籍出版社,2012 年,第 350 頁。

③ 陳蘇鎮:《〈春秋〉與"漢道"——兩漢政治與文化研究》,北京:中華書局,2020 年,第 381 頁。

大夫、故人邑子設祖道固可理解,但"及道路觀者皆曰:'賢哉二大夫!'或歎息爲之下泣",則表明似乎并非《公》《穀》之爭那麽簡單。尤其是繼疏廣而續任太子太傅之夏侯勝、黃霸、蕭望之,三人之於《穀梁》學之關係,似亦可發覆。不妨先對夏侯勝、黃霸、蕭望之之學稍作分析。

夏侯勝爲夏侯始昌族子,勝學於始昌,《漢書》本傳曰:

> 夏侯始昌,魯人也。通《五經》,以《齊詩》《尚書》教授。自董仲舒、韓嬰死後,武帝得始昌,甚重之。始昌明於陰陽,先言柏梁臺災日,至期日果災。……族子勝亦以儒顯名。夏侯勝,字長公。……勝少孤,好學,從始昌受《尚書》及《洪範五行傳》,説災異。後事蕑卿,又從歐陽氏問。爲學精孰,所問非一師也。善説禮服,徵爲博士、光禄大夫。會昭帝崩,昌邑王嗣立,數出。勝當乘輿前諫曰:"天久陰而不雨,臣下有謀上者,陛下出欲何之?"王怒,謂勝爲祅言,縛以屬吏。……(霍光、張安世)乃召問勝,勝對言:"在《洪範傳》曰'皇之不極,厥罰常陰,時則下人有伐上者',惡察察言,故云臣下有謀。"[①]

夏侯始昌、夏侯勝雖是魯人,但其以《齊詩》《尚書》爲學,則似非魯學。王葆玹言:"在西漢前期的官方經學當中,齊學一派所傳習的經書有《齊詩》《尚書》《周易》和《公羊春秋》,魯學一派則傳習《魯詩》《禮經》和《穀梁春秋》。"[②]尤其是其學重災異,更是齊學之特徵。錢穆言:"齊學言《尚書》自伏生……伏生《尚書大傳》,特重《洪範》五行,爲後儒言五行災異之祖。……是齊學恢奇駁雜,與魯學純謹不同之驗也。"又言夏侯始昌、夏侯勝叔侄"其學亦擅陰陽災變,不失恢奇齊風也"。[③]則夏侯勝之爲齊學者可知。夏侯始昌既以《齊詩》爲博士,夏侯勝又以《尚書》立爲博士,[④]則二者必當推崇與《齊詩》《尚書》同屬齊學之《公羊》,而何以夏侯勝言"宜立《穀梁》"呢? 此間似有隱曲,容後再論。在此,先來看黃霸之學。《漢書·循吏傳》載黃霸曰:

> 黃霸字次公,淮陽陽夏人也,以豪桀役使徙雲陵。霸少學律令,喜爲吏。……會宣帝即位,在民間時知百姓苦吏急也,聞霸持法平,召以爲廷尉

---

① (漢)班固撰,(清)王先謙補注:《漢書補注》卷七十五《眭兩夏侯京翼李傳第四十五》,上海:上海古籍出版社,2012年,第4871—4872頁。

② 王葆玹:《西漢經學源流》,成都:四川人民出版社,2021年,第85頁。

③ 錢穆:《秦漢史》,北京:九州出版社,2011年,第209、210頁。

④ 參見沈文倬:《黃龍十二博士的定員和太學郡國學習的設置》,《菿闇文存》,北京:商務印書館,2006年。

正,數決疑獄,庭中稱平。守丞相長史,坐公卿大議廷中知長信少府夏侯勝
非議詔書大不敬,霸阿從不舉劾,皆下廷尉,繫獄當死。霸因從勝受《尚書》
獄中,再踰冬,積三歲乃出。①

黄霸本不學儒術,而以律令起家,後以繫獄學《尚書》於夏侯勝。以是而論,黄霸非可
謂儒者;若以學於夏侯勝論,夏侯氏即爲齊學,則黄霸所學亦爲齊學。而蕭望之所治
亦齊學。《漢書·蕭望之傳》曰:

> 蕭望之字長倩,東海蘭陵人,徙杜陵。家世以田爲業,至望之,好學,治
> 《齊詩》,事同郡后倉且十年。以令詣太常受業,復事同學博士白奇,又從夏
> 侯勝問《論語》《禮服》。京師諸儒稱述焉。②

蕭望之既治《齊詩》,從后倉、夏侯勝問學,則其所治亦當是齊學而非魯學。如是,則夏
侯勝、黄霸、蕭望之皆治齊學者。在西漢尊崇師法家法的學官體系下,夏侯勝、蕭望之
等以治《齊詩》名家,夏侯勝且被立爲《齊詩》博士,其欲舍齊學而興魯學,似可能性極
小。且如陳蘇鎮所言,《穀梁》家奪去《公羊》家之師傳地位,更屬不可能。蓋無論是夏
侯勝、黄霸,還是蕭望之,皆未見習《穀梁》之記載,則更不可能以之教授。那麽,陳先
生何以言夏侯勝、黄霸、蕭望之皆"於《公》《穀》二家,主張'宜興《穀梁》'"者呢? 蓋出
於《儒林傳》宣帝問《穀梁》事之推測。《漢書·儒林傳》曰:

> 宣帝即位,聞衛太子好《穀梁春秋》,以問丞相韋賢、長信少府夏侯勝
> 及侍中樂陵侯史高,皆魯人也,言穀梁子本魯學,公羊氏乃齊學也,宜興
> 《穀梁》。③

此蓋陳氏所據,即夏侯勝認爲"宜興《穀梁》"説之由來,但此説似頗可置疑。據《百官
公卿表》,韋賢於本始三年六月甲辰任相,地節三年五月甲申致仕。④ 夏侯勝於本始四
年被赦,出爲諫大夫給事中,後遷長信少府,或於元康三年疏廣去職後遷太子太傅,則

---

① (漢)班固撰,(清)王先謙補注:《漢書補注》卷八九《循吏傳第五十九》,上海:上海古籍出版社,2012年,
第5466頁。

② (漢)班固撰,(清)王先謙補注:《漢書補注》卷七八《蕭望之傳第四十八》,上海:上海古籍出版社,2012
年,第5019頁。

③ (漢)班固撰,(清)王先謙補注:《漢書補注》卷八八《儒林傳第五十八》,上海:上海古籍出版社,2012年,
第5453頁。

④ (漢)班固撰,(清)王先謙補注:《漢書補注》卷七下《百官公卿表第七下》,上海:上海古籍出版社,2012
年,第5963—5965頁。

其任長信少府當在本始四年至元康三年之間。① 然地節四年秋七月霍禹謀反,宣帝下詔言及"長信少鄧廣漢府",②則夏侯勝之遷長信少府或當在霍禹及其黨羽謀反被誅之後,即在地節四年七月之後。而史高"侍中貴幸,以發舉反者大司馬霍禹功封樂陵侯",③據《外戚恩澤侯表》於地節四年八月乙丑受封。④ 如是,若《儒林傳》所言三人官爵爲實,則韋賢致仕在地節三年,而夏侯勝任長信少府、史高封侯在地節四年之後,則此文之記載於史不符。此可疑一也。

而更爲奇怪的是,宣帝何以問此三人。"(韋)賢爲人質樸少欲,篤志於學,兼通《禮》《尚書》,以《詩》教授,號稱鄒魯大儒。"⑤"韋賢治《詩》,事博士大江公及許生,又治《禮》,至丞相。……由是《魯詩》有韋氏學。"⑥大江公即瑕丘江公,以治《穀梁》知名,然韋賢則似只學習了江公之《魯詩》學,且以此名家。夏侯勝則以治《尚書》名家,學屬於齊,且非《春秋》或《穀梁》專家。史高則以宣帝外戚而貴幸,更非儒士。如此三人,却成了宣帝咨詢《穀梁》之對象,而非咨詢《春秋》或《穀梁》專家,是亦可怪,亦即可疑之二也。由此二點,則不得不讓人懷疑宣帝問韋賢、夏侯勝、史高以興《穀梁》之實情如何。即使如《儒林傳》所言:

> 時千秋爲郎,召見,與《公羊》家并説,上善《穀梁》説,擢千秋爲諫大夫給事中,後有過,左遷平陵令。復求能爲《穀梁》者,莫及千秋。上愍其學且絕,乃以千秋爲郎中户將,選郎十人從受。……自元康中始講,至甘露元年,積十餘歲,皆明習。⑦

則元康中《穀梁》學且絕,宣帝方始選郎十人從受,是時《穀梁》必不能威脅到是時烜赫

---

① 夏侯勝於宣帝即位之初亦曾任長信少府,然與韋賢任相、史高封侯之時間不符,在此不贅。

② (漢)班固撰,(清)王先謙補注:《漢書補注》卷八《宣帝紀第八》,上海:上海古籍出版社,2012 年,第353 頁。

③ (漢)班固撰,(清)王先謙補注:《漢書補注》卷八二《王商史丹傳第五十二》,上海:上海古籍出版社,2012 年,第5138 頁。

④ (漢)班固撰,(清)王先謙補注:《漢書補注》卷一八《外戚恩澤侯表第六》,上海:上海古籍出版社,2012 年,第836 頁。

⑤ (漢)班固撰,(清)王先謙補注:《漢書補注》卷七三《韋賢傳第四十三》,上海:上海古籍出版社,2012 年,第4812 頁。

⑥ (漢)班固撰,(清)王先謙補注:《漢書補注》卷八八《儒林傳第五十八》,上海:上海古籍出版社,2012 年,第5440 頁。

⑦ (漢)班固撰,(清)王先謙補注:《漢書補注》卷八八《儒林傳第五十八》,上海:上海古籍出版社,2012 年,第5453—5454 頁。

熾盛的《公羊》。且太子太傅作爲"真二千石",亦可由此升任御史大夫,乃至任相,其地位不可謂不高。① 如此地位,何需忌憚不絕如綫之《穀梁》呢? 是以,若言疏廣、疏受由是而去職,則殊不可解。那麽,何以疏廣、疏受必去職歸鄉以全其壽命呢? 筆者認爲,《公》《穀》之爭只是其間展現的表象,其要在於刑法與儒術之爭。《漢書·元帝紀》以元帝與宣帝關於崇儒之論爲開篇,頗可見宣帝對待儒學之真實態度:

> 孝元皇帝,宣帝太子也。……壯大,柔仁好儒。見宣帝所用多文法吏,以刑名繩下,大臣楊惲、盍寬饒等坐刺譏辭語爲罪而誅,嘗侍燕從容言:"陛下持刑太深,宜用儒生。"宣帝作色曰:"漢家自有制度,本以霸王道雜之,奈何純任德教,用周政乎! 且俗儒不達時宜,好是古非今,使人眩於名實,不知所守,何足委任!"乃歎曰:"亂我家者,太子也!"繇是疏太子而愛淮陽王,曰:"淮陽王明察好法,宜爲吾子。"而王母張婕妤尤幸。上有意用淮陽王代太子,然以少依許氏,俱從微起,故終不背焉。②

從此文中可以看出,漢宣帝實不贊成純用儒術以治國,而以"漢家自有制度,本以霸王道雜之"爲説,即認爲漢家制度以刑名與儒術并重。③ 對於儒士,宣帝認爲"俗儒不達時宜,好是古非今,使人眩於名實,不知所守,何足委任",事實上并不認同儒士。《資治通鑑》元康三年(前 63 年)夏四月條將"立皇子欽爲淮陽王"與疏廣請辭繫於一條,④或頗值得深究。《韋玄成傳》曰:

> 初,宣帝寵姬張婕妤男淮陽憲王好政事,通法律,上奇其材,有意欲以爲嗣,然用太子起於細微,又早失母,故不忍也。久之,上欲感風憲王,輔以禮讓之臣,乃召拜玄成爲淮陽中尉。⑤

① 《漢書補注·百官公卿表》:"錢大昭曰:《漢官儀》云'……太傅一人,真二千石,禮如師。'……杜佑云'漢魏故事,太子於二傅執弟子禮,皆如書,不曰令。少傅稱臣而太傅不稱臣。'"(漢) 班固撰,(清) 王先謙補注:《漢書補注》,第 890 頁。丙吉即由太子太傅升任御史大夫,後任丞相。韋玄成亦由太子太傅而御史大夫,後升任丞相。是皆在宣元之世,是可見太子太傅之重要性。

② (漢) 班固撰,(清) 王先謙補注:《漢書補注》卷九《元帝紀第九》,上海:上海古籍出版社,2012 年,第 387 頁。

③ 《資治通鑑》將此事繫於甘露元年(前 53 年),即宣帝即位之二十一年(前 73 年),下去宣帝崩逝四年。參見(宋) 司馬光:《資治通鑑》卷二七,北京:中華書局,2011 年,第 895—896 頁。但事實上,宣帝重刑名而輕儒術當其一貫之習。

④ (宋) 司馬光:《資治通鑑》卷二七,北京:中華書局,2011 年,第 846 頁。

⑤ (漢) 班固撰,(清) 王先謙補注:《漢書補注》卷七三《韋賢傳第四十三》,上海:上海古籍出版社,2012 年,第 4820 頁。

《宣元六王傳》記載此事與《韋玄成傳》相仿,其言曰:"久之,上以故丞相韋賢子玄成陽狂讓侯兄,經明行高,稱於朝廷,乃召拜玄成爲淮南中尉,欲感諭憲王,輔以推讓之臣,由是太子遂安。"①漢宣帝之所以愛淮陽王而疏太子,即在刑名與儒術之間。宣帝愛淮陽憲王而不忍廢太子之時間史無明文,但既兩言"久之",則宣帝之欲廢太子而立淮陽憲王之意由來已久,或憲王封王之時已微露其愛疏之意乎?《資治通鑑》將疏廣、疏受之去職與淮陽憲王之封繫爲一條,其意在斯乎? 史料闕疑,似難考索。但宣帝對於刑法與儒術的不同態度,却是早已彰顯、一以貫之的。吳濤指出:"漢宣帝真正任用的全是他的私人。我們可以看他收下的丞相,霍光主政期間就不説了,宣帝親政後他所任用的丞相中,魏相在他與霍氏的鬥争中起了重要的作用,丙吉是他舊日的恩人。外戚許、史兩家更是顯赫無比。"②但筆者想説,宣帝任用私人固然毫無疑問,但更深層的是,宣帝重用刑法而輕儒士的實質。即以宣帝任相而言,地節二年霍光去世後,宣帝"始親政事",次年五月即"丞相賜金免",而由魏相爲丞相。③《韋賢傳》曰:

> 昭帝崩,無嗣,大將軍霍光與公卿共尊立孝宣帝。帝初即位,賢以與謀議,安宗廟,賜爵關内侯,食邑。徙爲長信少府。以先帝師,甚見尊重。本始三年,代蔡義爲丞相,封扶陽侯,食邑七百户。時賢七十餘,爲相五歲,地節三年以老病乞骸骨,賜黄金百斤,罷歸,加賜第一區。丞相致仕自賢始。④

案班固之説,則西漢丞相致仕自韋賢始。然傳雖言"以老病乞骸骨",但丞相致仕事無前例,且宣帝朝於韋賢之後任相之魏相、丙吉、黄霸皆死而後已,則韋賢之致仕或有隱曲。而據《百官公卿表》,則直言"丞相賜金免",則非由韋賢乞骸骨,而是宣帝有意使其致仕。⑤ 霍光等人擁立宣帝,霍光在世之時,宣帝雖號爲君主,但仍受制於霍光。霍光一旦去世,宣帝即處理霍光一黨。韋賢雖非霍光一黨,但亦有與霍光同爲舊黨之嫌,故其致仕當是出於集中君權之權謀。但除此之外,或許韋賢的儒者身份也是使其去職的一個重要原因。就此點而言,可以從韋賢之繼任者的身份中看出一點端倪。

① (漢) 班固撰,(清) 王先謙補注:《漢書補注》卷八○《宣元六王傳第五十》,上海:上海古籍出版社,2012年,第 5065 頁。

② 吳濤:《"術""學"紛争背景下的西漢〈春秋〉學》,北京:中國社會科學出版社,2011年,第 154 頁。

③ (漢) 班固撰,(清) 王先謙補注:《漢書補注》卷七下《百官公卿表第七下》,上海:上海古籍出版社,2012年,第 965 頁。

④ (漢) 班固撰,(清) 王先謙補注:《漢書補注》卷七三《韋賢傳第四十三》,上海:上海古籍出版社,2012年,第 4812 頁。

⑤ 《魏相傳》即言"賢以老病免,相遂代爲丞相"(第 4847 頁),則似以宣帝有意免韋賢之職爲是。

據《百官公卿表》，地節三年"六月壬辰，御史大夫魏相爲丞相"，"六月辛丑，太子太傅丙吉爲御史大夫"。① 御史大夫作爲入相之階梯，丙吉亦繼魏相而任丞相。《魏相傳》曰：

> 魏相字弱翁，濟陰定陶人也，徙平陵。少學《易》，爲郡卒史，舉賢良，以對策高第，爲茂陵令。……相明《易經》，有師法，好觀漢故事及便宜章奏，以爲古今異制，方今之務在奉行故事而已。數條漢興以來國家便宜行事，及賢臣賈誼、晁錯、董仲舒等所言，奏請施行之。②

魏相雖然少學《易》，且有師法，但就其經歷而言，則似以文吏而非儒者；③就其治國理事而言，雖然其所推崇之漢代賢臣指向賈誼、晁錯、董仲舒等大儒，但其"好觀漢故事及便宜章奏，以爲古今異制，方今之務在奉行故事而已"，則與儒家好是古非今、崇尚三代頗爲不同。就魏相之行事、治國而言，倒符合宣帝"俗儒不達時宜，好是古非今，使人眩於名實，不知所守，何足委任"之認識。由是而論，魏相之出任丞相，并非僅僅是因爲其在宣帝與霍氏的鬥爭中起了重要作用，更是因爲其治國與宣帝之理念相符。相較於魏相學《易經》、有師法，丙吉則純然文吏矣。《丙吉傳》曰：

> 丙吉字少卿，魯國人也。治律令，爲魯獄史。積功勞，稍遷至廷尉右監。坐法失官，歸爲州從事。武帝末，巫蠱事起，吉以故廷尉監徵，詔治巫蠱郡邸獄。……後吉爲車騎將軍軍市令，遷大將軍長史，霍光甚重之，入爲光禄大夫給事中。……宣帝初即位，賜吉爵關內侯。④

可見，丙吉之任職、升遷，皆由文吏功勞累積，而無與於儒學。而其於宣帝之舊恩，案本傳記載，爲宣帝所知當在其任御史大夫之後。《丙吉傳》曰：

> 吉爲人深厚，不伐善。自曾孫遭遇，吉絕口不道前恩，故朝廷莫能明其功也。地節三年，立皇太子，吉爲太子太傅，數月，遷御史大夫。及霍氏誅，

---

① （漢）班固撰，（清）王先謙補注：《漢書補注》卷七下《百官公卿表第七下》，上海：上海古籍出版社，2012年，第 965、964 頁。

② （漢）班固撰，（清）王先謙補注：《漢書補注》卷七四《魏相丙吉傳第四十四》，上海：上海古籍出版社，2012 年，第 4845—4850 頁。

③ 關於儒者與文吏之區分，可參見閻步克：《士大夫政治演生史論（第三版）》，北京：北京大學出版社，2015年，第 12—24、110—126 頁。

④ （漢）班固撰，（清）王先謙補注：《漢書補注》卷七四《魏相丙吉傳第四十四》，上海：上海古籍出版社，2012 年，第 4856—4857 頁。

上躬親政,省尚書事。是時,掖庭宮婢則令民夫上書,自陳嘗有阿保之功。章下掖庭令考問,則辭引使者丙吉知狀。掖庭令將則詣御史府以視吉。吉識,謂則曰:"汝嘗坐養皇曾孫不謹督笞,汝安得有功?獨渭城胡組、淮陽郭徵卿有恩耳。"分別奏組、徵卿等共養勞苦狀。……上親見問,然後知吉有舊恩,而終不言。上大賢之,制詔丞相:"朕微眇時,御史大夫吉與朕有舊恩,厥德茂焉。……其封吉爲博陽侯,邑千三百户。"①

由是可知,宣帝知丙吉於己有舊恩當在丙吉任御史大夫之後。御史大夫作爲升任丞相之資途,則丙吉之任相非因舊恩可知。且如本傳"後五歲,代魏相爲丞相"不誤,那麼,宣帝知丙吉之舊恩當在元康二年,上去丙吉任御史大夫已三年矣。② 由是而論,丙吉之任御史大夫、丞相皆非舊恩,而是其作爲文吏而非儒士的經歷爲宣帝所喜故也。而繼丙吉爲相之黄霸,更是以吏起家,且多歷吏職。《漢書·循吏傳》載黄霸曰:

> 黄霸字次公,淮陽陽夏人也,以豪桀役使徙雲陵。霸少學律令,喜爲吏,武帝末以待詔入錢賞官,補侍郎謁者,坐同産有罪劾免。後復入穀沈黎郡,補左馮翊二百石卒史。馮翊以霸入財爲官,不署右職,使領郡錢穀計。簿書正,以廉稱,察補河東均輸長,復察廉爲河南太守丞。霸爲人明察内敏,又習文法,然温良有讓,足知,善御衆。爲丞,處議當於法,合人心,太守甚任之,吏民愛敬焉。……會宣帝即位,在民間時知百姓苦吏急也,聞霸持法平,召以爲廷尉正,數決疑獄,庭中稱平。守丞相長史,坐公卿大議廷中知長信少府夏侯勝非議詔書大不敬,霸阿從不舉劾,皆下廷尉,繫獄當死。霸因從勝受《尚書》獄中,再踰冬,積三歲乃出。③

黄霸純然一文吏,在因夏侯勝舉薦爲刺史之前,所歷皆吏職。是以,如果説魏相尚有儒者氣象,學《易經》有師法,那麼,丙吉、黄霸則完全是從文吏一途走上了丞相之位。如是,韋賢去相與魏相、丙吉、黄霸任相統參,不難發現,宣帝用人重文吏而輕儒士,恰如其對元帝之言説。事實上,宣帝親政之後,一方面重用文吏,另一方面則是試圖排擠儒士。此可以蕭望之爲例以觀之。《漢書·蕭望之傳》曰:

---

① (漢)班固撰,(清)王先謙補注:《漢書補注》卷七四《魏相丙吉傳第四十四》,上海:上海古籍出版社,2012年,第4858—4859頁。

② 據《宣帝紀》,則丙吉等因舊恩受封在元康三年。

③ (漢)班固撰,(清)王先謙補注:《漢書補注》卷八九《循吏傳第五十九》,上海:上海古籍出版社,2012年,第5464—5466頁。

是時選博士諫大夫通政事者補郡國守相，以望之爲平原太守。望之雅意在本朝，遠爲郡守，内不自得，乃上疏曰："陛下哀愍百姓，恐德化之不究，悉出諫官以補郡吏，所謂憂其末而忘其本者也。朝無爭臣則不知過，國無達士則不聞善。願陛下選明經術，温故知新，通於幾微謀慮之士以爲内臣，與參政事。諸侯聞之，則知國家納諫憂政，亡有闕遺。若此不怠，成康之道其庶幾乎！外郡不治，豈足憂哉？"書聞，徵入守少府。[①]

《資治通鑑》將此事繫於元康元年，但就《宣帝紀》所載來看，似乎繫於元康二年更爲合適。《宣帝紀》元康"二年春正月，詔曰：'《書》云"文王作罰，刑兹無赦"，今吏修身奉法，未有能稱朕意，朕甚愍焉。其赦天下，與士大夫勵精更始。'"[②]此所謂"與士大夫勵精更始"，或即"選博士諫大夫通政事者補郡國守相"之意。或以元年選博士諫大夫任郡國守相，而二年再下此詔，亦未可知。《漢書》蕭望之本傳以"望之雅意在本朝，遠爲郡守，内不自得，乃上疏"爲説，似乎是將蕭望之不欲之平原太守任指向蕭望之個人希望留在中央而不欲任地方守令。但就蕭望之上疏來看，雖然其亦言"陛下哀愍百姓，恐德化之不究，悉出諫官以補郡吏"，似乎肯定宣帝此舉之意義；但同時却指出，"朝無爭臣則不知過，國無達士則不聞善"，又説"願陛下選明經術，温故知新，通於幾微謀慮之士以爲内臣，與參政事"，則似乎是宣帝有意將爭臣達士從中央排擠到地方。由於漢武帝之後多以經術匡救政治，故其所謂爭臣達士蓋多爲"明經術"之人。是以，漢宣帝此舉雖然明面上是因爲"吏修身奉法，未有能稱朕意"，從而要"與士大夫勵精更始"，但其實質或許是要將這些以經術是古非今之儒士從中央決策機關排擠出去。是以，才有了蕭望之此疏，即對宣帝排擠爭臣達士之批評。而蕭望之之見廢、不得相，亦由其與丙吉、耿壽昌等之矛盾，而此亦可視爲儒士與文吏之爭在高層的一種體現，而宣帝終支持文吏而望之見廢：

三年，(蕭望之)代丙吉爲御史大夫。……是時大司農中丞耿壽昌奏設常平倉，上善之，望之非壽昌。丞相丙吉年老，上重焉，望之又奏言："百姓或乏困，盜賊未止，二千石多材下不任職。三公非其人，則三光爲之不明，今首歲日月少光，咎在臣等。"上以望之意輕丞相，乃下侍中建章衛尉金安上、光禄勳楊惲、御史中丞王忠，并詰問望之。望之免冠置對，天子繇是不説。後

①　(漢)班固撰，(清)王先謙補注：《漢書補注》卷八八《蕭望之傳第五十八》，上海：上海古籍出版社，2012年，第5023頁。

②　(漢)班固撰，(清)王先謙補注：《漢書補注》卷八《宣帝紀第八》，上海：上海古籍出版社，2012年，第357—358頁。

丞相司直繇延壽奏……上於是策望之曰："有司奏君責使者禮,遇丞相亡禮,廉聲不聞,敖慢不遜,亡以扶政,帥先百僚。君不深思,陷於茲穢,朕不忍致君於理,使光禄勳惲策詔,左遷君爲太子太傅,授印。其上故印使者,便道之官。君其秉道明孝,正直是與,帥意亡譬,靡有後言。"望之既左遷,而黄霸代爲御史大夫。數月間,丙吉薨,霸爲丞相。霸薨,于定國復代焉。望之遂見廢,不得相。①

蕭望之與耿壽昌之爭實可視爲昭帝鹽鐵會議之延續,即儒生與文吏在治國、理財等方面存在不同傾向。宣帝贊同耿壽昌設立常平倉之議,而蕭望之非之,則當是儒生所謂不當與民爭利者也。這可以説是蕭望之與宣帝治國政策之差異的一個小小切面,而蕭望之之輕丙吉,則可謂對宣帝用人政策的全面質疑。蕭望之言"二千石多材下不任職,三公非其人",則是對宣帝地方守令至中央三公用人的全面否定。而其言"三光爲之不明,今首歲日月少光,咎在臣等",則仍是意圖以儒士天人感應之説刺譏宣帝。是以,蕭望之見廢,名義上是其"遇丞相亡禮",而事實上則是與宣帝重用刑法文吏的用人政策與治國理念存在較大出入。故《蕭望之傳》直言"宣帝不甚從儒術,任用法律,而中書宦官用事"。② 以蕭望之爲代表的儒生與以史高、弘恭等爲首的文吏宦官群體之矛盾在宣元之際達到高峰,最終導致蕭望之自殺。③

從宣帝任相和蕭望之興廢可以看出,宣帝雖以儒術緣飾政治,但其本質則仍重刑法文吏而輕儒術,即其所謂"漢家自有制度,本以霸王道雜之,奈何純任德教,用周政乎! 且俗儒不達時宜,好是古非今,使人眩於名實,不知所守,何足委任!"魏相於地節三年任相,丙吉升任御史大夫,蕭望之於元康元年(或二年)上疏諫止博士諫官出任地方守相,但望之仍於元康二年出守左馮翊,則疏廣、疏受於元康三年"懼有後悔"而乞骸骨,望"歸老故鄉,以壽命終",則不當視爲《公》《穀》之爭,而是刑法與儒術之爭的結果。蓋自地節三年宣帝親政以還,宣帝對待刑法、儒術之差別已日益彰顯,故疏廣、疏受於地節三年面對山雨欲來之勢,有"乞骸骨"之舉。而宣帝亦準其辭任,更可看出宣帝對於疏廣、疏受叔侄儒臣并不在意。"公卿大夫故人邑子設祖道,供張東都門外,送

---

① (漢) 班固撰,(清) 王先謙補注:《漢書補注》卷八八《蕭望之傳第五十八九》,上海:上海古籍出版社,2012 年,第 5029—5032 頁。

② (漢) 班固撰,(清) 王先謙補注:《漢書補注》卷八八《蕭望之傳第五十八九》,上海:上海古籍出版社,2012 年,第 5034 頁。

③ 關於宣帝時期高層官員中的文史與儒生問題,可以參看蔡亮:《巫蠱之禍與儒生帝國的興起》,北京:北京師範大學出版社,2020 年,第 175—180 頁。

者車數百兩,辭決而去。及道路觀者皆曰:'賢哉二大夫!'或歎息爲之下泣。"也只有置於此一背景下才能得到合理解釋。蓋公卿大夫亦於宣帝執政重刑法而輕儒術有以自覺,故疏廣、疏受之乞骸骨才能引起公卿大夫之共鳴。

　　事實上,疏廣、疏受對於能否"歸老故鄉,以壽命終"之擔心,并非空穴來風。在疏廣、疏受辭任兩年之後的神爵二年(前60年),"九月,司隸校尉蓋寬饒有罪,下有司,自殺"。① 蓋寬饒之自殺,即由刑名與儒術之鬥争而來。《蓋寬饒傳》曰:

　　　　是時上方用刑法,信任中尚書宦官,寬饒奏封事曰:"方今聖道寖廢,儒術不行,以刑餘爲周、召,以法律爲《詩》《書》。"又引《韓氏易傳》曰:"五帝官天下,三王家天下,家以傳子,官以傳賢,若四時之運,功成者去,不得其人則不居其位。"書奏,上以寬饒怨謗終不改,下其書中二千石。時執金吾議,以爲寬饒指意欲求禪,大逆不道。……寬饒引佩刀自剄北闕下,衆莫不憐之。②

時人或以蓋寬饒爲"忠直憂國",然宣帝終不釋者,概由寬饒拈出宣帝崇刑法而輕儒術之真相,而其引《韓氏易傳》之説更給人"代禪"之意,故觸及宣帝統治之大忌,是以終不免。時人多以蓋寬饒爲"忠直憂國"者,則是時儒學已成社會思想之主流,而在儒學影響下,王朝代禪之説亦久爲流行,故蓋寬饒不以爲異,時人亦不以爲非。但宣帝深忌儒生是古非今之説,而蓋寬饒"功成者去,不得其人則不居其位"之説不憚是古非今,更是直接威脅到當朝統治,故宣帝必除之而後快。疏廣、疏受作爲《公羊》大家,三統五行之説本是其當行本色,故蓋寬饒之論亦當是疏廣、疏受所守《公羊》學之説。是以,疏廣、疏受之去職,實在是有先見之明,亦有以見宣帝之不能任用儒術也。

四、本以霸王道雜之:宣帝政局與《公》《穀》廢興

　　漢武帝以來,儒術對政治與社會之影響日益加深,儒術已日漸成爲治國理政之重要理念,是不爭的事實。如昭帝始元五年有男子自稱衛太子詣北闕,丞相、御史、中二千石至者并莫敢發言,京兆尹不疑叱從吏收縛,即以《春秋》爲據;霍光等廢昌邑王,亦以《春秋》"天王出居於鄭"爲據;昌邑王廢後,"霍光以群臣奏事東宮,太后省政,宜知

---

① (漢)班固撰,(清)王先謙補注:《漢書補注》卷八《宣帝紀第八》,上海:上海古籍出版社,2012年,第368頁。

② (漢)班固撰,(清)王先謙補注:《漢書補注》卷七七《蓋諸葛劉鄭孫毋將何傳第四十七》,上海:上海古籍出版社,2012年,第4992—4993頁。

經術,白令夏侯勝用《尚書》授太后"。① 漢宣帝雖不喜儒術對政治之牽制,近文吏而遠儒士,但亦不得不依儒術以爲治。如霍光薨後,"子禹復爲大司馬,兄子山領尚書,親屬皆宿衛内侍",地節三年夏京師雨雹,蕭望之以《春秋》"昭公三年大雨雹"對,認爲是"一姓專權之所致"。② 這無疑符合宣帝希望收回霍氏家族權力之意圖,故蕭望之亦以是拜爲謁者,可謂借《春秋》以施政。錢穆曰:

> 漢人通經本以致用,所謂"以儒術緣飾吏治"者;而其議論則率本於陰陽及《春秋》。陰陽據自天意,《春秋》本諸人事。一尊天以爭,一引古以爭。非此不足以折服人主而自伸其説,非此亦不足以居高位而自安。③

漢儒依據天道與經典自伸其説,君主亦借天道以彰顯其統治之合法性,又借經典以鞏固其統治。但儒術、經學不但限制權臣,亦能限制君主。《春秋繁露·楚莊王》曰:

> 《春秋》之道,奉天而法古。是故雖有巧手,弗修規矩,不能正方員。雖有察耳,不吹六律,不能定五音。雖有知心,不覽先王,不能平天下。然則先王之遺道,亦天下之規矩六律已。故聖者法天,賢者法聖,此其大數也。得大數而治,失大數二亂,此治亂之分也。所聞天下無二道,故聖人異治同理也。古今通達,故先賢傳其法於後世也。《春秋》之於世事也,善復古,譏易常,欲其法先王也。④

無論是《王道篇》以五帝三王爲王道盛世之榜樣,還是《楚莊王》提出"天下無二道,故聖人異治同理""先王之遺道,亦天下之規矩六律已",都是將治國以致治指向儒家所謂的聖人之政。聖人不復生,故先王之遺道惟有記載先王之經典得以窺之。是以,儒士不但賦予先王以神聖性,經典亦隨之具有神聖性。既然先王之遺道爲天下之規矩六律,那麼,記載先王之道的五經也成爲後世帝王必須遵守的"規矩六律"。由是,先王與經典似乎駕於今王與法律之上了。宣帝之所以言"俗儒不達時宜,好是古非今",即就儒術、經學對於君權之限制而發。而其言"漢家自有制度,本以霸王道雜之",即表明其借用儒術以維持統治,但事實上儒術只是維持統治的一種緣飾。既要以儒術緣飾政治、維持統治,又要降低儒術對君權統治之影響與限制。此蓋宣帝"漢家自有

---

① (宋)司馬光:《資治通鑑》卷二七,北京:中華書局,2011年,第767、798、799頁。

② (漢)班固撰,(清)王先謙補注:《漢書補注》卷八八《蕭望之傳第五十八九》,上海:上海古籍出版社,2012年,第5022頁。

③ 錢穆:《秦漢史》,北京:九州出版社,2011年,第73頁。

④ (清)蘇輿:《春秋繁露義證·楚莊王第一》,北京:中華書局,1992年,第14—15頁。

制度,本以霸王道雜之"的實質。儒士之所以能限制君主權力,所依據者不外乎對天道與經典的詮釋。就此點而言,對災祥的解讀可謂集天道與經典於一身。在此不妨以《宣帝紀》爲據,對宣帝年間之災祥略作統計:

《宣帝紀》災異、祥瑞表

時　　間	災　　異	祥　　瑞
本始元年夏四月庚午	地震	
本始元年五月		鳳皇集膠東千乘
本始三年	大旱	
本始四年夏四月壬寅	郡國四十九地震,或山崩水出	
本始四年五月		鳳皇集北海安丘、淳于
地節元年春正月	有星孛於西方	
地節元年十二月癸亥晦	日有蝕之	
地節二年夏四月		鳳皇集於魯郡,群鳥從之
地節三年九月壬申	地震	
元康元年三月		鳳皇集泰山、陳留,甘露降未央宮
元康二年三月		鳳皇、甘露降集
元康三年春		神爵集泰山
元康三年		前年夏神爵集雍,今春五色鳥以萬數飛過屬縣
元康四年		神爵五采以萬數集長樂、未央、北宮、高寢、甘泉泰時殿中及上林苑
神爵元年六月	有星孛於東方	
神爵二年正月乙丑		鳳皇甘露降集京師
神爵四年二月		鳳皇甘露降集京師
神爵四年冬十一月		鳳皇十一集杜陵
神爵四年十二月		鳳皇集上林

續　表

時　　間	災　　異	祥　　瑞
五鳳四年夏四月辛丑朔	日有蝕之	
甘露元年夏四月		黃龍見新豐
甘露元年夏四月	丙申,太上皇廟火 甲辰,孝文廟火	
甘露四年冬十月丁卯	未央宮宣室閣火	
黃龍元年三月	有星孛於王良、閣道, 入紫宮	

通過上表可知,宣帝在位 24 年,《宣帝紀》共記録災異 11 次、祥瑞 13 次,災異與祥瑞似約略相當。但如果我們再稍作細分,就可以發現,從本始元年到地節四年宣帝親政、誅霍氏的八年間,共記録災異 6 次、祥瑞 3 次,災異明顯多於祥瑞;從元康元年到神爵四年的八年間,共記録災異 1 次、祥瑞 9 次;從五鳳元年到黃龍元年的九年間,則記録災異 4 次、祥瑞 1 次。我們知道,地震、日食、星象等具有一定的規律性,但宣帝在位前、中、後期所記載之災異次數頗不平均,尤其是元康、神爵八年只記録了 1 次災異,則當非實録。而黃龍、鳳凰、神爵等子虚烏有之神物必屬虚構,而祥瑞亦以元康、神爵年間最爲集中,是可知所謂祥瑞必宣帝有意爲之。蓋本始、地節年間,宣帝尚未親政,霍氏家族把持朝政,故宣帝或有意借災異以奪取權力。地節三年蕭望之因京師雨雹而論"一姓專權",爲宣帝所賞識,即宣帝借儒士之口,因災異而希望奪霍氏之權。[①] 但當地節三年霍光去世、地節四年霍氏家族被誅之後,宣帝更需要的是宣示其帝位的合法性,畢竟其以皇曾孫入繼大統,前有戾太子的問題,後有昌邑王之廢,是時雖已翦除權臣,但畢竟尚未穩固,故需借天道、祥瑞以彰顯其合法性。是以,元康、神爵八年間記録之祥瑞多達 9 次。五鳳以降,其帝位已穩固,故無需刻意製造祥瑞矣。而宣帝在君權與帝位鞏固之後,更傾向於霸道,故或亦有意削弱儒生天道災祥之説,故其後無

① 張敞於霍光薨後,亦借災異上書宣帝,其言曰:"故仲尼作《春秋》,迹盛衰,譏世卿最甚。乃者大將軍決大計,安宗廟,定天下,功亦不細矣。夫周公七年耳,而大將軍二十歲,海内之命斷於掌握。方其隆時,感動天地,侵迫陰陽,月眺日蝕,晝冥宵光,地大震裂,火生地中,天文失度,祅祥變怪,不可勝記,皆陰類盛長,臣下顓制之所生也。"(《漢書補注》卷七六,第 4955 頁)即以經典與災異論霍氏世卿之害。亦此意也。

論災異還是祥瑞皆有所減少。① 由是可見,災祥已經成爲宣帝鞏固統治、宣揚合法性的政治工具。其所謂"以霸王道雜之",無論"王道"還是"霸道",最終都是爲統治與權力服務的。"以霸王道雜之",實以"王道"緣飾"霸道"而已。君主與儒士皆借天道以自伸其説,但一爲集中權力、無限擴張自我的權力,一爲限制君主權力、伸張儒家學説,是以二者必然產生矛盾。如果排除災異、祥瑞的"製造性",那麽,對於君主和儒生而言,對災祥的解釋權就成爲了爭奪的焦點。毫無疑問,黃龍、鳳凰、麒麟等神獸自然是祥瑞,但對於祥瑞的解釋却可以有不同的指向。如《春秋繁露·王道》即曰:

> 《春秋》何貴乎元而言之? 元者,始也,言本正也。道,王道也。王者,人
> 之始也。王正則元氣和順、風雨時、景星見、黃龍下。王不正則上變天,賊氣
> 并見。五帝三王之治天下,不敢有君民之心,什一而税,教以愛,使以忠,敬
> 長老,親親而尊尊,不奪民時,使民不過歲三日。民家給人足,無怨望忿怒之

① 《廿二史劄記》"兩漢多鳳凰"條曰:"兩漢多鳳凰,而最多者,西漢則宣帝之世,東漢則章帝之世。……觀宣帝紀年以神爵、五鳳、黃龍等爲號……似亦明其得意者,得無二帝本喜祥瑞,而臣下遂附會其事耶? 按宣帝時,黃霸守潁川,潁川鳳凰尤數見。後霸入爲丞相,會有鶡雀自京兆尹張敞舍飛集丞相府,霸以爲神爵,欲奏聞,後知從敞舍來,乃止。當日所謂鳳凰者,毋乃亦鶡雀之類耶?"(清)趙翼著,王樹民校證:《廿二史劄記校證》,北京:中華書局,1984 年,第 63—64 頁。宣帝朝之祥瑞特集中於元康、神爵八年間,蓋以宣帝欲借祥瑞而鞏固其統治,彰顯其合法性與天意。臣下見君主之所欲,故捕風捉影以獻瑞,黃霸蓋其尤者。但其五鳳三年任相之後,欲奏聞祥瑞,而爲京兆尹張敞所駁,或可見宣帝對待祥瑞態度之變化。《漢書·循吏傳》曰:"時京兆尹張敞舍鶡雀飛集丞相府,霸以爲神雀,議欲以聞。敞奏霸曰:'竊見丞相請與中二千石博士雜問郡國上計長吏守丞,爲民興利除害成大化條其對,有耕者讓畔,男女異路,道不拾遺,及舉孝子弟弟貞婦者爲一輩,先上殿,舉而不知其人數者次之,不爲條教者在後叩謝。丞相雖口不言,而心欲其爲之也。長吏守丞對時,臣敞舍有鶡雀飛止丞相府屋上,丞相以下見者數百人。邊吏多知鶡雀者,問之,皆陽不知。丞相圖議上奏曰:"臣問上計長吏守丞以興化條,皇天報下神雀。"後知從臣敞舍來,乃止。郡國吏竊笑丞相仁厚有知略,微信奇怪也。……臣敞非敢毁丞相也,誠恐群臣莫白,而長吏守丞畏丞相指,歸舍法令,各爲私教,務相增加,澆淳散樸,并行僞貌,有名亡實,傾搖解怠,甚者爲妖。假令京師先行讓畔異路,道不拾遺,其實亡益廉貪貞淫之行,而以僞行天下,固未可也;即諸侯先行之,僞聲軼於京師,非細事也。漢家承敝通變,造起律令,所以勸善禁奸,條貫詳備,不可復加。宜令貴臣明飭長吏守丞,歸告二千石,舉三老孝弟力田孝廉廉吏務得其人,郡事皆以義法令撽式,毋得擅爲條教;敢挾詐僞以奸名譽者,必先受戮,以正明好惡。'天子嘉納敞言,召上計吏,使侍中臨飭如敞指意。霸甚慚。"《漢書補注》,第 5469—5470 頁)《黃霸傳》此例不但可以表明宣帝時所謂祥瑞之僞造,亦可看出,到了宣帝後期,宣帝以不喜以祥瑞緣飾政治。張敞不認可黃霸所提倡的條教,認爲"漢家承敝通變,造起律令,所以勸善禁奸,條貫詳備,不可復加","郡事皆以義法令撽式,毋得擅爲條教",而將條教教化視爲"挾詐僞以奸名譽",實即漢宣帝所謂"漢家自有制度,本以霸王道雜之,奈何純任德教"之翻版,無怪乎其爲宣帝所"嘉納"也。

患、强弱之難,無讒賊妒嫉之人。民修德而美好,被髮銜哺而游,不慕富貴,
耻惡不犯。父不哭子,兄不哭弟。毒蟲不螫,猛獸不搏,抵蟲不觸。故天爲
之下甘露,朱草生,醴泉出,風雨時,嘉禾興,鳳凰、麒麟遊於郊。①

無論是景星、甘露、醴泉、嘉禾,還是黄龍、鳳凰、麒麟,都是王道盛世之祥瑞。但之所
以能够致祥瑞者,則在應天道而法聖王。五帝三王之致祥瑞,即後世君主所當法者。
後世君主只有法先王才能成王道、致祥瑞。但必須承認,宣帝雖然宣稱"漢家自有制
度,本以霸王道雜之,奈何純任德教,用周政乎! 且俗儒不達時宜,好是古非今,使人
眩於名實,不知所守,何足委任!"但不可否認的是,無論是通過僞造還是真實存在,至
少漢宣帝官方提供了頗多祥瑞的記載,供萬民敬仰、贊歎。但就掌握著災祥解釋權的
儒生來說,即使這些祥瑞是真實的,官方所提供的祥瑞似乎仍有可商榷之處。五經中
最爲著名的瑞獸的記載,即《春秋》最後一條,"哀公十四年春,西狩獲麟"。麒麟的出
現當然是祥瑞,但爲什麼祥瑞會出現在春秋末年這樣一個亂世呢? 這就爲"祥瑞"帶
來了不一樣的詮釋空間。對於漢儒之詮釋,不妨先從《公羊》家對此條的詮釋開始。
《公羊傳》曰:

> 十有四年春,西狩獲麟。何以書? 記異也。何異爾? 非中國之獸也。
> 然則孰狩之? 薪采者也。薪采者則微者也,曷爲以狩言之? 大之也。曷爲
> 大之? 爲獲麟大之也。曷爲爲獲麟大之? 麟者仁獸也,有王者則至,無王者
> 則不至。有以告者曰:"有麕而角者。"孔子曰:"孰爲來哉? 孰爲來哉!"反袂
> 拭面,涕沾袍。顔淵死,子曰:"噫,天喪予!"子路死,子曰:"噫,天祝予!"西
> 狩獲麟,孔子曰:"吾道窮矣!"……君子曷爲爲《春秋》? 撥亂世反諸正,莫近
> 諸《春秋》。則未知其爲是與? 其諸君子樂道堯舜之道與? 末不亦樂乎堯舜
> 之知君子也。制《春秋》之義以俟後聖,以君子之爲亦有樂乎此也。②

在《公羊》的詮釋下,"西狩獲麟"這一事件無疑具備了悲劇性。董仲舒論曰:

> 顔淵死,子曰:"天喪予。"子路死,子曰:"天祝予。"西狩獲麟,曰:"吾道
> 窮,吾道窮。"三年,身隨而卒。階此而觀,天命成敗,聖人知之,有所不能救,
> 命矣夫。③

---

① (清) 蘇輿:《春秋繁露義證·王道第六》,北京:中華書局,1992 年,第 100—103 頁。

② (漢) 何休注,(唐) 徐彦疏:《春秋公羊注疏》卷二八,《十三經注疏》(第 7 册),臺北:藝文印書館,1973
年,第 355—359 頁。

③ (清) 蘇輿:《春秋繁露義證·隨本消息第九》,北京:中華書局,1992 年,第 137 頁。

又曰：

> 有非力之所能致而自至者，西狩獲麟，受命之符也。①

孔子曰"吾道窮矣"，而"制《春秋》之義以俟後聖"，則麟的出現非但不能指向祥瑞，甚且是一種無可奈何的"天意"。董仲舒以"西狩獲麟"爲"受命之瑞"，其所謂"受命"自非周王朝再次受命，而是指向未來新王之受命。故許慎《五經異義》曰："《公羊》説：哀十四年獲麟，此受命之瑞，周亡天下之異。"②此即董仲舒"西狩獲麟，受命之符"之義。如是，無論是"制《春秋》之義以俟後聖"，還是"受命之瑞"，漢代《公羊》家對"西狩獲麟"的解讀，實指向未來。就此而論，西狩獲麟之"麟"的出現，就成了"周亡天下之異"。也就是説，原本作爲祥瑞出現的"麟"，對於當政的周王朝而言，反而成了災異。在這樣的解讀下，"祥瑞"與"災異"可以同時在一件事中彰顯出來，"祥瑞"也可以轉而成爲當朝之"災異"。就西漢經學而言，《公羊》不但是《春秋》之正脈，甚至是影響漢代政治最爲重要的經典。由於"西狩獲麟"之之於《春秋》的重要性，是以，這種解讀當是西漢的一種主流學説。如是，則漢宣帝刻意"製造"的"祥瑞"，在以《公羊》學爲中心的儒士的解釋下，似乎亦可以成爲一種災異書寫。對於君主而言，這種影響統治穩固性的解讀，或者説存在不確定性的解讀，是不能被其所接受的。也就是説，在漢宣帝眼中，這當是一種"好是古非今，使人眩於名實"的説法，這種解釋無疑是要將災祥的解釋權置於君主之上。以是之故，漢宣帝要扭轉這種局面，就需要將經典解釋權從儒士手中轉移到君主的掌控之下。或許正是在這樣的局面下，漢宣帝重新發現了魯學與《穀梁》。③《漢書·儒林傳》曰：

---

① （清）蘇輿：《春秋繁露義證·符瑞第十六》，北京：中華書局，1992年，第157頁。

② 許慎《五經異義》早已亡佚，此據《禮記注疏·禮運疏》引。參見（漢）鄭玄注，（唐）孔穎達正義：《禮記正義》，上海：上海古籍出版社，2008年，第935頁。皮錫瑞《駁五經異義疏證》引作"哀十四年獲麟，此漢將受命之瑞，周亡失天下之異"，皮錫瑞曰："《禮記·禮運》疏……'受命'上無'漢將'二字，據《左傳疏》補。《左傳疏》引'説《公羊》者云：麟是漢將受命之瑞，周亡天下之異。夫子知其將有六國争彊，秦、項交戰，然後劉氏乃立。夫子深閔民之離害，故爲之隕泣。麟者，太平之符，聖人之類。又云：麟得而死，此亦天告夫子將没之徵也'，不標《異義》，以首二句與《禮運》疏所引《異義》同，故定爲《異義》文也。"（清）皮錫瑞：《駁五經異義疏證》，《皮錫瑞全集》（第4册），北京：中華書局，2015年，第184頁。

③ 陳蘇鎮言："宣帝如此煞費苦心地扶植《穀梁》學，除了其祖父的因素之外，可能還有兩方面的用意：一方面，儒生階層受《公羊》家影響，激烈抨擊武帝政策，甚至要求漢朝下臺，宣帝不能不設法殺殺他們的氣焰；而在'《春秋》爲漢制法'説早已深入人心的情況下，扶植《穀梁》以取代《公羊》是較方便的手段。另一方面，繼承和發揚當年太子黨和《穀梁》家所表現出來的寬厚仁慈的統治作風，有利於糾矯吏治（轉下頁）

宣帝即位,聞衛太子好《穀梁春秋》,以問丞相韋賢、長信少府夏侯勝及侍中樂陵侯史高,皆魯人也,言穀梁子本魯學,公羊氏乃齊學也,宜興《穀梁》。時千秋爲郎,召見,與《公羊》家并説,上善《穀梁》説,擢千秋爲諫大夫給事中,後有過,左遷平陵令。復求能爲《穀梁》者,莫及千秋。上愍其學且絶,乃以千秋爲郎中户將,選郎十人從受。汝南尹更始翁君本自事千秋,能説矣,會千秋病死,徵江公孫爲博士。劉向以故諫大夫通達待詔,受《穀梁》,欲令助之。江博士復死,乃徵周慶、丁姓待詔保宫,使卒授十人。自元康中始講,至甘露元年,積十餘歲,皆明習。乃召五經名儒、太子太傅蕭望之等大議殿中,平《公羊》《穀梁》同異,各以經處是非。時《公羊》博士嚴彭祖、侍郎申輓、伊推、宋顯,《穀梁》議郎尹更始、待詔劉向、周慶、丁姓并論。《公羊》家多不見從,願請内侍郎許廣,使者亦并内《穀梁》家中郎王亥,各五人,議三十餘事。望之等十一人各以經誼對,多從《穀梁》。由是《穀梁》之學大盛。慶、姓皆爲博士。①

上文已論,宣帝"聞衛太子好《穀梁春秋》,以問丞相韋賢、長信少府夏侯勝及侍中樂陵侯史高"之説,頗有不盡不實之處。如果確有宣帝問《穀梁》之事,則當在地節四年親政、誅霍氏之後。據《儒林傳》所言,則宣帝選郎十人從蔡千秋、小江公、周慶、丁姓等受《穀梁》當在元康至甘露元年的十餘年間。元康年間正是宣帝誅滅霍氏集團、鞏固統治之後,當是宣帝日益近文吏而遠儒士的時期。疏廣、疏受恰於元康三年"乞骸骨",元康三年下去甘露元年亦恰好十餘年,由是可知,是時宣帝近文吏而遠儒士之趨勢已頗爲明顯。宣帝恰於此時宣揚《穀梁》,選郎習之,并於十餘年後與《公羊》"大議殿中",蓋非偶然。甘露三年,召開石渠會議,"詔諸儒講五經同異,太子太傅蕭望之等平奏其議,上親稱制臨決焉"。② 所謂"《公羊》家多不見從","多重《穀梁》"者,當是在

(接上頁) 苛酷之弊。宣帝在扶植《穀梁》學的同時,多次下詔要求官吏'務行寬大''勿行苛政',二者之間或有内在聯繫。"參見《〈春秋〉與"漢道"》,第 383 頁。筆者認爲"繼承和發揚當年太子黨和《穀梁》家所表現出來的寬厚仁慈的統治作風"只是漢宣帝刻意製作的政治形象,但其近文吏而遠儒生的本質,使得他并不可能正德是實行"寬厚仁慈的統治"。繼承與發揚衛太子好《穀梁》之風,亦如是。衛太子不過是其崇《穀梁》的一個藉口罷了。究其實質,蓋惟有集中君權、穩定統治,《穀梁》只不過是與《公羊》爭奪經典解釋權的一個替代物而已。

① (漢)班固撰,(清)王先謙補注:《漢書補注》卷八八《儒林傳第五十八》,上海:上海古籍出版社,2012 年,第 5453—5454 頁。

② (漢)班固撰,(清)王先謙補注:《漢書補注》卷八《宣帝紀第八》,上海:上海古籍出版社,2012 年,第 381 頁。

《公》《穀》之爭中，宣帝以政治權力干預學術争論，以使經術從屬於君權。在這種君權干預經術的爭論中，很大一部分應該都是關乎政事與統治者。據《漢書·藝文志》記載，石渠會議之記録當涉及《書》《禮》《春秋》《論語》等多種經典，但這些《奏議》皆已亡佚，其内容已不可得而知。但就《春秋》學之《公》《穀》之爭而言，尚可考見些許佚文。《禮記·禮運正義》曰：

> 許慎謹案：公議郎尹更始、待詔劉更生等議石渠，以爲吉凶不并、瑞災不兼，今麟爲周亡天下之異，不得復爲瑞以應孔子至。①

由是可知，此條尹更始、劉向之説，即石渠會議《公》《穀》之爭的其中一點。但此條之説似有殘缺，《左傳正義》引文似可補充此條之説。《左傳正義》“西狩獲麟”下曰：

> 許慎稱劉向、尹更始等皆以爲吉凶不并、瑞災不兼，今麟爲周異，不得復爲漢瑞。知麟應孔子而至。②

尹更始、劉向無疑是針對《公羊》家“西狩獲麟”爲周亡之災異而同時又爲漢代受命之祥瑞，即吉凶并、瑞災兼之説而發。劉向、尹更始既不贊同《公羊》家説，則石渠會議《穀梁》家提出之説則是“麟應孔子而至”。“麟應孔子而至”的説法雖然消解了只有天子才能與天相溝通的權威性，但這也同時消解了祥瑞可以解讀爲災異的尷尬局面。

隨著石渠會議的召開，宣帝不但實現了帝國政治的一統，亦實現了意識形態的一統。《穀梁》作爲《公羊》的挑戰者，被宣帝推上歷史與政治的舞台，迎來了高光時刻。可以説，石渠會議就是漢宣帝布局十餘年，試圖從儒生手中奪取經典解釋權的一場鬥争，而其核心則是希望通過推崇《穀梁》而抑制《公羊》。石渠會議之後，黃龍元年宣帝設立十二博士，《穀梁》正式成爲官方博士官學。毫無疑問，在宣帝的推動下，《穀梁》在與《公羊》的鬥争中取得了一定的優勢，也獲取了前所未有的地位。但這種地位與優勢的獲得，無疑是出於權力對學術的規訓。也正是因爲《穀梁》的這一勝利來源於宣帝的君權庇護，故隨著宣帝於黃龍元年十二月駕崩，短暫取得勝利的《穀梁》似乎很快就被權力和歷史所拋棄了。

---

① （漢）鄭玄注，（唐）孔穎達正義：《禮記正義》，上海：上海古籍出版社，2008 年，第 935 頁。
② （晋）杜預集解，（唐）孔穎達正義：《春秋左傳注疏》卷五九，《十三經注疏》（第 6 册），臺北：藝文印書館，1973 年，第 1030 頁。

春秋學史

"攘夷"與"化夷"

——從《春秋集注》看張洽的夷夏觀 *

王江武　王廣佳

【摘　要】　夷夏問題歷來是《春秋》學研究的重要議題,傳統思想中多以血統、地域、文明、禮樂等標準來對夷夏進行分判。張洽生於南宋,南宋《春秋》學多以"攘夷"爲重,張洽亦不外乎此。不過,在"攘夷"之外,張洽又強調"化夷"。一方面,張洽強調夷夏之間不得不防,其將夷夏問題納入陰陽災異學説之中,以輕重之勢消長言夷夏強弱;另一方面,張洽認爲《春秋》之作乃孔子以聖心裁之,夷狄慕華夏禮義可以有改其過以遷於善的趨勢,不過此趨勢只是向華夏靠近,并非使夷狄變爲華夏,由此其夷夏觀又有濃重的漸近色彩。

【關鍵詞】　張洽　《春秋集注》　陰陽學説　攘夷　化夷

【作者簡介】　王江武,1968 年生,上海師範大學哲學系副教授。王廣佳,1998 年生,上海師範大學哲學系碩士研究生。

　　張洽(1160—1237),字元德,號主一,臨江清江人,著有《春秋集傳》《春秋集注》《歷代郡縣地理沿革表》等作品。張洽受學於朱熹,專以治《春秋》爲功,黃震稱"張洽受《春秋》於朱文公者也",[1]可見其學脈傳承。《春秋》是解夷夏問題的大宗,歷來《春秋》注疏家大都涉及夷夏問題。研究《春秋》,當首推三傳,從《春秋》三傳的視域看,《左傳》主要強調夷狄"非我族類,其心必異";[2]《公》《穀》二傳則側重於以禮義分治夷

---

*　本文爲國家社科基金重大項目"中國經典詮釋學基本文獻整理與基本問題研究"(21&ZD055)、《春秋》三傳通史"(19ZDA252)階段性成果。

①　(宋)黃震:《黃氏日鈔》卷一一,《文淵閣四庫全書》(第 707 册),上海:上海古籍出版社,第 256 頁。
②　楊伯峻:《春秋左傳注》,北京:中華書局,2016 年,第 896 頁。

夏,并予夷夏以進退之法。① 除三傳以血緣、禮樂來言夷夏關係外,亦有以疆域言夷夏者。② 從整個《春秋》學的發展脈絡看,宋代承中唐之遺風,尊經重義,兼采三傳又別於三傳,蔚然已成大宗。③ 就其具體思想而論,北宋主"尊王",南宋重"攘夷"。④ 張洽對《春秋》三傳有一個基本的評判:"《左氏》釋經雖簡,而博通諸史,叙事尤詳,能令百代之下頗見本末,其有功於《春秋》爲多。《公》《穀》釋經,其義皆密……若此之類,深得聖人誅亂臣討賊子之意。考其源流,必有端緒,非曲説所能及也……然則學者於《三傳》,忽焉而不習,則無以知經;習焉而不察,擇焉而不精,則《春秋》之弘意大旨,簡易明白者,汨於僻説,愈晦而不顯矣。"⑤可見,張洽治《春秋》亦是兼采三傳,擇其精者而用之。作爲南宋學者,張洽治《春秋》自然也不出南宋重"攘夷"之宏旨。從現有的資料看,學界已有著作涉及張洽《春秋》學的夷夏思想,但大多突出張洽夷夏思想的某一面向。⑥ 本文以張洽《春

---

① 在《公羊傳》的視域下,首先,諸夏與夷狄有一個内外的判分,《公羊傳·成十五年》云:"《春秋》内其國而外諸夏,内諸夏而外夷狄。王者欲一乎天下,曷爲以外内之辭言之? 言自近者始也。"而當王者真正一統天下之時,又無所謂内外之分。其次,中國可以變爲夷狄,所謂"中國亦新夷狄也"(《公羊傳·昭二十三年》);夷狄亦可進於華夏,如《春秋》書法於吳稱吳子,《公羊傳》以爲是其憂中國,故稱子以進。《公羊傳·定四年》云:"吳何以稱子? 夷狄也,而憂中國。"從《穀梁傳》的角度來看,夷狄若能行華夏之禮義,當進之,如經文於"吳"書"吳子",《穀梁傳》以爲是"吳信中國而攘夷狄,吳進矣"(《穀梁傳·哀十三年》)。

② 如唐文明認爲中國夷夏之辨的含義有地理意義上的劃分,其區分了"中"與"四方"兩種相對的概念,"中"始終是華夏王道政治的代表,不論實際層面上的"中"有多大的現實地理面積,"中"與"四方"始終分别代表著華夏王道政教與夷狄。雖然這種區分看似是以地理位置爲邊界,但實際上還是以華夏王道政治爲核心。唐文明的這種解讀,亦爲我們在對待"夷夏之辨"時提供了一個解答路徑。參見唐文明:《彝倫攸斁——中西古今張力中的儒家思想》,北京:中國社會科學出版社,2019 年,第 120—121 頁。

③ 關於宋學的這個特點,學界早有總結,此處暫舉一二代表性的例子。葛焕禮將唐宋以來區别於傳統專主三傳某一傳的《春秋》學稱呼爲新《春秋》學,并以尊經、重義、雜糅三傳或諸家之説作爲其特點。參見葛焕禮:《尊經重義:唐代中葉至北宋末年的新〈春秋〉學》,濟南:山東大學出版社,2011 年,第 20 頁。張尚英指出,與《春秋》漢學相比,《春秋》宋學最大的特點就是"舍傳求經、會通三傳""重義理闡發、輕名物訓詁"。參見張尚英:《宋代〈春秋〉學專題研究》,長春:吉林人民出版社,2011 年,第 28 頁。

④ 關於這一點,牟潤孫明確指出,"北宋解《春秋》者偏重尊王""及南宋,胡安國明《春秋》復仇攘夷之義"。北宋重尊王,南宋重攘夷,實乃確論也。參見牟潤孫:《注史齋叢稿》(上),北京:中華書局,2009 年,第 70 頁。

⑤ (宋)張洽:《春秋綱領》,北京:中華書局,第 11 頁。

⑥ 楊瀟沂指出,張洽與許瀚、胡安國等人都不再宣稱不與夷狄交接,而是退而强調不可與夷狄雜居。此説雖點出張洽"攘夷"的態度,但忽視了張洽夷夏學説的時變特點。參見楊瀟沂:《宋代〈公羊〉思想研究》,湖南大學博士論文,2019 年,第 72 頁。孫俊柯以爲"張洽雖然認爲《春秋》謹華夷之辨,但并無絶夷狄之心,有著以禮樂倫理綱常來分辨進退華夷之義",并認爲張洽的夷夏觀與程頤不同,此等説法側重於以禮義分治夷夏的一面。參見孫俊柯:《張洽〈春秋集傳〉研究》,山東大學碩士論文,2014 年,第 38 頁。

秋集注》文本爲出發點,試圖厘清"攘夷"與"化夷"這兩個看似矛盾的主張在張洽夷夏思想中展現出的張力。

一、時變而法變：論攘夷有時變之法

在張洽的視域中,《春秋》治法有"時變"的特點。在夷夏關係上,張洽主張華夏起初應"不與夷狄交接",夷夏之間自當涇渭分明,華夏諸國不必以任何形式與夷狄交際。然《春秋》所書兩百四十二年,世衰道微,邪説暴行有作,不僅夷狄侵擾華夏,華夏諸國也互爲攻伐,繼續嚴守"不與夷狄交接"的態度顯然無法應對亂世的現狀。此時"攘夷"的重點不再是"不與夷狄交接",而是在具體的社會現實中,華夏應以怎樣的策略對待已經與之有外交關係的夷狄,依張洽之論,隨著時間的演進,夷夏雙方勢力消長變化,"攘夷"的手段也隨之而變。

(一) 不與夷狄交接

《春秋》隱公二年,春,公會戎於潛。張洽注:

> 待戎之法,驅之而已,此《費誓》所以録於書也。惠公與之有好,既失之矣。隱公明内外之辨,修戎政而絶其好會,可也,不能絶之,因與爲禮,登戎夷於堂陛,遂來其盟誓之請,雖辭於今,竟不能却,而與盟於後,故於此書曰"會戎",所以譏隱公降國君之尊,失中國之重,不修政事以攘夷狄,以啓其猾夏之階。觀夾谷之會,所謂"裔不謀夏,夷不亂華"之言,則知書"會戎"之旨。①

華夏與夷狄之間有天然的界限,以禮義言之,華夏優於夷狄,華夏自貶身份與夷狄"盟""會",必然會爲夷狄所亂。昔魯惠公與戎狄結好,已失驅戎攘夷之旨;今魯隱公與夷狄"盟""會",乃啓夷狄亂華之階。張洽引"夾谷之會"②夷狄亂華的例子來佐證其觀點。由是,在處理與夷狄的關係時,華夏應嚴守與夷狄在地理、禮義等多方面的界限,修好自身政事以備不時之虞,不必理會與夷狄"盟""會"之事。

---

① (宋) 張洽:《春秋集注》卷一,北京:中華書局,第 9—10 頁。

② 夾谷之會,依《左傳》傳文而言,是魯定公會齊侯,齊侯欲以其俘虜之夷狄劫持魯定公達到其目的,孔子以"裔不謀夏,夷不亂華,俘不幹盟,兵不逼好"對之,是言夷狄不應當幹預華夏之事,然具體事實是夷狄已經試圖染指華夏之事,張洽此處引"裔不謀夏,夷不亂華"用以説明夷夏之防不得不存,而《春秋》經文言"會戎",乃是批評魯隱公不知嚴夷夏之防,輕易與夷狄會戎,以啓夷狄亂華之階。

又《春秋》隱公二年，秋，八月，庚辰，公及戎盟於唐。提及華夏國家與夷狄"盟"，張洽以爲：

> 同類爲之，尚以長亂，戎狄豺狼，而與之詛，一有間隙，惟利是視，則求小
> 疵而責大信，必肆豺狼之暴，爲中國之大禍。①

夷狄總是無禮義的一方，華夏與之結盟只會引來禍端。張洽視夷狄爲豺狼，以爲夷狄"非我族類，其心必異"，②顯然是取《左傳》之意，這與宋代許多學者的看法相一致。③

(二) 以夷法攘夷

"不與夷狄交接"是"攘夷"的最好圖景。然春秋時禮崩樂壞，夷狄侵擾華夏已漸成尋常之事。"不與夷狄交接"顯然與春秋時的現狀脱軌，那麼此時，"攘夷"應當如何展開呢？張洽以爲，《春秋》於書法義例給出了答案。張洽雖不贊同傳統《春秋》學所謂"時月日例"，但從整體上看，也認爲《春秋》有"例"。《春秋》文辭簡約，往往以特定的書法表達特定的意思，在張洽這裏，《春秋》書法的背後是表達該事件是否合乎"仁"的要求，若與"仁"相合，經文書之則爲褒獎；若不合乎"仁"，經文書之則爲譏刺。此處所謂的"仁"，張洽認爲與《論語》中的"仁"一致，"觀《論語》之書，而知聖心之安仁。書於《春秋》者，無非此理"。④ 由"例"發"仁"，足見《春秋》言簡義豐。

《春秋》經文關於戰争的書寫可謂多矣，在夷夏戰争的問題上，張洽認爲《春秋》同意"以夷法攘夷"。如《春秋》莊公十年，春，王正月，公敗齊師於長勺。張洽注：

> 書"敗某師"而不書"戰"，惡詐戰也。用民力以戰争，古有司馬車戰之
> 法，定日刻期，兩陳相向，以决勝負。雖敗而奔，亦無多殺之禍。若詐戰，則
> 出於不意，或舉衆而覆之，惟夷狄遷徙鳥舉者，不可以常法制，故《春秋》自夷
> 狄之外，凡中國以詐勝者，皆書"某敗某師"，譏其待中國之人以夷狄，而深惡
> 其不仁也。⑤

---

① （宋）張洽：《春秋集注》卷一，北京：中華書局，第 11 頁。

② （宋）張洽：《春秋集注》卷四，北京：中華書局，第 160 頁。

③ 如胡安國將夷狄禽獸并提，其言"變中國爲夷狄，化人類爲禽獸"，是以夷狄爲禽獸也。（宋）胡安國：《春秋胡氏傳》卷四，杭州：浙江古籍出版社，2010 年，第 44 頁。

④ （宋）張洽：《春秋集注》卷一一，北京：中華書局，第 572 頁。

⑤ （宋）張洽：《春秋集注》卷三，北京：中華書局，第 87 頁。

關於戰爭之法,古代有偏戰與詐戰的區分。一般而言,約定好時間地點,兩軍對壘,待雙方準備完畢後進行戰爭,此爲偏戰之法;①不擇手段以謀求戰爭勝利,是爲詐戰。華夏之間的戰爭,爲了顯示華夏是禮義之邦,張洽以爲皆應以偏戰之法別勝負,而不應行詐戰之法。但就具體的事實而言,春秋時無論何種戰爭,多以詐戰爲主。張洽以爲聖人以"仁"心行乎《春秋》之中,對詐戰多有批評。華夏某國若以詐戰勝華夏他國,經文書"敗某師"而不書"戰",以譏中國不知以"仁"行事,反而用夷狄之法。而對於華夏與夷狄之間的戰爭,張洽則以爲不當以偏戰,以詐戰足矣。

又《春秋》僖公二十二年,冬,十有一月,己巳,朔,宋公及楚人戰於泓,宋師敗績。張洽注:

> 觀《春秋》以襄公主是戰,則知聖人罪其愎諫求欲,昧大義而徇小節,以取敗國殄民自及其身之禍。楚子救鄭而不言救,又貶稱"人",惡夷狄也。②

此宋襄公與楚戰於泓,宋襄公待楚人成列方擊之,遂敗。張洽又重申"以夷法攘夷"的態度,并給出了自己的依據。攘夷的成功是"大義",攘夷的手段不過是"小節",若能取得戰爭的勝利,不必拘泥於"小節"。這種説法與《公羊傳》態度完全不同,《公羊傳》稱贊宋襄公的做法,以爲其符合"禮"的要求,"故君子大其不鼓不成列,臨大事而不忘大禮,有君而無臣。以爲雖文王之戰,亦不過此也"。③何休以爲經文書法上言"朔"是爲了批評宋國有君無臣,"言朔亦所以起有君而無臣,惜其有王德而無王佐也"。④夷狄固然不知禮義,但君子不能以"夷法攘夷"。《公羊傳》所展現的是傳統中國以禮義德化平定天下的"教而化之"的視野,張洽的"大義""小節"之論看似爲"以夷法攘夷"找到了一個合理的依據,但很不符合中國傳統的政教治道。不過宋代政治現實積貧積弱,外患頻仍,張洽持此論調多半也與政治現實有關。

宋代很多學者都持"以夷法攘夷"之論,張洽曾引用劉敞的看法:

> 夷狄者,《春秋》之所外也,所外者,將以力治之。中國,禮義之邦,故不結日,不偏陳,雖有道,猶惡之。夷狄不可教以禮義,其來爲寇,能勝之而已矣,雖不結日,不偏陳,無譏也。⑤

---

① 即《公羊傳》所謂"偏戰",何休注:"偏,一面也。結日定地,各居一面,鳴鼓而戰,不相詐。"(漢)何休解詁,(唐)徐彦疏:《春秋公羊傳注疏》卷五,上海:上海古籍出版社,第171頁。

② (宋)張洽:《春秋集注》卷四,北京:中華書局,第166頁。

③ (漢)何休解詁,(唐)徐彦疏:《春秋公羊傳注疏》卷一二,上海:上海古籍出版社,第464頁。

④ (漢)何休解詁,(唐)徐彦疏:《春秋公羊傳注疏》卷一二,上海:上海古籍出版社,第464頁。

⑤ (宋)張洽:《春秋集注》卷七,北京:中華書局,第296頁。

劉敞認爲《春秋》以中國爲内,以夷狄爲外。中國深諳禮義之道,就中國内部戰爭而言,雙方約定日期,陳列戰陣,兩軍對壘,方可交戰。若非如此,即便師出有道,依然要被譏刺。對待夷狄則不然,夷狄居心叵測,不可以禮義化之,故華夏與夷狄爲戰,不必拘泥於結日偏戰的禮義之道,能勝則可,這與張洽的觀點基本一致。

張洽的"攘夷"思想有很大張力,一方面,夷夏之間有天然的界限,"不與夷狄交接"應當是華夏對待夷狄的基本態度。然而在具體現實之中,華夏與夷狄的接觸不可避免,張洽又主張以戰法區分夷夏來達到"攘夷"的目的。華夏的行爲自然要符合禮義,但當偏戰與詐戰同夷夏問題結合在一起時,華夏又不必自恃爲禮義之邦,可以用詐戰應對夷狄。這其實是中國傳統對待夷狄兩種路徑的結合:首先,中國會强調一種以華夏之邦德懷天下、柔服遠人的胸襟與氣魄;同時,夷狄畢竟非我族類,當傳統的防禦性政策在對待凶悍的夷狄不能生效時,只要能戰勝夷狄,保有國家,任何手段都可以被拿來使用。

二、天象應人事:論夷夏有陰陽之應

自古以來,中國言災異者多矣。災異與陰陽多互爲表裏,古代災異論大多以天人感應爲前提,《春秋》學有"陰陽災異説",①《易》所謂"觀乎天文,以察時變",人間的災難往往首先會在天象上有所呈現,此時君主要重民生、修德性以安天下。漢唐以來,傳統的陰陽夷夏論認爲"陽尊陰卑""陽夏陰夷",有宋一代理學興盛,陰陽是理學的重要概念,錢雲認爲至宋代以陰陽言夷夏有一個從傳統的"陽尊陰卑"向理學"陰陽不可相無"的轉向。② 然而,張洽以陰陽災異言夷夏,并没有突破漢唐時"陰陽夷夏説"的藩籬,在南宋議和之風不斷的現實情況下,在夷夏問題上對漢代"陰陽夷夏説"的堅守,是張洽對現實政治的無聲回應。

對於災異,何休有著明確的區分,認爲"災"與"異"不同,"災"是隨事而至,"災者,有害於人物,隨事而至者";③"異"是先事而至,"異者,非常可怪,先事而至者"。④ 而張

---

① 丁四新以爲中國古代災異思想的經學詮釋主要分爲四種:《春秋》學的陰陽災異説、《周易》經學的災異説、《洪範》五行災異學説和《齊詩》翼氏學的災異説。參見丁四新:《"災異"新論:災異、災異思想與經學災異説》,《廣西社會科學》2022 年第 3 期,第 92 頁。

② 參見錢雲:《夷夏與陰陽:兩宋思想、政治轉型與夷夏觀的重構》,《復旦學報(社會科學版)》2021 年第 3 期,第 83 頁。

③ (漢)何休解詁,(唐)徐彦疏:《春秋公羊傳注疏》卷三,上海:上海古籍出版社,第 90 頁。

④ (漢)何休解詁,(唐)徐彦疏:《春秋公羊傳注疏》卷二,上海:上海古籍出版社,第 58 頁。

洽對於災異則没有明顯的區分,其解釋《春秋》經文書"大水"時,既認爲是"陰勝之災",[①]又認爲"書大,爲異非常也"。[②] 張洽雖混災異爲一體,但他認爲災異之產生,多由於陰陽的不協調,如大水爲"陰勝之災"、日食爲"陰盛陽微之徵"[③]等等。張洽將陰陽災異結合起來,以爲災異的根本在於陰陽的消長,而陰陽之所以消長又源於現實政治的變換。

《春秋》隱公三年,已巳,日有食之。張洽注:

> 不書朔,史失之也。非史之失,則食不於朔也。日者,人君之表。日食,君道所大忌。《唐曆志》曰:"四序之中,分同道,至相過,交而有食,天道之常。以曆推《春秋》日食,大概皆入食限。於曆應食而《春秋》不書者尚多,則日食必在交限,其入限者不必盡食。""若過至未分,月或變行以避之,或五星潛在日下,禦侮而救之;或涉交數淺,或在陽曆,陽盛陰微則不食;或德之休明,而有小眚焉,則天爲之隱,雖交而不食。此四者,德之所生也。"今按:曆家之言如此,則凡日食者,不可歸之常度,而災之所生,乃德之不修也明矣。況象見於上而災應於下,自是而後,王政日微,中國無霸,夷狄僭竊,禍亂滋起。此《春秋》所以特書,以啓人主恐懼修省之心,庶幾乎以德消災,而弭天下之禍亂也。[④]

首先,張洽認爲《春秋》不書"朔",或爲魯史記載之失,或爲日食不在朔日。日食乃災異的一種,"日"尤指君主,"日食"爲君道之大忌。自此災異現象出現後,張洽以爲作爲"陽"的代表的華夏王道政教日益衰微,作爲"陰"的代表的夷狄開始禍亂中華,天下久不能太平。而日食之所以出現,是華夏君主不知修"德"。由此,"德"與"失德"這樣一組傳統儒家的概念與"陰""陽"對應起來。德勝則陽勝,修德可以消災乃至於彌亂,治道之興衰,雖有天象預之,實出於君主修德與否。故君主雖有位,當修德以配其位。

張洽又引張載《正蒙》之言來以陰陽分析夷夏之間的關係。《春秋》昭公三年,冬,大雨雹。張洽注曰:

> 張氏《正蒙》曰:"雹,戾氣也。"此中國不振而夷狄會諸侯之兆也。[⑤]

張載《正蒙》言"戾氣":"陰性凝聚,陽性發散;陰聚之,陽必散之,其勢均散……不

① (宋) 張洽:《春秋集注》卷二,北京:中華書局,第 59 頁。
② (宋) 張洽:《春秋集注》卷三,北京:中華書局,第 82 頁。
③ (宋) 張洽:《春秋集注》卷三,北京:中華書局,第 108 頁。
④ (宋) 張洽:《春秋集注》卷一,北京:中華書局,第 13 頁。
⑤ (宋) 張洽:《春秋集注》卷九,北京:中華書局,第 410 頁。

和而散，則爲戾氣曀霾。"①王夫之注："陽急欲散而陰之凝結益固，然其勢必不能久聚，激爲戾氣曀霾而後散焉。戾氣，雹類。"②據王夫之的解釋，這裏所謂"戾氣"顯然是陰勝於陽。張載所謂"戾氣"，更多的是在講陰陽之間的交互關係。而張洽却認爲《春秋》經文書"雹"，象徵中國與夷狄之間勢力的消長。

張洽并没有過分强調理學意義上的陰陽。理學上的陰陽會强調"陰陽不可以相無""陰陽之間可以相互轉化"等觀點，然過於强調陰陽之間的不可相無顯然會有一種夷夏可以共存的傾向。張洽若强調理學意義上的陰陽，"攘夷"之旨必失。張洽雖然在夷夏互變問題上强調"化夷"，但所化夷狄畢竟不能直接進至華夏，關於這一點，下文將會展開分析。

夷夏之勢的消長會在天道上表現爲陰陽的變化，陰陽的變化又會通過自然界中的災異顯現出來。災異確實存在"先事而至"或"隨事而至"的情況，然無論先後，都是警示華夏君主要修德以安天下。人主通過修養德性可以改變現實政治的格局，消弭災亂，變換現實的陰陽，實現華夏的善治。張洽的陰陽夷夏説，看似是在警示華夏君主要修德政，華夏國家應當"名實相符"，即以"德"之"實"配"華夏"之"名"，然其目的還是在於"攘夷"。既然夷夏可以用陰陽來表述，華夏作爲"陽"的代表，如果能時時刻刻令"陽"對"陰"有壓倒性力量，夷狄自不敢再擾華夏。

三、化夷而攘夷：論夷夏有進退之法

以進退之法言夷夏，其實就是講夷夏互變的問題。孟子曾言："吾聞用夏變夷者，未聞變於夷者也。"③朱子注："變夷，變化蠻夷之人也。變於夷，反見變化於蠻夷之人也……言陳良用夏變夷，陳相變於夷也。"④可見，朱子認爲孟子既講"以夏變夷"又講"以夷變夏"。作爲朱子的嫡傳弟子，張洽同樣認爲夷夏有進退之法，不過夷狄只能向華夏靠近，并非真的能成爲華夏，從這一點來看，張洽與朱子還是有些細微的差別。張洽認爲夷夏進退的標準主要在於是否講禮義等道德準則，這一點

① （宋）張載：《張載集》參兩篇第二，北京：中華書局，第 12 頁。
② （明）王夫之：《張子正蒙注》卷一，北京，中華書局，第 41 頁。
③ 楊伯峻：《孟子譯注》，北京：中華書局，2008 年，第 94 頁。
④ （宋）朱熹：《四書章句集注》，北京：中華書局，第 260 頁。

確與朱子并無二致。① 張洽言夷夏進退,主要有兩個路向:(一)夷狄可近於華夏,(二)華夏可淪爲夷狄。

(一) 夷近於夏

關於夷狄近於華夏的問題,張洽於《春秋集注》中多有提及。

如《春秋》僖公四年,楚屈完來盟於師,盟於召陵。張洽注:

> 屈完,楚大夫之名氏也。書名氏,嘉其服義而進之也。來而不書使者,《春秋》待夷狄謹嚴之法,雖録屈完名氏以進之,若書"楚子使屈完",則一同於中國君臣之辭矣。故書"楚屈完來盟",以嘉其服義;不書"楚子使",以嚴夷狄之分,而伸齊桓方伯之體。屈完既至,而桓公退師,以禮楚與盟,以堅其求服之志。於是見桓公之待楚,進退有禮,雖不足以盡王者之義,而夫子所謂"一正天下,民到於今受賜",實二百四十年甚盛之舉,不得不序其績也。②

一般而言,經文書"某某使某來盟"是《春秋》對於華夏國家盟"例"的基本書法,而楚本夷狄之國,爲何經文要書楚國大夫名氏呢? 張洽解釋道,按照華夏大夫書法書屈完名氏,是爲了嘉獎他能够崇義而近於華夏。至於不書"楚子使屈完來盟於某",則是强調楚國是夷狄之國,若書"楚子使",則是將楚國看作是華夏之國,這樣就失去了夷夏之分。夷狄有近中國之心者自當褒獎,以見夷狄近於華夏,但夷狄國家并不能成爲華夏國家。

又《春秋》僖公二十年,秋,齊人、狄人盟於邢。張洽注:

> 傳:"爲邢謀衛難也,於是衛方病邢。"書"狄",例以國稱,而同之於齊稱"人"之列者,昔宋伐齊喪,而狄能救之,今衛欲滅邢,而狄謀存之。從中國以救災恤患,非夷狄之事,故人以進之,人狄則罪衛之意明矣。是足以見聖人仁天下之公心也。③

《春秋》對於夷狄的書法,按例當稱"國",即直書其國名。此處經文書"狄人",且與"齊人"同列,是書法上進"狄"。狄能救齊與邢於危難之中,能救災恤患,行事符合禮義,故褒而書"人"。張洽以爲《春秋》是聖人以"仁心"裁定之經,夷狄若能行禮義,

---

① 朱子注"夏",認爲:"夏,諸夏禮義之教也。"顯然也是在以禮義別夷夏。(宋)朱熹:《四書章句集注》,北京:中華書局,第 260 頁。

② (宋)張洽:《春秋集注》卷四,北京:中華書局,第 135 頁。

③ (宋)張洽:《春秋集注》卷四,北京:中華書局,第 162 頁。

自當進之。

又《春秋》僖公二十五年，秋，楚人圍陳，納頓子於頓。張洽注：

> 頓，姬姓國。杜氏注："汝陰南頓縣。"今屬陳州。頓子迫於陳，而不能有
> 其國，故楚圍陳，然後能納之。聖人書此，見中國諸侯不能恤小國而定其位，
> 反使夷狄行其義，閔中國之無霸也。①

頓子迫於陳的壓力，不能保有其國，今楚人圍陳，爲頓紓難。張洽以爲此乃夷狄行義，頓本華夏之國，陳亦是華夏之國，華夏内部戰爭無止，要靠夷狄來行義，此處《春秋》在褒獎夷狄的時候，也在譏諷華夏。這裏雖然没有稱讚夷狄能行義而近於華夏，但批評了華夏不能行義，有此一貶，足見夷夏進退之旨。

值得注意的是，春秋時，吳、楚皆爲夷狄大國，然張洽以爲《春秋》對於吳、楚兩國評判不同，楚國可以近於華夏，而吳國乃純夷狄，不可以近於華夏。

《春秋》哀公十年，冬，楚公子結帥師伐陳。吳救陳。張洽注：

> 宣、昭二公之時，楚主中國者也，楚猶近於中國也，故《春秋》於楚，免其
> 夷狄號舉之稱。定、哀之時，吳主中國也，吳純於夷狄者也，故雖有小善，而
> 猶以號舉。嗚呼！兹足以觀世變，而知《春秋》之嚴矣。②

宣、昭二公時，楚雖夷狄而主中國，然其近於華夏，因而《春秋》在書法上稱"人"、稱"子"以進之。定、哀二公時，吳國主中國，張洽認爲吳國是純夷狄，雖然吳國有時也行善舉，但《春秋》依舊不改變其夷狄的書法。同爲夷狄，依舊有能近於夏與不能近於夏者。而張洽在注解"公會晉侯及吳子於黄池"時，對於吳國的態度發生了變化，此時，經文對於吳國没有直接稱國，而是稱"吳子"，張洽認爲：

> 聖人予夷狄之改過遷善，立法以垂世，豈必窮其不得已之意哉？③

夷狄固然有近於中國者與純於夷狄者的區分，但《春秋》畢竟聖人垂法以作，豈能無予夷狄改過遷善之意？故吳雖純夷狄，《春秋》亦可書"吳子"，張洽以爲這是聖人告誡後世亂臣賊子"見善則遷，有過則改"，即便如吳國一般的純夷狄，依然有被褒獎的可能。《春秋》雖然嚴夷夏之大防，若夷狄時時浸染於華夏之禮義，能行善舉，亦可近於華夏之列。如此可見聖人以其宅心安"仁"，立萬世不易之法。

---

① （宋）張洽：《春秋集注》卷四，北京：中華書局，第 170 頁。
② （宋）張洽：《春秋集注》卷一一，北京：中華書局，第 556—557 頁。
③ （宋）張洽：《春秋集注》卷一一，北京：中華書局，第 567 頁。

(二) 夏淪爲夷

從禮義的理想狀態而言,華夏國家文教敦化,禮義自然優於夷狄。然《春秋》二百四十二年行事,滅國者不可勝數,華夏禮義早已蕩然掃地。張洽謂《春秋》"舉形見於筆削之間",①以筆削之意評定天下是非,故不符合禮義的行爲,自是有貶。是故,不獨夷狄能近於華夏,華夏亦可淪爲夷狄。

張洽以爲,夷夏之所以有消長之勢,華夏不知修己以安人是重要原因,其言:

> 中國、夷狄之勢相爲消長,而未有不原於心,故曰:"毋怠毋荒,四夷來王。"桓公怠荒之心,見於陽谷之會矣。楚人已占之於江、漢之間,而遂興伐黃之師也。②

若華夏無荒怠之心,修文德以安遠人,夷夏之間自當太平,而現實情況是華夏往往不能自修禮義。故前有楚主中國,後有吳主中國,實中國未能行禮義治國所致。

張洽認爲,夷夏的確有天然的區分,然中國一失其禮義,即淪爲夷狄。如《春秋》隱公三年,三月,庚戌,天王崩。張洽注:

> 天王之喪,同軌畢至,爲臣子者,以所聞先後奔喪,禮也。隱公聞喪而不奔,春秋以來送終之禮薄矣,聖經詳志,以見罪惡之淺深。今此平王之崩,但書來訃,而魯人不往,且志武氏子之求賻,則隱公之蔑視五十一年天下之共主,視其喪葬,無復臣子哀戚之情,邈然不以動其心,而自同於禽獸、夷狄,惡極罪大,不可勝誅,不待貶絕而自見矣。③

天王崩,魯隱公不知奔喪,又派武氏子前往求賻,視天王爲無物,無臣子之情、君臣之義,張洽以爲其是自同於禽獸、夷狄,此處即貶魯爲夷。

《春秋》昭公四年,夏,楚子、蔡侯、陳侯、鄭伯、許男、徐子、滕子、頓子、胡子、沈子、小邾子、宋世子佐、淮夷會於申。張洽注:

> 然淮夷不殊會,以見其類之同,則在會諸侯之胥變於夷亦不可掩矣。④

《春秋》經文書"淮夷"而不殊會,沒有從書法上區分夷夏,張洽以爲如此書法,是

---

① (宋) 張洽:《春秋集注》卷一,北京:中華書局,第 6 頁。
② (宋) 張洽:《春秋集注》卷四,北京:中華書局,第 149 頁。
③ (宋) 張洽:《春秋集注》卷一,北京:中華書局,第 13—14 頁。
④ (宋) 張洽:《春秋集注》卷九,北京:中華書局,第 413 頁。

將同列諸侯皆視爲夷狄,華夏不振,終與夷狄同類,《春秋》書法如此,以見對華夏淪爲夷狄的强烈貶斥。

從進退的角度來看,張洽認爲華夏可以退而爲夷狄,夷狄亦可近於華夏。夷夏進退的尺度主要是禮義,一旦華夏不講禮義,就會淪爲夷狄;而夷狄慕中國、行禮義,亦可近於華夏。夷夏之間的關係不再是由血統、地理位置等外在因素決定,而是由作爲文明準則的禮義決定。然而,特別要説明的是,夷狄雖有禮義,也不過是近於華夏,并非進至於與華夏同列,此論仍有著濃厚的"攘夷"色彩。

四、小　結

立足於張洽的夷夏思想,我們可以很清晰地看到其兼采三傳的立場。既采《左傳》對待夷狄所謂的"非我族類,其心必異"的態度,提倡"以夷法攘夷";又摭《公》《穀》二傳的進退夷夏之説,認爲夷狄能够通過不斷學習華夏禮義,知禮而近於華夏。

張洽以爲"攘夷"有時變之法,正是傳統中國對待夷狄的兩種不同理路:一方面,中國古代會强調"以直報怨"而不可"以詐報怨",即應當在禮義的高度公正對待異端邪説,這項原則在戰爭中也應當適用,"懷惡而討不義,君子不予也",[1]《公羊傳》正得其旨;另一方面,又會强調所謂"以夷制夷",而不可"以德報怨","以夷法攘夷"的目的是爲了戰勝夷狄,從而使夷狄俯首繫頸,受華夏之治。其"陰陽夷夏説"是對漢唐"陰陽夷夏學説"的一種繼承,既以"陽夏陰夷"肯定華夏相對於夷狄的尊貴地位,又意在告誡君主當修德自省,以便更好地"攘夷"。在"夷夏進退"問題上,張洽肯定夷狄可以通過學習禮義來向華夏靠近,此爲"化夷",而夷狄又終究不是華夏,此間又是"攘夷"。"攘夷"與"化夷"并舉,爲張洽的夷夏觀提供了豐富的思想内涵。至於華夏可以淪爲夷狄,則又有理學重視綱常仁義的色彩,若華夏不明綱常仁義,終究會淪爲禽獸、夷狄,"使三綱不建、五常不立,人類將變爲禽獸"。[2]

總的來説,張洽的夷夏觀,蘊含著對春秋亂世能够重新扶正禮樂綱常、重歸華夏文明太平治世的期待,同時也有對春秋時夷狄勢力過强華夏不能制之的遺憾,從這個意義上,也是對南宋現實政治的一種《春秋》學回應。義理價值與現實際遇的交錯,使其《春秋》學蘊含著豐富的經世致用色彩。

---

① （漢）何休解詁,（唐）徐彦疏:《春秋公羊傳注疏》卷二二,上海:上海古籍出版社,第942頁。

② （宋）張洽:《春秋集注》卷二,北京:中華書局,第45頁。

略論包慎言的《公羊》禮學

黃　銘

【摘　要】　包慎言是一位被學術史遺忘的《公羊》學家。就《春秋》禮學而言,在禘祫、女君尊降父母、兄弟異昭穆等問題上,包氏的考辨遠超凌曙、陳立等《公羊》名家。其學術特點表現在:對於鄭玄、何休的區分有更加清晰的認識,更加注重維護《公羊傳》的立場,又能精當地指出何休的錯誤。故而包慎言是一位值得表彰和深入研究的《公羊》學家。

【關鍵詞】　包慎言　《公羊》禮學　親親尊尊

【作者簡介】　黃銘,1985 年生,重慶大學人文社會科學高等研究院副教授。

眾所周知,清代《公羊》學的集大成之作,是陳立的《公羊義疏》,裏面囊括了孔廣森、莊存與、劉逢祿、凌曙、包慎言等人的觀點。其中孔、莊、劉、凌爲人所熟知,但包慎言似乎被學術史遺忘了。然而在《公羊義疏》中,陳立會時不時批評孔廣森和劉逢祿,却從未駁正包慎言的觀點,可見包氏水準之高。這與其在學術史上的默默無聞,形成了巨大的反差,所以他的《公羊》學,值得我們深入研究。

包慎言,字孟開,安徽涇縣人,道光十五年舉人,客游南北,授經以終。關於包氏的著述,劉壽曾《廣英堂遺稿後序》云:

> 先生早歲之學,最深於《詩》,嘗條舉鄭氏實翼毛而《正義》誤説者十餘事。中年以後,兼治《公羊》,以《禮記·中庸》爲《春秋》綱領,欲取《公羊》義疏證《中庸》,而未有成書。惟取《兩漢書·曆志》所述殷曆,作《公羊曆譜》,以正杜氏《長曆》之謬。又博采漢、唐以前説《論語》者,斷以己意,爲《論語溫故録》……今惟《曆譜》暨《溫故録》有傳鈔之帙,餘悉佚不可見。①

---

① （清）劉壽曾:《傳雅堂文集》卷二,載《儀徵劉氏集》,揚州:廣陵書社,2018 年,第 811 頁。

又據桂文燦《經學博采録》,包慎言"著有《讀孟偶詮》《公羊隅見》各若干卷"。《光緒重修安徽通志》又云,包氏著有《經義考異》。然而以上三書,今已亡佚,就連《論語温故録》,也只零星見於劉寶楠《論語正義》中。我們不妨猜測,《公羊義疏》所引包説,除了《曆譜》之外,或許就出自《公羊隅見》或《經義考異》。包氏平時不常爲文,他的文集也是由劉毓崧、劉恭冕在其死後多方搜羅,最後在同治年間,由劉毓崧之子劉壽曾與劉恭冕、洪如奎編訂爲《廣英堂遺集》①一卷,共十四篇。此外,陳立《句溪雜著·皇后降服議》後面附了一篇"包孟開先生説",亦是《公羊》學相關内容。恕筆者孤陋寡聞,目前能搜集到的包慎言的材料就只有以上三種。即便如此,包氏《公羊》學涉及的範圍極廣,本文擬單從"《春秋》禮制"的角度來考察包慎言的《公羊》學。

《史記·太史公自序》云:"《春秋》者,禮義之大宗也。"《公羊傳》中有很多關於禮制的内容,諸如"子以母貴""母以子貴""《春秋》伯子男一也""臣子一例""爲人後者爲之子"等等,何休《公羊解詁》裏也有大量論禮的内容。② 到了清代,專門有一批《公羊》學者研究"《春秋》禮學",如凌曙、陳奂、陳立等,以凌曙最爲著名。③ 凌氏著有《春秋公羊禮疏》《春秋公羊禮説》,其中《禮説》論證更爲綿密,可以視爲代表作。陳立是凌曙的學生,故而在《公羊義疏》中詳録凌氏《禮説》之文。包慎言一生客居揚州最久,與凌曙、陳立師徒切磋琢磨,討論"《春秋》禮制"問題,多有書信往來。通過對比,我們可以發現,包氏的論説更爲精到,體現在如下三個方面:第一,對於鄭玄、何休的理解更爲準確而且深刻。第二,在面對經典之間產生的衝突時,力主從《公羊》學内部調和矛盾。第三,當《公羊傳》與何休注矛盾時,不曲護注文。

一、準確分疏何、鄭之異: 禘、祫從先君數問題

禘、祫是宗廟大祭,都屬於"殷祭"。然而禘、祫問題歷代聚訟不已,鄭玄與何休就有兩套不同的模式。首先是對禘、祫性質的界定有差異。鄭玄認爲,祫祭是所有毁廟之主以及未毁廟之主的合祭;禘祭則是毁廟之主按照時代,分昭穆進行合祭,再加上

---

① 劉寶楠《論語正義》提及包慎言有文集,名爲《敏甫文鈔》。劉壽曾《後序》稱之爲《敏甫文録》,應是同一本書。該書内容都包含在《廣英堂遺集》中。

② 段熙仲先生的《春秋公羊學講疏》專門有《公羊禮輯》一章,裏面集中了何休論禮的材料。

③ 段熙仲先生評價陳奂的《公羊逸禮考徵》云:"不如凌氏之精。"參氏著:《春秋公羊學講疏》,南京:南京師範大學出版社,2002年,第52頁。

四親廟的分祭；[①]而且祫祭大於禘祭。[②] 何休也認爲祫祭是合祭，因爲《公羊傳》云："大祫者何？合祭也。其合祭者奈何？毀廟之主陳於大祖，未毀廟之主皆升，合食於大祖。"[③]但禘祭也是合祭，甚至規模比祫祭更大，何休云："禘所以異於祫者，功臣皆祭也。"[④]

其次，鄭、何對於禘、祫間隔的年限理解不同，這裏面包括兩個問題，一是計算的起始點，二是禘、祫的頻率。根據鄭玄《魯禮禘祫志》所載，嗣君服完三年喪後進行祫祭，次年行禘祭，再過三年行祫祭，再過兩年行禘祭，此後每兩次禘祭或者每兩次祫祭都間隔五年。以魯僖公爲例，《禘祫志》云："魯閔公二年秋八月，公薨，僖二年除喪而祫大廟，明年春禘於群廟。自此之後，五年再殷祭。六年祫，故八年經曰：'秋七月，禘於大廟，用致夫人。'然致夫人，自魯禮。以禘事而致哀姜，故譏焉。"[⑤]

表一　鄭玄禘祫模式

年份	僖2	僖3	僖4	僖5	僖6	僖7	僖8	僖9	僖10	僖11	僖12	僖13	僖14	僖15	僖16	僖17	僖18
祭祀	祫	禘			祫		禘			祫		禘			祫		禘
說明	除喪即祫	第二年禘	距禘三年					兩祫間隔五年					兩祫間隔五年				
			兩禘間隔五年						兩禘間隔五年					兩禘間隔五年			

每一任國君都如此計算，都以今君除喪作爲起點，比如魯文公二年《春秋經》云"大事於大廟"，即是文公除喪後的祫祭。所以鄭玄計算起點的方式可以稱爲"禘祫從今君數"。同時禘祫之頻率問題，由於自僖三年之後，每兩次禘祭或每兩次祫祭之間相隔

---

① 據《禮記·王制》孔穎達《疏》云："鄭康成祫禘及四時祭所以異者，此祫謂祭於始祖之廟，毀廟之主，及未毀廟之主，皆在始祖廟中……禘則大王、王季以上遷主，祭於后稷之廟……其文武以下遷主，若穆之遷主，祭於文王之廟……若昭之遷主，祭於武王之廟……又祭親廟四。"（漢）鄭玄注，（唐）孔穎達正義：《禮記正義》卷一八，上海：上海古籍出版社，2008 年，第 528—529 頁。

② 《詩·周頌·雝》鄭玄《箋》云："禘，大祭也，大於四時而小於祫。"（漢）毛亨傳，（漢）鄭玄箋：《毛詩傳箋》，北京：中華書局，2018 年，第 464 頁。

③ （漢）何休解詁，（唐）徐彥疏：《春秋公羊傳注疏》卷一三，上海：上海古籍出版社，2014 年，第 522—523 頁。

④ （漢）何休解詁，（唐）徐彥疏：《春秋公羊傳注疏》卷一三，第 523 頁。

⑤ 鄭玄：《魯禮禘祫志》，轉引自（清）孫詒讓：《周禮正義》卷三三，北京：中華書局，2015 年，第 1608—1609 頁。

五年,那麼五年之中只有一禘一袷,符合《公羊傳》"五年而再殷祭"的説法。[1]

何休的模式則與鄭玄完全不同。關於禘、袷計算的起點,何休云:"禮,禘袷從先君數。三年喪畢,遭禘則禘,遭袷則袷。"[2]即在整個《春秋》中,禘、袷只有一個起點,所有國君的年份都打通計算,不同的國君三年喪畢,有遭禘、遭袷的差異。關於禘袷的頻率,《公羊傳》云"五年而再殷祭",何休解釋道:"謂三年袷,五年禘。"徐彦解釋爲每兩次袷祭間隔三年,每兩次禘祭間隔五年,各自計算,互不妨礙。由於《春秋經》和《公羊傳》能夠確定的禘、袷僅有兩次:一是僖公八年"禘於大廟,用致夫人";一是文公二年"大事於大廟,躋僖公",《公羊傳》以"大事"爲"大袷"。徐彦據此排定了《春秋》中的禘、袷年份,徐氏云:

> 《春秋説》文云:"三年一袷,五年一禘。"《爾雅》云:"禘,大祭也。"孫氏云:"禘,五年大祭也。"然則三年一袷,五年一禘,禮如然也。案僖八年"秋,七月,禘於太廟",從此以後三年一袷數,則十一年袷,十四年袷,十七年袷,二十年袷,二十三年袷,二十六年袷,二十九年袷,三十二年袷,文二年袷也;若作五年一禘數,則從僖公八年禘,十三年禘,十八年禘,二十三年禘,二十八年禘,三十三年禘,文五年禘,則文二年非禘年,正當合袷,故知此年大事爲袷矣,是以注云"又從僖八年禘數之,知爲大袷也"。若然,從僖八年禘數之,則十一年袷,十三年禘,隨次而下,至僖二十三年并爲禘袷,何得下傳云"五年而再殷祭"者?蓋爲其初時三年作袷,五年作禘,大判言之,得言五年而再殷祭,其間三五參差,隨次而下,何妨或有同年時乎?[3]

表二　徐彦禘袷表

年份	僖8	僖9	僖10	僖11	僖12	僖13	僖14	僖15	僖16	僖17	僖18	僖19	僖20	僖21
祭祀	禘(袷)			袷		禘	袷			袷	禘		袷	
説明	春秋經言禘,據推算亦有袷													

---

[1]　(漢)何休解詁,(唐)徐彦疏:《春秋公羊傳注疏》卷一三,第523頁。

[2]　(漢)何休解詁,(唐)徐彦疏:《春秋公羊傳注疏》卷九,第353頁。

[3]　(漢)何休解詁,(唐)徐彦疏:《春秋公羊傳注疏》卷一三,第522頁。徐彦提到另一種對於"三年一袷,五年一禘"的解釋,即:"袷與禘相因而數爲三年五年者,若從僖八年禘,十一年袷,十六年禘,十九年袷數之,至僖三十二年禘,文公二年袷亦相當,但於五年而再殷祭之言不合,故不得然解。"參見同書第522頁。

續　表

年份	僖22	僖23	僖24	僖25	僖26	僖27	僖28	僖29	僖30	僖31	僖32	僖33	文1	文2
祭祀		禘祫			祫		禘	祫			祫	禘		祫
説明		禘祫并有										喪中	喪中	公羊傳

徐彦按照何休“三年一祫，五年一禘”排列下來，發現“三五參差”，至僖公二十三年禘、祫并有，①所以只能認爲《公羊傳》“五年而再殷祭”的説法是“大判言之”，即便出現“三五參差”，禘、祫同年，也是無妨的。

凌曙對徐彦此説非常不滿，云：“徐彦謂‘其間三五參差，亦有禘、祫同年’，此説非也。”②同時指出徐彦是受了鄭玄的影響，故而背離何休，凌氏云：“蓋當時鄭學盛行，言禘、祫者皆本《禘祫志》，徐主其説，而不自知其倍於何注也。”③凌曙進一步認爲，何休“三年祫，五年禘”并不是徐彦理解的兩祫間隔三年、兩禘間隔五年，禘、祫分開計算；而是應該合在一起計算，即以禘祭爲原點，連同原點之年在内，第三年行祫祭，第五年行禘祭。凌氏云：

> 即如從僖八年禘數之，十年祫，十二年禘，十四年祫，十六年禘，十八年祫，二十年禘，二十二年祫，二十四年禘，二十六年祫，二十八年禘，三十年祫，三十二年禘，至文二年當祫，故文二年注“從僖八年禘數之，知爲大祫也”，是準何氏之説最爲精當，豈有禘、祫并作之理？④

表三　凌曙禘祫表

年份	僖8	僖9	僖10	僖11	僖12	僖13	僖14	僖15	僖16	僖17	僖18	僖19	僖20	僖21
祭祀	禘		祫		禘		祫		禘		祫		禘	
説明	三年祫（含原點年）													
	五年禘（含原點年）													
	春秋經													

---

① 據推算，其實僖八年也應該是禘、祫并有。

② （清）凌曙：《公羊禮説》，載《春秋公羊禮疏（外五種）》，上海：上海古籍出版社，2015年，第280頁。

③ （清）凌曙：《公羊禮説》，第281頁。

④ （清）凌曙：《公羊禮説》，第280頁。

續　表

年份	僖22	僖23	僖24	僖25	僖26	僖27	僖28	僖29	僖30	僖31	僖32	僖33	文1	文2
祭祀	袷		禘		袷		禘		袷		禘		（袷）	袷
説明													本應在此	凌曙誤判

　　凌曙的禘袷模式，針對的是徐彦之説"三五參差，禘袷同年"，與《公羊傳》"五年而再殷祭"矛盾。但是凌曙之説造成了五年有三次殷祭，也不符合《公羊傳》的規定，故而包慎言批評道："閣下乃謂：'從僖八年禘數之，十年袷，十二年禘。'如此則五年之間而有三殷祭矣，不顯與傳文違乎？"①更爲致命的是，禘、袷年數的推斷，是以《春秋經》所言的僖八年禘、《公羊傳》所言的文二年袷，作爲推論的起始點的。而以僖八年禘作爲起點來推論，依照凌氏的規則，應該是文元年行袷祭，凌曙却强行認爲文二年行禘祭，這屬於計算失誤，整個理論也隨之崩塌。故而包慎言委婉的指出："閣下以之申何，則文二年注之所云'從僖八年數之，知爲大袷'者，有何所説乎？"②凌曙之説歸根到底是暗用了徐邈的禘、袷模式。徐邈認爲，兩禘之間相隔六十個月，即五年，以第三十個月行袷祭；而凌曙則兩禘間隔四年，禘、袷間隔兩年，爲的是達成何休"三年袷，五年禘"的規定，但實際上背離了何注。包慎言批評道："徐邈説特嫌禘、袷同年，而爲此變通，究之與何注無關也。"③

　　凌説與何注無關，反而徐彦之説，兩袷間隔三年，兩禘間隔五年，是符合何休規定的。凌曙却批評徐彦受了鄭玄的影響，才出現了"三五參差，禘袷同年"的情況。然而對比鄭玄與徐彦的説法，兩者是完全不同的，包慎言云："(鄭説)所云三年者，袷距禘之三年；五年者，禘距禘④之五年……閣下謂'當時鄭學盛行，言禘、袷者皆本《禘袷志》，徐主其説，而不自知其背於何注也'，毋亦未考之過乎？"⑤據表一可知，鄭玄理解的"三年袷，五年禘"，是指國君除喪之後馬上行袷祭，第二年行禘祭；禘祭後三年行袷祭，此爲"三年袷"；禘祭後五年再行禘祭，此爲"五年禘"；此後禘與禘、袷與袷之間各自相隔五年。這與何休、徐彦的"三年袷，五年禘"毫無關係。可以説凌曙批評徐彦背

①　(清) 包慎言：《廣英堂遺稿》，清同治八年集賚刊本，第14頁下。

②　(清) 包慎言：《廣英堂遺稿》，第14頁下。

③　(清) 包慎言：《廣英堂遺稿》，第15頁下。

④　禘，《廣英堂遺稿》作"袷"，然而按照文意，當作禘字。

⑤　(清) 包慎言：《廣英堂遺稿》，第14頁下—15頁上。

何用鄭,非但不理解何休,也不理解鄭玄,是完全錯誤的。

包慎言反駁了凌曙對於徐彦的批評,同時對徐説提出了更有深度的批評,認爲徐彦確有"背何用鄭"的錯誤,只是錯誤不在三年、五年的間隔,而是禘、祫的起點。鄭玄認爲每一任國君除喪之後就是一個禘、祫起點,此爲"禘祫從今君數"。何休則是貫通整部《春秋》,認爲只有一起點,此爲"禘祫從先君數"。而徐彦將"禘祫從先君數"解釋爲:"謂爲禘祫之祭,合從先君死時日月而數之,若滿三年之後,遭禘則禘,遭祫則祫耳。"[①]從字面上看,很容易讓人覺得禘、祫的起始點是從先君死時日月開始計算,那麽這就是"禘祫從今君數"。故而包慎言批評道:

> 所謂從先君數者,謂從先君禘祫之年數至新君喪畢之日耳……徐氏謂"從先君數,爲從先君死之日月",如其言,則喪畢定爲祫祭,"遭禘"二語爲不可通矣。此蓋惑於康成《禘祫志》之説,不知禘祫年數,二家互異,不可强合也。徐氏牽鄭入何,誠屬孟浪,以此詰之,彼固無辭。[②]

誠如包慎言所云,如果禘、祫是"從先君死時日月而數之",就是每個國君有一個起點,同於鄭説。那麽除喪之後都行祫祭,就没有徐彦自己説的三年喪畢"遭禘、遭祫"的可能了。如果按照何休"禘祫從先君數"的觀點,起點不應該是先君死之日月,而是先君最後一次禘、祫的年月,這樣就接續上了規則。這個批評是非常到位的,徐彦的説法的確有很大的漏洞。

當然,對於徐彦的説法也可以有另外一番解釋,即所謂的"禘祫之祭合從先君死時日月而數之",徐彦是認爲,先君禘、祫的年數規則需要跨越今君的三年喪期。如表二中,僖三十三年在文公的服喪期內,按照規則當行禘祭,然而吉凶不相干,喪中當廢禘祭。雖然廢祭,在計算禘、祫年數時,僖三十三年只是輪空,不影響下一次禘祭的年數。那麽除喪後就有"遭禘則禘,遭祫則祫"的可能性了。這樣徐彦的説法就講得通了,也和他在文二年排列的年數(表二)相符。但是按照注疏的解釋規則,徐彦這句話是解釋何休"禘祫從先君數"的,那麽自然就引起了歧義,包慎言對此的批評是完全正當的。

從"禘祫從先君數"這個議題來看,包慎言區分鄭、何之異十分精到,對於凌曙和徐彦的批評有理有據。對比而言,凌曙的説法就含混不清,對於何休、鄭玄的理解也不準確。

---

① (漢)何休解詁,(唐)徐彦疏:《春秋公羊傳注疏》卷九,第353頁。

② (清)包慎言:《廣英堂遺稿》,第13頁下—14頁上。

二、從《公羊》學立場解決經典間的
矛盾：女君尊降父母問題

在禮學史上有一段公案，即鄭玄依據《公羊傳》來反駁《喪服傳》的説法，其主題就是"女君尊降父母"問題，具體見於《儀禮·喪服》"不杖期章"。

> 公妾以及士妾爲其父母。傳曰：何以期也？妾不得體君，得爲其父母遂也。

> 【注】然則女君有以尊降其父母者與？《春秋》之義，雖爲天王后，猶曰吾季姜，是言子尊不加於父母，此傳似誤矣。①

按照鄭玄的理解，《喪服》中有一種尊降的制度，即因爲爵尊的緣故，對於死者的喪服有所降等。比如士制，父爲庶子服齊衰不杖期；如果父爲大夫，子爲士，則父有爵尊，故而尊降一等，爲庶子服大功；如果父爲天子或諸侯，則尊降的程度更深，直接不服庶子。本條所云的"公妾以及士妾"爲其父母之服，《喪服傳》認爲"妾不體君"，故可以爲其父母"遂服"，即喪服没有任何的降等。所謂的"體君"指的是"夫妻一體"，只有女君才能"體君"，所以爵尊與夫相同，就擁有了尊降的特權。比如女君對於庶子，皆尊降至大功。那麼妻妾之間，就存在著"體君-不體君""尊降-遂服"兩對範疇。鄭玄據此認爲，《喪服傳》"妾不體君，得爲其父母遂也"，蘊含著這樣一個推論：女君體君，所以能够尊降其父母。然而按照《春秋》之義，"子尊不加於父母"，女君是不能尊降父母的，所以《喪服傳》的推論就是錯誤的。

鄭玄駁傳能否成立，暫且不論，②但這在形式上是以《公羊傳》③駁《喪服傳》，造成了兩種經典之間的張力。《公羊》學家解決這個矛盾有兩種路徑：一爲包慎言的經變説，一爲陳立的王后爲外親無服説，前者站在《公羊傳》的立場，後者力主《喪服傳》的

---

① （漢）鄭玄注，（唐）賈公彦疏：《儀禮注疏》卷三一，上海：上海古籍出版社，2008年，第940頁。

② 自賈公彦以來，學者對於鄭玄駁《傳》提出了不少的批評，主要思路都是"不體不厭"，即妾不體君，故而不受君的厭降，妾直接與君相比，與女君毫無關係，自然就不能推出女君體君而降其父母的結論。然而"不體不厭"的思路是完全錯誤的。鄭玄的駁《傳》，只是從體系上消除了一個對《喪服傳》的錯誤推論。詳見拙文《從"不體不厭"説反思鄭玄的妾服例》（未刊稿）。另一方面，從邏輯上説，一個命題成立，其逆否命題也成立。鄭玄所推論的，不是《喪服傳》的逆否命題，而是否命題，以此攻擊《喪服傳》，在邏輯上是不成立的。

③ "雖爲天王后，猶曰吾季姜"，出自《公羊傳》桓公九年。

觀點。

包慎言以爲,《公羊傳》所言的"雖爲天王后,猶曰吾季姜",子尊不加於父母,屬於"經禮";而《喪服傳》推出的"女君尊降其父母",是針對諸侯内娶大夫之女的"變禮"。包氏云:

> 女君皆諸侯之子,其父母尊與己等,女君應同女子適人者爲其父母之服。此傳(指《喪服傳》)所言,蓋據大夫女之爲夫人者言。《公羊》言三世無大夫,三世内娶,諸侯之尊,境内皆其臣子,而夫人之父爲君所不臣,内娶則嫌,且妻黨持權,以疏間親,亂之道也,故禮諸侯不得娶大夫女。春秋之季,諸侯不循禮度,内娶者國國皆有,而服制亦改,於是有以女君而降其父母者。降其父母,非以貶父母,明純臣之義也。①

包氏認爲,按照禮制,諸侯外取,故而諸侯夫人本身就是諸侯之女,夫與父尊卑相等,所以國君也爲妻之父母服緦麻服。夫人爲其父母之服,也是按照女子適人者爲其父母,服齊衰不杖期。在這種情況下,自然是"子尊不加於父母",無尊降之可能。但是春秋時期出現了大量諸侯内娶大夫之女的事例。由於諸侯盡臣境内之士大夫,國君與妻之父母既有親屬關係,也有君臣關係。爲了防止"妻黨持權"的局面,喪服制度也隨之調整,只强調君臣關係,而忽略親屬關係,所以國君不服妻之父母。進而夫人也隨之尊降其父母,此舉并非是"貶父母",而是爲了"明純臣之義"。

另一方面,包慎言又將"純臣"概念運用到天子與諸侯的婚姻中。包氏云:

> 天子尊無二上,而諸侯與天子不純臣,非大夫之與諸侯比。且天子非諸侯莫婚,非同諸侯之溺情而下與大夫比者可同日語。爲天王后,而父母之服不降,君子不奪人親也。大夫女爲夫人,而降其父母者,奪其親以明尊,且以防進女後宮而結奧援之漸也。言各有當,鄭氏所言,特引而不發耳。②

天子之於王畿,諸侯之於境内,都是"純君"與"純臣"的關係。而諸侯之於天子,則不是"純臣",何休云:"王者據土與諸侯分職,俱南面而治,有不純臣之義,故異姓謂之伯舅、叔舅,同姓謂之伯父、叔父。"③那麼天子娶諸侯女爲王后,即使天子與諸侯尊卑不等,王后也不必尊降其父母,來證明"純臣"之義,所以《公羊傳》有"雖爲天王后,猶曰吾季姜"的説法。

---

① 轉引自(清)陳立:《句溪雜著》卷二,廣雅書局本,第4頁。
② 轉引自(清)陳立:《句溪雜著》卷二,第4頁。
③ (漢)何休解詁,(唐)徐彥疏:《春秋公羊傳注疏》卷一,第33頁。

　　由上可知,包慎言認爲,在正常的禮制中,諸侯外取,諸侯又非天子之"純臣",故而夫人或者王后都不尊降其父母;在諸侯多有内娶大夫女的春秋時期,爲了彰顯境内皆"純臣",故而夫人必須尊降其父母。這樣,包慎言通過關聯《公羊》學内部的其他義理,從"經禮"與"變禮"的角度,調和了《喪服傳》與《公羊傳》的矛盾,而且明顯是以《公羊》之義爲主要立場。

　　與之相反,陳立却站在"君臣、尊降"的角度,徹底否定了《公羊傳》的觀點。陳氏云:

　　　　禮,天子、諸侯絶旁期,所服者惟妻、長子、嫡婦。《左氏》云:"王一歲而有三年之喪二也。"謂王后與大子也。《喪服傳》曰:"始封之君不臣諸父、昆弟,封君之子不臣諸父,封君之孫盡臣之。"臣之則無服……天子所不服,而與尊者一體之王后服之與? 天子自絶其期,而王后顧服其私親之旁期與?①

陳立從尊降制度出發,認爲天子、諸侯絶旁期,其背後的理論是"臣之則無服"。而且認爲,天子是臣諸侯的,諸侯嫁女於天子,天子亦不服諸侯。同時王后與天子屬於"夫妻一體",天子不服妻之父母,那麼王后也因爲"與尊者一體"而不服其父母。諸侯取大夫女的情況也可據此類推。那麼陳立的觀點就是,在尊卑不等的婚姻中,王后、諸侯夫人皆不服其父母。同時,"臣之則無服"是"尊降"的一種表現,故而陳立完全認同《喪服傳》"女君有以尊降其父母"的推論,而且認爲必須尊降,必須無服。

　　那麼《公羊傳》"雖爲天王后,猶曰吾季姜",應該怎麼解釋呢? 陳立運用了禮節和喪服分離的思路來解决,陳氏云:

　　　　《春秋》"雖爲天王后,猶曰吾季姜",是言子尊不加於父母,猶王者之不臣妻父母耳,非必天子服以緦、王后服以期也。故鄭氏《伏后議》云:"女嫁爲鄰國夫人,其尊無以加於父母。嫁於天子,此雖己女,成言曰王后,明當時之尊,得加父也。今不其亭侯完在京師,禮事出入,宜從臣禮。若后適離宫,及歸甯父母,從子禮,后父仍從臣禮。"則無服可知。②

陳立認爲,《公羊》學中的"子尊不加於父母"或者"王者不臣妻之父母",只是體現在具體禮節上,當"后適離宫及歸甯父母"時,才要"從子禮",其他場合后父都要"從臣禮"。這并不意味著天子要爲妻之父母服緦麻,而王后要爲其父母服齊衰不杖期。王后爲

---

① (清)陳立:《句溪雜著》卷二,第2頁。
② (清)陳立:《句溪雜著》卷二,第2頁下。

其父母應當無服。《公羊傳》"雖爲天王后,猶曰吾季姜"只關乎禮節,而無關乎喪服,故而與《喪服傳》并不矛盾。之後陳立還引用了多條禮學原則來證明自己的觀點。比如后父爲臣,所以對於王后而言屬於"私親",不能以私親之喪妨礙尊者(天子)的祭祀,故而無服。又如,按親屬關係算,壻與妻之父母互相服緦麻,如果天子爲妻之父母服緦麻,那麼就意味著后父也爲天子服緦麻,而不是斬衰,這顯然是荒謬的,所以天子爲后父應當無服。既然"子尊不加於父母"的義理與喪服制度無關,僅存在於具體禮節中,陳氏所引的禮節又出自鄭玄的《伏后議》。所以陳立"以鄭攻鄭",認爲鄭玄根據《公羊傳》來反駁《喪服傳》的觀點是錯誤的。如此,則陳立在服制上完全放棄了《公羊》學的立場,將尊降邏輯推到了極致。

其實尊尊與親親都是喪服制度的原則,兩者有相應的邊界,并不能把其中的一個原則推到極致。由爵位引起的尊降也是有一定限制的。一方面"率土之濱,莫非王臣",另一方面《喪服傳》又云"始封之君不臣諸父、昆弟",就是親親原則開出的特例。既然是特例,那麼在服制上也有所調整,國君爲諸父、昆弟服親屬之服,而諸父、昆弟則爲國君服斬衰,恩義皆盡。同樣的,"王者不臣妻之父母""子尊不加於父母",也是親親原則開出的特例,[1]而且這是直接反映在服制中的。比如"王者不臣妻之父母",天子就應該爲妻之父母服緦麻。《禮記·喪服小記》云:"世子不降妻之父母。"世子尊貴,不降妻之父母,據此可以推定,天子亦不降妻之父母,當服緦麻,[2]那麼自然王后也不尊降其父母。退一步講,天子與王后的關係是"夫妻一體",王后擁有的是尊降,而不是天子對王后的厭降。如果認爲天子不服妻之父母,王后就要隨之不服父母,這是厭降邏輯。王后不受天子的厭降,可以直接因親親原則而對父母取消尊降,與天子怎樣對妻之父母無關。所以就是在喪服制度中,陳立的推論也是錯誤的。[3]

就本質上而言,鄭玄是徹底貫徹了《公羊傳》"子尊不加父母"的義理,認爲在所有

---

[1] 具體而言,因爲王后與天子一起祭祀宗廟,故而天子需要充分尊重王后,故而王后對於其父母的親親原則就受到了保障。所以天子不臣妻之父母,也是重妻的一種體現。

[2] 當然,王后的父母爲天子服斬衰,而不服緦麻,這也是恩義皆盡的體現,與始封之君與其諸父、昆弟的喪服關係一樣。

[3] 其實包慎言的觀點也是厭降邏輯,認爲在諸侯内娶大夫女的情況下,諸侯臣妻之父母,所以夫人就要降其父母。其實如果按照尊降邏輯,夫人可以直接因"子尊不加父母"而取消尊降,絲毫不用考慮丈夫的厭降因素。

不平等的婚姻中,女君都不能尊降其父母。① 陳立則完全抛棄了《公羊傳》義理,認爲王后爲其父母無服。包慎言則區分經禮、變禮,認爲只有在諸侯内娶大夫女的情況下,夫人才能尊降父母,通過《公羊》學内部的調整,來解決經典間的矛盾。② 相比陳立,包慎言更加注重《公羊》家法。

三、守傳駁注：兄弟異昭穆問題

在《公羊》學史上,何休是一座豐碑,他的《春秋公羊經傳解詁》是通向《公羊傳》的階梯。無論是《公羊》學中的核心觀念,如"三科九旨",還是普通而瑣碎的義例,都離不開何休的解釋。但這并不意味著何休的注釋都是符合《公羊傳》原意的,有時候也會與傳文背道而馳,比如"兄弟異昭穆"問題。

【經】(文公二年)八月,丁卯,大事於大廟,躋僖公。

【傳】躋者何？升也。何言乎升僖公？譏。何譏爾？逆祀也。其逆祀奈何？先禰而後祖也。

【何注】升謂西上。禮,昭穆指父子,近取法《春秋》,惠公與莊公當同南面西上；隱、桓與閔、僖亦當同北面西上,繼閔者在下。文公緣僖公於閔公爲庶兄,置僖公於閔公上,失先後之義,故譏之。傳曰"後祖"者,僖公以臣繼閔公,猶子繼父,故閔公於文公,亦猶祖也。自先君言之,隱、桓及閔、僖各當爲兄弟,顧有貴賤耳。自繼代言之,有父子君臣之道,此恩義逆順各有所施也。③

---

① 鄭玄反駁《喪服傳》的條目是"公妾以及士妾爲其父母",則包括了諸侯、大夫、士三個階層。鄭玄認爲,所有階層的女君都不能尊降其父母。在《喪服·記》"凡妾爲私兄弟如邦人"條中,鄭玄注云："然則女君有以尊降其兄弟者,謂士之女爲大夫妻,大夫之女爲諸侯夫人,諸侯之女爲天王后也。父卒,昆弟之爲父後者、宗子亦不敢降也。"則在所有不平等的婚姻中,女君對於母黨之親,僅尊降旁親,這就意味著不能尊降父母。詳細考證可參考拙文《從"不體不厭"説反思鄭玄的妾服例》(未刊稿)。

② 當然,包慎言其實誤會了鄭玄。鄭玄之所以會駁《喪服傳》,其實并不是《喪服傳》本身錯了,而是結合《喪服》整個文本,會導致對於《喪服傳》有誤解,認爲女君可以尊降其父母。《喪服傳》云："妾不體君,爲其子得遂。"而女君體君,對於除嫡長子之外的所有子女都尊降一等。按照這個邏輯,《喪服傳》又云："妾不體君,爲其父母得遂。"如果參照妾爲其子的例子,是很容易得出女君因體君而尊降父母的推論。鄭玄所謂的"駁傳",只是消除一個嫌疑而已。《喪服傳》與《公羊傳》本無矛盾。但不管怎樣,包慎言的《公羊》學立場是值得肯定的。

③ (漢)何休解詁,(唐)徐彦疏：《春秋公羊傳注疏》卷一三,第524頁。

魯國的世系是魯莊公-閔公-僖公-文公。其中閔、僖皆爲莊公之子,且僖公爲庶兄,而文公爲僖公之子。在文公二年的大祫祭中,文公"逆祀",顛倒了閔公與僖公的順序。《公羊傳》對此的評價是"先禰而後祖",認爲僖公爲文公之父,而閔公爲文公之祖,將僖公進於閔公之前,就是"先禰而後祖"。那麼兄弟相繼爲國君,《公羊傳》的判定是兄弟異昭穆。判定的依據是"臣子一例",即臣之繼君,等同於子之繼父,須以先君爲父而服斬衰。

但何休却認爲,兄弟相繼爲國君,昭穆應當相同,所謂的"躋僖公",就是在同一昭穆序列中顛倒了閔、僖的次序,使得僖公的神主處於"西上"的位置。具體的排列規則是:太祖東面,之後的神主皆在太祖之東,分別昭穆排列,昭南面西上,穆北面西上。兄弟同昭穆,故而隱、桓與閔、僖同北面西上。

圖一　何休昭穆排列

何休的昭穆排列遵循這樣的規則:首先是"自先君言之,隱、桓及閔、僖各當爲兄弟",那麼父子間的親親之情是恒定的。在圖一中的表現爲,父子作爲一個昭穆單位,要與下一對昭穆進行排序。其次才是"自繼代言之,有父子君臣之道",即在同一輩分中,先繼位者居上位,故而閔公先於僖公。很顯然,父子關係是優先於君臣關係的。何休做如此的分疏,爲的是在親親與尊尊兩個原則上取得平衡。尊尊原則體現在"臣子一例","爲人後者爲之子",嗣君要爲先君服斬衰。親親原則體現於宗廟排序中的兄弟同昭穆。之後的《公羊》學者大多采用了何休的兩分法,如凌曙云:"門內之治恩掩義,閔、僖不得異昭穆;門外之治義斷恩,閔、僖遂儼如父子。何也? 宗廟之内親親也,朝廷之上尊尊也,君子不以親親害尊尊,故曰先禰而後祖也。"①

然而這樣的兩分法終究是有問題的,第一,無法應對所有的君位繼代情況。比如碰到以叔繼姪的情況,從血緣輩分上說,叔父當與父親同昭穆,從君位繼代而言,叔父又當排在姪子之後,根本無法排列昭穆。第二,生死之間有巨大的義理矛盾,包慎言云:"《公羊傳》曰'臣子一例',注謂'臣之繼君,猶子繼父,其服皆斬衰'。豈有生既爲之服斬衰之服,而死後入廟,乃敢與之相齒乎?"②第三,就"躋僖公"的事實而言,《公羊

---

① (清)凌曙:《公羊禮説》,第287頁。

② (清)包慎言:《廣英堂遺集》,第16頁下。

傳》言"先禰而後祖",《左傳》云"子雖齊聖,不先父食",《國語·魯語》記載"明者爲昭,其次爲穆,何常之有",都以爲"躋僖公"是昭穆之異,而不是同昭穆序列中的次序變化。那麼宗廟所重并非是親親,所以包慎言認爲,何休錯誤的根源在於"不明廟制",包氏云:

> 循先儒之説,所以必謂兄弟同昭穆者,蓋以不明廟制故也。古者廟制,太祖居中,左昭右穆,與太祖廟并皆南向。惟其相并,故父子異昭穆,兄弟爲君臣者,亦異昭穆。臣之不得與君并也,猶子之於父也,故異之。異之所以嚴相并之嫌也。何劭公、范甯、孔穎達之徒,皆以太祖廟居中南向,而左昭右穆,一東一西,兩兩相對,位次相遞而下。位次相遞,則有上下之分,故兄弟雖爲君臣,昭穆不嫌其同。①

圖二 包慎言廟制圖

僖公	莊公	隱公	穆	太祖	昭	惠公	桓公	閔公

包慎言認爲,古代的廟制應該是太祖廟居中,起到區隔世系的作用。而且衆廟與太祖廟平行,不會出現父子"兩兩相對,位次相遞而下"的情況。"兩兩相對"反映的是血緣上的父子關係是恒定的,何休的模式即是如此。② 没有"兩兩相對",就是消解了父子關係,則是完全以君位世系、"臣子一例"爲標準,體現尊尊之義,而非親親之情。如此則昭穆與喪服的關係完全理順了,《公羊傳》所言的"先禰而後祖"也有了依據。

包慎言將諸侯宗廟的性質定爲尊尊,本不爲親親而設,所以即便出現了如孔穎達所言的,"若兄弟相代,即異昭穆,設令兄弟四人皆立爲君,則祖父之廟即已從毁",③也是無妨的。因爲從義理上説,天子、諸侯以君道絶宗道,大夫以下才行宗道。所以就兄弟昭穆問題而言,大夫階層兄弟不可相後,自然同昭穆;天子、諸侯行君道,故而兄弟可以相後,自然是異昭穆。這才是親親與尊尊正確的分野。何休之説,非但曲解了《公羊傳》的意思,也違背了禮制法則,屬於過度"尚質"。凌曙等人墨守何注也犯了相同的錯誤。相比之下,包慎言的護傳駁注就顯得難能可貴了。

---

① (清)包慎言:《廣英堂遺集》,第 15 頁下—16 頁上。

② 當然,包慎言對於何休的觀點有誤解,何休的昭穆排列是昭南面西上,穆北面西上。而包慎言誤解爲,昭東面南上,穆西面南上。但"兩兩相對,位次相抵"是不錯的。

③ (晉)杜預集解,(唐)孔穎達正義:《春秋左傳正義》卷一八,北京:北京大學出版社,2000 年,第 568 頁。

有過度的"尚質"，也有過度的"尚文"。段玉裁就將諸侯的邏輯推到了大夫階層，認爲"弟可後兄"。段氏針對的是《春秋》中公孫嬰齊後公孫歸父之事。歸父與嬰齊都是公子遂之子，其中歸父爲嫡子。由於公子遂有弒殺子赤之罪，故而歸父出奔齊國。魯人念及歸父本人無罪，故立嬰齊爲歸父之後。按照"爲人後者爲之子"的規則，那麽嬰齊變成了公子遂之孫。又根據"孫以王父字爲氏"的規則，公孫嬰齊當稱爲"仲孫嬰齊"，而《春秋經》却書"仲嬰齊"，何休據此認爲，這是否定大夫階層的"以弟後兄"，何氏云："弟無後兄之義，爲亂昭穆之序，失父子之親，故不言仲孫，明不與子爲父孫。"①相反，段玉裁却支持"以弟後兄"，段氏云：

> 凡古云"後"者，受其爵邑之重之謂。爵邑必有所托，受之是曰"後"，後不必倫序相當也。然則《公羊》曰"爲人後者爲之子也"，何也？ 爵邑受諸某，則於某之喪祭，一如真子之禮，不必倫序相當也。②

段氏區別"倫序"與"爵邑"，繼承爵邑者必須行子禮，而且"爵邑必有所托"，故而繼承者不必"倫序"相當。這個説法與《公羊傳》的"臣子一例"是一樣的，而且擴展到了大夫階層。段氏用了一套大夫因廢逐而立後的理論，來證明"弟可後兄"。

> 卿大夫之禮與天子、諸侯異者，天子、諸侯無廢逐，卿大夫有廢逐。廢逐而不以其罪，則復之。其罪當不祀，而其先世勳不可廢者，則立廢者之弟若同宗以繩之，不祀廢者，而祀其祖。《左傳》載臧紇之言曰："紇之罪不及不祀。"明乎有不祀者也。不祀者，不祀廢者也，如叔孫僑如欲廢國常，蕩覆公室，東門遂不聽公命，殺適立庶，皆不祀者也。僑如廢而豹立，不祀者止僑如而已。臧紇廢而爲立，不祀者紇而已。③

段玉裁認爲，卿大夫有廢逐的制度，如果所犯的罪惡不至於滅族"不祀"，則僅處罰罪人這一支族人，而先世的功勳不可廢，故改立罪人之弟或同宗來保存先祖祭祀，通常是以弟後父，而不是後罪人。并舉了《左傳》中叔孫僑如與臧孫紇的例子。這個講法本身是對的，立後没有改變倫序輩分，但不能以此證明"以弟後兄"的合法性。但是段玉裁却套用到了嬰齊與歸父身上。段氏云：

> 然則立嬰齊者何？ 不使後遂也。曰此爵邑受諸歸父，不可以中斬也。

---

① （漢）何休解詁，（唐）徐彦疏：《春秋公羊傳注疏》卷一八，第 754 頁。
② （清）段玉裁：《經韵樓集》卷一〇，上海：上海古籍出版社，2008 年，第 253—254 頁。
③ （清）段玉裁：《經韵樓集》卷一〇，第 254—255 頁。

然則何以不立歸父之子也？遂實有罪，而廢其嫡；歸父實無罪，而綿其爵邑。以嬰齊後歸父，可以明歸父之無罪；立歸父之子，則不可以明遂之有罪。然則《春秋》書"仲"者，仲其氏也，氏者，爵邑所在也。不言"孫"者，不没其實也，明其爲遂子也。①

段玉裁認爲，公子遂是罪人，但是歸父無罪，歸父之爵邑不可中斷，故以嬰齊爲歸父後。之所以不立歸父之子，是因爲歸父是公子遂的嫡子，"遂實有罪，而廢其嫡"，以此證明大夫階層"以弟後兄"的正當性。但段氏明顯偷換了概念，公子遂有罪，所廢的當是公子遂所有的後人，包括公孫嬰齊在内。如果要比照大夫廢逐立後之禮，當是立公子遂之弟來繼承公子遂父親之祀，才是合理的。然而公子遂本人就是"別子爲祖"，本人犯罪，一族盡廢，没有立後的可能性了。所以嬰齊"以弟後兄"是不能成立的。至於段氏所言的，稱"仲嬰齊"見其繼承歸父之爵邑，不稱"仲孫嬰齊"是爲表明本爲公子遂之子，就更加不能成立了。

在兄弟昭穆問題上，何休與段玉裁是兩個極端。何休過度使用親親原則，認爲諸侯以上的廟制昭穆也要顧及輩分倫序。段玉裁是過度使用尊尊原則，將"臣子一例"推到了大夫階層。而包慎言駁斥何休，不僅僅是維護了《公羊傳》的説法，而且恰好提醒我們應當明確《公羊》禮學的裁斷標準，即保持親親與尊尊的中道。

四、小　結

《春秋》爲禮義之大宗，禮制問題自然是《公羊》學研究的重要議題。然而《春秋》禮制又有其複雜性，特別是"改制"的觀念，導致《春秋》禮學與三禮系統有不小的差別；更不用説隨之而來的何休與鄭玄的差別；就算是何休與《公羊傳》之間，也存在著差異，比如在兄弟異昭穆問題上，何休就更加尚質。以往的《公羊》禮學研究，特別是凌曙與陳立，大多從三禮系統出發，做徵引性質的研究。雖然有突出《公羊》禮制獨立性的意識，然而在具體論述上還是不自覺地站在三禮或是鄭玄的立場上，甚至對於三禮、鄭玄的理解也是不準確的，更不用説對於何休所言的禮制有所駁正了。通過將包慎言與他們相較，可以爲我們找出一條研究《公羊》禮學的路徑：即首先明確鄭玄解三禮的本意，及其與《公羊傳》、何休的差異，不做強行的比附；明確差異之後，再從親親尊尊的邊界、尚質的限度等角度，作出義理上的判斷。

---

① （清）段玉裁：《經韵樓集》卷一〇，第253—254頁。

陳深《春秋》學初探*

張立恩

【摘　要】　在宋元新《春秋》學史上，存在著一些成就卓著但却鮮爲論者關注的《春秋》學家，宋元之際的學者陳深即屬此類。《四庫總目》對陳深《春秋》學的一個基本評價是：其説經平易，不廢傳求經而能考據事實。但《總目》以其宗主胡《傳》，則有推之太過之嫌。在《春秋》觀上，其主張孔子據史修經，通過筆削、直書等筆法實現褒善貶惡之目的。在解經方法上，其發揮和綜合據實直書以見褒貶與文辭分析以見微言大義之方法。因此，與其説其《春秋》學是宗主胡《傳》，不如説其學是綜合以程子、胡《傳》爲代表的發揮文辭微言之解經路向與以朱子爲代表的據實直書經學風格，并總之以己意以通經。

【關鍵詞】　陳深　《讀春秋編》《春秋》

【作者簡介】　張立恩，1982年生，西北師範大學哲學學院教授。

一、引　　言

自中唐新《春秋》學興起以來，宋元時期因名家輩出、著作繁盛而成爲新《春秋》學發展史上的重要階段。學界有關宋元時期新《春秋》學的研究，多矚目於孫復（992—1057，字明復）、劉敞（1019—1068，字原父）、胡安國（1074—1097，字康侯）等名家，而對於那些儘管不如上述學者知名，但在《春秋》學研究領域同樣成就卓著的學者則鮮有關注，宋元之際的《春秋》學家陳深即其一例。

---

*　本文爲國家社科基金重大項目"中國經典詮釋學基本文獻整理與基本問題研究"（21&ZD055）、教育部社科基金青年項目"中唐以來新《春秋》學演進邏輯研究"（20YJC720028）階段性成果。

陳深(1260—1344①),字子微,平江人,嘗題所居曰“清全齋”,因自號“清全”。宋
亡之時(1279年),深19歲,則其在宋19年,在元65年,是以《四庫全書總目》謂其“宋
亡之時,僅及弱冠”。著有《讀易編》《讀詩編》,皆佚,今存《清全齋讀春秋編》。朱彝尊
《經義考》卷四〇“《清全齋讀易編》”條引盧熊之言,謂陳深“生於宋,宋亡,篤志古學,
閉門著書”。周中孚《鄭堂讀書記》卷一〇亦曰:“子微當宋社既墟,即謝去舉業,沈潛
問學,閉户著書,於《易》、於《詩》、於《春秋》皆有編。”則是書當作於元時。

關於其《春秋》學之特點,《四庫總目》云:

> 其説大抵以胡氏爲宗,而兼采左氏。蓋左氏身爲魯史,言必有據,非公
> 羊、穀梁傳聞疑似者比。自宋人喜以空言説《春秋》,遂并其事實而疑之,幾
> 於束諸高閣。深所推闡,雖別無新異之見,而獨能考據事實,不爲虚憍恃氣、
> 廢傳求經之高論,可謂篤實君子,未可以平近忽之矣。②

納蘭性德《清全齋讀春秋編序》及周中孚《鄭堂讀書記》亦有相似説法,③皆以其
《春秋》學爲宗胡《傳》而兼采《左傳》,能考據事實而無舍傳求經的平實風格。就陳氏
經解來看,其説經確能考據事實,不廢傳求經,且引申發揮胡《傳》之説爲多,但稱其以
胡《傳》爲宗則有推之太過之嫌。以下本文從《春秋》觀與詮釋方法的角度對陳氏《春
秋》學之特點略作評述,以期抛磚引玉,激起更多討論。

二、陳深的《春秋》觀

陳氏《春秋》經説的一個顯著特點是綜合前儒之説以解經,如在《春秋》性質的理
解上,其就直接徵引前儒之説:

> 杜氏曰:“《春秋》者,魯史記之名也。史之所記,必表年以首事,年有四
> 時,故錯舉以爲所記之名也。”師古傳曰:“《春秋》之義,聖人褒善貶惡之公,
> 如天道之春生秋殺也。”④

---

① 參邱江寧:《中國學術編年(元代卷)》,上海:華東師範大學出版社,2013年,第328頁。

② 《四庫全書總目》卷二七,“讀春秋編十二卷”條,第353—354頁。

③ 其説見(清)納蘭性德:《清全齋讀春秋編序》,《通志堂集》卷一二,上海:華東師範大學出版社,2008年,
第248頁;(清)周中孚:《鄭堂讀書記》卷一〇,“清全齋讀春秋編十二卷”條,上海:上海書店出版社,
2009年,第172頁。

④ (元)陳深:《讀春秋編》卷一,第1頁右,《文淵閣四庫全書》(第158冊),第510頁下。

從《讀春秋編》的經解風格來看，凡徵引前儒之説，如有異議，陳氏必予以分析評論，其於此所引則無評説，説明陳深對所引論説表示認可。從其所引杜預、顏師古之説來看，則陳氏當主張：《春秋》乃孔子據魯史所修，其旨趣則在褒善貶惡。在陳氏看來，春秋時期王綱不振、禮壞樂崩是孔子撰作《春秋》的根本動機，所謂"當時諸侯蔑視三綱，惟知有利不知有義，此《春秋》所以作也"。①

他認爲孔子作《春秋》對於魯史舊文有因有損，"《春秋》因舊史，有可損而不能益也"。② 如關於記大夫之卒，陳氏云："書大夫卒，以紀恩也。或日或不日，因舊史也。"③又隱公元年"冬十有二月，祭伯來"，《穀梁》云："來者，來朝也。"按照《春秋》記來朝的一般書法，應書之曰"祭伯來朝"，但經文并未如此記載，陳深認爲經不書"朝"乃孔子所削：

> 祭，食邑。伯，爵也。祭伯爲王卿士。來，來魯也。《左氏》曰："非王命也。"聖筆直書"祭伯來"，則私來魯可知矣……《穀梁》謂："來者，來朝也。"但書"來"而不與其朝，所以明其罪也。④

他認爲綜合《左傳·隱公元年》所書"祭伯來，非王命也"以及《穀梁》對祭伯來魯爲"來朝"的解釋，可知祭伯來魯雖是朝魯，但因無王命，故孔子削去"朝"，以示對祭伯私來魯之批評。

《春秋》既有因襲舊史的内容，則其必有闕文之處。隱公七年，"滕侯卒"，陳氏云："禮：諸侯不生名，死名乃常耳。唯天子崩，告於諸侯，不名。諸侯薨，赴於諸侯，無不名。其不名者，史闕文也。"⑤定公六年，"季孫斯、仲孫忌帥師圍鄆"，陳氏云："仲孫何忌不言'何'，闕文也。"⑥但有些看起來似乎是闕文的地方，陳氏却認爲"非闕文"，如桓公四年經不書秋冬，陳氏就認爲"今年不書秋冬，非闕文也"，理由是：此年夏，"天王使宰渠伯糾來聘"。陳氏云：

> 天王，桓王也。宰，天子之冢宰也。渠，氏。伯，爵也。糾，名也。王朝公卿書爵，大夫書字，上士、中士書名，下士書人，例也。糾位六卿之長而名

① （元）陳深：《讀春秋編》卷三，第 6 頁左，《文淵閣四庫全書》（第 158 册），第 536 頁上。

② （元）陳深：《讀春秋編》卷一，第 3 頁左—第 4 頁右，《文淵閣四庫全書》（第 158 册），第 511 頁下—第 512 頁上。

③ （元）陳深：《讀春秋編》卷一，第 3 頁左，《文淵閣四庫全書》（第 158 册），第 511 頁下。

④ （元）陳深：《讀春秋編》卷一，第 3 頁左，《文淵閣四庫全書》（第 158 册），第 511 頁下。

⑤ （元）陳深：《讀春秋編》卷一，第 13 頁左，《文淵閣四庫全書》（第 158 册），第 516 頁下。

⑥ （元）陳深：《讀春秋編》卷一一，第 7 頁右，《文淵閣四庫全書》（第 158 册），第 664 頁上。

之,以示貶也。桓內弑其君,外成人之亂,篡立四年,未嘗請命於周,其罪不容誅矣。天王既不能討,而反使其宰聘之,寵逆亂而瀆三綱,天理滅矣,見周王之不王也。糾爲太宰,論刑賞之法以詔王者也,乃首承命以聘弑逆之賊,見宰之非宰也。《春秋》二百四十年,必具四時以成一歲之功,今年不書秋冬,非闕文也,蓋示王政之失,不能天討有罪,猶天道有春夏之生長,無秋冬之肅殺,安能成歲功也!①

陳氏此説借鑒胡《傳》而又有所發明(詳下文)。在他看來,經文不書秋冬是想借此標示天王使宰聘問弑逆之賊猶如天道有春夏之生長,無秋冬之肅殺,言其不合情理。又隱元年"公子益師卒",陳深云:"諸侯之卿必受命於天子,當時不復諸命,故諸侯之卿皆不書官,不與其爲卿也。"②可見不書其官爲孔子所削而非闕文。需要説明的是,"《春秋》因舊史,有可損而不能益"只是説孔子據魯史修經時存在可損而不能益的情況,并非是説,從文辭的角度而言,《春秋》構成《魯春秋》之"子集"。

事實上,陳深認爲《春秋》亦有孔子添加語詞更改魯史的情況,如隱公元年"秋七月,天王使宰咺來歸惠公、仲子之賵",陳氏認爲此"天"字即孔子所加:

周稱王,《春秋》加"天"於"王"之上,謂王者與天同大,王能體乾元剛健之德,則典禮命討,豈不能奉而行之? 此聖筆稱"天王"之義,其旨深矣。③

又隱七年,"齊侯使其弟年來聘",陳深云:

不書"公子"而書"其弟",著齊僖寵愛之私也。齊僖愛其弟,聘魯、致女、交政鄰國,一一使之,愛之之過,遂致亂嫡庶之辨,以啓年之子無知篡弑之禍,聖筆特書"其弟"以貶年,而著後日之禍始於僖公也。④

可見,在陳氏看來,《魯春秋》記此事當書使者之名氏,正如文公四年"衛侯使甯俞來聘"。事實上,以重史著稱的《左傳》即書之曰"齊侯使夷仲年來聘"。陳氏認爲經文"其弟"爲孔子所加,以著齊僖寵愛之私而導致後日篡弑之禍。此類内容可謂之特書。

上述乃就語詞之特書而言,陳深認爲《春秋》亦有特書其事者,如僖公二十年春,"新作南門",陳氏云:

---

① (元)陳深:《讀春秋編》卷二,第 6 頁左—第 7 頁右,《文淵閣四庫全書》(第 158 册),第 523 頁。
② (元)陳深:《讀春秋編》卷一,第 4 頁右,《文淵閣四庫全書》(第 158 册),第 512 頁上。
③ (元)陳深:《讀春秋編》卷一,第 2 頁左,《文淵閣四庫全書》(第 158 册),第 511 頁上。
④ (元)陳深:《讀春秋編》卷一,第 14 頁右,《文淵閣四庫全書》(第 158 册),第 517 頁上。

言"新"者,蓋舊有而更新爲之也。"作"者,創造而非因仍也。《穀梁》謂:"有加其度也。"《春秋》凡有興作,苟非所當爲,則必書,聖人重民力故也。南門如不可不作,則與泮宮、閟宮同,不書矣。蓋興學校以教民,復閟宮以事祖考,有國者之先務,固不必書也。今書"新作南門",正閔子所謂"仍舊貫,如之何? 何必改作?"者,故特書以示譏也。①

陳氏認爲孔子特書其事,是想表達對僖公改作不重民力之譏。

三、陳深《春秋》學之特點及其詮釋方法

如前所述,就陳氏對經文的詮釋來看,其解經既不廢傳以求經,又能考據事實,引證胡《傳》之説而又有發明,但説其解經以胡《傳》爲宗則恐有推之太過之嫌。其實陳氏説經,無論考據事實,還是廣引三傳、諸儒之説,目的都在於以己意通經,這一點從其徵引前儒經説時所采取的解釋策略即頗能看出。在元代《春秋》學中,廣引前儒之説以發明經義者大有人在,如俞皋(字心遠,婺源人)、吳澄(1249—1333,字幼清,晚稱伯清,號草廬)、鄭玉(1298—1358,字子美,號師山)等,其徵引前儒之説多完整引用,并間以己説論之於後,②但陳深的特點在於徵引前儒之説多只取其能爲己説提供義理支撐的部分,這一特點貫穿於其《讀春秋編》之始終。如上引"天王使宰渠伯糾來聘"之例即有此特點,胡《傳》只言天王使宰聘桓之不當,③不釋經文不書秋冬,而陳深則予以解釋。又如其釋隱公元年"三月,公及邾儀父盟於蔑"曰:

公,隱公。魯侯爵而稱公者,臣子之詞。夫子書他國諸侯侵、伐、盟、會則從其本爵,而魯獨書公,蓋父母之邦,先祖之所逮,事從臣子所稱之爵,所以崇敬也。及者,與也。凡盟,内爲主則稱及,彼來而及之也。邾,《公羊》作"邾婁",與《禮記·檀弓》同,蓋齊人語也。邾,魯附庸之君,不及五十里曰附庸,未賜命以爲諸侯,故不書爵。其後儀父事齊桓以奬王室,王命以爲邾子。儀父,邾子字也,名克。(1)《公羊》曰:"稱字,褒之也。"褒之者,豈非以其雖小國而能自立,俾大國有所屈而求之哉? 左氏以爲公即位而欲求好於邾,故爲蔑之盟。凡盟,禮:殺牲歃血,告誓神明,若有違背,欲令神加殃咎,使如此

---

① (元)陳深:《讀春秋編》卷五,第 23 頁,《文淵閣四庫全書》(第 158 册),第 563 頁下。
② 詳細論述可參張立恩:《元代春秋學研究》,華東師範大學 2018 年博士學位論文。
③ 其説見(宋)胡安國:《春秋傳》卷四,長沙:嶽麓書社,2011 年,第 52 頁。

牲。《曲禮》曰:"約信曰誓,涖牲曰盟。"此私盟之始,《春秋》之所惡。攝位之初而汲汲以求焉,惡隱公之私也。(2)邾,今襲慶府鄒縣。蔑,姑蔑,魯地,今兗州瑕邱縣有姑蔑城。蔑,《公》《穀》作"昧"。(3) ①

陳氏之釋有三個部分,(1)(3)以訓詁考據解釋經文字義,(2)解釋經義。從其解經的思想資源來看,有《左傳》《公羊》、胡《傳》。就字義訓釋而言,所謂稱公爲"從臣子所稱之爵",蓋襲胡《傳》之説,②而"蓋父母之邦,先祖之所逮"則是陳氏的發明,其説蓋取自《公羊》。③ 以"及"爲"與",亦《公羊》之説,《公羊》云:"及者何? 與也,會及暨皆與也。曷爲或言會,或言及,或言暨? 會猶最也;及猶汲汲也;暨猶暨暨也。及我欲之,暨不得已也。"從陳氏所云"凡盟,内爲主則稱及,彼來而及之也"及"攝位之初而汲汲以求焉"來看,其所謂"及"實即《公羊》之説。就經義解説而言,《公羊》認爲"儀父"稱字爲褒之,而胡《傳》認爲"中國之附庸例稱字,其常也",④并否認《公羊》之説,稱"或言褒其首與公盟而書字,失之矣"。陳氏則從《公羊》之説,但其對於何以褒之的解釋則與《公羊》不同,《公羊》家以"《春秋》以隱新受命而王,儀父慕之,故知當褒",⑤陳氏不取其説,而是結合《左傳》以爲説。《左傳》曰:"公攝位而欲求好於邾,故爲蔑之盟。"陳氏承其説而又有所發揮,認爲隱公欲與邾結盟乃因邾雖小國而能自立,故《春秋》書邾君之字以褒其能自立。在陳氏看來,《春秋》書公及邾儀父之盟,一方面是要表明此爲私盟之始,表達對首私盟的厭惡,另一方面則表達對隱公即位之初即汲汲於私盟的貶斥。所謂"攝位之初而汲汲以求焉,惡隱公之私也"乃取胡《傳》之説。⑥ 可見,陳氏對此條經文的解釋,確實能考據事實,且不廢傳求經,但對經義的詮釋則對《公羊》《左傳》、胡《傳》皆有所去取,最終還是以己意爲主。

又,哀十四年"西狩獲麟",陳氏釋之曰:

> 杜氏注:"大野在魯西,故言'西狩'。"《左氏傳》:"西狩於大野(大野,在高平鉅野縣東北大澤是也。引者按:括弧中内容爲陳氏自注,下同),叔孫氏

① (元)陳深:《讀春秋編》卷一,第 1 頁左—第 2 頁右,《文淵閣四庫全書》(第 158 册),第 510 頁下—第 511 頁上。

② 胡《傳》云:"魯,侯爵,而其君稱'公',此臣子之詞,《春秋》從周之文而不革者也。"(宋)胡安國:《春秋傳》卷一,第 13 頁。

③ 《公羊·哀公十四年》云:"《春秋》何以始乎隱? 祖之所逮聞也。"

④ (宋)胡安國:《春秋傳》卷一,第 13 頁。

⑤ (漢)何休解詁,(唐)徐彦疏:《春秋公羊傳注疏》卷一,北京:北京大學出版社,2000 年,第 17 頁。

⑥ 胡《傳》云:"故盟有弗獲已者而汲汲欲焉,惡隱公之私也。"(宋)胡安國:《春秋傳》卷一,第 13 頁。

之車子鉏商獲麟（車子，微者。鉏商，名），以爲不祥，以賜虞人（時所未嘗見，故怪之。虞人，掌山澤之官）。仲尼觀之，曰：‘麟也。’然後取之（言魯史所以得書獲麟）。”《詩釋文》：“麟，麕身，牛尾，馬足，一角，角端有肉，毛蟲之長，不踐生草，不履生蟲，音中律吕，行中規矩，王者至仁則出。”杜氏曰：“子曰：‘鳳鳥不至，河不出圖，吾已矣夫。’蓋傷時王之政也。麟鳳五靈，王者之嘉瑞也。今麟出非其時、虛其應而失其歸，此聖人所以爲感也。絶筆於獲麟之一句者，所感而起，固所以終也。”麟，仁獸也，出非其時，不幸以狩獲而罹害，夫子烏得不感歎而傷之乎？故《春秋》於是終焉。①

陳氏對此條經文的解釋仍然是先徵引《左傳》、杜注等訓釋名物，於經義的詮釋則取杜預孔子感麟而作故經止獲麟之説，與胡《傳》之説頗爲不同。② 可見，陳氏廣引諸儒之説，目的在於以己意通經。

對於胡《傳》著名的“夏時冠周月”説，陳氏亦不取，在他看來：

> 周以十一月爲歲首，但以其朝會大事、發號施令自此月始，未嘗改月也。夏正以寅，商更以丑，先一月也。周以子，秦以亥，皆先一月也。使無夫子行夏時之論，一代之更，必先一月，何有已也？《周禮·天官》：布治於正月之吉，始和。正歲十有二月令斬冰。可見當時不改月也。經傳引證甚多，別有論辨，此不欲殫舉。左氏以十一月爲周正月，聖人何故加“春”之一字？十一月謂之春，可乎？何聖人春冬之不知邪？此必無是理也。③

可見，陳氏以爲《春秋》之時爲夏時，月乃夏正，不但與胡《傳》“夏時冠周月”説不同，與以往《春秋》學家多以《春秋》之月爲周正之説亦不同。在解釋桓公十六年“冬，城向”時，陳氏作了進一步論證：

> 此書“冬”，繼以十一月，則知城向在十月。此正夏時也，十月農事畢，可以興役。凡土功，水昏正而栽（音在），今冬水星將正，故城向也。衛詩《定之方中》“作於楚宫”，定北方之宿營室星也。朱子曰：“此星昏正中，夏正十月也。”《左氏》謂“書，時”是也，既云“書，時”，於此謂周正，可乎？若以爲周正

---

① （元）陳深：《讀春秋編》卷一二，第17頁左—第18頁右，《文淵閣四庫全書》（第158册），第679頁下—第680頁。

② 胡安國對“獲麟”的解釋持文成致麟説，所謂《春秋》成，而鳳麟至”。（宋）胡安國：《春秋傳》卷三〇，第388頁。

③ （元）陳深：《讀春秋編》卷一，第1頁，《文淵閣四庫全書》（第158册），第510頁下。

改月,下既有十一月,則此冬乃夏時之八月,其時禾未穫,可興土功、用民力乎? 此夏時十月之明證也。①

《春秋》於"冬,城向"之後繼書"十有一月,衛侯朔出奔齊",陳氏據此認定城向在十月,又引朱子、《詩經》《左傳》之説爲證。在他看來,《春秋》用夏正,若周正改月(以建子之月爲正),則其十月爲夏之八月,其時禾未穫,不可使用民力,而這與《左傳》所云"冬,城向。書,時也"的説法不侔,故《春秋》之月爲夏正。

從其具體的經文詮釋來看,陳氏闡發較多的是發揮文辭微意與據實直書以見義的解經方法。就前者而言,又可以分爲:第一,由文辭以見褒貶。如隱二年,"紀子帛(伯)、莒子盟於密",前儒如《公羊》以爲:"紀子伯者何? 無聞焉爾。"胡《傳》以爲此經文不可解,當"闕疑而慎言其餘……必曲爲之説,則鑿矣"。② 陳深則云:

> 竊嘗考裂繻、履綸,繻與綸音同義同,以裂爲履,以帛爲伯,音之訛也。左氏以裂繻字子帛,名與字稱,意必有所授,豈有鑿空附會撰此字耶? 魯以莒入向,不能無憾,而莒亦不自安。裂繻爲紀逆女,往來莒、魯之間而知之。紀侯既婚於魯,裂繻於是道爲密之盟,爲莒、魯謀也。卒之莒、魯交好,終隱及桓,三十二年之間未嘗加兵接刃,子帛之功也,字而不名,褒之也。③

從解經的思想資源而言,陳深對此條經文的解釋運用了《左氏》及杜注。不過以裂繻字子帛,非《左傳》主張,實出自杜注,杜預云:"子帛,裂繻字也。"④又云:"莒魯有怨,紀侯既昏於魯,使大夫盟莒以和解之。子帛爲魯結好息民,故傳曰'魯故也'。比之內大夫而在莒子上,稱字以嘉之也。"⑤可見,陳氏對稱字爲褒的詮解亦繼承杜注而來。又,隱元年"秋七月,天王使宰咺來歸惠公、仲子之賵",陳深云:"宰,周太宰也。咺,名也。宰而名之,著其貶也。"⑥此説乃襲胡《傳》。⑦

第二,由文辭以見微意。如莊公十年"冬十月,齊師滅譚,譚子奔莒",陳深云:

---

① (元)陳深:《讀春秋編》卷二,第 21 頁左—第 22 頁右,《文淵閣四庫全書》(第 158 冊),第 530 頁下—第531 頁上。

② (宋)胡安國:《春秋傳》卷一,第 18 頁。

③ (元)陳深:《讀春秋編》卷一,第 5 頁左—第 6 頁右,《文淵閣四庫全書》(第 158 冊),第 512 頁下—第 513頁上。

④ (晉)杜預集解,(唐)孔穎達正義:《春秋左傳正義》卷二,第 76 頁。

⑤ (晉)杜預集解,(唐)孔穎達正義:《春秋左傳正義》卷二,第 76 頁。

⑥ (元)陳深:《讀春秋編》卷一,第 2 頁左,《文淵閣四庫全書》(第 158 冊),第 511 頁上。

⑦ (宋)胡安國:《春秋傳》卷一,第 14 頁。

此滅國之始也。齊侯去年入齊，今年滅譚，恤民之政未見而滅國，其惡著矣。自此至僖四年而後服楚。譚，小國；齊，大國，以大陵小，以衆覆寡，宜乎譚子不能支也。不名之，蓋無罪不可責也。"奔"不言"出"，國已滅矣，不可復入也。①

其説蓋承自《公羊》與胡《傳》而又有所發明。所謂"國已滅矣，不可復入"，《公羊》與胡《傳》皆持此説。然胡《傳》以經文"滅而書'奔'，責不死位也"，②陳氏則無此説，由其所謂"以大陵小，以衆覆寡，宜乎譚子不能支也。不名之，蓋無罪不可責也"可見，相對胡《傳》，陳氏對譚子之行爲予以了更多同情的理解，而以其爲無罪不可責。此即經文"不名"譚子及書"奔"之微意。又，僖公元年，"楚人伐鄭"，陳深云：

荊始以州舉，今改號曰"楚"，經書"楚"、書"人"，以其自此浸強矣，然猶君臣同辭。終齊桓之世而不得與中國之會盟者，齊桓能制其強也。至僖十七年，齊桓没而宋襄霸，楚始列於會盟，不特書"人"，乃以爵書，亦由漸而至也。③

陳氏之説蓋鑒取胡《傳》，胡氏云：

楚稱"人"，浸強也。莊公十年敗蔡師，虜獻舞，固已強矣，然獨舉其號者，始見於經，則本其僭竊之罪，正其夷狄之名，著王法也。二十三年來聘，嘉其慕義，乃以"人"書。二十八年伐鄭，惡其猾夏，復以號舉。至是又伐鄭也，亦書"人"者，豈許其伐國而人之乎？會中華，執盟主，朝諸侯，長齊晉，其所由來者漸矣。④

可見，二者皆以經文書"楚人"是爲表達楚人浸強之微意，但對於楚人浸強的具體轉進歷程，則理解又有不同。像這種通過文辭分析以見褒貶與微意解經的例子，在《讀春秋編》中不勝枚舉。

由上分析可見，從解經方法上説，陳氏以文辭分析見褒貶與微意與胡《傳》并無不同，⑤但對具體經義的解釋則有所不同，陳氏的特點還在於將文辭褒貶與據實直書結

---

① （元）陳深：《讀春秋編》卷三，第 12 頁，《文淵閣四庫全書》（第 158 册），第 539 頁上。

② （宋）胡安國：《春秋傳》卷八，第 89 頁。

③ （元）陳深：《讀春秋編》卷五，第 2 頁右，《文淵閣四庫全書》（第 158 册），第 553 頁上。

④ （宋）胡安國：《春秋傳》卷一一，第 121 頁。

⑤ 胡氏解經善於發揮一字褒貶之説，參曾亦、郭曉東：《春秋公羊學史》（中），上海：華東師範大學出版社，2017 年，第 707 頁。

合以解經,如前引"天王使宰咺來歸惠公、仲子之賵"之例,陳氏即稱:"《春秋》之初,聖筆首書'天王'以發大義,繼書使宰咺來賵人之妾,則失天王之道,但書實事而譏自見,此所以爲聖人之訓也。"①從其某些詮解來看,陳氏有時甚至將不書、文辭褒貶等解經模式作爲直書其實的叙事方式,如對前述"祭伯來"之解釋,陳氏一方面認爲經不書"朝"乃孔子所削,另一方面又説:"聖筆直書'祭伯來',則私來魯可知矣,此《春秋》王臣私交之始也。"②可見,在他看來,孔子於此削"朝"乃爲呈現祭伯私來魯之實。《讀春秋編》中運用據實直書以見義解經的例子很多,兹再舉一例以見其説。桓公十七年,"夏五月丙午,及齊師戰於奚"。胡《傳》無説,③陳深云:

> 今年春,魯方與齊盟於黄,至夏乃及之戰,盟可恃乎? 聖筆列書其實事,
> 盟未幾而戰,以見當時諸侯惟利是圖,信義絶滅矣。④

陳深對據實直書説的闡揚,就其思想資源而言,當爲承自朱子。自南宋寧宗嘉定朝以後,朱子學説的權威地位逐漸確立,并最終成爲官學。從嘉定元年(1208 年)到陳深出生已近六十年,陳深不可能不受到朱子思想的影響。事實上,前述其對《春秋》之時月爲夏曆的説法就來自朱子門人蔡沈(字仲默,號九峰,1167—1230),⑤於此可見其對朱子一脉之《春秋》學觀點并不陌生。

四、結　　語

綜上所述,在《春秋》觀上,陳深認爲孔子據史修經,通過筆削、直書等筆法實現褒善貶惡之目的。在解經方法上,陳氏發揮和綜合據實直書以見褒貶與文辭分析以見微言大義之方法。就此而言,與其説其《春秋》學是以胡《傳》爲宗,不如説其學是綜合以程子、胡《傳》爲代表的發揮文辭微言之解經路向與以朱子爲代表的據實直書經學風格,并總之以己意以解經。

---

① (元)陳深:《讀春秋編》卷一,第 3 頁右,《文淵閣四庫全書》(第 158 册),第 511 頁下。

② (元)陳深:《讀春秋編》卷一,第 3 頁左,《文淵閣四庫全書》(第 158 册),第 511 頁下。

③ 四庫本胡《傳》於此條經文注曰:"奚,魯地。此齊魯交兵之始,齊魯之兵始於奚而終於艾陵。"(宋)胡安國:《春秋傳》卷六,第 11 頁左,《文淵閣四庫全書》(第 151 册),第 56 頁上。

④ (元)陳深:《讀春秋編》卷二,第 23 頁右,《文淵閣四庫全書》(第 158 册),第 531 頁下。

⑤ 參(清)萬斯同:《書春秋提綱後》,《群書疑辨》卷五,第 12—13 頁,嘉慶二十一年供石亭刻本。

從素王到教主：晚清公羊學問題意識的轉換[*]

王光輝

【摘　要】　今文經學與古文經學争論的一個焦點是孔子之身份問題。今文經學尊孔子爲受命之素王，古文經學尊孔子爲先師。問題在於，今文經學家的孔子"素王"説有其局限性。這種局限性表現在，其關注的中心是"天子"。换句話説，作爲"素王"的孔子所制定的禮樂制度只是一種"文在"而不是"實在"，其需要借助一個真正的"天子"將這些禮樂制度實現出來。然在晚清數千年來未有之變局中，皇權没落而民權意識高涨是其社會的真實境况。這迫使晚清之公羊家轉换問題意識，將思考的中心由"天子"轉移到"民"，以與大變局相適應。由此産生的新的理論，是孔子"教主"説。

【關鍵詞】　晚清學術　孔子　素王　教主

【作者簡介】　王光輝，1984 年生，山東理工大學馬克思主義學院副教授。

　　學術界普遍認爲，康有爲推崇孔子爲教主，主要受佛教、基督教的刺激。梁啓超云："保教之論何自起乎？懼耶教之侵入，而思所以抵制之也。"①同情變法的陳寶箴説得更爲明白："（康有爲）推崇孔子以爲教主，欲與天主耶蘇比權量力，以開民智，行其政教。"②事實上，誠如汪榮祖指出的那樣："儒家中的今文經學家早於漢代就已神化孔子，何休這位公羊學者亦早已賦予孔子'米賽亞的角色'（Messianic role），康氏本人也受到公羊學裏緯書的影響。所以他要以儒爲宗教，自有其儒家内在的因素，不必完全

---

*　本文爲國家社會科學基金青年項目"晚清公羊學與社會變革研究"（18CZX032）階段性成果。

①　（清）梁啓超：《保教非所以尊孔論》，《飲冰室合集》（第 4 册），北京：中華書局，2015 年，第 803 頁。
②　（清）陳寶箴：《請厘正學術造就人才摺》，《陳寶箴集》（上），北京：中華書局，2003 年，第 779 頁。

是受到佛教和基督教的啓示。"①然依筆者淺見,如何理解康有爲把自漢代形成幷沿襲的"素王"觀念轉換爲"教主"及由此帶來的學術史、思想史意義,仍有進一步討論的空間。換句話說,康有爲如何利用傳統儒學尤其是公羊學中那些以往被遮蔽的資源以論證孔子爲"教主"? 作爲"教主"的孔子與作爲"素王"的孔子有著怎樣的本質區別? 問題的答案,蘊藏在公羊學及康有爲所面臨的社會現實之中。

一、公羊學中的"天"與黑帝之子

魯僖公十五年,《春秋》載:"己卯,晦,震夷伯之廟。"《公羊傳》解釋此事云:

> 晦者何? 冥也。震之者何? 雷電擊夷伯之廟者也。夷伯者,曷爲者也? 季氏之孚也。季氏之孚則微者,其稱夷伯何? 大之也。曷爲大之? 天戒之,故大之也。何以書? 記異也。

依《公羊傳》,雷電有選擇性地擊毀夷伯之廟,實是天意之表達。除震夷伯之廟,天意的表達方式還有日食、晦、星變、雨雪、雨雹、霜、雨木冰、無冰、不雨、大旱、大雩、大冰、地震、地陷、山崩、水涌、螟、螽、饑、無麥苗、無麥禾、火、人㞒、疾疫、牛禍、雨、蜮、麟等,《公羊傳》統稱之爲災異。雖六經皆言災異,然均不如《公羊傳》深切著明。後世公羊家論述的側重點有所不同,但皆不廢災異之説。即便是自然科學已較爲發達的清代,仍有人爲之回護。皮錫瑞言:"近西法入中國,日食、星變皆可豫測,信之者以爲不應附會災祥。然則孔子《春秋》所書日食、星變,豈無意乎?"②

災異的發動者是人格化的"天"。董仲舒謂:"災者,天之譴也;異者,天之威也。"(《春秋繁露·必仁且智》)在《公羊傳》的文本中,至少從兩個角度揭櫫此人格化"天"的至上性。魯成公十七年,《春秋》載:"九月,辛丑,用郊。"《公羊傳》解釋云:

> 用者何? 用者不宜用也。九月,非所用郊也。然則郊曷用? 郊用正月上辛,或曰用然後郊。

祭天的郊祭選在每年的正月上辛日舉行,這是新年的第一場祭祀。選定此日的目的,如董仲舒所謂的"先百神而最居前"(《春秋繁露·郊事對》)。這是從"天"與群神對比的角度突出其至上性。因此,當不祭天而祭他神時,《公羊傳》給予譏刺。魯僖公二十一年,《春秋》載:"夏,四月,四卜郊,不從,乃免牲,猶三望。"《公羊傳》云:

---

① 汪榮祖:《康有爲論》,北京: 中華書局,2006 年,第 112 頁。

② (清) 皮錫瑞:《經學歷史》,《皮錫瑞全集》(第 6 册),北京: 中華書局,2015 年,第 36—37 頁。

　　三望者何？望祭也。然則曷祭？祭泰山、河、海。曷爲祭泰山、河、海？山川有能潤於百里者，天子秩而祭之。觸石而出，膚寸而合，不崇朝而徧雨乎天下者，唯泰山爾。河、海潤於千里。猶者何？通可以已也。何以書？譏不郊而望祭也。

依禮，天子祭天的同時還應望祭四方群神、日、月、星、辰、風伯、雨師、五嶽、四瀆等共計三十六神。魯僖公在四次占卜都不吉利的情況下，放棄了祭天却舉行祭祀泰山、河、海的望祭，《公羊傳》譏其讓"尊者不食，而卑者獨食"。①

　　又魯宣公二年冬十月乙亥，周匡王崩。魯宣公未因天王崩而放棄祭天，《春秋》載："三年，春，王正月，郊牛之口傷，改卜牛。牛死，乃不郊，猶三望。"《公羊傳》對魯國郊天之事無譏刺，孔廣森解釋説："屬天王崩而卜郊牛，不爲譏者，《繁露》説之曰：'《春秋》之義，國有大喪者，止宗廟之祭而不止郊祭，不敢以父母之喪廢事天地之禮也。'"②此又是從天與人對比的角度體現"天"之至上性。

　　具有至上性、人格化的"天"可稱之爲上帝，即程頤所講的"以形體謂之天，以主宰謂之帝"。③基督教初傳中國，就有人以中國經典中固有之"上帝"觀念比附天主。利瑪竇云："歷觀古書，而知上帝與天主特異以名也。"④當然，中國古書上的上帝與基督教的天主畢竟有所不同。譬如秦漢之前中國的上帝有五個，至"漢武帝獨尊儒術，有人建議説，天上還有個最高的神，叫太一，五帝不過是太一的輔佐。統一的國家需要統一的最高神，於是，英明過人的漢武帝就接受了這個來歷不明甚至經典上根本無所根據的上帝"。⑤可以看到，在東漢何休的《公羊解詁》中就表現出這種冲突性。其一方面承認上帝是五帝："上帝，五帝，在太微之中，迭生子孫，更王天下。"⑥另一方面又相信在五帝之上有一皇天大帝存在："帝，皇天大帝，在北辰之中，主揔領天地五帝群神也。"⑦不過，即便儒、耶兩家在理解"上帝"上存在差異，但這不能否認儒學内部有宗教化的内容。尤其是脱胎於濱海之齊地的公羊學，"濱海者人多玄想，多玄想者多誕辭"，⑧其中自然免不了有"非常異議可怪之論"。我相信不只是董仲舒，大部分公羊家

① （漢）何休解詁，（唐）徐彦疏：《春秋公羊傳注疏》，北京：北京大學出版社，2000年，第314頁。

② （清）孔廣森：《春秋公羊經傳通義》，上海：上海古籍出版社，2014年，第519頁。

③ （宋）程頤：《周易程氏傳》，《二程集》，北京：中華書局，1981年，第695頁。

④ ［意］利瑪竇：《天主實義》，《利瑪竇中文著譯集》，上海：復旦大學出版社，2001年，第21頁。

⑤ 李申：《中國儒教史》（上卷），南京：江蘇人民出版社，2018年，第9頁。

⑥ （漢）何休解詁，（唐）徐彦疏：《春秋公羊傳注疏》，第378頁。

⑦ （漢）何休解詁，（唐）徐彦疏：《春秋公羊傳注疏》，第377頁。

⑧ 鍾泰：《莊子發微》，上海：上海古籍出版社，2017年，第7頁。

"常常會有宗教神的影像,往來於他(們)的心目之中"。①

漢哀、平之際讖緯學大興,何休、徐彥援之以注《公羊》,遂使公羊學更爲神秘化。顧頡剛説讖緯有三種使命:"其一,是把西漢二百年中的術數思想作一次總整理,使得它系統化。其二,是發揮王莽、劉歆們所倡導的新古史和新祀典的學説,使得它益發有證有據。其三,是把所有的學問、所有的神話都歸納到'六經'的旗幟之下,使得孔子真成個教主,'六經'真成個天書。"②其中,第三種使命與本文討論的主題有關。如果説《公羊傳》神化的是"天",讖緯神化的則是孔子。《春秋演孔圖》云:"孔子母徵在夢感黑帝而生,故曰玄聖。"又云:"孔子母顏氏徵在遊大冢之陂,睡夢黑帝使請己,己往夢交,語曰:'汝乳必於空桑之中。'覺則若感,生丘於空桑之中。"此一出生方式,頗類耶穌基督。《新約·馬太福音》載:"耶穌基督降生的事,記在下面。他母親馬利亞已經許配了約瑟,還沒有迎娶,馬利亞就從聖靈懷了孕。"正是在這個意義上,顧頡剛説孔子真成了個教主。

在讖緯的建構中,天神有六。孔穎達説:"鄭玄篤信讖緯,以爲'昊天上帝謂天皇大帝,北辰之星也。五帝謂靈威仰等,太微宮中有五帝座星是也'。如鄭之言,天神有六也。"③地位最高的是天皇大帝,亦稱爲太乙,其神曰耀魄寶。《春秋元命苞》云:"列爲中宮大極星,星其一明者,大一帝居。傍兩星巨辰子位,故爲北辰,以起節度;亦爲紫微宮,紫之言中,此宮之中,天神圖法,陰陽開閉,皆在此中。"有意思的是,居於紫微宮的天皇大帝却不能直接降精以生聖人。直接降精以生聖人是集居於太微宮的蒼帝靈威仰、赤帝赤熛怒、黃帝含樞紐、白帝白招拒、黑帝汁光紀。趙在翰云:"天有五帝,集居太微,降精以生聖人。"④筆者猜測其中的原因主要有二:第一,五天帝是對人類先祖太昊、炎帝、黃帝、少昊、顓頊之五人帝的神化,鄭玄注《周禮·小宗伯》"兆五帝於四郊"云:

　　蒼曰靈威仰,太昊食焉;赤曰赤熛怒,炎帝食焉;黃曰含樞紐,黃帝食焉;

白曰白招拒,少昊食焉;黑曰汁光紀,顓頊食焉。

因此,聖人感太微五帝之精而生,含有向具有帝王血統之先祖回溯以證自身合法性之義。

第二,五天帝與五行相配,依五行相生、相克之説,又能爲後聖替代前聖提供合理

① 徐復觀:《兩漢思想史》(第2册),北京:九州出版社,2018年,第370頁。

② 顧頡剛:《秦漢的方士與儒生》,上海:上海古籍出版社,2005年,第94頁。

③ (漢)孔安國傳,(唐)孔穎達正義:《尚書正義》,北京:北京大學出版社,2000年,第68頁。

④ (清)趙在翰輯:《尚書帝命驗注》,《七緯》(上),北京:中華書局,1981年,第221頁。

性説明，所謂"五德之運，各象其類，興亡之名，應籙次相代"，①又"天子皆五帝之精寶，各有題叙，以次運相據起"。② 不過若依王鳴盛的看法，五帝乃天皇大帝幻化而來，其云："天皇大帝在北辰者，其下行九宫，則爲青、黄、赤、白、黑五帝，其返而歸於太微，則仍爲太乙。"③則天皇大帝若參與降精以生聖人，必先幻化爲五帝歟？

孔子母徵在夢感黑帝而生孔子，意味著其在血統上可與先祖商湯勾連。孔穎達疏《禮記·大傳》"禮，不王不禘"一段云：

> 案師説引《河圖》云："慶都感赤龍而生堯。"又云："堯赤精，舜黄，禹白，湯黑，文王蒼。"又《元命包》云："夏，白帝之子；殷，黑帝之子；周，蒼帝之子。"

這種勾連，甚至可繼續上推至顓頊。《春秋演孔圖》載孔子吹律定姓而得羽宫："孔子曰：'丘援律而吹，命陰得羽之宫。'"值得注意的是，羽宫皆顓頊之子孫。《潛夫論·卜列》篇云："顓頊水精，承辰而王，夫其子孫咸當爲羽。"顓頊、商湯與孔子皆爲黑帝降精而生，不同的是顓頊、商湯有天子之位而孔子獨無。造成這一結果的原因主要不在孔子而在其所處的時代，依五德之運，取代蒼周爲新王的應是赤帝之子。作爲黑帝之子的孔子，無法撼動蒼周之統治。是故緯書反復强調"黑緑不代蒼黄"，正是此意。另一方面，孔子又非無緣無故的出生，他雖不能取代周，但却可爲取代周的赤帝之子提供治國方略。《春秋演孔圖》云："聖人不空生，必有所制，以顯天心。丘爲木鐸，制天下法。"又《春秋感精符》云："黑孔生，爲赤制。"對於當時人來講，所謂的"爲赤制"特指的是爲漢制。正是在孔子不代蒼周而爲漢制法的角度上，漢人尊其爲素王。

自魏晋以後，讖緯遭到多次禁絶。"隋煬帝即位，索性作徹底的摧殘，他派使者四面去搜求讖緯，以及其他和讖緯有關係的書籍，一齊燒了。"④至清代常州學派復興公羊學，其重拾《公羊》災異之論并給予極高的評價。莊存與仿班固之《五行志》，於其代表作《春秋正辭》中專門辟"察五行祥異"一欄，竭力陳説災異之可畏。劉逢禄批評魏晋以來閉口不談災異的儒者皆是不學無術之輩。常州學派發展到宋翔鳳，甚至出現雜引讖緯以釋經典的傾向。蓋《公羊》之學、災異之論、讖緯之説在漢代已融爲一體，談《公羊》必涉及災異與讖緯，此是自然之勢。只是儒者經過魏晋以來理性的陶鑄，當災異尤其是讖緯在清代復燃之際，定會招致理性主義者的全力撲

---

① （清）趙在翰輯：《春秋元命苞》，《七緯》（下），第 426 頁。

② （清）趙在翰輯：《春秋演孔圖》，《七緯》（下），第 378 頁。

③ （清）陳立：《公羊義疏》，北京：中華書局，2017 年，第 1674 頁。

④ 顧頡剛：《秦漢的方士與儒生》，第 104 頁。

滅。譬如章太炎批評宋翔鳳説:"長洲宋翔鳳,最善附會,牽引飾説,或采翼奉諸家,而雜以讖緯神秘之辭。"①稍後的張舜徽亦言:"他(宋翔鳳)討論問題時,喜援用讖緯,流於附會。"②

日本學者稻葉君山認爲,常州學者之後的公羊家轉向以教主視孔子,是因其陷入這樣的一種困境所致:一方面《公羊》之微言大義必須借助讖緯以神其説;另一方面,讖緯又難以讓人心服。康有爲把漢代讖緯所塑造的"素王",轉換爲比照佛教、基督教而設計的"教主",實出於策略上的考慮。他説:"微言大義,必借讖緯以神其説。讖緯之學不足以服人心,公羊家之采佛説,或亦其力求捷徑歟。"③稻葉君山看到,晚清公羊家把孔子打造爲"教主"與讖緯的衰落有關。筆者的疑問是,無論宋翔鳳還是康有爲,至少在其著作中,都表現出對讖緯的堅信。康有爲《孔子改制考》之序言即謂:"天既哀大地生人之多艱,黑帝乃降精而救民患。"④按常理講,若讖緯不足以服人心,則不應涉其藩籬,至少不該大張旗鼓地引用以引起他人之攻擊。現實是,他人攻擊康有爲的一個重要方面,正是其經説中有太濃重的讖緯成分。顧頡剛批評康有爲等人説:"他們的目的只在運用政策作自己的方便,所以雖是極鄙陋的讖緯也要假借了做自己的武器而不肯丟去。"⑤康有爲當然不願意丟去讖緯,因爲讖緯所設計的孔子是某個上帝的兒子,上帝使其降生以救民於水火,雖與基督教在細節上有所差別但大體上神似,這爲其孔子"教主"説提供了重要的理論支撐。梁啓超説:"(康有爲)誤認歐洲之尊景教爲治强之本,故恒欲儕孔子於基督,乃雜引讖緯之言以實之。"⑥由是觀之,孔子"教主"説的産生并非因讖緯不足服人心所致,其當另有原因。

二、"天子"神秘性之瓦解
與民治意識的興起

中國傳統政治結構中的天子,是溝通"天"與"人"的中樞。一方面"天"向天子發布政令,孔穎達疏解《禮記·表記》"唯天子受命於天"云:

---

① (清)章太炎:《訄書》(重訂本),《章太炎全集》(第3册),上海:上海人民出版社,2018年,第157頁。

② 張舜徽:《清儒學記》,上海:華東師範大學出版社,2005年,第327頁。

③ [日]稻葉君山:《清朝全史》(下二),上海:上海社會科學院出版社,2006年,第65頁。

④ (清)康有爲:《孔子改制考序》,《康有爲全集》(第3集),北京:中國人民大學出版社,2020年,第3頁。

⑤ 顧頡剛:《古史辨自序》,《古史辨》(第1册),上海:上海古籍出版社,1982年,第43頁。

⑥ (清)梁啓超:《清代學術概論》,《飲冰室合集》(第25册),第6823—6824頁。

"唯"，當爲"雖"，雖天子之尊，不敢自專，猶須受命於天然後行也。

另一方面，天子向人民發布政令，董仲舒《春秋繁露·爲人者天》引古之傳記云："天下受命於天子。"依孔穎達的疏解方式，此句的意思是指天下人皆須受命於天子然後行。就公羊學觀察，其對《春秋》"元年春王正月"的討論，正是要揭櫫斯旨。《漢書·董仲舒傳》載董仲舒之語云："正次王，王次春。春者，天之所爲也；正者，王之所爲也。其意曰，上承天之所爲，而下以正其所爲。"孔穎達疏解《禮記·中庸》時引《元命苞》之語曰：

> 《元命包》云：諸侯不上奉王之正，則不得即位。正不由王出，不得爲正。
> 王不承於天以制號令，則無法。

又何休《春秋公羊經傳解詁》注隱公"元年，春，王正月"云：

> 政不由王出，則不得爲政，故先言王，而後言正月也。王者不承天以制
> 號令，則無法，故先言春，而後言王。

由是觀之，自《公羊傳》至董仲舒、《元命苞》、何休，其皆認爲"天子"居於這樣一種位置：承天以制號令，并將其布政施教於天下。

公羊學長於制度設計，它既能爲新王提供"徙居處，改正朔，易服色，殊徽號，變犧牲，異器械"等方案，又能爲臨政而願治之君繪制"善治"之藍圖。然公羊家清晰地意識到，若想讓這些制度落地生根，必須解決兩個問題：第一，要證明這些制度是某個受命天子承天而制出來的；第二，這些制度必須經過天子向天下人民乃至山川、草木、昆蟲的正式頒布。對於第一個問題，公羊家以孔子曾受上天制作之命應對之。棘手的是第二個問題，孔子雖受天命，但無土地、人民，其想要把這些自己所定之制度頒布於人民乃至山川、草木、昆蟲，又必須借助一個有土地、人民的天子。何休注《公羊傳》哀公十四年"制《春秋》之義以俟後聖"云："待聖漢之王以爲法。"當然這只是漢代人的説法，清代人則相信孔子是待聖清之王以爲法。皮錫瑞説："今人生於大清，大清尊孔教，即謂《春秋》爲清制法，亦無不可。"①

不過，真正能行孔子之政的天子始終沒有出現，"中國之民遂二千年被暴主、夷狄之酷政"。② 更糟糕的是，在康有爲的時代，天子之神秘性、權威性正在瓦解。張灝教授分析瓦解之原因包括魏源、徐繼畬地理著作的流行，西方科學與宗教的滲入等，這

---

① （清）皮錫瑞：《經學通論》，《皮錫瑞全集》（第 6 册），第 505 頁。
② （清）康有爲：《孔子改制考序》，《康有爲全集》（第 3 集），第 3 頁。

迫使中國知識分子"重新考察中國秩序的制度基礎"。① 對於晚清公羊家而言,重新考察使他們在理論建構及實際行動上由以"天子"爲中心轉換爲以"民"爲中心。蕭公權敏鋭地捕捉到這一點,他説:"康氏并未完全依靠皇帝。他曾尋求改革的其他可能力量——如政府官員、有學問的士人,以至尋常百姓。"②這種轉化在梁啓超身上表現得更爲明顯,"在梁那裏,'民'取代天意,成了政治合法化的最高標準:國家的一切政治行爲只有依據人民的集體意志方被證明是正當的"。③ 由此,擔荷一國之責任者由"天子"轉換爲"民"。

在康有爲的表述中,這裏的"民"指的是"公民":"公民者,擔荷一國之責任,共其利害,謀其公益,任其國税之事,以共維持其國者也。"④它與現代從法律角度理解的凡具有某國國籍即爲某國公民不同。康有爲對公民資格作出了頗多規定,譬如"住居經年,年二十以上,家世清白,身無犯罪,能施貧民,能納十元之公民税",⑤且十元公民税需每年都交。"公民"身份是榮耀的象徵,是參政議政的前提條件。"凡爲公民者,一切得署銜曰公民,一切得與齊民異,如秦漢之爵級然矣。既爲公民,得舉其鄉、縣之議員,得充其鄉、縣、府、省之議員,得舉爲其鄉、市、縣、府之官。"⑥而非公民者,則無此權利。康有爲有一種樂觀的預計,他認爲基於人們的羞恥心,全社會將會形成人人發憤爲公民而恥於爲非公民之風。這樣既能每年爲國家籌集到大量的税款(康有爲估算有萬萬元),又能使四萬萬之民"進於愛國,進於公益,進於自重,進於好施,進於學識",⑦可謂一舉而數善兼備。因此康有爲在後期的變法設計中,把"立公民"放在第一位。其云:"今之變法,第一當立公民";又:"明夷子曰:'今中國變法,宜先立公民哉!'"⑧

公民參與政治的組織是議院。問題在於,四萬萬有學識、愛國心且熱心政治之成熟公民的出現是在將來,當前是否有必要開議院?在戊戌變法前後,康氏幾乎不談此事。有人曾寓書康氏,責備其不建言請開議院,康有爲作《答人論議院書》以自解。依

① 張灝:《危機中的中國知識分子:尋求秩序與意義,1890—1911》,北京:中央編譯出版社,2016年,第8頁。
② 蕭公權:《康有爲思想研究》,《蕭公權全集》(第7册),新北:聯經出版社,2019年,第197頁。
③ 張灝:《梁啓超與中國思想的過渡(1890—1907)》,南京:江蘇人民出版社,1995年,第75頁。
④ (清)康有爲:《官制議》,《康有爲全集》(第7集),第270頁。
⑤ (清)康有爲:《官制議》,《康有爲全集》(第7集),第271頁。
⑥ (清)康有爲:《官制議》,《康有爲全集》(第7集),第271頁。
⑦ (清)康有爲:《官制議》,《康有爲全集》(第7集),第271頁。
⑧ (清)康有爲:《官制議》,《康有爲全集》(第7集),第270頁。

康有爲,議院在中國不可行。一方面,天賜勇智、聰明神武、千載罕逢之光緒皇帝正在銳意改革,若此時擅開議院,必有反對派滲入而阻撓之;另一方面,中國之民皆似童幼嬰孩,"聞一家之中,嬰孩十數,不由父母專主之,而使童幼嬰孩主之、議之,能成家自養否乎? 必不能也"。[1] 戊戌變法失敗後,康有爲很快改變了這個看法。大約作於一九〇三年的《官制議》之第七卷亟言"開議院"之緊迫性,"中國今日亟宜行立憲法,亟宜開議院"。[2] 汪榮祖把這種前後表述的不一致理解成康有爲策略的轉移而不是信念的改變,他説:

> 暫時不談民權正是康之策略,因他寄厚望於光緒,而光緒在戊戌變法時,君權太弱而非太强,若再議民權,立即開議院,將更加削弱君權,所以他要强調君權,希望光緒能如俄國之彼得、日本之明治一樣有權威,使變法有成。一旦變法有成,君主立憲成功,議院勢必召開,民權必會伸張。這種務實的策略運用,并不代表信念的改變。所以在政變之後,他又回到他一貫的民權與議院的主張。[3]

無論如何,康有爲必須對下面一個問題作出回應,即未經政治訓練之民是否有入議院議政之能力? 康有爲的回答是,議院初設之時不在議政而在教育民衆,培養其參政意願。他説:"既有議院之開,則民格自因此而日進。"并且這樣做有先例可循:"如日本例,於其明治初年預懸明治廿二年定開議院之旨,俾人民得以講求萬國憲法之良,斟酌議院立法之例,采擇至善,變通盡利,取其極宜於吾國者而用之。"[4]

即便如此,康有爲對設立議院仍然是慎重的。這種慎重表現在如下三個方面:第一,先立各省、府、州、縣、鄉、村之議會而暫緩開國會。於省、府、州、縣、鄉、村中,又特重鄉一級的治理。他説:"治何以起? 非起於鄉耶?"又説:"鄉者治之本,本立則基固。"[5]第二,采取英、德、法、日之治而不用美國之治。依康有爲,三代、漢、晉、六朝皆實行過《周官》所設計的鄉遂之制,當前中國地方自治改革宜選取與此舊俗相近者效法。美國自治的中心在州縣,不如英、德、法、日之重視鄉村自治適宜中國。第三,先在廣東試點。廣東已有地方自治的雛形,康有爲以當時的南海同人局舉例説:"其治下凡三十六鄉,男女約五萬,局有長二人,以進士、舉人、諸生充之,鄉人有訟斷於是。

---

[1] (清) 康有爲:《答人論議院書》,《康有爲全集》(第4集),第326頁。

[2] (清) 康有爲:《官制議》,《康有爲全集》(第7集),第267頁。

[3] 汪榮祖:《康有爲論》,第79頁。

[4] (清) 康有爲:《官制議》,《康有爲全集》(第7集),第267頁。

[5] (清) 康有爲:《官制議》,《康有爲全集》(第7集),第273頁。

局勇二十人,有武官統之,猶警察官也。有書局一人,司會一人。其一切諸局,或大如九江,則男女三十余萬,小則數千人,體裁詳略不同,而大體不外是,粤中幾遍省有之。"若依此雛形加以潤色,則"至易爲功"。①

一九〇二年開始,梁啓超亦開始醞釀他的新民説。當然,呼唤近代意義上的"新民"并非始於梁啓超。在梁啓超之前,"如嚴復《原强》所提倡的'鼓民力''開民智''新民德',唐才常所主張的'新其政必新其民'"等皆已觸及此義,只不過不如梁氏雄辯而已。② 與其師康有爲一樣,梁啓超把"新民"作爲當前的第一急務,其云:"吾今欲極言新民爲當務之急。"③但在"新民"具體内涵的界定上,梁氏作了進一步的補充。在康有爲那裏,"新民"是"擔荷一國之責任"者,其主要通過自治的議會、國會實現。梁啓超并不否認這一點,他説:"國有憲法,國民之自治也。州郡鄉市有議會,地方之自治也。凡善良之政體,未有不從自治來也。"④梁氏補充的是,這裏談的自治僅屬於"一群之自治",而在"一群之自治"之外,復有"一身之自治"。

所謂"一身之自治",類似於老子之"自勝者强",即通過自制力使自身由無序狀態轉向有序狀態。梁啓超常用機器來譬喻這種有序狀態,他説:"不待勸勉,不待逼迫,而能自置於規矩繩墨之間,若是者謂之自治。自治之極者,其身如一機器然。"⑤在梁啓超看來,胡林翼、曾國藩、李鴻章皆是"自治之極者"。胡林翼每日必讀《通鑒》十頁,曾國藩每日必記日記數條、讀書數頁、圍棋一局,李鴻章每日晨起必臨《蘭亭》百字,流俗之人視此爲區區小節,而梁氏却視此"爲人身品格第一大事"。⑥ 在此致思理路下,梁啓超十分推崇西方人朝八晚五的生活方式:"泰西通例,凡來復日必休息,每日八點鐘始治事,十二點而小憩,一點復治事,四、五點而畢憩。舉國上自君相官吏,下至販夫屠卒,莫不皆然。作則舉國皆作,息則舉國皆息,是豈所謂如軍隊、如機器者耶!"⑦

梁啓超區分"一群之自治"與"一身之自治",意在强調謀求群體之自治當從謀求個人之自治開始,進而糾正那些空談理想而脱離實際的做法。他説:"勿徒以之責望諸團體,而先以之責望諸個人。吾試先舉吾身而自治焉,試合身與身爲一小群而自治焉,更合群與群爲一大群而自治焉,更合大群與大群爲一更大之群而自治焉,則一完

① (清)康有爲:《官制議》,《康有爲全集》(第7集),第275頁。
② 陳來:《梁啓超的"私德"論及其儒學特質》,《清華大學學報》2013年第1期,第53頁。
③ (清)梁啓超:《新民説》,《飲冰室合集》(第19册),第4984頁。
④ (清)梁啓超:《新民説》,《飲冰室合集》(第19册),第5035—5036頁。
⑤ (清)梁啓超:《新民説》,《飲冰室合集》(第19册),第5034頁。
⑥ (清)梁啓超:《新民説》,《飲冰室合集》(第19册),第5035頁。
⑦ (清)梁啓超:《新民説》,《飲冰室合集》(第19册),第5035頁。

全高尚之自由國、平等國、獨立國、自主國出焉矣。而不然者，則自亂而已矣。"①很快，梁啓超的擔心成爲現實。空談理想者所設計的種種利國進群之事業并未實現，而其末流弊端反貽對手以口實，招致對手之攻擊。梁啓超云："近年以來，舉國囂囂靡靡，所謂利國進群之事業，一二未睹。而末流所趨，反貽頑鈍者以口實，而曰新理想之賊人子而毒天下。"②前此，梁氏認爲中國人最缺少關心群體的"公德"，欲采西方之國家思想、權利思想、義務思想等補充之。而此時其愈發認識到追求個人自治之"私德"的必要性，開始大力提倡傳統儒學中正本、慎獨、謹小等修身功夫。梁啓超反思到："吾疇昔以爲中國之舊道德恐不足以範圍今後之人心也，而渴望發明一新道德以補助之。由今以思，此直理想之言而決非今日可以見諸實際者也。夫言群治者，必曰德曰智曰力，然智與力之成就甚易，惟德最難。今欲以一新道德易國民，必非徒以區區泰西之學說所能爲力也。"③

　　在此背景下，傳統公羊學如果還有存在價值的話，必須經由孔子"素王"向"教主"的轉變。孔子之前的堯、舜、禹、湯、文、武，他們既有天子之德，又有天子之位，因此可以直接把制度頒布於人民而不必待後王。孔子之後德、位分離，孔子只是"素王"，其必待有位之君以行其政。質言之，"素王"只對有位之天子講話。莊存與《春秋正辭》第一卷臚列"素王"對有位之天子所講之話包括"建五始""宗文王""大一統""通三統""備四時""正月日""審天命廢興""察五行祥異""張三世""俟後聖"。這些皆非政府官員、有學問的士人、尋常百姓所能執行。擺在晚清公羊家面前的現實是，如果不把對天子講話的孔子轉換爲對大衆講話的孔子，公羊學可能喪失其價值。因此，"教主"之孔子應運而生，他將面向全體教衆發話。

　　講話的內容可能相同，然在"素王"語境下與"教主"語境下，其意義有著極大差別。譬如"素王"語境下的"張三世"之意是：

> 然求張三世之法，於所傳聞世，見治其衰亂，録內略外；於所聞世，見治升平，內諸夏而外夷狄；於所見世，見治大平，天下遠近大小若一。此仁之能近取譬，故曰"爲人君止於仁"。④

三世進化是人君的"能近取譬"，由近以及遠推行仁政，在極端意義上其與民衆無涉。而"教主"語境下的"張三世"是一條衆生的求樂免苦之道，康有爲云："立法創教，能令

①　(清) 梁啓超：《新民説》，《飲冰室合集》(第 19 冊)，第 5036 頁。

②　(清) 梁啓超：《新民説》，《飲冰室合集》(第 19 冊)，第 5100 頁。

③　(清) 梁啓超：《新民説》，《飲冰室合集》(第 19 冊)，第 5113 頁。

④　(清) 宋翔鳳：《論語説義》，《儒藏》(第 105 冊)，北京：北京大學出版社，2008 年，第 566 頁。

人有樂而無苦,善之善者也。"又云:"遍觀世法,舍大同之道而欲救生人之苦,致其大樂,殆無由也。"①《大同書》描繪這條大同之道、求樂免苦之道的具體内容有"去家界爲天民""去國界合大地""去産界公生業""去亂界治太平""去苦界至極樂"等等,在極端意義上其與天子無涉。

需要强調的是,"教主"之孔子并不是對"素王"之孔子的否定。恰恰相反,康有爲給予"素王"之孔子極大的重視。康有爲論孔子"素王"有如下幾個特徵:第一,認爲"素王"既是孔子的自稱,又是弟子推尊孔子之語。《孝經鈎命決》有"子曰'吾作《孝經》以素王,無爵禄之賞,斧鉞之誅,故稱明王之道'"一語,康有爲説:

> 《孝經》家亦稱"素王",且云托先王以明權,此則孔子之自稱矣。文王没而"文不在兹""天生德於予",聖人亦何遜焉?②

又《論語緯》:"子夏曰:'仲尼爲素王,顔淵爲司徒。'"康有爲解釋説:"孔子爲素王,乃出於子夏等尊師之名。"③不過,《孔子改制考》發行後,很快招致反對派的攻擊。迫於壓力,康有爲放棄了孔子自稱"素王"的看法。

第二,稱孔子爲"素王"非獨出自公羊家,乃是包括齊魯《論語》家、《孝經》家、莊子、《淮南子》等在内的天下人之普遍意見。康有爲説:"素王之稱,非徒公羊家,乃齊魯《論語》家之説。"又《莊子·天道》云"恬淡元聖,素王之道",康有爲解釋説:"莊生爲老學,然亦稱孔子爲素王,蓋素王之名遍天下矣。"又《淮南子·主術訓》云孔子"專行孝道,以成素王",康有爲説:"《淮南》出自伍被之流,爲雜家,稱孔子之諱而亦尊爲素王。"④依康有爲,孔子"素王"之義自漢以後蔽而不彰,乃是古文經學家鑱去所致。其代表人物當爲劉歆:"新歆遽出,僞《左》盛行,古文纂亂。於是削移孔子之經而爲周公,降孔子之聖王而爲先師。"⑤

第三,取譬於佛教,以"空王"釋"素王"。"空王"本爲佛之尊號,《舊唐書·劉瞻傳》云:"伏望陛下盡釋繫囚,易怒爲喜,虔奉空王之教,以資愛主之靈。"最早以"空王"釋"素王"者蓋爲井研廖平,其《知聖篇》云:"素王之説……明文始於《莊子》云'在下則爲玄聖素王',所謂空王也。"⑥不過,論之較詳備且明確指出"素王"可比附佛教的當爲

---

① (清)康有爲:《大同書》,《康有爲全集》(第7集),第7、6頁。

② (清)康有爲:《孔子改制考》,《康有爲全集》(第3集),第104頁。

③ (清)康有爲:《孔子改制考》,《康有爲全集》(第3集),第104頁。

④ (清)康有爲:《孔子改制考》,《康有爲全集》(第3集),第104頁。

⑤ (清)康有爲:《孔子改制考序》,《康有爲全集》(第3集),第3頁。

⑥ (清)廖平:《知聖篇》,《廖平全集》(第1册),上海:上海古籍出版社,2018年,第326頁。

康有爲。其云："素王，空王也。佛亦號空王，又號法王。凡教主尊稱，皆取譬於人主，何異焉？"①此句話是理解康有爲孔子"教主"說的關鍵，在康有爲看來，"教主"不是對"素王"的否定而是含攝。孔子既是"教主"，又是"素王"，這標志著"德"與"位"的重新合一。孔子不必再"俟後聖"，而直接可以把其政治理想、制度安排訴諸民衆。現實之天子成爲無關輕重之君，如土偶、木偶而已："虛君者無可比，只能比於冷廟之土偶而已；名之曰皇帝，不過尊土木偶爲神而已。"②而一批"踴躍磨濯，如大海之鼓潮，如巨風之掘山"③之民衆大軍正在覺醒。

三、孔子"教主"之證成

要證成孔子爲"教主"僅僅依靠讖緯是不够的，還需更多的材料及恰當的論證方式來支撐。光緒二十四年（1898年）初問世的《孔子改制考》，是康有爲詳盡發覆孔子爲"大地教主"的代表性著作。縱觀全書，康氏對孔子"教主"身份的論證較爲迂回。他并不直接點明孔子爲教主，而是把其放在春秋戰國諸子紛紛創教改制的大背景中，通過論證諸子創教以使孔子創教浮出水面。所謂"吾今不與言孔子，請考諸子。……諸子之改制明，況大聖制作之孔子，坐睹亂世，忍不損益，撥而反之正乎？"④這些創教之人，包括子桑伯子、原壤、棘子成、管子、晏子、少正卯、許行、子莫、白圭、陳仲子、墨家、道家、法家、名家、陰陽家、縱横家、兵家等。在後來的《論語注》中，又把《微子》篇所載之伯夷、叔齊、虞仲、夷佚、朱張、柳下惠、少連七個逸民囊括其中。這種創教之風甚至是世界性的而非局限於中國範圍之内："當是時，印度則有佛、婆羅門及九十六外道并創學術，波斯則有祚樂阿士對創開新教，泰西則希臘文教極盛，彼國號稱同時七賢并出。"⑤

過去，分辨教主的重要參考是看其是否爲上帝之子，至少其身上要附著某種神秘性。但康有爲把先秦子桑伯子、原壤、棘子成等人都視作教主時，無疑消解了此一神秘性，"上帝之子"對於判定某人是教主來說近乎失效。因此，康有爲需要提供新的標準以使其論證成立。依康有爲，這個新的標準是"改制"，其云："凡大地教主，無不改

---

① （清）康有爲：《孔子改制考》，《康有爲全集》（第3集），第104頁。

② （清）康有爲：《救亡論》，《康有爲全集》（第9集），第236頁。

③ （清）康有爲：《官制議》，《康有爲全集》（第7集），第271頁。

④ （清）康有爲：《孔子改制考》，《康有爲全集》（第3集），第21頁。

⑤ （清）康有爲：《孔子改制考》，《康有爲全集》（第3集），第8頁。

制立法也。"①正是因爲某人論述中有改制之內容,則推其爲教主。這些改制之內容,上至一國之政體,下至一人之服裝。《尹文子·大道》篇云:"古之爲國者,無使民自貧富,貧富皆由於君,則君專所制,民知所歸矣。"康有爲據此認爲,君主專制之政體乃尹文所立,遂"開後世君主之風"。② 又《說苑·善說》云:"林既衣韋衣而朝齊景公,齊景公曰:'此君子之服也? 小人之服也?'"朝覲之服本有一定之規格,齊景公不識林既之韋衣,則"可知林既所衣之衣,必自爲改制"。③

爲使所改之制讓人信從,諸子一般不把這些制度歸於自創而托之於古人。這樣做,蓋出於某種不得已。《淮南子·修務訓》云:"世俗之人,多尊古而賤今,故爲道者,必托之於神農、黄帝而後能入說。"即便是《淮南子》,亦免不了托古之遺風。《淮南子·原道訓》篇有夏鯀作三仞之城而諸侯叛之,大禹壞城平池而海外賓伏之言。康有爲說:"作城之害,壞城之利,托之鯀、禹,以申其說。"④然因年代之久遠,文獻之不足徵,諸子引神農、黄帝乃至堯、舜之語并無真憑實據,而多自說自話,由此導致他們對同一件事情的描述不盡相同。彼時之韓非既已有所覺察,他說:"孔子、墨子俱道堯、舜而取舍不同,皆自謂真堯、舜。堯、舜不復生,將誰使定儒、墨之誠乎?"(《韓非子·顯學》)韓非此語對康有爲啓發很大,康氏說:"或爲神農之言,或多稱黄帝,或法夏,或法周,或稱三代,皆由於書缺籍去,混混茫茫,然後諸子可以隨意假托。"⑤郁郁乎文哉的周代,很大可能不是實情而只是孔子的"推托之故"。⑥

康有爲此論有其弦外之音,誠如張榮華教授指出的那樣:"《改制考》隱然以章學誠《文史通義》一書爲論敵。"⑦《文史通義》中,章學誠把區分周、孔視作"知道"的第一要務。其云:"欲知道者,必先知周、孔之所以爲周、孔。"⑧依章氏,周公是集伏羲、神農、黄帝、顓頊、唐、虞、夏、商、周文化於一身者,是"經綸制作"者:"自有天地而至唐、虞、夏、商,迹既多而窮變通久之理亦大備。周公以天縱生知之聖,而適當積古留傳、道法大備之時,是以經綸制作,集千古之大成。"⑨孔子是學而盡周公之道者,是"述而

① (清) 康有爲:《孔子改制考》,《康有爲全集》(第 3 集),第 111 頁。
② (清) 康有爲:《孔子改制考》,《康有爲全集》(第 3 集),第 26 頁。
③ (清) 康有爲:《孔子改制考》,《康有爲全集》(第 3 集),第 27 頁。
④ (清) 康有爲:《孔子改制考》,《康有爲全集》(第 3 集),第 55 頁。
⑤ (清) 康有爲:《孔子改制考》,《康有爲全集》(第 3 集),第 6 頁。
⑥ (清) 康有爲:《孔子改制考》,《康有爲全集》(第 3 集),第 4 頁。
⑦ 張榮華:《康有爲〈孔子改制考〉進呈本的思想宗旨》,《復旦學報》2013 年第 1 期,第 100 頁。
⑧ (清) 章學誠:《文史通義》,《四部備要》(第 51 冊),北京:中華書局,1989 年,第 25 頁。
⑨ (清) 章學誠:《文史通義》,《四部備要》(第 51 冊),第 23 頁。

不作"者："周公集群聖之大成，孔子學而盡周公之道，斯一言也，足以蔽孔子之全體矣。"①章學誠全面否定孔子在政治上的建樹，而僅以先師視孔子，這是篤信孔子爲漢制法乃至爲萬世制法的公羊家所無法接受的。康有爲批評道："章學誠直以集大成爲周公，非孔子，唐貞觀時以周公爲先聖，而黜孔子爲先師，乃爲特識，而不知爲愚横狂悖矣。"②依康有爲，上古茫昧無稽考，因此周公不可能集千古之大成。退一步説，即便周公有美盛之處，然在諸侯的"去籍"運動下，也難以流傳下來供後人瞻仰。中國之"義理、制度，皆立於孔子"而非周公，這才是讜言嘉論。

孔子之所以能從諸子中勝出，在其所立之義理、制度"至中"。康有爲説："《易》曰：'龍戰於野，其血玄黄'，'陰疑於陽必戰'。諸子自張其教，陰疑於陽者也。然聖道至中，人所歸往，偏蔽之道，入焉而敗。"③這些"至中"之義理、制度包括冠服、三年喪、親迎、學校等。孔子所制之冠服稱爲儒服，《禮記·儒行》載孔子"少居魯，衣逢掖之衣；長居宋，冠章甫之冠"，逢掖之衣與章甫之冠蓋爲儒服之標配，它與當時士大夫、庶人之服迥異。孔穎達既已疑此是孔子有意爲之，其云："防叔奔魯，至孔子五世，應從魯冠，而猶著殷章甫冠者，以立爲制法之主，故有異於人。"④康有爲更感興趣的是拿儒服與佛教之袈裟相比附，如同去髪、衣袈裟是皈依佛教的象徵一樣，身著儒服者皆爲皈依儒教者。先是，魯國全國皈依於儒教，所謂"舉魯國而儒服（《莊子·田子方》）"。至漢代"進賢冠，古緇布冠也，文儒者之服也"（《後漢書·輿服下》），則天下已皈依於儒教矣。

既皈依於儒教，則當奉行儒律。在康有爲看來，儒教教主所定之儒律最重要的莫過於"三年喪"。康氏解釋説："孔子傳教，蓋以三年喪爲第一義。父子天性，人心同具，故易於感動。"⑤擱置學界關於三年喪起源問題的紛争而就康有爲的表述來看，其認爲孔子之時爲父母服喪本爲一年，孔子出於子女有"三年之愛於其父母"（《論語·陽貨》）的考慮，把喪期改爲三年以回報父母之愛。從某種意義上説，三年之喪所塑造的忠孝品格，是天下太平的根基。是故康有爲云："三年之愛，報以三年，人人親親而天下平。"⑥除三年喪外，喪制中的夫婦合葬亦爲孔子所改立。上古夫婦别葬，蓋與其

① （清）章學誠：《文史通義》，《四部備要》（第 51 册），第 24 頁。

② （清）康有爲：《孔子改制考》，《康有爲全集》（第 3 集），第 85—86 頁。

③ （清）康有爲：《孔子改制考》，《康有爲全集》（第 3 集），第 164 頁。

④ （漢）鄭玄注，（唐）孔穎達正義：《禮記正義》，北京：北京大學出版社，2000 年，第 1844 頁。

⑤ （清）康有爲：《孔子改制考》，《康有爲全集》（第 3 集），第 123 頁。

⑥ （清）康有爲：《孔子改制考》，《康有爲全集》（第 3 集），第 122 頁。

分屬兩個不同的血緣團體相關。摩爾根《古代社會》載塔斯卡洛剌部落"夫與妻分別埋葬,異其墓列"。① 自周以後漸多合葬之風,孔子遂引之以爲定制,"所以固夫婦之道也"(《白虎通·崩薨》)。

孔子極重父子一倫,故以三年喪爲傳教之第一義。然若夫婦一倫不重,則父子一倫亦難以維繫,故孔子又特制親迎之禮。康有爲説:"孔子最重父子,然夫婦不重,則父子不親,故特制親迎之禮,以重其事。"②在康有爲的認識裏,其把三代以上之事均視爲假托。因此,他不太會相信《通典》"夏后氏親迎於庭,殷於堂。周制,限男女之歲,定婚姻之時,親迎於户"③的説法,甚至不相信《詩經·大雅·大明》"文定厥祥,親迎於渭"的記載,而固執地認爲孔子之前"未嘗有親迎之禮"。④ 依康有爲,親迎禮爲孔子所首創,其用意在倡導男女平等,甚至是一夫一妻。後世尊男卑女、廣備媵妾的做法,皆與孔教不合。康有爲説:"舊制男女平等,自後世尊陽抑陰,乃廣備妾媵以繁子姓。泰西一男一女,猶中國古法也。"⑤

當然,孔子所定之制不局限於家庭範圍內。在三年喪、親迎之外,康有爲很重視孔子所定的學校之制。清代抨擊八股文者不乏其人,譬如龔自珍形容其爲"禄利之筌蹄",⑥是政府有意"斫喪人才"的工具。⑦ 至康有爲,其又把甲午慘敗的責任推諉給八股文,建議光緒帝"立行廢棄之"。他説:

> 中國之割地敗兵也,非他爲之,而八股致之也。故臣生平論政,尤痛恨之。即日面奏,荷蒙聖訓,以八股爲學非所用。仰見聖明,洞見積弊。夫皇上既深知其無用矣,何不立行廢棄之乎?⑧

問題在於,八股廢棄後,將采用何種方式獲得人才? 龔自珍的回答是返回漢代的"諷書射策",其云:"漢世諷書射策,皆善也。諷書射策,是亦敷奏以言也。"⑨康有爲與之

① [美]摩爾根:《古代社會》(第1册),北京:商務印書館,1971年,第135頁。
② (清)康有爲:《孔子改制考》,《康有爲全集》(第3集),第120頁。
③ (唐)杜佑:《通典》,北京:中華書局,1984年,第333頁。
④ (清)康有爲:《孔子改制考》,《康有爲全集》(第3集),第120頁。
⑤ (清)康有爲:《孔子改制考》,《康有爲全集》(第3集),第121頁。
⑥ (清)龔自珍:《對策》,《龔自珍全集》,上海:上海古籍出版社,2018年,第116頁。
⑦ 錢穆説:"八股流害,晚明人早已痛切論之。顧亭林至謂:'八股之害,等於焚書,其敗壞人才有甚於咸陽之坑。'然清代仍沿襲不改。但若謂政府有意用八股文來斫喪人才,此則係屬晚清衰世如龔定庵等之過激偏言。"錢穆:《國史新論》,《錢穆先生全集》,北京:九州出版社,2017年,第274頁。
⑧ (清)康有爲:《請廢八股試貼楷法試士改用策論摺》,《康有爲全集》(第4集),第78頁。
⑨ (清)龔自珍:《述思古子議》,《龔自珍全集》,第123頁。

不同的是，其把采用"諷書射策"僅看作是一種過渡時期的權宜之計。易言之，"諷書射策"雖優於八股文，但仍在科舉之法内部打轉，并未突破科舉之樊籬。康有爲希望的是最終用學校取代科舉，其在《請廢八股試貼楷法試士改用策論摺》中説："臣竊惟今變法之道萬千，而莫急於得人才。得才之道多端，而莫先於改科舉。今學校未成，科舉之法未能驟變，則莫先於廢棄八股矣……其今鄉會童試，請改試策論。"①

廢棄八股的建議很快被光緒帝采納，康有爲又順勢呈上《請開學校摺》。在這份奏摺中，康有爲建議遠法德國、近采日本以定學校之制。大體而言，此時康氏所謂的學校之制主要分爲小學、中學、大學三級。其中，鄉設立小學，七歲以上兒童皆須入小學接受教育；縣設立中學；省府根據自身條件創辦大學。康有爲較重視小學與中學，這與遽開學校後大學暫無生源的現實有關，更重要的是重視小學與中學乃西方普遍之做法。康有爲説："泰西各國，尤重鄉學，其中等學校、小學遍地。"②至少在小學階段，康氏認爲應實行義務教育，適齡兒童不入學者，當罪其父母。很明顯，康有爲所談的學校實際上是近代西式意義上的學校。不過康有爲相信，這種分級的學校制度非西方獨創，而早爲教主孔子所預設，且在漢武帝之後盛行全國。其證據是《漢書·平帝紀》所載之"郡國曰學，縣、道、邑、侯國曰校，校、學置經師一人。鄉曰庠，聚曰序，序、庠置《孝經》師一人"。把學校歸爲孔子之預設，無疑可以減少變革之阻力，畢竟有清一代仍以孔子之術立國。

除冠服、三年喪、親迎、學校外，《孔子改制考》第九卷之"孔子創儒教改制考"部分列舉的孔子所改定之制還有立嗣之制、封建大一統之制、授時之制、制土籍田之制（井田制）、選舉之制、刑罰之制、定姓之義、定禮樂之義。如諸子一樣，孔子并不明言這些制度爲自己所創，而把其托之於古人。這樣做一方面易於讓人遵從，另一方面亦能達到避禍之目的。譬如三年喪，《論語·憲問》云："子張曰：'《書》云：高宗諒陰，三年不言，何謂也？'子曰：'何必高宗，古之人皆然。'"事實上，古之人并非如孔子所謂的那樣謹守三年之喪，至少魯國自伯禽至平公，滕國自叔繡至定公無一人行之。《孟子·滕文公》載滕國父兄百官之語云："吾宗國魯先君莫之行（三年喪），吾先君亦莫之行也。"換句話説，三年喪只是孔子托古以行己志而已，而非古之實情。又如親迎禮，在杜佑《通典》"夏后氏親迎於庭，殷於堂。周制，限男女之歲，定婚姻之時，親迎於户"之前，《大傳》及何休已有類似的説法。康有爲認爲這些均是假托，其云：

① （清）康有爲：《請廢八股試貼楷法試士改用策論摺》，《康有爲全集》（第4集），第78—80頁。

② （清）康有爲：《請改直省書院爲中學堂鄉邑淫祠爲小學堂令小民六歲皆入學摺》，《康有爲全集》（第4集），第317頁。

古未有親迎之禮,蓋尊男卑女,從古已然。孔子始發君聘臣,男下女,創爲親迎之義,故於《春秋》著之。何邵公所云夏、殷、周之逆,蓋皆儒者假托以爲説。不然,親迎果爲三代所有,煌煌巨典,昭布天下,而孔子何爲獨陳於哀公之前,而公訝其已重,一若聞所未聞者?①

孔子把這些改定之制度寓於"六經"之中。康有爲與廖平一樣,均主張"六經"爲孔子所作。廖平説:"六經皆經孔子筆削。"又説:"六經,孔子一人之書。"②不過,兩人亦有微妙的不同。廖平所謂的孔子作"六經",實是孔子在參用四代文獻之基礎上完成的:"續修六經,實是參用四代,有損益於其間,非但抄襲舊文而已。"③因此,廖平在具體表述之時,更喜歡説孔子"翻改舊文""翻定六經"。而康有爲認爲根本不存在什麼舊文、文獻供孔子翻改,所謂"'六經'以前無復書記",④其完全是孔子之獨創。如果説廖氏之觀點尚可忍受的話,康有爲此論則讓反對者有强烈的"是可忍孰不可忍"之感。以《周易》爲例,無論是《論衡·謝短》之"三聖重業,《易》乃具足",還是《漢書·藝文志》之"人更三聖,世歷三古",均認爲其是聖人通力合作而完成,孔子之貢獻至多在《彖》《象》《繫辭》《文言》《説卦》《序卦》《雜卦》之十翼而已。而康有爲却認爲《周易》中所有的文辭都是孔子所作,其云:"《易》之辭全出於孔子。"又云:"文辭則一字皆孔子所作。"⑤這些所作的文辭包括卦辭、爻辭、《彖》及《象》:"《彖》《象》與卦辭、爻辭相屬,分爲上下兩篇,乃孔子所作原本。"⑥除此之外的《繫辭》爲孔子弟子補作,《説卦》爲漢宣帝時河内女子所獻之僞作,《序卦》《雜卦》爲劉歆之僞作。

康有爲的這種認識實源自對佛教經典的觀察。依《涅槃經》,如來涅槃之時曾告訴阿難,佛滅度後一切經首初安"如是我聞"四字。換句話説,佛教之經所載的均是教主之語。因此,儒教之《詩》《書》《禮》《樂》《易》《春秋》六藝既標舉爲"經",則必皆是孔子之語。康有爲説:"惟《詩》《書》《禮》《樂》《易》《春秋》六藝爲孔子所手作,故得謂之'經',如釋家佛所説爲'經'。"⑦據此,康有爲批評後世把《周禮》《禮記》《左傳》《公羊傳》《穀梁傳》《論語》《孟子》《爾雅》《大戴記》視作"經"的做法,認爲這種做法導致"僭

① (清) 康有爲:《孔子改制考》,《康有爲全集》(第 3 集),第 144 頁。
② (清) 廖平:《知聖篇》,《廖平全集》(第 1 册),第 332、340 頁。
③ (清) 廖平:《知聖篇》,《廖平全集》(第 1 册),第 337 頁。
④ (清) 康有爲:《孔子改制考》,《康有爲全集》(第 3 集),第 4 頁。
⑤ (清) 康有爲:《孔子改制考》,《康有爲全集》(第 3 集),第 137 頁。
⑥ (清) 康有爲:《孔子改制考》,《康有爲全集》(第 3 集),第 137 頁。
⑦ (清) 康有爲:《孔子改制考》,《康有爲全集》(第 3 集),第 128 頁。

僞紛乘,經名謬甚"。① 當然,古文經學家更習慣從"經"之本義即《說文》所載"織也,從糸,巠聲"理解"經"之爲"經"。劉師培說:"蓋經字之義,取象治絲,縱絲爲經,衡絲爲緯。引申之,則爲組織之義。上古之時,字訓爲飾,又學術授受多憑口耳之流傳,'六經'爲上古之書,故經書之文奇偶相生,聲韵相協,以便記誦,而藻繪成章,有參伍錯綜之觀。古人見經文多文言也,於是假治絲之義而錫以'六經'之名。"②在劉師培看來,凡用對偶、押韵之文言形式組織的書籍皆可稱爲"經",因此諸如《孝經》《道德經》《離騷經》之類亦可有"經"之名。易言之,"經"只與文言相關而與是否爲孔子所作無涉。

四、結　論

孔子與"六經"的關係是研究晚清乃至整個古代思想史的重要問題,周予同說:"我認爲,研究中國古代學術思想史,必須解決'六經'與孔子的關係問題。"③康有爲用近乎偏執的方式,確立了孔子在中國文化上、政治上之獨特的位置。中國文教由孔子所開啓,其借"六經"塑造出文教興盛之三代,奠定文化中國之根基。所謂"三代文教之盛,實由孔子推托之故,故得一孔子而日月光華,山川焜耀"。④ 中國政教亦由孔子所設立,其借"六經"尤其是《春秋》"改除亂世勇亂爭戰角力之法,而立《春秋》新王行仁之制"。⑤ 這種開啓文教、政教傳統的人物,即是教主。由上文的討論可以看出,康有爲大致確定了孔子所創之教有如下幾個特徵。第一,孔子所創之教名爲儒教;第二,孔子創儒後其服謂之儒服,形制爲"章甫,句屨,紳帶,搢笏";第三,如佛教之書稱佛典、道教之書稱道藏,孔子創儒後其書謂之儒書;第四,服儒服,誦儒書,從孔子之教者謂之儒生。

儒教從魯國開始傳播。漢代公羊學中有"王魯"之說,認爲魯國是新受命之王魯隱公所居之地。新王董理天下當從魯國開始,於所傳聞之世"內其國而外諸夏",於所聞之世"內諸夏而外夷狄",於所見之世"天下遠近大小若一"。當康有爲以教主視孔子,魯國也就成了如迦維羅衞、如德亞、麥加一樣的聖地。康有爲說:

---

① （清）康有爲:《孔子改制考》,《康有爲全集》(第3集),第128頁。
② （清）劉師培:《經學教科書》,上海:上海古籍出版社,2007年,第8頁。
③ 周予同:《"六經"與孔子的關係問題》,《中國經學史論著選編》,上海:復旦大學出版社,2015年,第495頁。
④ （清）康有爲:《孔子改制考》,《康有爲全集》(第3集),第4頁。
⑤ （清）康有爲:《孔子改制考》,《康有爲全集》(第3集),第3頁。

光之行也最速,必自近而遠者,勢也。將使日月所照,霜露所墜,大小遠近若一,聲教遍於大地,必先行於諸夏;將使楚、魏、齊、秦咸立博士,漢夷四表咸誦"六經",必先行於魯國。康成經學,朱、王理學,皆數十年而遍天下,彼瞿曇之於迦維衛,摩訶末之於麥加猶然。①

又:

盡道必行於鄉,教必起於近,佛教先行於迦維釋族,摩西先行於迦南、猶太,摩訶末先行於麥加,皆自然之理也。②

"王魯"語境中的魯國是王者教化天下的始發地,即何休所謂的"以魯爲天下化首"(何休《公羊解詁》隱元年注)。聖地語境中的魯國是教主傳教的第一站,春秋時期魯國已盡服儒教,戰國時流傳到楚、魏、齊、秦等國。至漢武帝罷黜百家,儒教臻至"大道統一"。③ 正是在這個意義上,康有爲把漢武帝看作是中國的阿育王。其云:"孔子制度,至孝武乃謂大行,乃謂統一,佛法之阿育大天王也。"④自此,中國人人皆生活在孔教之中。然經過二千年的耳濡目染,所謂"魚相忘於江湖,人相忘於道術",厠身於數千年未有之大變局中的中國人,"雖皆孔教而反無信教、奉教、傳教之人"。⑤ 在康有爲看來,應對此一變局不必"謬慕歐美",⑥"抛却自家無盡藏,沿門持鉢效貧兒"。⑦ 而只需重新認識并遵從孔子之教論。就解決晚清社會問題看,孔子先歐美兩千年已提撕平等、自由之義。康有爲《孔教序》云:

《春秋》譏世卿,故漢時已去世爵,而布衣徒步,可爲公卿。諸經之義,人民平等而無奴,故光武大行免奴,先於林肯兩千年。孔子法律尚平,瞽瞍殺人,則皋陶執之,故後世訟獄,則親王、宰相受法同罪,未以傚《周禮》議親、議貴爲然也。孔子重民,尤多言薄稅斂,故輕減稅率。今天津畝田,稅僅十三錢。漢時學校,已遍全國,人民皆得入學,工商惟人民所習,無限制,聚會、著書、言論皆自由。孔子敷教在寬,其有從佛、道者,皆聽信教自由。凡此皆法

① (清) 康有爲:《孔子改制考》,《康有爲全集》(第3集),第221頁。
② (清) 康有爲:《孔子改制考》,《康有爲全集》(第3集),第223頁。
③ (清) 康有爲:《孔子改制考》,《康有爲全集》(第3集),第225頁。
④ (清) 康有爲:《孔子改制考》,《康有爲全集》(第3集),第235頁。
⑤ (清) 康有爲:《孔教會序》,《康有爲全集》(第9集),第340頁。
⑥ (清) 康有爲:《孔教會序》,《康有爲全集》(第9集),第341頁。
⑦ (明) 王陽明:《咏良知四首示諸生》,《王陽明全集》(第3冊),杭州:浙江古籍出版社,2010年,第826頁。

革命時，喋血百萬而後得之者，歐人得此僅數十年，而吾中國以奉孔子教，諸儒日以經義争，先得之於兩千年前。遍校萬國，皆未有比。豈非吾中國之美化，而孔教之盛德大功歟？吾人何幸而受之。①

　　如何激活這些"吾人何幸而受之"的教諭并將其實現於晚清"大變革"的時代，這是"每个人"而不是那个"天子"的責任。

---

① （清）康有爲：《孔教會序》，《康有爲全集》（第9集），第342頁。

經學蠡探

朱熹與兩宋時期的
太廟東向位之争*

曾 亦

【摘　要】　朱熹是程朱理學的集大成者,而且有著豐富的禮學思想,并且參與了寧宗朝初年關於僖祖祧廟的禮學實踐。所謂僖祖祧廟問題,實源於宋初以來太祖於宗廟祫享時正東向位的爭論。到了神宗熙寧間,由於王安石當國,導致了追崇僖祖爲始祖的禮學舉措,從而推翻了漢晉以來"祖有功"與"親盡祧遷"的主流意見。即便如此,王安石的意見和舉措得到了程頤、朱熹等理學家們的支持。詳考這種主張的理論依據,可上溯至《孝經》"嚴父莫大於配天"之説,而這種説法又進而影響到後來明世宗尊崇本生父爲帝乃至稱宗祔廟等一系列禮學舉措。我們通過這些禮學實踐背後的理學依據,足見程朱理學與陸王心學分享了共同的理論前提。

【關鍵詞】　禮學　理學　朱熹　王安石　陳傅良

【作者簡介】　曾亦,1969年生,同濟大學哲學系、經學研究院教授。

朱熹不僅是程朱理學的代表人物,而且也是宋代重要的禮學家,其禮學思想極其豐富,而且直接參與了寧宗朝關於僖祖祧廟的討論,這無論對於朱子本人的禮學研究,還是後世相關問題的討論,都産生了較大的影響。

所謂宗廟,按照程頤、朱熹的説法,乃"萃聚祖考之精神",從而"收合人心"的場所,因此,歷代帝王極其重視宗廟的構建和神靈的祭享。儒家關於宗廟制度的理論淵源,主要本於周人的宗廟實踐,而相關文獻主要保留在《春秋》《禮記》《詩經》等文獻之中,其中涉及的主要問題,或者引起後世禮家爭論的焦點,體現爲如下幾個方面:

---

* 本文爲國家社科基金重大項目"中國經典詮釋學基本文獻整理與基本問題研究"(21&ZD055)階段性成果。

其一,廟數之争。先是漢後韋玄成、鄭玄的天子五廟説與劉歆、王肅的天子七廟説,至王莽、唐玄宗及宋徽宗以後,更有九廟之説。

其二,昭穆問題。先是兩晋時因晋惠帝、懷帝、愍帝、元帝間的兄弟、子侄繼統引起的兄弟昭穆同異之争,繼則唐中宗、睿宗及敬宗、文宗、武宗時的昭穆問題,至宋代,則因太祖、太宗兄弟相繼而導致的太祖正位問題。

其三,宗廟祧遷問題。漢初未有宗廟祧遷之制,至元帝時,貢禹提出親廟祧毀之義,隨後引發了五廟、七廟的異説及稱宗不毀的争論。兩晋時又與兄弟昭穆同異問題結合在一起,宋時更因僖祖祧遷問題,導致了親廟遷還的反復舉措。

其四,宗廟的構建問題。西漢諸帝廟殆因秦人做法,異地而別廟。東漢則因明帝、章帝遵儉,實行同堂異室之制。至南宋,朱子則主張都宫別殿的做法,後世學者皆贊同此説。

種種問題,到了宋代,圍繞太祖於宗廟袷享時正東向位的問題,又交織在一起,其中,宗廟理論本身有著一直懸而未決的問題,同時,具體的政治現實又對禮學提出了新的挑戰。北宋建國伊始,太祖能否正位東向的問題就一直困擾著當時朝廷的重臣、禮官和學者,形成了宋代政治中非常特殊的畫面。

一、天子廟數之異説

古人關於天子廟數的争論,在理論層面主要體現爲天子五廟與七廟之争,以及不毀之宗是否備七廟之數的問題。蓋無論天子、諸侯,皆得立太祖廟,其餘則立高、曾、祖、禰四親廟,甚至更向上立高祖之父、高祖之祖爲親廟,因此,天子五廟與七廟之争,實質上是四親廟與六親廟之争。

自漢初以來,諸帝皆得立廟祭享,并且,京師與部分郡國皆別爲立廟,且無毀廟之法。元帝時,御史大夫貢禹首建大議,罷天下郡國廟,而且,主張"古者天子七廟,今孝惠、孝景廟皆親盡,宜毀"。[①] 不久,丞相韋玄成奏議宗廟迭毀之制,主張天子立五廟,即以王者始受命王、諸侯始封之君爲太祖,而立高、曾、祖、禰四親廟,是爲五廟,親盡則迭毀;至於周人所以有七廟,則因后稷始封,至文王、武王始受命而王,故三廟不毀,而備七廟也。韋玄成之説,其經典依據本於《禮記·祭義》:"王者禘其祖自出,以其祖

---

① (漢)班固:《漢書》卷七三,北京:中華書局,1962年,第3116頁。案,貢禹主張立七廟,又以惠、景親盡宜毀,則所謂"七廟"者,殆以太上皇、高祖、文帝、武帝、昭帝、皇考、宣帝爲七廟之數也。可見,貢禹以武、昭、皇考、宣帝爲四親廟,而不毀者尚有太上皇也。

配之,而立四廟。"依玄成之議,漢當立五廟,唯太祖高皇帝不毀,而以武帝、昭帝、皇考、宣帝爲四親廟,其餘皆毀。[①]

其後,匡衡爲丞相,亦主韋玄成的五廟之説。不過,當時諸儒所爭者,不在五廟或七廟,亦不在宗廟迭毀之説,只是文帝太宗廟、武帝世宗廟是否親盡當毀的問題。當時朝廷對此頗有異同,直到元帝臨終前,才明確文帝爲太宗不毀,并不允許對此再有爭論。至於武帝世宗廟之毀否,蓋因元帝時猶在親廟之列,成帝時又禁止擅議宗廟,故此問題就暫時擱置起來;直到哀帝時,按照時人關於天子五廟的共識,世宗廟親盡當毀,於是朝廷宗廟之議再起,其核心爭論就是圍繞世宗廟的存毀問題。

此時朝臣多遵循韋玄成、匡衡以來的"正論",認爲只有祖宗廟方得不毀,即唯太祖、太宗廟不毀,其餘皆毀。然而,當時太僕王舜、中壘校尉劉歆獨持異議,曰:

> 高帝建大業,爲太祖;孝文皇帝德至厚也,爲文太宗;孝武皇帝功至著也,爲武世宗,此孝宣帝所以發德音也。[②]

考其中理由,不過將武帝的功德與太祖、太宗相提并論,以爲"中興之功未有高焉者也",誠若此,太祖廟、太宗廟既得不毀,則世宗廟自當不毀。可以説,貢禹所持的"宗不復毀"之説,其實爲劉歆之説開了後門,質言之,太宗因"德至厚"而不毀,則世宗"功至著",自亦不當遷毀。

劉歆進而説道:

> 《禮記・王制》及《春秋穀梁傳》,天子七廟,諸侯五,大夫三,士二。天子七日而殯,七月而葬;諸侯五日而殯,五月而葬。此喪事尊卑之序也,與廟數相應。其文曰:"天子三昭三穆,與太祖之廟而七;諸侯二昭二穆,與太祖之廟而五。"故德厚者流光,德薄者流卑。《春秋左氏傳》曰:"名位不同,禮亦異數。"自上以下,降殺以兩,禮也。七者,其正法數,可常數者也。宗不在此數中。宗,變也,苟有功德則宗之,不可預爲設數。故於殷,太甲爲太宗,大戊曰中宗,武丁曰高宗。周公爲《毋逸》之戒,舉殷三宗以勸成王。繇是言之,宗無數也,然則所以勸帝者之功德博矣。以七廟言之,孝武皇帝未宜毀;以所宗言之,則不可謂無功德。《禮記》祀典曰:"夫聖王之制祀也,功施於民則祀之,以勞定國則祀之,能救大災則祀之。"竊觀孝武皇帝,功德皆兼而有焉。

---

① 秦蕙田論韋成説之誤有五,參見(清)秦蕙田:《五禮通考》卷五八,第 2568、2569 頁。

② (漢)班固:《漢書》卷七三,第 3126 頁。

凡在於異姓,猶將特祀之,況於先祖?或説天子五廟無見文;又説中宗、高宗者,宗其道而毀其廟,名與實異,非尊德貴功之意也。《詩》云:"蔽芾甘棠,勿翦勿伐,邵伯所茇。"思其人猶愛其樹,況宗其道而毀其廟乎?迭毀之禮自有常法,無殊功異德,固以親疏相推及。至祖宗之序,多少之數,經傳無明文,至尊至重,難以疑文虚説定也。孝宣皇帝舉公卿之議,用衆儒之謀,既以爲世宗之廟,建之萬世,宣布天下。臣愚以爲孝武皇帝功烈如彼,孝宣皇帝崇立之如此,不宜毀。①

觀劉歆所論,包括了如下幾個要點:其一,《王制》與《穀梁傳》有天子七廟之明文,且因德有厚薄和尊卑之序的緣故,所以與諸侯五廟應當有等差。其二,先帝有功德則宗之,故宣帝尊武帝爲世宗,既稱宗,則不當毀。其三,《王制》謂"三昭三穆,與大祖之廟而七",則哀帝時,武帝廟猶在昭穆之序,不在"親盡宜毀"之數。② 其四,提出"宗無數"之説,則凡稱宗者皆不當毀,所以勸功德也,誠若是,天子廟數甚至不限於七廟,即在三昭三穆六親廟及太祖以外,猶有太宗、世宗廟。據此,劉歆駁玄成、匡衡等舊説,謂五廟説不見於經傳,且爲宗猶毀"非尊德貴功之意"也。

可見,自漢以來,關於天子廟數的説法,主要有二派:其一,韋玄成主張天子五廟,即在四親廟外,又有始祖不毀之廟,是爲五廟。至於周人以文王、武王爲始受命王,如

---

① (漢) 班固:《漢書》卷七三,第 3127 頁。

② 案,鄭玄據《祭法》七廟之文以釋《王制》,則周之七廟者,乃太祖后稷、四親廟及文、武二祧,若准此以論前漢廟數,則哀帝時,當以成、元、宣、悼皇考爲四親廟。若劉歆之七廟説,不同於鄭玄,蓋以太祖廟以下,不數稱宗之廟,另有三昭三穆之廟,則似親廟有六矣,是説本於《王制》,又符合現實政治的需要,即武帝不僅在親廟之數,而且論其功德,亦不當毀矣。

其後,王肅亦據《王制》之説,主張親廟有六,且謂"尊者尊統於上,故天子七廟,其有殊功異德,非太祖而不毀,不在七廟之數,其禮與太祖同,則文、武之廟是"(《通典》卷四七),亦主"宗無數"之説,可見,王肅之説乃出於劉歆也。

劉歆、王肅六親廟之説,對後世廟制的影響至爲深遠。其先,獻帝時,蔡邕《宗廟迭毀議》有云:"臣謹案禮制七廟,三昭三穆,與太祖七。……孝章皇帝、孝安皇帝、孝桓皇帝親在三昭,孝和皇帝、孝順皇帝、孝靈皇帝親在三穆,廟親未盡,四時常陳。"(清) 嚴可均輯:《全後漢文》,北京:商務印書館,1999 年,第742 頁。可見,蔡氏雖與鄭玄同時,然遠紹劉歆,而近啓王肅之説。又,隋許善心、褚亮嘗有議曰:"至魏初,高堂隆爲鄭學,議立親廟四,太祖武帝猶在四親之内,乃虚置太祖及二祧,以待後代。至景初間,乃依王肅,更立五世、六世祖,就四親而爲六廟。晉武受禪,博議宗祀……至於寢廟之儀,皆依魏晉舊事。宋武帝初受晋命爲王,依諸侯立親廟四。即位之後,增祠五世祖相國掾府君、六世祖右北平府君,止於六廟。逮身殁,主升從昭穆,猶太祖之位也。降及齊、梁,守而弗革,加崇迭毀,禮無違舊。"參見(清) 陳壽祺:《五經異義疏證》卷上引《隋書·禮儀志》,第 65 頁。則漢魏以後,多用親廟六之説也。

是而有七廟。韋玄成之說，自謂本於《禮記·祭義》，其後鄭玄繼其說。[①] 其二，劉歆主張天子七廟，即天子立三昭三穆之親廟，加上不毀之始祖廟，是爲七廟，其經典依據則在《禮記·王制》與《春秋穀梁傳》。[②] 劉歆又據漢人“祖有功，宗有德”之普遍意見，提出“宗無數”之說，於是文帝既稱宗，武帝亦得稱宗；文帝以太宗而不毀，武帝自當以世宗而不毀。且劉歆所謂天子七廟之說，乃合太祖與三昭三穆之親廟而言，加上不毀的文、武世室，則周人實有九廟。其後，王莽、唐玄宗及宋徽宗時俱立九廟，雖有實際政治的考慮，然其理論依據，則出於劉歆所論也。

玄成之說，後來鄭玄即踵其途轍，不過，鄭玄的經典依據還包括《禮緯》，這也是其說受到後人呵詆之處。[③] 曹魏時，王肅務與鄭玄爲敵，而揚劉歆之餘波，故其注《禮記》云：“尊者尊統上，卑者尊統下。故天子七廟，諸侯五廟。其有殊功異德，非太祖而不毀，不在七廟之數。”可見王肅說盡與劉歆同也。

魏晉以後，歷朝多祖劉歆、王肅之說，以其多有經典可據也，蓋除劉歆所引《王制》《穀梁傳》外，尚有《禮記·祭法》《禮器》及《尚書·咸有一德》《孔子家語》，又有荀子、孔安國、班彪父子、孔晁、虞憙、干寶等俱主其說。又，隋禮部侍郎許善心以爲，“自歷代以來，雜用王、鄭二義，若尋其指歸，校以優劣，康成止論周代，非謂經通，子雍總貫皇王，事兼長遠”，[④] 則以鄭說止論周禮，而王說可通於萬世也。至於王說之義理可依

---

① 據《漢書·韋玄成傳》，玄成奏議曰：“禮，王者始受命，諸侯始封之君，皆爲太祖，以下五廟而迭毀，毀廟之主藏乎太祖。五年而再殷祭，言一祫一禘也。祫祭者，毀廟與未毀之主皆合食於太祖，父爲昭，子爲穆，孫復爲昭，古之正禮也。《祭義》曰：‘王者禘其祖自出，以其祖配之，而立四廟。’言始受命而王，祭天以其祖配，而不爲立廟，親盡也。立親廟四，親親也。親盡而迭毀，親疏之殺，示有終也。周之所以七廟者，以后稷始封，文王、武王受命而王，是以三廟不毀，與親廟四而七，非有后稷始封、文武受命之功者，皆當親盡而毀。成王成二聖之業，制禮作樂，功德茂盛，廟猶不世，以行爲謚而已。”參見（清）秦蕙田：《五禮通考》卷五八，第 2565、2566 頁。案，玄成所引《祭義》文，見於今《喪服小記》。劉敞、吳澄謂玄成所引，實有闕文，乃據《禮記·大傳》文，謂《祭義》“而立四廟”一句當作“諸侯及其太祖而立四廟”，則四親廟者，乃諸侯之禮也。

② 據《禮記正義》，此外，又有《禮記·禮器》云：“有以多爲貴者，天子七廟。”孫卿云：“有天下者事七世。”又云：“自上以下，降殺以兩。”《孔子家語》云：“子羔問尊卑立廟制，孔子云：‘禮，天子立七廟，諸侯立五廟，大夫立三廟。’又云：‘遠廟爲祧，有二祧焉。’”則七廟說的經典依據爲勝也。

③ 據《禮記·王制》疏，《禮緯·稽命徵》云：“唐虞五廟，親廟四，始祖廟一。夏四廟，至子孫五。殷五廟，至子孫六。”《鈎命決》云：“唐堯五廟，親廟四，與始祖五。禹四廟，至子孫五。殷五廟，至子孫六。周六廟，至子孫七。”鄭玄據此，謂虞、夏、殷皆立四親廟也，至周有七廟，蓋以文王、武王受命，其廟不毀，以爲二祧，并始祖后稷，及高祖以下親廟四，故爲七廟。

④ （唐）魏徵：《隋書》卷七《禮儀志》，第 138 頁。

者,據唐貞觀時諫議大夫朱子奢所議,主要有兩點:其一,"若使天子諸侯俱立五廟,便是賤可以同貴,臣可以濫主,名器無准,冠履同歸,禮亦異數,義將安設?"如是,不免"天子之禮下偪於人臣,諸侯之制上僭於王者,非所謂尊卑有序、名位不同者也"。其二,"若天子五廟,才與子男相埒,以多爲貴,何所表乎?""德厚者流光,德薄者流卑",天子七廟,所以尊親嚴配也。① 此二説者,俱劉歆所主也。

至宋朱子,亦宗劉歆、王肅之説。其論《殷武》詩云:

> 高宗中興,特爲百世不遷之廟,不在三昭三穆之列。②

則朱子不獨以天子上祀高祖之父、高祖之祖,以備三昭三穆之數;且謂殷高宗有中興之功,故其廟百世不毀,且不在六親廟之列。朱子此説盡與劉歆同也。

朱子又直接肯定劉歆之説,曰:

> 問:"漢諸儒所議禮如何?"曰:"劉歆説得較是。他謂宗不在七廟中者,謂恐有功德者多,則占了那七廟數也。"……又曰:"且如商之三宗,若不是別立廟,後只是親廟時,何不胡亂將三個來立? 如何恰限取祖甲、太戊、高宗爲之?'祖有功,宗有德',天下後世自有公論,不以揀擇爲嫌。所謂名之曰幽、厲,雖孝子慈孫,百世不能改。那個好底自是合當宗祀,如何毀得! 如今若道三宗只是親廟,則是少一個親廟了。"③

可見,朱子完全是站在劉歆的立場。

又,朱子《中庸或問》亦有論曰:

> 天子之廟,其制若何? 曰:唐之文祖、虞之神宗、商之七世三宗,其詳今不可考。獨周制猶有可言,然而漢儒之記,文已有不同矣。謂后稷始封,文、武受命而王,故三廟不毀,與親廟四而七者,諸儒之説也。謂三昭三穆與太祖之廟而七,文、武爲宗不在數中者,劉歆之説也。雖其數之不同,然其位置遷次,宜亦與諸侯之廟無甚異者。但如諸儒之説,則武王初有天下之時,后稷爲太祖,而組紺居昭之北廟,太王居穆之北廟,王季居昭之南廟,文王居穆之南廟,猶爲五廟而已。至成王時,則組紺祧,王季遷而武王祔;至康王時,則太王祧,文王遷而成王祔。至昭王時,則王季祧,武王遷而康王祔。自此

---

① 參見(清) 秦蕙田:《五禮通考》卷八〇,第 3721、3722 頁。

② (后晋) 劉昫:《舊唐書》卷二九《禮儀志》。

③ (宋) 朱熹:《詩集傳》卷二〇,《朱子全書》(第 1 册),第 758 頁。

以上，亦皆且爲五廟，而祧者藏於太祖之廟。至穆王時，則文王親盡當祧，而以有功當宗，故別立一廟於西北，而謂之文世室。於是成王遷、昭王祔而爲六廟矣。至共王時，則武王親盡當祧，而亦以有功當宗，故別立一廟於東北，而謂之武世室。於是康王遷、穆王祔而爲七廟矣。自是以後，則穆之祧者藏於文世室，昭之祧者藏於武世室，而不復藏於太廟矣。如劉歆之説，則周自武王克商，即增立二廟於二昭二穆之上，以祀高圉、亞圉，如前遞遷，至於懿王而始立文世室於三穆之上，至孝王時始立武世室於三昭之上，此爲少不同耳。曰：然則諸儒與劉歆之説，孰爲是？曰：前代説者多是劉歆，愚亦意其或然也。①

可見，朱子雖以劉歆近是，然亦有所不同。蓋朱子以文、武世室爲祧，而劉歆則以遠廟爲祧也。

二、熙寧間王安石尊僖祖之争

自魏晉以降，通常始受命王即建立太廟，上祭高祖以下諸位神靈；然若宗廟祫祭時，雖有太祖，猶不得正東向之位，蓋虛其位而下列於昭穆而已。其後至太祖以下六世或七世之後，太祖始得正東向之位。然而，由於種種現實政治因素的考量，常導致太祖不得正東向之位，猶祭太祖以上諸親廟，於是五廟説之後，又有七廟説，乃至遷延數世而未果，乃不得不懸置此問題，至於有九廟之制。換言之，天子五廟説本屬正禮，或因不得正太祖之位，或因兄弟昭穆之異同，遂有七廟、九廟諸説也。

據《宋史·禮志》所載，太祖建隆初，依兵部尚書張昭等奏，乃依隋、唐初年之制，建立四親廟，且因僖祖以上世系不可考，唯立僖祖、順祖、翼祖、宣祖四代而已。② 太宗即位，以太祖祔廟，乃據唐人九廟之制，遂備僖祖以下至太祖之五親廟。真宗咸平元年（998 年），時判太常禮院李宗訥等以太祖、太宗乃兄終弟及，欲稱太祖爲伯，遂啓異議。時户部尚書張齊賢等據《公羊》“爲人後者爲之子”之説以言曰：

> 《王制》曰“天子七廟”，謂三昭三穆并太祖之廟而七。前代或有兄弟繼
> 及，亦移昭穆之列，是以《漢書》“爲人後者爲之子”，所以尊本祖而重正統也。

---

① （宋）朱熹：《中庸或問》，《朱子全書》（第 6 册），第 583、584 頁。

② 案，早在後晉天福二年（937 年），群臣集議立宗廟事，時張昭任御史中丞，即主張仿照隋唐舊制，立四親廟，且認爲“追册太祖，不出親廟之成例”，“應推四世之中名位高者爲太祖”。參見（元）馬端臨：《文獻通考》卷九三，北京：中華書局，2011 年，第 2844—2846 頁。

又《禮》云:"天子絕期喪。"安得宗廟中有伯氏之稱乎? 其唐朝及五代有稱者,蓋禮官之失,非正典也。請自今有事於太廟,則太祖并諸祖室,稱孝孫、孝曾孫嗣皇帝;太宗室,稱孝子嗣皇帝。①

蓋張齊賢等以太宗既繼太祖,則當爲之子,故真宗有事於太廟,於太祖室自稱"孝孫",於太宗室自稱"孝子"也。然禮官議曰:

> 案,《春秋左氏傳》文公二年:"躋魯僖公。"《正義》云:"禮,父子異昭穆,兄弟昭穆同。"此明閔、僖弟兄繼統,同爲一代。又魯隱、桓繼及,皆當穆位。……伏請……太祖室曰皇伯考妣,太宗室曰皇考妣。每大祭,太祖、太宗昭穆同位,祝文并稱孝子。其別廟稱謂,亦請依此。②

禮官蓋據《左傳》孔疏之説,以太祖、太宗雖兄弟繼統,然昭穆則同,故主張真宗於太祖室稱"皇伯考",太宗室稱"皇考";若祫祭太祖、太宗時,則真宗皆自稱"孝子"。

然都省集議時,則重申了《公羊》"爲人後者爲之子"之説,且曰:

> 今太祖受命開基,太宗續承大寶,則百世不祧之廟矣。豈有祖宗之廟已分二世,昭穆之位翻同一代? ……必若同爲一代,則太宗不得自爲世數也。不得自爲世數,則何以得爲宗乎? 不得爲宗,則何以得爲百世不祧之主乎?③

自魏晉以降,雖頗有兄弟繼統者,而多以同昭穆而視爲一世。然宋代的情況頗爲特殊,蓋太祖與太宗兄終弟及,若同爲一世,則太宗不得爲宗,更不得爲百世不祧之主也。其實,內中尚有未明言者,殆若將來太祖正東向之位,而太宗必在昭位,則太祖、太宗自不得爲一世也。據此,真宗於太祖廟當自稱"孝孫"。

對此,禮官又再申前議曰:

> 案《禮記·祭統》曰:"祭有昭穆者,所以別父子、遠近、長幼、親疏之序而無亂也。"《公羊傳》公孫嬰齊爲兄歸父之後,《春秋》謂之仲嬰齊。何休云:"弟無後兄之義,爲亂昭穆之序,失父子之親,故不言仲孫,明不以子爲父孫。"晉賀循議兄弟不合繼位昭穆云:"商人六廟,親廟四,并契、湯而六。比有兄弟四人相襲爲君者,便當上毀四廟乎? 如此四世之親盡,無復祖禰之神矣。"……溫嶠議兄弟相繼、藏主夾室之事云:"若以一帝爲一世,則當不得祭

---

① (元) 馬端臨:《文獻通考》卷九三,第 2848 頁。
② (元) 馬端臨:《文獻通考》卷九三,第 2848 頁。
③ (元) 馬端臨:《文獻通考》卷九三,第 2848 頁。

於禘，乃不及庶人之祭也。"夫兄弟同世，於恩既順，於義無否。玄宗朝《禘祫儀》云：布昭穆之座於戶外，皇伯考中宗、皇考睿宗，并坐於南厢北向，同列穆位。又唐《郊祀録》，德宗朝祝文以中宗爲高伯祖。《續曲臺禮•祫祭圖》，中宗、睿宗俱列昭位。晋王導、荀崧等議："大宗無子，則立支子。"又曰："爲人後者爲之子。"無兄弟相爲之文，所以舍至親取遠屬者，蓋以兄弟一體，無父子之道故也。竊以七廟之制，百王是尊，至於祖有功，宗有德，則百世不遷之廟也；父爲昭，子爲穆，則萬世不刊之典也。今議者引《漢書》曰："爲人後者爲之子。"殊不知弟不爲兄後，子不爲父孫，《春秋》之深旨也；父謂之昭，子謂之穆，《禮記》之明文也。又案太宗享祀太祖二十有二年，稱曰"孝弟"，此不易之制，又安可追改乎？唐玄宗謂中宗爲皇伯考，德宗謂中宗爲高伯祖，則伯氏之稱，復何不可？臣等參議，自今合祭日，太祖、太宗依典禮同位異坐，皇帝於太祖仍舊稱孝子。[①]

案，《公羊傳》既有"爲人後者爲之子"之條，又有"仲嬰齊"之文，蓋謂兄弟相及當異昭穆也。然考何休之注，實駁傳也，未可盡以爲理據。然自漢末以來，除刁協等少數學者外，大多主張兄弟同昭穆。然禮官習於故事，乃引賀循、溫嶠、王導等議，及唐玄宗、德宗時事，又謂宋太宗享祀太祖時，亦自稱"孝弟"，故自此以後，直至寧宗時，宗廟祫享時皆以太祖、太宗同位，而太祖不得正東向之位，此實爲重要原因也。

蓋自魏晋以來，朝廷多用劉歆、王肅七廟之説，若太祖未正位東向，則常虛太祖位，而立三昭三穆之六親廟。真宗時，按照此種理論，雖有六親廟，然太祖、太宗同位，不過五世也。顯然，此時太祖、太宗的昭穆問題，尚未到根本解決之時，此後一旦六廟親盡當祧，此問題不免再度引起禮官、儒臣的討論。

至仁宗即位，以真宗神主祔廟。按照兄弟同昭穆之説，此時宗廟中當立六世七室之主。然至康定元年（1040 年），直秘閣趙希言奏："案禮，天子七廟，親廟五、祧廟二。據古，則僖、順二祖當遷。"[②]此説似以兄弟異昭穆，且據鄭玄之説，以爲唯立親廟五，故主張祧僖、順二祖，然未及正太祖東向位也。同判太常寺宋祁乃駁此説，曰：

鄭康成謂周制立二昭二穆，與太祖、文、武共爲七廟，此一家之説，未足援正。自荀卿、王肅等皆云天子七廟，諸侯五，大夫三，士一，降殺以兩。則國家七世之數，不用康成之説也。僖祖至真宗方及六世，不應便立祧廟。自

---

① （元）馬端臨：《文獻通考》卷九三，第 2849 頁。

② （清）秦蕙田：《五禮通考》卷八一，第 3795 頁。

周、漢每帝各立廟,晉、宋以來多同殿異室,國朝以七室代七廟,相承已久,不可輕改。①

宋祁則主荀子、王肅"天子七廟"之説,且謂兄弟相及乃同昭穆,故至真宗時不過六世,尚在三昭三穆之内。可見,宋祁實際上將僖祖之祧遷問題擱置起來。因此,秦蕙田雖主"天子七廟"之説,論此事時,亦贊同宋祁所論,以爲"僖、順有當祧之義,尚非應祧之時"。②

嘉祐八年(1063年),仁宗崩,將祔廟。此時按照兄弟同昭穆之説,僖祖已在六世外而當祧矣,於是爭論再起。孫抃等主張太廟增爲八室,曰:

> 七世之廟,據父子而言,兄弟則昭、穆同,不得以世數之。商祖丁之子陽甲、盤庚、小辛、小乙皆有天下,廟有始祖、有太祖、有太宗、有中宗,若以一君爲一世,則小乙之祭不及其父。故晉之廟十一室而六世,唐之廟十一室而九世,中宗、睿宗之於高宗,恭宗、文宗、武宗之於穆宗,同居穆位。國朝太祖之室,太宗稱孝弟,真宗稱孝子,大行稱孝孫。而《禘祫圖》:太祖、太宗同居昭位,南向;真宗居穆位,北向。蓋先朝稽用古禮,著之祀典,大行神主祔廟,請增爲八室,以備天子事七世之禮。③

孫抃重申了宋祁"兄弟同昭穆"之説,謂當祭僖祖以下七世八帝之主,至其稱"備天子事七世之禮",則以天子七廟乃存七世親廟也,而不祧之祖猶在親廟之列。此説同樣將僖祖之祧遷問題擱置起來,并且不符合晉以來虛太祖之位而立三昭三穆的主流意見。

而盧士宗、司馬光則主張:

> 太祖以上之主,雖屬尊於太祖,親盡則遷。故漢元之世,太上廟主瘞於寢園;魏明之世,處士廟主遷於園邑;晉武祔廟,遷征西府君;惠帝祔廟,遷豫章府君。自是以下,大抵過六世則遷。蓋太祖未正東向,故止祀三昭三穆;已正東向,則并昭穆爲七世。唐初祀四世,太宗增祀六世。及太宗祔廟,則遷弘農府君;高宗祔廟,又遷宣皇帝。皆祀六世,前世成法也。明皇立九室祀八世,事不經見。若以太祖、太宗爲一世,則大行祔廟,僖祖親盡當遷夾

---

① (清)秦蕙田:《五禮通考》卷八一,第3795頁。
② (清)秦蕙田:《五禮通考》卷八一,第3795頁。
③ (元)馬端臨:《文獻通考》卷九三,第2851頁。

室,祀三昭三穆,於先王典禮及近世之制,無不符合。①

可以説,盧士宗與司馬光的主張,不僅代表了劉歆、王肅一派觀點的主流意見,而且也符合魏晋以來的通行做法,質言之,即以太祖以上神主,親盡則遷,若太祖未正東向之位,則立三昭三穆六親廟,迄至太祖正東向位後,則備七廟之制。據此,時仁宗祔廟,太祖既未至正東向位時,則當立六世七室之主,而遷僖祖也。并且,盧士宗以爲,自漢元、魏明、晋武以來,莫不遷始祀之祖,實有故事可循也。

　　然孫抃猶持前議,并提出僖祖爲"立廟之祖"的新説,且謂周以前太祖,"非始受命之王,特始封之君而已",換言之,宋之太祖乃"始受命之王",而非作爲"始封之君"的后稷之比。抃又謂漢、魏、唐之故事不過出於"一時之議",未必合於先王制禮之意,於是當存僖祖室以備七世。② 孫抃此説,表面上將僖祖的地位問題再度擱置起來,而究其更深層的後果,則似乎否定了宋太祖在宗廟祫享時的特殊地位,不過猶周之文王而已。設若是説,太祖既不得爲始祖,則爲後來王安石尊僖祖爲始祖,而導其先路矣。

　　神宗即位,祔英宗於太廟。此時即便按照孫抃之議,僖祖已在八世之上,當祧遷無疑矣。於是從禮官及張方平等議,遂祧僖祖,祔英宗於第八室。即便如此,七世八帝廟的做法依然是沒有理據的。

　　至熙寧五年(1072年),王安石用事,時中書門下奏言:

　　　　本朝自僖祖以上世次不可得而知,則僖祖有廟,與商周契、稷疑無以異。今毁其廟而藏主於夾室,替祖考之尊而下祔於子孫,殆非所以順祖宗孝心、事亡如存之義。③

蓋孫抃謂僖祖爲"立廟之祖",又以宋之太祖非"始封之君",不可擬於商周之契、稷,至此,王安石遂徑直將僖祖尊爲不祧之"始祖"矣。并且,安石以爲,僖祖神主藏於夾室,則"替祖考之尊而下祔於子孫"也。此種説法,成爲後來程頤、朱熹反對祧遷僖祖的主要理由。

　　此論一出,可謂前所未有,遭到了禮官和儒臣的激烈反對,於是,朝廷形成了兩派完全對立的意見。

---

① (元)馬端臨:《文獻通考》卷九三,第2851頁。
② 參見(元)馬端臨:《文獻通考》卷九三,第2851、2852頁。
③ (元)馬端臨:《文獻通考》卷九四,第2862頁。又,朱子嘗引其説,謂安石上疏,謂"皇家僖祖,正如周家之稷、契,皆爲始祖百世不遷之廟。今替其祀,而使下祔於子孫之夾室,非所謂'事亡如事存,事死如事生',而順祖宗之孝心也"。參見(宋)黎靖德編:《朱子語類》卷九〇,第2305頁。可見,中書門下所奏正是出於安石的意見,而朱子稱其論甚正,并自謂其《議狀》"正用介甫之意"。

支持王安石意見的翰林學士元絳等上議曰：

> 自古受命之主，既以功德享有天下，皆推其本統以尊事其祖。故商、周以契、稷爲始祖者，皆以承其本統，而非以有功與封國爲重輕也。諸儒以契、稷有功於唐、虞之際，故謂之"祖有功"。若必以有功而爲祖，則夏后氏不郊鯀矣。今太祖受命之初，立親廟，自僖祖以上世次既不可得而知，則僖祖之爲始祖無疑矣。倘謂僖祖不當比契、稷爲始祖，是使天下之人不復知尊祖，而子孫得以有功加其祖考矣。《傳》曰："毁廟之主，陳於太祖；未毁廟之主，皆升合食於太祖。"今遷僖祖之主而藏於太祖之室，則是僖祖、順祖、翼祖、宣祖祫祭之日，皆降而合食也。情文不順，無甚於此。請以僖祖之廟爲太祖，則合於先王之禮意。①

觀元絳等議，提出了尊僖祖爲始祖的幾點重要理由：其一，僖祖雖無始封之功，不妨其爲始祖，猶夏之郊鯀也。且謂契、稷所以爲始祖，非以其功，實以後世"承其本統"故也。其二，僖祖雖不過爲太祖之高祖，然以上世次既不可知，自可視爲始祖。其三，駁斥漢以來"祖有功"的一貫主張，以爲不免"子孫得以有功加其祖考"，非所以尊祖也。其四，若不尊僖祖，則於太祖廟祫祭時，不免有四祖"降而合食"之嫌。

至於反對者亦頗衆，如翰林學士韓維議曰：

> 昔先王既有天下，迹其基業之所由起，奉以爲太祖，所以推功美、重本始也。故子夏序《詩》，稱文、武之功起於后稷。後世有天下者，皆特起無所因，故遂爲一代太祖。太祖皇帝孝友仁聖，睿知神武，兵不血刃，坐清大亂，子孫遵業，萬世蒙澤，功德卓然，爲宋太祖無可議者。僖祖雖於太祖爲高祖，然仰迹功業，未見其有所因，上尋世系，又不知其所以始。若以所事契、稷奉之，竊恐於古無考，而於今亦有所未安。今之廟室與古殊制，古者每廟異宮，今祖宗同處一堂，而西夾室在順祖之右，考之尊卑之次，似亦無嫌。②

韓維的理由則有如下數點：其一，重申"祖有功"之説，且據子夏《詩》序，認爲文、武之有天下，其基業之所由起，則在后稷，此后稷所以爲周之太祖也。其二，後世有天下者，如漢高祖、宋太祖等，皆"特起無所因"，遂因始受命而爲太祖。其三，若僖祖雖爲太祖之高祖，既非太祖功業之所因，亦非本始所在。其四，回應了王安石、元絳的主要理由，即僖祖雖遷於西夾室，猶在順祖之右，似無"替祖考之尊"之嫌。

---

① （元）馬端臨：《文獻通考》卷九四，第 2862、2863 頁。

② （元）馬端臨：《文獻通考》卷九四，第 2863 頁。

天章閣待制孫固則提出了折衷意見：

> 特爲僖祖立室，由太祖而上，親盡迭毀之主皆藏之。當禘祫之時，以僖
> 祖權居東向之位，太祖順昭穆之列而從之，取毀廟之主而合食，則僖祖之尊
> 自有所申。以僖祖立廟爲非，則周人別廟姜嫄，不可謂非禮。[①]

孫固主張爲僖祖別立廟，而非藏於西夾室。至禘祫時，僖祖權居東向之位，而太祖則
從昭穆之列，如此，"僖祖之尊自有所申"矣。顯然，孫固認爲韓維之説未能解決王安
石、元絳"替祖考之尊"這種制度上的擔憂，而肯定了僖祖在祫享時猶當居東向之位。

此外，又有秘閣校理王介，提出了另一種辦法，即別立祧廟以奉僖祖。顯然，這種
意見也是出於同樣的制度擔憂，"庶不下祫子孫夾室，以替遠祖之尊"。[②]

關於朝臣們的這些爭論，神宗頗認可韓維之説，以爲"近是"，不過，對於韓維主張
藏主於夾室，以及孫固主張禘祫時僖祖權居東向位之説，則傾向王安石的立場。[③] 可
見，爭論雙方的焦點在於，當僖祖親盡當祧時，如何維護僖祖作爲遠祖的尊嚴。關於
這個問題，主張祧遷僖祖的儒臣和禮官們似乎并沒有找到最妥善的辦法，自然引發了
王安石一派的反擊，即不惜屈太祖於昭穆之列，而乾脆尊崇僖祖爲始祖，甚至擴建廟
室，以避免破壞親盡則祧的共識。[④]

於是禮官們對此進一步加以討論。同判太常寺兼禮儀事張師顏等主張：

> 昔者商、周之興，本於契、稷，故奉之爲太祖。後世受命之君，功業特起，
> 不因前代，則親廟迭毀，身自爲祖。鄭康成云："夏五廟無太祖，自禹與二昭
> 二穆而已。"唐張薦云："夏后以禹始封，遂爲不遷之祖。"是也。若始封世近，
> 上有親廟，則擬祖上遷，而太祖不毀。魏祖武帝則處士迭毀，唐祖景帝則弘

---

① （元）馬端臨：《文獻通考》卷九四，第 2863 頁。

② （元）馬端臨：《文獻通考》卷九四，第 2863 頁。案，爲祧主別立祧廟的主張，最早始於晋賀循，不過，當時
儒者和禮官尚無宋人"替祖考之尊"的擔憂。

③ 後來朱子批評了韓維的這種主張，認爲："夾室乃偏側之處，若藏列祖於偏側之處，而太祖以孫居中尊，是
不可也。"參見《朱子語類》卷一○七，第 2661 頁。不過，朱子的批評似是而非，因爲即便按照以文、武爲
祧廟的周制，列祖都是祧遷於偏側的夾室，皆有"替祖考之尊"之嫌。然而，無論是主張尊僖祖的王安石、
程頤、朱熹等人，還是反對王安石的其他儒臣，似乎少有贊同韓維的意見者。這或許反映了當時宋人尊
崇祖考的某種普遍觀念。

④ 自漢元帝以來，宗廟上的爭論雖然頗多，但始終存在一點共識，即漢初遍祀宗廟的做法不可取。因爲無
論在理論上，還是出於現實的考量，都普遍贊同親盡祧廟的做法。即便後來由於東漢明帝以後"同堂共
室"制度的形成，宗廟祭享的經濟成本大爲降低，以致後來出現了九廟之制，都無法避免宗廟擴建帶來經
濟上的壓力。

農迭毀,此前世祖其始封之君,以法契、稷之明例也。唐韓愈有言:"事異商、周,禮從而變。"晋琅琊王德文曰:"七廟之義,自由德厚流光,享祀及遠,非是爲太祖申尊祖之祀。"其説是也。禮,天子七廟,而太祖之遠近不可以必,但云三昭三穆與太祖之廟而七,未嘗言親廟之首必爲始祖也。國家治平四年,以僖祖親盡而祧之,奉景祐之詔,以太祖皇帝爲帝者之祖,是合於禮矣。國初,張昭、任澈之徒,不能遠推隆極之制,因緣近比,請建四廟,遂使天子之禮下同諸侯。若使廟數備六,則更當上推兩世,而僖祖次在第三,亦未可謂之始祖也。謹按建隆四年親郊,崇配不及僖祖。開國以來,大祭虛其東向,斯乃祖宗已行之意也。請略仿《周官》守祧之制,築別廟以藏僖祖神主,大祭之歲,祀於其室。太廟則一依舊制,虛東向之位。郊配之禮,則仍其舊。①

可見,張師顔等禮官的主張,一則本魏、唐故事,以爲太祖以上神主當祧,而僖祖作爲始祀之祖,不過純出偶然,乃張昭、任澈之徒"因緣近比"的結果,否則,僖祖自無緣爲"立廟之祖"也;一則據《周禮》守祧之制,主張爲僖祖別立廟,以全僖祖之尊。至於太廟祫祭,依舊虛太祖東向之位,而僖祖不與焉。可見,神宗既不贊同韓維建議,而張師顔等轉而支持孫固的主張,即爲僖祖別立廟也。

此外,又有禮官主張將僖祖祔於景靈宮,或主張以僖祖配感生帝,更有同判太常寺兼禮儀事章衡,則別創異説,主張"尊僖祖爲始祖,而次祧順祖,以合子爲父屈之義。推僖祖侑感生之祀,而罷宣祖配位,以合祖以孫尊之義,餘且如舊制"。② 章衡這種主張,後來得到王安石一派朝臣的不斷重申。

如是爭論數月,最後中書總結各家説法,奏言:

> 太常禮院言奉旨詳定僖祖神主祧遷,而判院章衡等請以僖祖爲始祖,張師顔等請奉僖祖爲別廟,同知禮院蘇梲請以僖祖祔景靈宮者。竊以聖王用禮,固有因循,至於逆順之大倫,非敢違天而變古。今或以夾室在右,謂於宗祐爲尊,或以本統所承,措之別宮爲當,類皆離經背理,臣等所不敢知。伏請奉僖祖神主爲太廟始祖,遷順祖神主藏之夾室,依禮不諱。孟夏祀感生帝,以僖祖配。③

可見,最後朝廷采納了章衡的主張,不僅尊僖祖爲始祖,而且以僖祖配感生帝。

---

① (元)馬端臨:《文獻通考》卷九四,第 2864 頁。
② (元)馬端臨:《文獻通考》卷九四,第 2865 頁。
③ (宋)李燾:《續資治通鑒長編》卷二四〇。

　　據説當時王安石還有更激進的主張，僖祖既尊爲始祖，則郊祀時當以配天，至於宗祀明堂時，則以太祖、太宗迭配。按照這種做法，不僅意味著太祖不能正東向位，而且從根本上動揺了太祖作爲"受命之王"的地位。不過，安石此論没有得到神宗的贊同，於是，神宗采取折衷立場，奉僖祖爲始祖，遷順祖神主於夾室，而以僖祖配感生帝。①

　　其後，馬端臨論熙寧時尊僖祖之事曰：

　　　　夫契、稷皆有大功於生民，以此受封，傳世至於湯、武，受命興王，推其所自，本於稷、契，故奉之以爲太祖，舉無異詞。若後之有天下者，則皆功業特起，不因前代，然既即帝位，必以天子之禮事其祖考。如漢之太公，晋之征西、豫章，唐之宣、懿、景、元，宋之僖、順、翼、宣，皆帝者之祖宗，享七廟之嚴奉可也。若推以爲太祖而比之稷、契，則固不侔矣。是以韋玄成、劉歆諸人講論廟制備矣，而終不能復殷、周之制者，蓋太祖之位未定故也。古之祫祭，蓋奉太祖與毀廟、未毀廟之主而合祀之。其制則太祖東向，左昭、右穆以次爲位而祭之。然唐世以景帝爲太祖，當中、睿間，則景帝世近，在三昭三穆之内，故禘祫則虚東向之位，而太祖列於昭穆。至代宗以後，景帝方居第一室，禘祫得以正位。然獻、懿二祖親盡已毀，而禘祫則合祭。故當時建議者請景帝禘祫之時暫居昭穆，屈己以奉祖宗，而以獻祖東向。然則唐世之祫祭，如太祖東向之位，其始也虚之，其末也則景、獻二帝迭處之矣。然祭祀乃一時之禮，虚其位可也，迭處其位亦可也。宗廟有百世之規，既立太祖之廟，不可復虚；既入太祖之廟，不可復遷。姑以熙寧之事言之，當時以僖祖爲太祖，而自翼祖以下至英宗爲三昭三穆是矣。然僖祖本無功德，非宋所以興，而肇造區夏、光啟後裔者，藝祖、太宗也。今僖祖爲百世不遷之太祖，而藝祖、太宗則親盡而毀之，可乎？藉曰以二祖同文、武世室，亦百世不毀，然周之文、武，其功德未嘗居后稷之右，今以僖祖爲太祖，而藝祖、太宗僅同世室，終不足以厭人心。蓋宋太祖之廟非藝祖不足以當之，而神宗之世纘及五代，以藝祖爲太祖則七廟未可立也。漢以來崛起而有天下者，必合以天子之禮事其祖考，於是尊爲始祖，或推以配天，固不容論其功業之有無也。逮其傳世既久，子

────────────

① 據《宋史·孫固傳》，時議尊僖祖爲始祖，而固曰："漢高以得天下與商、周異，故太上皇不得爲始封。光武中興，不敢祖春陵而祖高帝。宋有天下，傳之萬世，太祖功也，不當替其祀。請以爲始祖，而爲僖祖别立廟。禘祫之日，奉其祧主東向以申其尊，合所謂祖以孫尊、孫以祖屈之意。"韓琦見而歎曰："孫公此議，足以不朽矣。"可見，反對以僖祖取代太祖配天，不僅是神宗的獨斷，而且也有孫固調護其間的作用。

孫相承,則自當以建邦啓土、創業垂統者爲太祖,而創業者所祖之祖,固未可以言百世不遷矣。蓋後世太祖之位,隨世而遷,太祖之議,世各異論,不能如殷契、周稷之定於有天下之初,而後世子孫竟無以易也。然則歷代所以不能復殷、周七廟之制者,非不知古禮也,正以尊之祖無一人可以擬稷、契者,是以太祖之議難決,而太祖之位未定故耳。①

在馬氏看來,後世宗廟之禮不能復古者,關鍵在於不能定太祖之位也;而太祖之位所以不能定者,則因有天下者"皆功業特起,不因前代",故始受命者之祖考皆無有擬周稷、殷契之功者。

至元豐元年(1078年),乃詳定八廟昭穆之制,以始祖居中,而以六世七帝神主列於昭穆,即翼祖、太祖、太宗、仁宗爲穆,宣祖、真宗、英宗爲昭,皆南面北上。② 按照此種設計,大致符合劉歆、王肅所說的天子七廟之制。元豐八年,神宗祔廟,按照熙寧廟制,則祧翼祖也。

元符三年(1100年),哲宗崩,徽宗以弟繼統,時禮部太常寺言:"晋成帝時,宗廟十室,至康帝以成帝之弟承統,不遷京兆府君,始增一室爲十一室,合於温嶠等諸儒全七世之議。考之歷代,於禮爲宜。今哲宗升祔,宜如晋成帝故事,於太廟殿增一室,候廟成日,神主祔第九室。"③案,哲宗祔廟,當祧宣祖,如翰林學士承旨蔡京、吏部侍郎陸佃、中書舍人曾肇等所議是也。然此時禮官據晋成帝、康帝故事,以哲宗與徽宗同昭穆,乃不祧宣祖,於是增一室,則太廟中已有八世九帝之主矣。殆以將來徽宗祔廟,乃祧宣祖,是時太廟中依然有七世九帝之主,猶天子七廟之禮也。於是祔哲宗神主於東夾室,而正廟中依然奉七世八帝之主。又詔仁宗、神宗廟永祀不祧,至此,太廟中不祧者除始祖僖祖外,又有太祖、太宗、真宗、仁宗、神宗,皆不祧之世室也。至崇寧二年(1103年),詔祧宣祖,始以哲宗神主祔於太廟第八室。

然至崇寧三年,增太廟爲十室,而復翼祖、宣祖廟。案,此時太廟中已有七世八帝之主,符合三昭三穆之說,不違古禮。然據詔書所言,此種做法的考慮在於:

---

① (元)馬端臨:《文獻通考》卷九四,第2866、2867頁。

② 案,僖祖未正東向位時,太祖、太宗爲昭位;至今以僖祖爲始祖,則太祖、太宗乃居穆位矣。其後寧宗時太祖正東向位,則太宗又居昭位矣。可見,隨著太廟東向位的確立,其下昭穆位亦自隨之遷移矣。王安石弟子陸佃頗爲之辯護,并圖上八廟昭穆之制,"以翼祖、太祖、太宗、仁宗爲昭,在左;宣祖、真宗、英宗爲穆,在右,皆南面北上"(《五禮通考》卷八一,第3805頁)。然而,朱子雖謂僖祖不當祧,然在其稍後所作《禘祫議》中,似不再表現出對王安石的肯定,反而對陸佃的昭穆遷移之說提出了批評,而朱子宗廟之說最受禮家肯定者亦在於此。

③ (元)馬端臨:《文獻通考》卷九四,第2867、2868頁。

　　鄭氏謂"太祖及文、武不祧之廟與親廟四并而爲七",是不祧之宗,在七廟之內。王氏謂"非太祖而不毀,不爲常數",是不祧之宗,在七廟之外。惟我祖考功隆德大,萬世不祧者,今已五宗,則七廟當祧者二宗而已。遷毀之禮,近及祖考,殆非先王尊祖奉先之意。[①]

蓋當時太廟所立七世八帝之主,僖祖及太祖、太宗、真宗、仁宗、神宗皆不祧,而將祧者唯英宗、哲宗而已,則遠廟不祧,唯祧近廟也,此種做法顯與鄭、王之意俱不合。故詔書聲稱"酌鄭氏四親之論,取王肅九廟之規,參合二家之言,著爲一代之典",[②]即用鄭玄二昭二穆四親廟之説,加上不祧之五宗與僖祖,則合乎王肅九廟之説。可見,崇寧時建立九廟,實出於以仁宗、神宗永祀不祧的直接後果。[③] 自此,九廟之制成爲宋代的宗廟制度,一直未再動搖。然而,這種做法實大違禮意,對此,秦蕙田有論曰:

　　　　世室乃親盡之祖有功德者不毀,在親廟之上。宋以有功德之祖居昭穆之位,反以親盡之祖充九廟之數,何其與古戾也?[④]

在秦氏看來,崇寧九廟制雖兼采鄭、王之説,然其中實有不合古禮者,即以親盡之翼祖、宣祖備四親廟,而有功德之祖反列於昭穆之位。

---

①　(元) 馬端臨:《文獻通考》卷 94,第 2871 頁。

②　(元) 馬端臨:《文獻通考》卷 94,第 2872 頁。

③　據《建炎以來朝野雜記》,"太廟自仁宗以來,皆祀七世。崇寧初,蔡京秉政,始取王肅説,謂二祧在七世之外,乃建九廟,奉翼祖、宣祖咸歸本室焉。然王莽已營九廟,唐明皇又用之,非始於蔡京也。紹興中,徽宗祔廟,以與哲宗同爲一世,故無所祧及升祔。欽宗始祧翼祖,高宗與欽宗同爲一世,亦不祧,由是淳熙末年,太廟祀九世十二室。及阜陵復土,趙子直爲政,遂祧僖、宣二祖而祔孝宗。時朱元晦在經筵,獨以九廟爲正,子直不從,元晦議遂格。及光宗祔廟,復不祧,今又祀九世矣"。(元) 馬端臨:《文獻通考》卷九四,第 2876 頁。

　　案,九廟之制,近則本於唐玄宗欲祔中宗入太廟而創九室之制,遠則溯源於漢人"祖有功,宗有德"之説。劉歆據此而造"宗無數"之論,則宋人不毀太宗、真宗、仁宗、神宗、高宗,蓋以此焉。其後,胡安國乃主七廟之説,其子胡寅則直斥"祖有功,宗有德"之論爲非,以爲"其有功德,無功德,非子孫所當祔祧而隆殺之也"。然朱子謂胡寅之説自相矛盾,蓋既謂祖宗有德不遷,則是"子孫得以去取其祖宗",又謂其所論謚法,則以爲"謚乃天下之公義,非子孫得以私之"。參見(清) 秦蕙田:《五禮通考》卷八〇,第 3738、3739 頁。可見,朱熹實亦主張"祖有功,宗有德"之説,以爲"天下後世自有公論,不以揀擇爲嫌"(《朱子語類》卷九〇,第 2297 頁)。至紹熙末,朱子主張以太祖、太宗、仁宗、高宗爲世室,而祧真宗、英宗者,蓋以世室功德大而不毀,真、英二宗德薄也。

④　(清) 秦蕙田:《五禮通考》卷八一,第 3819 頁。

三、寧宗時太祖正東向位問題

　　自熙寧議禮以來,確立了僖祖的始祖地位,自此至光宗紹熙五年,僖祖此種地位一直未被動搖。即便如此,其間頗有儒臣和禮官對此提出異議。

　　高宗紹興五年,吏部員外郎董棻上言曰:

　　　　仰惟太祖受天明命,削平僭偽,混一區宇,立極居尊,建萬世不拔之基,垂子孫無窮之緒。即其功德所起,則有同乎周之后稷,乃若因時特起之迹,無異乎漢之高帝,魏、晉而下,莫可擬倫,是宜郊祀以配天,宗祀以配上帝,祫享以居東鄉之尊,傳千萬世而不易者也。國初,稽前代追崇之典,止及四世,故於祫享用魏、晉故事,虛東鄉之位。逮至仁宗皇帝嘉祐四年,親行祫享之禮,嘗詔有司詳議,太祖東鄉,用昭正統之緒。當時在廷多洪儒碩學,僉謂自古必以受命之祖乃居東鄉之位,本朝太祖乃受命之君,若論七廟之次,有僖祖以降四廟之上,當時大祫,止列昭穆而虛東鄉,蓋終不敢以非受命之祖而居之,允協禮經。暨熙寧之初,僖祖以世次當祧,禮官韓維等據經有請,援證明白,適王安石用事,奮其臆説,務以勢勝,乃俾章衡建議尊僖祖爲始祖,肇居東鄉。神宗皇帝初未爲然,委曲訪問,安石乃謂推太祖之孝心,固欲尊宣祖,而上孝心宜無以異,則尊僖祖必當祖宗神靈之意。神宗意猶未決,博詢大臣,故馮京奏謂士大夫以太祖不得東鄉爲恨。安石肆言以折之。已而又欲罷太祖郊配,神宗以太祖開基受命,不許。安石終不然之,乃曰本朝配天之禮不合《禮經》。一時有識之士莫敢與辯。元祐之初,翼祖既祧,正合典禮。至於崇寧,宣祖當祧,適蔡京用事,一遵安石之術,乃建言請立九廟,自我作古,其已祧翼祖及當祧宣祖,并即依舊。循沿至今,太祖皇帝尚居第四室,遇大祫處昭穆之列,識者恨焉。臣竊謂王者奉先與臣庶異,必合天上之公,願垂萬世之宏規,匪容私意於其間。祖功宗德之外,親盡迭毀,禮之必然。自古未有功隆創業爲一代之太祖而列於昭穆之次者也,亦未有非受命而追崇之祖居東鄉之尊歷百世而不遷者也。①

　　又言:

　　　　漢、魏之制,太祖而上,毀廟之主皆不合食。唐以景帝始制,故規規然援

---

① （元）馬端臨：《文獻通考》卷一〇二,第3126、3127頁。

后稷爲比，而獻、懿乃在其先。是以前後議論紛然，乍遷乍祔，使當時遂尊神堯爲太祖，豈得更有異論？其後廟制既定，始以獻、懿而上毀廟之主藏於興聖、德明之廟，遇祫即廟而享焉。是爲別廟之祭，以全太祖之尊。蓋合於漢不以太公居合食之列，魏、晋、武、宣而上廟堂皆不合食之義。①

董棻蓋頗考漢、魏、晋、唐故事，以爲"自古未有功隆創業爲一代之太祖而列於昭穆之次者也，亦未有非受命而追崇之祖居東向之尊歷百世而不遷者也"，誠千古不可磨滅之正論也。至於推本一己之孝心而推尊親廟者，前有宋之尊僖祖，後有明之崇本生，正可謂"私意"耶！王安石欲神宗順太祖之孝心而尊僖祖，其後朱熹亦持此説，更後則有王陽明"致良知"之説，亦與世宗嚴父之舉暗合，然皆未知古人制禮之精意也。

董棻又謂太廟以上毀廟之主不當合食，此説則似熙寧以降儒臣與禮官所未發，蓋王安石一派必欲尊僖祖爲始祖，實以僖祖合食時必有所屈尊故也。至於董棻謂始受命之王當爲太祖，因論李唐當尊高祖爲太祖，則似未然，蓋無論周之后稷，抑或唐之景帝，皆王業所基，乃始封之君也。宋既無始封君，則藝祖猶漢高帝之比，乃以始受命而爲太祖；若周、魏、晋、唐有始封君，自當居太祖之位也。

而太常寺丞王普猶以董説未盡，更奏曰：

> 僖祖非始封之君而尊爲始祖，太祖實創業之主而列於昭穆，其失自熙寧始。宣祖當遷而不遷，翼祖既遷而復祔，其失自崇寧始。爲熙寧之説，則曰僖祖而上世次不可知，宜與稷、契無異。然商、周之祖稷、契，謂其始封而王業之所由起也。稷、契之先，自帝嚳至於黃帝，譜系甚明，豈以其上世不傳而遂尊爲始祖邪？爲崇寧之説，則曰自我作古而已。……臣竊惟太祖皇帝始受天命，追崇四廟以致孝享，行之當時可也，至於今日世遠親盡，迭毀之禮，古今所同，所當推尊者，太祖而已。董棻所奏，深得禮意，而其言尚有未盡。……古者廟制異宮，則太祖居中，而群廟列其左右；後世廟制同堂，則太祖居右，而諸室皆列其左。古者祫享，朝踐於堂，則太祖南向，而昭穆位於東西；饋食於室，則太祖東向，而昭穆位於南北。後世祫享一於堂上，而用室中之位，故唯以東向爲太祖之尊焉。若夫群廟迭毀，而太祖不遷，則其禮尚矣。臣故知太祖即廟之始祖，是爲廟號，非謚號也。惟我太宗嗣服之初，太祖皇帝廟號已定，雖更累朝，世次猶近，每於祫享，必虛東向之位，以其非太祖不可居也。迨至熙寧，又尊僖祖爲廟之始祖，百世不遷，祫享東向，而太祖常居

---

① （元）馬端臨：《文獻通考》卷一○二，第3128頁。

穆位，則名實舛矣。倘以熙寧之禮爲是，則僖祖當稱太祖，而太祖當改廟號，此雖三尺之童，知其不可。至於太祖不得東向，而廟號徒爲虛稱，則行之六十餘年，抑何理哉？然則太祖之名不正，前日之失大矣。《大傳》曰："禮，不王不禘。王者禘其祖之所自出，以其祖配之。"《祭法》所謂"商人、周人禘嚳"是也。商以契爲太祖，嚳爲契所自出，故禘嚳而以契配焉。周以稷爲太祖，嚳爲稷所自出，故禘嚳而以稷配焉。《儀禮》曰"大夫及學士則知尊祖矣，諸侯及其太祖，天子及其始祖之所自出"。蓋士大夫尊祖，則有時祭而無袷；諸侯及其太祖，則有袷而無禘。禘其祖之所自出，惟天子得行之，《春秋》書禘，魯用王禮故也。鄭氏以禘其祖之所自出爲祭天，又謂宗廟之禘，毀廟之主合食於太祖，而親廟之主各祭於其廟，考之於經，皆無所據。惟王肅得之。前代禘禮多從鄭氏，國朝熙寧以前，但以親廟合食，爲其無毀廟之主故也。惟我太祖之所自出，是爲宣祖，當時猶在七廟之數，雖禘未能如古，然亦不敢廢也。其後尊僖祖爲廟之始祖，而僖祖所出，系序不著，故禘禮廢。自元豐宗廟之祭，止於三年一袷，則是以天子之尊而俯同於三代之諸侯。瀆亂等威，莫此爲甚。然則大禘之禮不行，前日之失大矣。臣愚欲乞考古驗今，斷自聖學，定七廟之禮，成一王之制。自僖祖至於宣祖，親盡之廟當遷；自太宗至於哲宗，昭穆之數已備。是宜奉太祖神主居第一室，永爲廟之始祖。每歲五享、告朔、薦新，止於七廟。三年一袷，則太祖正東向之位，太宗、仁宗、神宗南向爲昭，真宗、英宗、哲宗北向爲穆。五年一禘，則迎宣祖神主享於太廟，而以太祖配焉。如是，則宗廟之事盡合《禮經》，無復前日之失矣。乃若可疑者，臣請辨之。昔唐以景帝始封尊君太祖，而獻、懿二祖又在其先，當時欲正景帝東鄉之位，而議遷獻、懿之主，則或謂藏之夾室，或謂毀瘞之，或謂遷於陵所，或謂當立別廟，卒從陳京之説，祔於德明、興聖之廟。蓋皋陶、涼武昭王皆唐之遠祖也，故以獻、懿祔焉。惟我宣祖而上，正如唐之獻、懿，而景靈崇奉聖祖之宫，亦德明、興聖之比也。臣竊謂四祖神主宜放唐禮，祔於景靈宫天興殿，方今巡幸，或寓於天慶觀聖祖殿焉，則奉安之所無可疑者。昔唐祔獻、懿於興聖，遇袷即廟而享之。臣竊謂四祖神主祔於天興，大袷之歲，亦當就行享禮。既足以全太祖之尊，又足以極追遠之孝。①

案，自崇寧以來，僖祖以下神主，唯祧順祖而已，而太祖居第四室。至紹興五年，時徽

---

① （元）馬端臨：《文獻通考》卷一〇二《宗廟考十二》，第3128—3130頁。

宗崩於北狩，當有祔廟遷廟之禮，故董棻有此建言也。然王普謂董棻所言有所未盡，蓋以爲太祖廟號之定，始於太宗。其後每當祫享時，所以虛東向之位者，蓋以世次猶近，其位非太祖不可居也。然自熙寧尊僖祖爲始祖，而太祖屈居穆位，則"名實舛矣"。若以熙寧之禮爲是，則太祖當改廟號而不得稱太祖矣。故藝祖既有太祖之名，則當有祫享時正東向之實也。

據王普所建議，恢復天子七廟之制，奉太祖居太廟右之第一室，永爲廟之始祖。三年一祫時，太祖正東向之位，太宗、仁宗、神宗爲昭，真宗、英宗、哲宗爲穆；五年一禘時，迎宣祖神主於太廟而祭之，而以太祖配。若僖祖以下至宣祖，以親盡當遷，祔於景靈宮天興殿，大祫時則就天興殿行享禮，如是"既足以全太祖之尊，又足以極追遠之孝"。

當時朝臣多從董、王之說，亦得到高宗的認可。[1] 可以說，朝廷上下此時已達成共識，即廢除崇寧以來的九廟之制，并正太祖東向之位。據此，祫享位次當如下：太祖正東向位，太宗、仁宗、神宗南向爲昭，真宗、英宗、哲宗北向爲穆。於是紹興七年建太廟於建康，祔徽宗於太廟。紹興三十二年，欽宗祔廟，而祧翼祖。然太祖依然未正東向之位，猶以僖祖東向，順祖而下以昭穆爲序：僖祖正東向之位，宣祖、真宗、英宗、哲宗、徽宗南向爲昭，而太祖、太宗、仁宗、神宗、欽宗北向爲穆。可見，直至高宗末，依然沿用崇寧九廟之制也。[2]

此後孝宗即位，至淳熙元年（1174 年），詔禮官討論別建四祖廟，正太祖東向之位。時史部侍郎趙粹中重申董棻、王普之議，主張參酌漢太公立廟萬年、南頓君立廟章陵故事，別建一廟以安奉僖、順、翼、宣四祖神位，而太祖於太廟中正位東向。[3] 不過，禮部、太常寺討論時，衆議頗有不同，遂詔有司遵依舊制。

據《宋史・寧宗本紀》及《禮志》，紹熙五年（1194 年），寧宗即位，時太上皇孝宗已崩，光宗内禪，故當祔孝宗入廟。太常少卿曾三復奏請祧宣祖，就正太祖東向之位。

---

[1] 據淳熙元年趙粹中奏議，當時支持董、王之議者，有孫近、李光、折彥質、劉大中、廖剛、晏原復、王俣、劉寧正、胡文修、梁汝嘉、張致遠、朱震、任申先、何恭、楊晨、莊必强、李弼直等人。當時反對者如諫議大夫趙沛，亦不敢以太祖東向爲非，不過以徽宗在遠，宗廟之事未嘗專議，乃以此宣言脅制議者而已。

[2] 董、王的建言雖得到高宗的認可，但最後却未得到施行，其緣由何在？ 史書中并無明文。對此，有學者認爲，這是因爲"高宗統系出自太宗，僅從廟制而言，倘若以太祖爲太廟始祖，則居東向至尊之位，太宗仍居尋常昭穆之位，其在太廟中的地位較前反而降低，從而使太宗支系繼承皇位的合法性遭受懷疑甚至是挑戰，這自然是高宗難以承受的。所以議論無疾而終也就不難理解"。參見張焕君：《宋代太廟中的始祖之爭——以紹熙五年爲中心》，載《中國文化研究》2006 年夏之卷。不過，當時實有反對者，故不果行，"自是遇祫享設幄，僖祖仍舊東鄉，順祖而下以昭穆爲序"。參見（元）馬端臨：《文獻通考》卷一〇二，第 3131 頁。

[3] 參見（元）馬端臨：《文獻通考》卷一〇二，第 3132、3133 頁。

隨後,吏部尚書鄭僑等亦乞因大行(孝宗)祔廟之際,定宗廟萬世之禮,慰太祖在天之靈,破熙寧不經之論。如是,"今太祖爲始祖,則太宗爲昭,真宗爲穆,自是而下以至孝宗,四昭四穆與太祖之廟而九。上參古禮,而不廢崇寧九廟之制,於義爲允"。① 蓋自太祖至孝宗,太祖正東向之位,以下凡八世十帝神主,正四昭四穆,而不悖崇寧九廟之制也。鄭僑又主張:"僖祖當用唐興聖之制,立爲別廟,順祖、翼祖、宣祖之主皆祔藏焉。如此,則僖祖自居別廟之尊,三祖不祔子孫之廟。自漢、魏以來,太祖而上,毀廟之主皆不合食,今遇祫,則即廟而享。"②鄭僑蓋申董棻、王普之議,即爲僖祖別立廟,而順、翼、宣三祖又不必下祔子孫之廟,且太祖以上廟主不與合食,遇祫則即廟而享,可以説,此議解決了宋代宗廟制度中太祖東向與僖祖屈尊合食的關鍵難題。

當時名儒樓鑰、陳傅良等,亦贊同此議。時樓鑰奏言:

> 嘉祐中,固已建議,徒以親猶未盡,故虛東向之位,以待太祖,而太祖尚居昭穆之間。治平末年,僖祖親盡而祧。至熙寧,大臣王安石不顧公論,不稽禮典,直以私意臆決,紊宗廟之大經。當年名臣,與夫紹興之初董棻、王普、朱震等建議,淳熙初元趙粹中盡集前後論議,奏陳尤切。一時以蒙采録,皆以偏辭典説,阻抑至今。

然其貼黃則主張保留崇寧九廟之制:

> 自古天子止祀七廟,太祖之廟居中,三昭三穆,實爲六世,與太祖之廟而七。本朝崇寧按唐之制,始立九廟,有其舉之,莫可廢也。今太祖爲始祖,則太宗爲昭,真宗爲穆,自是而下,以至壽皇,四昭四穆,與太祖之廟而九。③

蓋崇寧九廟之制,實由五宗不祧之議所發,至高宗祔廟,亦將在不祧之列,則非九廟,不足以安放衆神昭穆之位也。

然而,此時朱熹在講筵,因病而不與集議。④ 後獨入《祧廟議狀》,條其不可者四,

---

① (元)脱脱:《宋史》卷一〇七《禮志十》,第 2587 頁。
② (清)秦蕙田:《五禮通考》卷八二,第 3837 頁。
③ (宋)樓鑰:《議祧遷正太祖皇帝東嚮之位》,《攻媿集》卷二四,《四部叢刊》本。
④ 朱熹《別定廟議圖記》自謂"屬以病不能赴",則似真有疾也。然據《語類》所載,朱熹嘗自謂"後來集議,某度議必不合,遂不曾與議,却上一疏論其事"(《朱子語類》卷九〇,第 2305 頁),"某聞一日集議,遂辭不赴。某若去時,必與諸公合炒去"(《朱子語類》卷一〇七,第 2663 頁)。黃榦《朱熹行狀》亦云:"時相雅不以熙寧復祀僖祖爲是,先生度難以口舌争,遂移疾,上議狀,條其不可者四。"參見束景南:《朱熹年譜長編》(卷下),第 1169 頁。據此,朱熹當時不參與集議,完全是稱病而已,大概朱熹見主張祧廟者勢衆,且系道學同黨,故不欲公開暴露黨内分歧,而試圖借侍講的機會而私下向寧宗進言。

并主張：

> 莫若以僖祖擬周之后稷而祭於太廟之初室，順祖爲昭，翼祖爲穆，宣祖爲昭，而藏其祧主於西夾室。太祖爲穆，擬周之文王爲祖而祭於太廟之第二室。太宗爲昭，擬周之武王爲宗而祭於太廟之第三室。其太祖、太宗又皆百世不遷而謂之世室。真宗爲穆，其祧主亦且權藏於西夾室。仁宗爲昭，爲宗，而祭於第四室，亦爲世室，如太宗之制。英宗爲穆，藏主如真宗之制。神宗爲昭，祭第五室。哲宗爲穆，祭第六室。徽宗爲昭，祭第七室。欽宗爲穆，祭第八室。高宗爲昭，祭第九室。孝宗爲穆，祔第十室。異時高宗亦當爲宗，爲世室，如太宗、仁宗之制。三歲祫享，則僖祖東向如故，而自順祖以下至於孝宗，皆合食焉，則於心爲安而於禮爲順矣。①

又另附貼子，中有云：

> 熹既爲此議，續搜訪得元祐大儒程頤之説，以爲太祖而上有僖、順、翼、宣，先嘗以僖祧之矣，介甫議以爲不當祧，順以下祧可也。何者？本朝推僖祖爲始，已上不可得而推也。或難以僖祖無功業，亦當祧。以是言之，則英雄以得天下自己力爲之，并不得與祖德。或謂靈芝無根，醴泉無源，物豈有無本而生者？今日天下基本蓋出於此人，安得爲無功業？故朝廷復立僖祖廟爲得禮，介甫所見，終是高於世俗之儒。熹竊詳頤之議論，素與王安石不同，至論此事，則深服之，以爲高於世俗之儒，足以見理義人心之所同，固有不約而合者。但以衆人不免自有爭較强弱之心，雖於祖考，亦忘遜避，故但見太祖功德之盛，而僖祖則民無得而稱焉，遂欲尊太祖而卑僖祖。又見司馬

---

① （宋）朱熹：《晦庵先生朱文公文集》（以下簡稱《朱文公文集》）卷一五，《朱子全書》（第 20 册），上海：上海古籍出版社，合肥：安徽教育出版社，2002 年，第 722、723 頁。又據後來所撰《別定廟議圖記》，朱熹亦自言其議云：“僖祖實爲帝者始祖，百世不遷之廟，不當祧毀，合仍舊居太廟第一室，四時常享則居東鄉之位。宣祖、太祖、太宗、真宗、仁宗、英宗六室皆在三昭三穆之外，親盡宜毀，而太祖、太宗、仁宗功德茂盛，宜准周之文、武，百世不遷，號爲世室。其宣祖、真宗、英宗則遷於西夾室，以從順祖、翼祖之後，祫享則序昭穆於堂上，而時享不及焉。神宗、哲宗、徽宗、欽宗、高宗、孝宗六室爲親廟，時享、祫享如儀。異時迭毀，則三昭三穆以次而遷，唯高宗受命中興，異時雖或親盡，亦當如仁宗故事，別爲世室，百世不遷。蓋雖通爲十室，而三世室自在三昭三穆外，其始祖之廟與三昭三穆正合七世之文。”參見《朱文公文集》卷六九，《朱子全書》（第 23 册），第 3346 頁。此時朱熹明確了九廟中始祖、親廟與世室之分，即以僖祖爲始祖，神宗、哲宗、徽宗、欽宗、高宗、孝宗爲六親廟，太祖、太宗、仁宗雖在三昭三穆之外，而百世不遷，共八世十室神主；將來高宗親盡，亦以爲世室而不遷，則備九世十一室神主也。

光、韓維之徒皆是大賢,人所敬信,其議偶不出此,而王安石乃以變亂穿鑿得罪於公議,故欲堅守二賢之説,并安石所當取者而盡廢之,所以無故生此紛紛。今以程頤之説考之,則可以見議論之公,而百年不決之是非可坐判矣。①

朱熹此説,後來得到了寧宗的認可,且對朱子説道:"僖祖乃國家始祖,高宗時不曾遷,孝宗時又不曾遷,太上皇帝時又不曾遷,今日豈敢輕議!"②寧宗甚至打算直接降出内批而行朱熹之議。然據朱熹自言,猶欲集議而爲公論,然遷延數日而已毁四祖廟矣。③

今考朱熹當時所上《祧廟議狀》及《面奏祧廟劄子》,將其所擬廟制與現行廟制進行了比較,其説具有如下幾點不同:

其一,兄弟同異昭穆。現行廟制以兄弟同昭穆,共爲一世,而朱子則據先儒所説,以兄弟相繼,各爲一世。

其二,崇寧以來施行九廟制,而以太祖、太宗共爲一世,凡十二室;依朱子所擬,則以太祖、太宗別爲一世,而哲宗與徽宗、欽宗與高宗亦別爲一世,凡十室。④ 若祧遷僖祖,朱熹以爲有"强析太祖、太宗各爲一世"之失,而哲宗與徽宗、欽宗與高宗則兄弟同昭穆,共爲一世,其例不同。然考朱子之説,實有自相矛盾者。案其《祧廟議狀》所附貼子,其攻新議有"析一爲二之失",主張"合太祖、太宗復爲一世,以足九世之數";至其《面奏祧廟劄子》中所擬廟制,則用先儒"兄弟異昭穆"之説,亦分太祖、太宗爲二世,其意殆在避免"并遷二祖"之失也。

其三,世室不同。現行廟制以太祖、太宗、真宗、仁宗、神宗、高宗爲不祧之宗,且在九廟之數中,朱子以爲"禮之末失"。至於朱子所擬廟制,唯以太祖、太宗、仁宗爲世室,而所祧者唯真宗、英宗也,至將來高宗親盡,乃以爲世室。

可見,朱子所擬宗廟之制,不僅有悖於高宗以來士大夫主流意見,即正太祖東向

---

① 朱熹:《朱文公文集》卷一五《祧廟議狀》,《朱子全書》第 20 册,第 724、725 頁。

② 據朱熹自言,其《議狀》既蒙寧宗首肯,遂奏請再次集議祧廟之事。然而,却一直未見降旨,朱熹遂上《議祧廟劄子》,并兩上申省狀,乞請廷辯,其中皆引寧宗此條聖諭也。

③ 據《朱子語類》,朱子自言:"當時集議某不曾預,只入文字,又於上前説此事。末云:'臣亦不敢自以爲是,更乞下禮官,與群臣集議。'"(宋) 黎靖德編:《朱子語類》卷一〇七,第 2662 頁。

④ 朱子所論昭穆,至其《禘祫議》一篇,猶取兄弟異昭穆之説。蓋朱子主張都宫别殿之制,而據父死子繼之常爲論,然其論周代穆王以後昭穆,已不能守其初説,至其論宋代昭穆,以太祖、太宗異昭穆猶有可説,而以欽、高異昭穆,則常爲後儒所非。清任啓運有論曰:"禮有經有權,朱子之説以論父子祖孫常異廟而同堂者耳,若兄弟嗣位不當以此拘也。朱子議祫禘,以太祖爲昭,太宗爲穆,欽宗爲昭,高宗爲穆,蓋因宋制而言。"參見(清) 秦蕙田:《五禮通考》卷五九,第 2626 頁。蓋朱子既祖王安石之説,奉僖祖爲始祖,而正祫享時東向之位,則兄弟同昭穆,於禮爲順,今則用兄弟異昭穆之説,蓋欲糾漢明以下同堂異室之非也。

之位的公議,而獨持安石憑私臆決之論;而且,又頗違晉賀循以來禮家的基本主張,而朱子當時極自信,猶欲廷辯,然終不見答。

其後光宗祔廟,遂復爲九世十二室。至此,宋室歷二百餘年,始正太祖東向之位矣。蓋自太祖追王僖、順、翼、宣四祖以來,每遇禘祫,祖、宗以昭穆相對,而虛東向之位。至王安石用事,以僖祖以上世次不可知,遂推以爲始祖。當時闔朝大臣數與之辯,而安石愈不從。熙寧八年,禘於太廟,遂以僖祖正東向位矣。紹興間,董棻、王普、尤袤俱請正太祖東向之位,未克行。光宗末,孝宗將升祔,趙汝愚當國,欲并祧僖、宣二祖,吏部尚書鄭僑等以爲是,遂正太祖東向之位。

馬端臨嘗論其事曰:

案太祖東向之位,或以爲僖祖當居之,或以爲藝祖當居之,自熙寧以來議者不一矣。蓋自治平四年,英宗已祔廟,張安道等以爲宜遵七世之制,合祧僖祖,詔從其說。熙寧初,王介甫當國,每事務欲紛更,遂主議以爲僖祖宋之太祖,不當祧。而韓持國輩爭之,以爲太祖合屬之昌陵。諸賢爭之愈力,而介甫持之愈固,遂幾至欲廢藝祖配天之祀,以奉僖祖。蓋其務排衆議,好異遂非,與行新法等,固無怪也。然愚嘗考之,張安道建隨世祧遷之議,韓持國執藝祖當居東向之說,論則正矣,而揆之當時則未可。蓋古之所謂天子七廟者,三昭三穆與太祖之廟而七,三昭三穆則自父祖而上六世,太祖則始封受命以有功德而萬世不祧遷者,本非第七世之祖也。今神宗之世,而獨祧僖祖,則順、翼、宣、太、真、仁、英猶七世也,是將祧僖祖而以順祖爲太祖乎?不可也。僖、順俱無功德,非商契、周稷之倫,今當時之議,其欲祧僖祖者,特以其已在七世之外,其不祧順祖者,特欲以備天子七廟之數,然不知親盡而祧者,昭穆也;萬世不祧者,太祖也。今以三昭三穆言,則僖、順皆已在祧遷之數;以萬世不祧言,則二祖俱未足以當之,是姑以當祧之祖而權居太祖之位耳。若不以順祖爲太祖,則所謂七世者,乃四昭、三穆矣,非所謂三昭、三穆與太祖之廟而七也。若必曰虛太祖之位而只祀三昭三穆,則當并僖、順二祖而祧之。又否,則姑如唐人九廟之制,且未議祧廟,雖於禮經不合,而不害其近厚。今獨祧僖祖,則順祖隱然居太祖之位矣,此其未可一也。如藝祖之合居東向,爲萬世不祧之太祖,其說固不可易,然神宗之時,上距藝祖才四代五廟耳,若遽以爲太祖,則僖、順以下四帝皆合祧,而天子之廟下同於諸侯矣,此其未可者二也。諸賢之說,大概只以爲不可近舍創業之藝祖,而遠取追尊之僖祖,介甫務欲異衆,則必欲以其所以尊藝祖者尊僖祖,而於當時事體皆未嘗審訂。若以前二節者反復推之,則尊僖祖者固失矣,而遽尊藝祖者亦未得也。至寧宗之初

年,則不然矣,自藝祖創業以來已及八世十二廟,則僖、順、翼、宣之當祧無可疑
者,於此時奉藝祖正東向之位,爲萬世不祧之祖,更無拘礙,而董芬、王普等所言
乃至當之論矣。晦庵獨以伊川曾是介甫之説,而猶欲力主僖祖之議,則幾於膠柱
鼓瑟而不適於時,黨同伐異而不當於理,愚固未敢以爲然也。①

案,尊太祖正東向位而祧僖祖之議始於神宗初年,時已施行矣,然至熙寧間,王安石當
國,而韓維等猶持前議。馬氏以爲,此時僖祖雖當祧,然若遂以太祖正東向位,則唯太
宗、真宗、仁宗、英宗以備四親廟,而與諸侯之禮同也。其後至寧宗時,太祖以下至孝
宗,已及八世十二廟,僖、順、翼、宣四祖俱親盡當祧,此時若奉太祖正東向之位,已無
拘礙,故紹興時董菜、王普所論,遂爲至當之論矣。

清秦蕙田亦斥朱子之非,曰:

> 王荆公之偏僻無論矣,乃程子從而是之,朱子更堅主其説,至於面折廷
> 爭,而決以去就,究其説亦終不行,可見義理之正,人心之安,雖諸大儒非之
> 而不可易。特不解朱子何以不察乎此,致馬氏有膠柱鼓瑟、黨同伐異之譏。②

朱子嘗論此事,自以爲尊僖祖乃得"義理人心之所同",而秦氏乃以朱子所論非"義理
之正,人心之安"也。

秦氏又據《儀禮‧喪服傳》"諸侯之子稱公子,公子不得禰先君,公子之子稱公孫,
公孫不得祖諸侯,此自卑別於尊者也。若公子之子孫有封爲國君者,則世世祖是人
也,不祖公子,此自尊別於卑者也"之説,而明"太祖"之義,曰:

> 祖諸侯者,不祖公子,公子若在高祖以下,則如其親服,此則僖、順、翼、
> 宣四親廟之禮也。後世遷之,乃毁其廟,則四祖當祧之明證也。四世之後,
> 始封君爲高祖父,當遷轉爲太祖,此藝祖當正太祖之位之確據也。考之往
> 古,驗之方來,無不當以是爲准。乃宋之廷臣孫固、韓維、司馬公等建議於
> 前,鄭僑、樓鑰、陳傅良等主持於後,大禮雖卒定,而遲久不決,是皆不知以此
> 經斷之之過也。③

秦氏以爲,《喪服傳》以始封君爲太祖,太祖雖得上事其先以至高祖,然其世世子孫唯
得祖此太祖,此"自尊別於卑者"也。故自宋而言,藝祖受命而有天下,猶諸侯之始封,

---

① （元）馬端臨:《文獻通考》卷九四,第 2879、2880 頁。
② （清）秦蕙田:《五禮通考》卷八二,第 3843 頁。
③ （清）秦蕙田:《五禮通考》卷八二,第 3843 頁。

後世子孫當祖是人，而不得祖太祖以上之親也。

四、事後朱熹的反省和改正

今據束景南《朱子年譜長編》，紹熙五年（1194 年）七月五日，光宗內禪，寧宗即位。十一日，以趙汝愚薦，召朱熹、陳傅良詣行在奏事。八月五日，朱熹除煥章閣待制兼侍講。其間數上辭免狀，至十月二日，乃入都。四日，於行宮便殿奏事。閏十月三日，吏部尚書鄭僑奏請祧僖、宣二祖，正太祖東向之位。隨後吏部侍郎孫逢吉、禮部侍郎許及之、太常少卿曾三復等相繼上奏，請遷僖、宣二祖。六日，寧宗詔諸臣集議，然朱熹"度難以口舌爭，遂移疾"。[①] 七日，朱熹上《祧廟議狀》，又跋程頤《禘說》。然《議狀》既上，廟堂持之不以聞，然其議頗達上聽，乃召赴內殿奏事，因節略狀文爲劄子，畫圖以進。[②] 十日，面奏祧廟事狀。[③] 上然之，且曰："僖祖國家始祖，高宗、孝宗、太上皇帝不

---

① （宋）黃榦：《朱熹行狀》，引自《朱熹年譜長編》（卷下），第 1169 頁。

② 案，此即《朱文公文集》卷一五所載《面奏祧廟劄子》并圖。

③ 據束景南《年譜長編》，朱熹十日入對所奏，即《朱文公文集》卷二一所載《祧廟申省狀》《再申省狀》。此說疑非。蓋《祧廟申省狀》中明言"右熹初十日蒙恩宣引，面奏祧廟事狀"，又言"今已多日，未委因何不蒙朝廷審奏，即旨施行"，而《再申省狀》則謂"右熹昨具狀申尚書省，議不當祧遷僖祖廟室，及具劄子奏聞，乞行詳議"，又謂"續蒙降出所奏劄子，今來日久，未見施行"，且兩《省狀》中俱引十日入對時寧宗所言"僖祖自不合祧，高宗時未嘗祧，壽皇時未嘗祧，太上時亦未嘗祧，今豈可祧？"之語。可見，閏十月初十，朱熹入對，乃節略《祧廟議狀》而爲《面奏祧廟劄子》，寧宗有"僖祖自不合祧"之語，正在此時。朱熹既退，遂擬詔意以諭朝堂。大概等待數日而未見動靜，朱熹又上《議祧廟劄子》，其中有言"臣前日面奏祧廟事"，又言"然今已多日，未聞降出臣元奏劄子，付外施行""乞降付尚書省"。可見，十日面奏後數日，寧宗是否有旨降付尚書省，誠未可知，故朱熹乃更有此奏也；若其《祧廟議狀》，尚書省未付朝臣集議，則斷然無疑。朱熹所奏既"不蒙朝廷審奏，取旨施行"，又上《祧廟申省狀》，次日再上《再申省狀》，二狀蓋申尚書省，其中有"續蒙降出所奏劄子，今來日久，未見施行""即乞鈞旨，請與議衆官同赴都堂，并給筆劄，與熹廷辯"之語。參見《朱文公文集》卷二一，《朱子全書》（第 21 冊），第 967 頁。則自七日上《祧廟議狀》之後數日間，朱熹欲憑一己之力而扭轉朝局，先是面聖而得再議之旨意，并以旨意諭朝堂，又申尚書省乞付施行，然似未見報聞，而僖廟已遷矣。則似朱熹在整個祧廟事件中，猶如局外之人，雖有面聖的機會，卻被完全摒諸此事之外。故對朱熹而言，結果完全是愕然而不知其故，其後與弟子們談論此事時，而多憤懣之語，將矛頭直指宰相趙汝愚爲代表的廟堂。

後人論及此事時，多受《朱子語類》中所載朱子言論的影響，而未見及朱子的反應多有情緒因素，且不明究裏而多猜測之語。譬如，王懋竑《朱子年譜》中言："既退，即以上意喻廟堂，則聞已毀撤僖、宣廟而更創別廟。"（《朱熹年譜長編》卷下，第 1170 頁）其實，自朱子入對至毀廟，其間已有多日，白田所言，似乎朱子面聖後，政府馬上就祧僖廟矣。又據《語類》所載，"乃是陳君舉與趙子直自如此做，曾三復、（轉下頁）

曾遷,今日豈敢輕議?"①乃欲以御批直罷其事,然朱熹方懲内批之弊,乃乞降出劄子,再令群臣集議。② 然事未果行,而聞已毀撤僖、宣廟而更創别廟矣。十三日,面對。③ 十九日,晚講,乞賜施行前所奏四事,既退,寧宗即内批除宫觀。二十六日,朱熹出都。十二月,乃撰《禘祫議》《漢同堂異室廟及原廟議》《别定廟議圖説》。④ 紹熙六年,三月三日,朱熹復辭焕章閣待制,并以議祧廟自劾。⑤

據此,朱熹自入都至逐退,在京爲官僅四十六日,其間,自祧廟議起至祧僖祖,則不過十日。其後更歷二月,朱熹又作《禘祫議》三篇。可見,朱子於紹熙五年最後兩個多月的學術思考,主要集中在宗廟禘祫之禮。不難發現,朱子對宗廟制度的思考,純粹是因朝廷祧僖祖廟議的偶然事件而引發的學術思考。至於朱子當時在朝時的議論,可以説直接被無視了,這對朱子的刺激應該是非常巨大的。事後,朱子對其奏議也多有反省,并及門弟子就此事多有討論。

關於朱子的反省和討論,主要有如下幾方面内容。

(一) 踵述王安石之説與對程頤《禘説》的契合

案,熙寧議僖祖廟時,王安石一派主張尊僖祖爲始祖,蓋以"承其本統"而尊,非以其有功德也。其時程頤以布衣身份而贊同安石之説,并撰有《禘説》一篇,其中有云:

> 本朝以太祖配於圜丘,以禰配於明堂。自介甫此議方正。先此祭五帝,又祭昊天上帝,并配者六位。自介甫議,惟祭昊天上帝,以禰配之。太祖而上,有僖、順、翼、宣,先嘗以僖祧之矣。介甫議以爲不當祧,順以下祧可也。

（接上頁）孫逢吉亦主他説。中間若謝子肅、章茂獻、張春卿、樓大防皆以爲不安,云:'且待朱丈來商量。'曾三復乃云:'乘此機會祧了。'這是甚麽事,乘機投會恁地急! 某先有一奏議投了,樓、張諸公上劄,乞降出朱某議,若某言近理,臣等敢不遵從! 趙子直又不付出,至於乘夜撤去僖祖室!"(《朱子語類》卷一〇七,第2663頁)朱子此説,大非實情,而爲白田《年譜》所信,其實聖意要付諸施行,中間有許多程式,而朱子"乘夜撤去"之説,不過朱子高估了其《議狀》的分量,誤以爲趙汝愚等人迫不及待且偷偷地祧遷僖廟而已。

又案束景南《年譜長編》,謂十三日朱熹面對,然其内容未詳,亦不知何所據。若然,則必與祧廟事有關。

① 案,此説見於《宋史·禮志十》,又見於朱熹所上兩《省狀》《議祧廟劄子》及《語類》所載與弟子語,而文字稍有異同,蓋朱熹所得於寧宗之旨意也。

② 朱熹既退,遂進擬詔意以諭朝堂,欲令群臣再集議此事。參見《朱文公文集》卷一五所載《進擬詔意》。

③ 此據束景南《朱熹年譜長編》,然未見依據。

④ 案,諸書載於《朱文公文集》卷六九。

⑤ 參見《朱文公文集》卷二三《乞追還待制職名奏狀三》《申省狀》《與宰執劄子》。

何者？ 本朝推僖祖爲始，已上不可得而推也。或難以僖祖無功業，亦當祧。以是言之，則英雄以得天下自己力爲之，并不得與祖德。或謂：靈芝無根，醴泉無源，物豈有無本而生者？ 今日天下基本，蓋出於此人，安得爲無功業？故朝廷復立僖祖廟爲得禮。介甫所見，終是高於世俗之儒。①

程子以爲，僖祖之尊爲始祖，一則因爲僖祖"已上不可得而推"，一則因爲太祖畢竟出於僖祖，此僖祖所以有功業也。

至朱子上《祧廟議狀》，其所附貼子，即引程頤此説爲據，并針對諸儒謂僖祖無功業之説，提出僖祖既爲太祖之高祖，焉得無功業？ 朱子又自謂其論與程頤不謀而合，曰：

熹未見此論時，諸生亦有發難，以爲僖祖無功德者。熹答之曰："誰教他會生得好孫子？"人皆以爲戲談，而或笑之。今得楊子直所録伊川先生説，所謂"今天下基本，皆出於此人，安得爲無功業"，乃與熹言默契。至哉言乎！天下百年不決之是非，於此乎定矣。②

殆千古以來，唯王安石、程頤、朱熹三人，乃有如此論始祖之功業者。

然此説實屬荒誕不經。案，古者有尊庶母爲帝太后者，蓋以其爲誕育聖上而爲"聖母"也，又有崇奉孔子之父爲啓聖祠者，今程頤、朱子乃藉此而尊高祖，則僖祖可謂"聖高祖"也。是説之荒誕，自不待多言，宜乎頗見譏於後儒也。誠若所論，帝王之歷代先祖，皆得以此而尊，揚波衍流，其弊則至明世宗之崇本生，乃至乎其極矣。

朱子對王安石的肯定，較諸儒爲多，不獨見於祧遷僖祖一事也。其上《祧廟議狀》所附貼子謂"介甫所見，終是高於世俗之儒"，以爲其論"足以見理義人心之所同"。③ 至其與門弟子議論，更是頻頻稱道安石，謂"荊公數語，是甚次第！ 若韓維、孫固、張師顔等所説，如何及得他！"④又謂"元祐諸賢文字大率如此，只是胡亂討得一二浮辭引證，便將來立議論，抵當他人。似此樣議論，如何當得王介甫！ 所以當時只被介甫出，便揮動一世，更無人敢當其鋒。只看王介甫廟議是甚麼樣文字！ 他只是數句便説盡，更移動不得，是甚麼樣精神！ 這幾個如何當得他！"⑤又謂"只看荊公云：'反屈

---

① （宋）程顥、程頤：《河南程氏文集·遺文》，《二程集》，北京：中華書局，2004年，第670頁。
② （宋）朱熹：《朱文公文集》卷八三《書程子〈禘説〉説》，《朱子全書》（第24册），第3924頁。
③ （宋）朱熹：《朱文公文集》卷一五《祧廟議狀》，《朱子全書》（第20册），第724頁。
④ （宋）黎靖德編：《朱子語類》卷一〇七，第2660頁。
⑤ （宋）黎靖德編：《朱子語類》卷一〇七，第2664頁。

列祖之主,下祔子孫之廟,非所以順祖宗之孝心。'如何不説得人主動!"①諸如此説,足
見朱子於安石之廟議,可謂服膺至深也。

(二) 對趙汝愚的不滿

紹熙五年閏十月三日,鄭僑上疏請祧僖祖。據王懋竑《朱子年譜》,六日癸亥,寧
宗詔諸臣集議,朱熹稱病不赴。② 七日,朱熹上《祧廟議狀》。《議狀》既上,至十日丁
卯,"召對,令細陳其説。熹先以所論,畫爲圖本,貼説詳盡,至是,出以奏陳久
之"。③ 據王懋竑《年譜》:

> 上於榻後取文書一卷,曰:"此卿所奏《廟議》也,可細陳其説。"初,先生
> 既被旨,恐上必問及,乃取所論,畫爲圖本,貼説詳盡。至是,出以奏陳久之,
> 上再三稱善,且曰:"僖祖乃國家始祖,自不當祧,高宗即位時不曾祧,太上即
> 位時亦不曾祧,今日豈可容易? 可於榻前撰數語,俟徑批出施行。"先生方懲
> 内批之弊,因乞降出劄子,再令臣僚集議,上亦然之。④

此處寧宗所言《廟議》,則七日朱熹所上《祧廟議狀》也。至朱熹所乞降出劄子,即此

---

① （宋）黎靖德編:《朱子語類》卷一○七,第 2661 頁。
② 據束景南《年譜長編》,閏十月三日,朱熹早講;四日,晚講。後上《乞進德劄子》。六日,上《論災異劄子》
《乞討論喪服劄子》。七日,上《祧廟議狀》,并跋程頤《禘説》。可見,自祧廟議起至朝臣集議,朱熹至少有
兩次面聖的機會,并數上劄子論他事,然朱子直至朝臣集議以後,始上劄子論祧廟事。
③ （元）脱脱:《宋史》卷一○七《禮志十》,第 2588 頁。據《別定廟議圖記》,朱子所奏《議狀》,"而廟堂持之
不上,獨奏禮官及諸從臣所論",則似《議狀》未蒙寧宗御覽。至十日寧宗召朱子赴内殿奏事時,乃"節略
狀文,及爲劄子,畫圖貼説以進。上覽之良以爲然",則似寧宗至此始親覽朱子之説也。寧宗既得朱熹所
陳,乃深然其説,朱熹因奏曰:"此事義理甚明,而聖意又已見得如此,其不當遷無可疑者。前日集議雖已
施行,而臣申省議狀獨未得經聖覽,不曾降出,即今來劄子却乞降出,再令臣寮集議,必有定論。"則朱子
明謂其《祧廟議狀》未經聖覽,乃欲將此次面呈《議祧廟劄子》降出,欲令群臣集議也。參見《朱文公文集》
卷六九,《朱子全書》(第 23 册),第 3346 頁。此後,黄榦《行狀》即據此説,謂朱熹《議狀》因"廟堂持之不以
聞",故未蒙寧宗所御覽,只是後來《議狀》"頗達上聽",於是寧宗特詔朱熹赴内殿奏事,朱熹乃"節略狀文
爲劄子,畫圖以進",則寧宗所覽者,乃《祧廟議狀》的簡略狀文,即《面奏祧廟劄子》也。至於更爲詳盡的
《祧廟議狀》,不僅寧宗始終未曾御覽,而朝臣亦頗未之見也。
　　然朱子嘗自言:"文字既上,有旨,次日引見。上出所進文字。"(《朱子語類》卷一○七,第 2660 頁)此
乃弟子所記朱子語,應該屬實。王懋竑不用黄榦《行狀》,而采此説,曰:"上於榻後取文書一卷,曰:'此卿
所奏《廟議》也,可細陳其説。'"(《朱熹年譜長編》卷下,第 1170 頁)可見,朱子《議狀》實已上達天聽,至其
爲趙相所阻,乃在不將《議狀》付群臣,且夜祧僖廟也。
④ 引自束景南:《朱熹年譜長編》卷下,第 1170 頁。

《議狀》也。蓋朱熹先上《議狀》，内容最詳盡，至將入對，"乃取所論，畫爲圖本，貼説詳盡"，即《文集》卷一五所載《面奏祧劄子》并圖也，其内容較簡單，蓋節略《議狀》而爲之耳。

又據《建炎以來朝野雜記》，其後，"給舍樓大防、陳君舉言：'未見朱某本議如何？乞付出《議狀》。'子直不報，遂祧二祖神主"。① 《語類》亦謂朱熹十日面聖後，"既退，而政府持之甚堅，竟不行"② "某所議，趙丞相白乾地不付出，可怪！"③ 則似朱熹面聖奏陳以後，寧宗曾降出劄子，樓鑰、陳傅良亦乞付出，然趙汝愚（字子直）"不報"耳。可見，六日朝臣集議後，祧遷僖祖本已成定局，不料七日朱子上《議狀》，且至十日又蒙寧宗召對，其意見得到寧宗肯定，并降出以付朝臣再議。顯然，朱子挾寧宗旨意以動摇朝議，這并非趙相所願意看到的，於是，所降出《議狀》也就擱置在尚書省了。這就是後來朱子瞭解情况後，兩上尚書省狀的原因。可以説，阻礙再次廟議的關鍵就在趙汝愚那裏。後來朱熹有書遺汝愚，其中曰：

> 相公以宗支入輔王室，而無故輕納鄙人之妄議，毀拆祖宗之廟，以快其私，其不祥已甚。欲以望神靈降歆，垂休錫羨，以永國祚於無窮，其可得乎？④

觀朱子與趙相書，不論理之是非，而滿紙迹盡詛咒之語，可見其憤懣也。朱熹遂自劾不堪言語侍從之選，乞追奪待制，而朝廷以爲除授已久，與廟議初不相關，不許。可見，朱熹與趙汝愚因此事而生隔閡，其落職實未必盡由於韓侂胄也。

又據《朱子語類》卷一〇七：

> 某聞一日集議，遂辭不赴。某若去時，必與諸公合炒去。乃是陳君舉與趙子直自如此做，曾三復、孫逢吉亦主他説。中間若謝子肅、章茂獻、張春卿、樓大防皆以爲不安，云："且待朱丈來商量。"曾三復乃云："乘此機會祧了。"這是甚麼事，乘機投會怎地急！某先有一奏議投了。樓張諸公上劄，乞降出朱某議；若某言近理，臣等敢不遵從！趙子直又不付出，至於乘夜撤去僖祖室！⑤

朱子謂趙汝愚未降出其《議狀》，則是也；然謂其聽從曾三復的建議，"乘夜撤去僖祖

---

① 引自束景南：《朱熹年譜長編》卷下，第 1172 頁。
② （宋）黎靖德編：《朱子語類》卷一〇七，第 2660 頁。
③ （宋）黎靖德編：《朱子語類》卷一〇七，第 2662 頁。
④ 引自束景南：《朱熹年譜長編》卷下，第 1172 頁。
⑤ （宋）黎靖德編：《朱子語類》卷一〇七，第 2663 頁。

室",此説似乎可疑。

大概朱子等候數日,未見降出《議狀》,乃上《議祧廟劄子》,其中云"臣前日面奏祧廟事……然今已多日,未聞降出臣元奏劄子,付外施行",末云"乞降付尚書省"。① 蓋自朱熹十日面聖,乞降出《議狀》,然石沉大海,杳無音信,遂奏上《議祧廟劄子》,以催促寧宗降出《議狀》以付尚書省,同時又擬詔意以諭群臣。其間既有"多日",又據束景南《年譜長編》,朱熹十三日又面聖,則朱熹當在十二日上《議祧廟劄子》也。若十三日面聖與祧廟議有關,則朱子稍後又兩次向尚書省申狀,大概朱子此時已明確知曉其《議狀》在尚書省,故有些申狀,蓋敦促尚書省降出《議狀》以集議也。趙汝愚既爲宰執,則尚書省不降出《議狀》,則顯然出於其意見。故朱子遺書以斥趙相,誠有以也。

其先,朱子托病不參與集議,至毀廟已成定論,而於次日奏上《議狀》。顯然,朱熹應該清楚他的立場屬於少數派,"度難以口舌爭",於是想憑藉其侍講身份來私下説服寧宗。朱熹這種做法,已經超出了學術之爭,且在政治上同情王安石,這無疑讓趙汝愚等朝臣深爲不滿。可以説,朱子雖然在政治上屬於趙汝愚的同盟,卻在學術上反對趙汝愚一派祧遷僖祖的做法,頗有在政治上給趙汝愚拆台的性質,正因如此,其數日間的密集舉動未得到趙汝愚一派的回應。②

可以説,朱子在祧廟議中的表現,似有政治上幼稚的緣故,即將朝臣們主張祧廟的做法,純粹視爲學術上的爭論。故其致趙汝愚書時,再次在學術上強調了自己的意見,曰:

> 蓋向來祧廟之議,上意已自開納,而丞相持之不下,便將太廟毀拆。及臺諫有言,不知只作如何處分,致後省復有云云。據其所言,亦未敢深以熹説爲非,但云未見本議,欲乞降出,而丞相又不降出,便從其請。以此而觀,其罪不在樓、陳,而丞相實任之也。夫紬始祖之尊,置之別廟,不使與於合食

---

① 參見《朱文公文集》卷一五,《朱子全書》(第 20 册),第 726 頁。

② 然黃榦《行狀》認爲,"經生學士知禮者,皆是先生,一時異議之徒忌其軋己,權奸遂從而乘之"。轉引自束景南:《朱熹年譜長編》卷下,第 1170 頁。黃榦所言,顯非事實,當時支持朱子意見的顯然是少數,絶非出於"一時異議之徒忌其軋己"的緣故。譬如,贊同祧廟的許及之上疏云:"太祖皇帝開基,而不得正東向之位,雖三尺童子亦爲之不平!"則謂"三尺童子"皆以爲當祧僖祖,可見人心所向也。而朱子則謂奉僖祖乃"合於人心"。可見,雙方都自詡其説乃天下之公論也。

不過,據《朱子語類》記載,先是認爲"唯謝中丞入文字,右先生之説"(卷一〇七,第 2660 頁),又謂"謝子蕭、章茂獻却頗主某説"(第 2662 頁),更謂"中間若謝子蕭、章茂獻、張春卿、樓大防皆以爲不安,云'且待朱丈來商量。……樓、張諸公上劄,乞降出朱某議'"(第 2663 頁)。後又謂"後來章茂獻、謝深甫諸公皆云'悔不用朱丈之説'"(第 2663、2664 頁)。可見,支持朱子意見的朝臣實在少數,且集議時已有共識也。

之列，而又并遷二祖，止祀八世，熹固已議之矣，而亦未敢盡其詞也。今太上聖壽無疆，方享天下之養，而於太廟遽虛一世，略無諱忌，此何禮也？……夫以十世之祖考而下列於孫婦之廢廟，此不論而知其得失也，相公何忍爲之耶？歸來因閱所編《奏議》，乃知平日已不主荆公之論，此乃向來講究未精之失。今乃必遂其非而不肯改，其誤益甚矣。①

蓋自北宋以來，正太祖東向之位實屬朝廷共識，其中既有名儒，亦有禮官，莫不謂然，今朱子乃視爲"鄙人之妄議"，足見其憤甚也。②

　　此後，朱子與其弟子論及此事時，更對趙汝愚進行了上綱上線的批評：

　　　　這般事，最是宰相没主張。《奏議》是趙子直編，是他當初已不把荆公做是了，所以將那不可祧之説，皆附於注脚下，又甚率略；那許多要祧底話，却作大字寫。不知那許多是説個甚麽？只看荆公云："反屈列祖之主，下祔子孫之廟，非所以順祖宗之孝心。"如何不説得人主動！當時上云："朕聞之戄然，敢不祗允！"這許多只閑説，只是好勝，都不平心看道理。又云："某嘗在上前説此，上亦以爲不可，云：'高宗既不祧，壽皇既不祧，朕又安可爲！'奈何都無一人將順這好意思。某所議，趙丞相白乾地不付出，可怪！"③

這段朱子與弟子們的對話，應該發生在祧廟以後不久。在此，朱子一方面批評趙汝愚"没主張"，大概以爲其隨順鄭僑、曾三復、許及之等人的意見而已；④另一方面，則提到早在趙汝愚編《本朝諸臣奏議》時，就已有對王安石的偏見了，故批評趙相"不平心看道理"。朱子此時似乎有著强烈的"理論自信"，且在政治上又與趙相是盟友，故對趙汝愚不付出《議狀》的做法，非常不理解。

　　朱子在更多時候還是批評趙汝愚在學術見解上的偏頗：

　　　　僖祖雖無功德，乃是太祖嘗以爲高祖。今居東向，所謂"祖以孫尊，孫以祖屈"者也。近者孝宗祔廟，趙丞相主其事，因祧宣祖，乃并僖祖祧之，令人毀拆僖祖之廟。當時集議某不曾預，只入文字，又於上前説此事。末云："臣

---

① （宋）朱熹：《與趙丞相書》，《朱文公文集》卷二九，《朱子全書》（第21册），第1273頁。

② 案，時許及之上疏云："太祖皇帝開基，而不得正東向之位，雖三尺童子亦爲之不平！"朱子對其弟子論其疏，以爲"鄙陋如此"（《朱子語類》卷九〇，第2305頁）。則鄙人之説，蓋指許及之也。

③ （宋）黎靖德編：《朱子語類》卷一〇七，第2661、2662頁。

④ 譬如，朱子就提到曾三復建議"乘此機會祧了"，而趙汝愚就"乘夜撤去僖祖室"了，這大概算是朱子所以爲趙汝愚的"没主張"。

亦不敢自以爲是,更乞下禮官,與群臣集議。"趙不付出。當時曾無玷、陳君
舉之徒全然不曉,但謝子肅、章茂獻却頗主某説。又孫從之云:"僖祖無功
德。"某云:"且如秀才起家貴顯,是自能力學致位,何預祖宗? 而朝廷贈官必
及三代。如公之説,則不必贈三代矣。"……又問:"趙丞相平日信先生,何故
如此?"曰:"某後來到家檢渠所編《本朝諸臣奏議》,正主韓維等説,而作小字
附注王安石之説於其下,此惡王氏之僻也。"①

又云:

　　趙丞相論廟制,不取荆公之説,編《奏議》時,已編作細注。不知荆公所
論,深得三代之制。又不曾講究毀廟之禮,當是時除拆,已甚不應《儀禮》,可
笑! 子直一生工夫只是編《奏議》。今則諸人之學,又只是做《奏議》以下工
夫。一種稍勝者,又只做得西漢以下工夫,無人就堯舜三代源頭處理會來。②

可見,朱子主張僖祖不當祧的理由,只在一點,即僖祖作爲太祖的高祖,正其功德所在
也。至於趙汝愚的學問工夫,朱子頗輕視之,以爲"只是編《奏議》"而已。朱子又對漢
唐經學頗不謂然,而自謂其義理之學乃堯舜三代源頭處的工夫,故對禮臣所引漢、魏、
晋、唐以下故事,皆頗輕視不顧。應該來説,朱子此時對漢唐學者的禮學見解實在缺
乏瞭解,正因如此,朱子此後經過兩個月的思考,站在純粹的漢唐經學立場而撰寫了
《禘祫議》。誠如後來王陽明所言,"此是文公不可及處。他力量大,一悔便轉"。③

(三) 對相關儒臣和禮官的評論

朱子對熙寧以來儒臣和禮官關於祧尊僖廟的議論,雖有關注,不過所論較簡單,
且頗夾雜有意氣和憤懣,"不平心看道理"也。

案,理學家治經,多取捨傳注以求經的路徑。朱子雖頗不同於其他理學家,"早年
合下便要繼往開來,故一向只就考索著述上用功"④,故多有經學方面的著述,然猶不
能免此俗也。紹熙五年,孝宗崩,光宗亦因病內禪,寧宗即位,朱子上疏議嫡孫承重之
服。其後,朱子讀《儀禮·喪服小記》中"爲祖後者"條,見其引《鄭志》中有"嗣君有廢
疾不任國事者,嫡孫承重"語,乃自悔"此亦講學不熟之咎",若當時得引此段文字,"誰

① (宋) 黎靖德編:《朱子語類》卷一〇七,第 2662 頁。
② (宋) 黎靖德編:《朱子語類》卷一一三,第 741 頁。
③ (明) 王陽明:《傳習録》卷上,上海:上海古籍出版社,2011 年,第 33 頁。
④ (明) 王陽明:《傳習録》卷上,第 32 頁。

人敢爭”。① 可見，朱子素來對漢唐人的注疏頗懷輕視也。

至朱子論僖祖祧廟之事，猶懷此種傾向，稱“元祐諸賢文字大率如此，只是胡亂討得一二浮辭引證，便將來立議論，抵當他人”，②此蓋謂韓維、孫固、司馬光諸人據漢唐注疏爲説，而自以爲據《禮經》而立論也。又論陳傅良祧廟議云：“永嘉看文字，文字平白處都不看，偏要去注疏小字中，尋節目以爲博。只如《韋玄成傳》廟議，渠自不理會得，却引《周禮》‘守祧掌守先王先公之廟祧’注云：‘先公之遷主藏於后稷之廟，先王之遷主藏於文武之廟。’遂謂周后稷别廟。”③又曰：“君舉説幾句話，皆是臨時去檢注腳來説。某告之云：‘某所説底，都是大字印在那裏底，却不是注腳細字。’”④蓋譏陳傅良徒據鄭玄注以立論，而自謂其説本於《禮經》也。

熙寧以來，主張祧僖祖廟的代表人物是禮官韓維。韓維認爲僖祖無功德，主張將僖祖遷於西夾室，且以爲這種做法并無“替祖考之尊”之嫌。對此，朱子《祧廟議狀》有論曰：

> 如曰藏於太廟之西夾室，則古者唯有子孫祧主上藏於祖考夾室之法，而無祖考祧主下藏於子孫夾室之文。昔者僖祖未遷，則西夾室者，僖祖之西夾室也。故順、翼二祖之主藏焉而無不順之疑。今既祧去僖祖，而以太祖祭初室矣，則夾室者乃太祖之夾室。自太祖之室視之，如正殿之視朵殿也。子孫坐於正殿，而以朵殿居其祖考，於禮安乎？⑤

韓維此議，當時神宗就以爲不妥，遑論朱子耶！

其後，朱子與弟子頗論其説，謂“祧僖祖於夾室，以順、翼、宣祖所祧之主祔焉。但夾室乃偏側之處，若藏列祖於偏側之處，而太祖以孫居中尊，是不可也”，⑥又謂“今日偶見韓持國廟議，都不成文字”。⑦

此外，又有孫固，主張爲僖祖别立廟。對此，朱子《議狀》論曰：

> 别立一廟以奉四祖，則不唯喪事即遠，有毀無立，而所立之廟必在偏位，其棟宇儀物亦必不能如太廟之盛，是乃名爲尊祖而實卑之。又當祫之時，群

---

① （宋）黎靖德編：《朱子語類》卷一〇七，第2660頁。
② （宋）黎靖德編：《朱子語類》卷一〇七，第2664頁。
③ （宋）黎靖德編：《朱子語類》卷一二三，第2964頁。
④ （宋）黎靖德編：《朱子語類》卷一二三，第2963頁。
⑤ 《朱文公文集》卷一五，《朱子全書》（第20册），第721頁。
⑥ （宋）黎靖德編：《朱子語類》卷一〇七，第2660、2661頁。
⑦ （宋）黎靖德編：《朱子語類》卷一〇七，第2664頁。

廟之主祫於太廟,四祖之主祫於別廟,亦不可謂之合食。①

蓋朱子以爲,孫固謂別廟居僖祖之説,其非有三:其一,不符合"喪事即遠"的禮意。其二,別廟之棟宇儀物不如太廟之盛,則卑祖也,因此,朱子主張,"若立別廟,須大似太廟,乃可"。② 其三,祫祭時,群廟之主祫於太廟,而僖、順、翼、宣四祖祫於別廟,非所謂"合食"也。

此外,孫固又引周爲姜嫄立別廟爲例,朱子以爲,"孫欲立別廟,如姜嫄,則姜嫄是婦人,尤無義理"。③

至於張師顔,亦主別廟之説,然太廟則依舊制而虛東向之位。對此,朱子直斥其説"最亂道"。④

又有禮官主張祧遷僖祖於景靈宮。案,真宗時,始建景靈宮,其後奉諸帝、后之御容,每歲四孟月由皇帝親享,其禮意猶漢初祭原廟也。至於太廟,雖奉神主,則由宗室諸王每歲五享也。朱子《議狀》論其非曰:

> 藏主於天興殿,則宗廟、原廟,古今之禮不同,不可相雜,而不得合食,亦與別廟無異。⑤

至《語類》,朱子頗論此制之非,曰:

> 欲祔景靈宮,景靈宮元符所建,貌象西畔六人,東向。其四皆衣道家冠服,是四祖。二人通天冠,絳紗袍,乃是太祖、太宗,暗地設在裏,不敢明言。某書中有一句説云云。今既無頓處,况元初奉祀景靈宮聖祖,是用籩簋籩豆,又是蔬食。今若祔列祖,主祭時須用葷腥,須用牙盤食,這也不可行。⑥

綜上,朱子所駁熙寧間祧僖廟議者包括三項主張:其一,祧僖祖於夾室。其二,祔列祖於景靈宮。其三,爲僖祖別立廟。

不僅如此,朱子既反對祧僖祖,又對熙寧以來朝臣們硜硜然必欲正太祖東向位的做法提出了批評。《議狀》云:

> 議者……特以其心急欲尊奉太祖,三年一祫時暫東向之故,而爲此紛

---

① 《朱文公文集》卷一五,《朱子全書》(第 20 册),第 721 頁。

② (宋)黎靖德編:《朱子語類》卷一〇七,第 2661 頁。

③ (宋)黎靖德編:《朱子語類》卷一〇七,第 2662 頁。

④ (宋)黎靖德編:《朱子語類》卷一〇七,第 2660 頁。

⑤ 《朱文公文集》卷一五,《朱子全書》(第 20 册),第 721 頁。

⑥ (宋)黎靖德編:《朱子語類》卷一〇七,第 2661 頁。

紛,不復顧慮。殊不知其實無益於太祖之尊,而徒使僖祖、太祖兩廟威靈常若相與争校强弱於冥冥之中,并使四祖之神疑於受擯,徬徨躑躅,不知所歸,令人傷痛不能自已。……今亦無論其他,但以太祖皇帝當日追尊帝號之心而默推之,則知太祖今日在天之靈於此必有所不忍而不敢當矣。又況僖祖祧主遷於治平,而不過數年,神宗皇帝復奉以爲始祖,已爲得禮之正而合於人心,所謂"有其舉之而莫敢廢"者乎!……今天子既踐太祖之位,行太祖之禮,奏太祖之樂矣,則當愛太祖之所親,敬太祖之所尊,所以事太祖者無以異於生存之時,乃爲至孝。……且議者之所以必爲此説者,無他,但以太祖膺圖受命,化家爲國,而王業之興不由僖祖耳。若以此言,則后稷本封於邰,而不窋已自竄於戎狄,公劉、太王又再遷而後定,文、武之興,又何嘗盡由於后稷哉? 但推其本始爲出於此,故不可以不祭,而祭之不可以不尊耳,豈計其功德之小大有無哉? 況周室而百世不遷,以冠群廟,則亦不待東向於祫然後可以致崇極之意矣。……蓋尊太祖以東向者,義也;奉僖祖以東向者,恩也。義者,天下臣子今日之願也;恩者,太祖皇帝當日之心也。與其伸義詘恩以快天下臣子之願,孰若詘義伸恩以慰太祖皇帝之心乎? 韓愈所謂"祖以孫尊,孫以祖詘"者,正合此意。[①]

在朱子看來,正太祖東向位之議有數失:其一,祫享時正太祖東向之位,既無益於太祖之尊,且致僖祖、太祖"争較强弱於冥冥之中",并使僖、順、翼、宣四祖有受擯之嫌。其二,昔太祖尊僖祖爲帝,此太祖孝心的體現,後世子孫當仰體此心,不當祧遷僖祖也。其三,文、武之興,未盡由於后稷之功,不過推其本始而尊后稷爲太祖耳,故不當據功德以論僖祖之尊也。其四,周人尊文、武,而以爲世室,未必祫時正東向位而致崇極之意也。故朱子主張詘義伸恩而奉僖祖正東向之位,以慰太祖之孝心也。

關於東向位之不足以爲尊,《語類》中頗論及之:

他所謂"東向",又那曾考得古時是如何? 東向都不曾識,只從少時讀書時,見奏議中有説甚"東向",依稀聽得。如今廟室甚狹,外面又接簷,似乎闊三丈,深三丈。祭時各捧主出祭,東向位便在楹南簷北之間,後自坐空;昭在室外,後卻靠實;穆卻在簷下一帶,亦坐空。如此,則東向不足爲尊,昭一列卻有面南居尊之意。古者室中之事,東向乃在西南隅,所謂奥,故爲尊。合祭時,太祖位不動,以群主入就尊者,左右致饗,此所以有取於東向也。今堂

---

① 《朱文公文集》卷一五,《朱子全書》(第20册),第721—723頁。

上之位既不足以爲尊,何苦要如此? 乃使太祖無所自出。①

朱子以爲宋之太廟,室狹不足以行祫禮,故不得已而於堂上祫祭群廟之主。當時祫祭時,諸廟主之位次如下：東向位在楹南簷北之間,太祖坐此,而其後空無所靠;昭列坐北向南,其後却靠實,而有面南居尊之意;穆列置於簷下,其後亦空。若古時祫祭則在室中行禮,東向位在室中西南隅,即奧位,本屬尊所也。② 至祫祭時,群主入就尊者,左右致饗,此東向所以爲尊也。朱子蓋以後世大祫乃於堂上合享,而東向位不足以爲尊,反使太祖不得及其所自出之僖祖也。

朱子又曰：

> 古之士廟,如今之五架屋,以四分之一爲室,其制甚狹。近因在朝,見太廟之堂亦淺,祫祭時,太祖東向,乃在虛處。群穆背簷而坐,臨祭皆以帘幙圍之。古人惟朝踐在堂,它祭皆在室中。户近東,則太祖與昭穆之位背處皆實。又其祭逐廟以東向爲尊,配位南向。若朝踐以南向爲尊,則配位西向矣。③

此説與前論同,蓋以神位所居必"背處皆實",後世祫享則失此意矣。

(四) 對陳傅良等當時儒臣的批評

朱熹與陳傅良作爲當時道學陣營的代表人物,屬於政治上的同盟者,然學術見解却頗爲不同,彼此亦不乏論爭。尤其是對待僖祖祧遷的問題,不僅反映了雙方不同的學術背景,而且,在陳傅良等人的支持下,順利完成了宋朝開國以來二百餘年懸而未決的重大禮學難題,至於朱熹的禮學意見,却簡單地被無視了。這對於極具理論自信的朱熹來説,無疑是重大的打擊,自然引發了朱子對其盟友極大的憤慨,這種憤慨又相當程度上體現在對陳傅良的學術批評上。

據朱子弟子李閎祖所記,"祧僖祖之義,始於禮官許及之、曾三復,永嘉諸公合爲一辭。先生獨建不可祧之議。陳君舉以爲不然,趙揆亦右陳説"。④ 在朱子看來,陳傅良與趙汝愚在祧遷僖祖問題上持同一立場,而無有異同,且趙汝愚正是得到了陳傅良理論上

---

① （宋）黎靖德編：《朱子語類》卷一〇七,第 2661 頁。
② 朱子又云："古人所以廟面東向坐者,蓋户在東,牖在西,坐於一邊,乃是奧處也。"（宋）黎靖德編：《朱子語類》卷九〇,第 2303 頁。
③ （宋）黎靖德編：《朱子語類》卷一〇七,第 2662 頁。
④ （宋）黎靖德編：《朱子語類》卷一〇七,第 2660 頁。

的支持,才拒斥了朱子的主張,而最終導致了僖祖的祧遷。顯然,朱子這種看法實屬誤解。蓋祧遷僖祖的做法,原出於仁宗以來大多數禮官和儒臣的意見,絕非寧宗時才偶然出現的,朱子顯然自我感覺良好,自以其廟議"得禮之正而合於人心"。而且,陳傅良的禮學意見,其實并不同於歷來禮官、儒臣的主張,而是采取了某種折衷的態度。

今據《朱子語類》記載,當時陳傅良主張正太祖東向位,至於僖祖,則別立廟而祧遷焉。對此,朱子有論曰:

> 陳君舉謂"今各立一廟。周時后稷亦各立廟",某説"周制與今不同。周時豈特后稷各立廟,雖叔王也自是一廟。今立廟若大於太廟,始是尊祖。今地步狹窄,若別立廟,必做得小小廟宇,名曰尊祖,實貶之也"。君舉説幾句話,皆是臨時去檢注脚來説。①

案,當時趙汝愚等對僖祖廟的處置,正是爲僖祖別立廟。而陳傅良更引周制爲依據,以爲后稷亦是別立廟,而無損於后稷之尊。對此,朱子謂陳氏此説,實出於對周制的誤解,因爲周人之廟制不同於漢明帝以後施行的"同堂異室"之制,蓋凡天子祔廟皆別立廟也。然若宋人別立廟,必然廟宇狹小,失尊祖之意,焉能據周制爲論耶?

朱子又曰:

> 陳君舉舍人引《閟宫》爲故事。先生曰:"《閟宫》詩,而今人都説錯了。"又因論《周禮》"祀先王以袞冕,祀先公以鷩冕",此乃不敢以天子之服加先公,故降一等。②

《閟宫》一詩,乃言后稷之母姜嫄別立廟也。然此處朱子所駁不明。案,熙寧時,孫固嘗主張爲僖祖別立廟,即引姜嫄爲據。對此,朱子以爲,"孫欲立別廟,如姜嫄,則姜嫄是婦人,尤無義理"。③ 此處朱子亦因以論陳氏之失也。

據《續文獻通考》,至寧宗嘉定四年,臨安大火,將及太廟,陳傅良乃奏以爲當尊僖祖爲始祖,與太祖之廟世世享祀。其議曰:

> 以經傳考之,自商而上,以受命之君爲宗,而祖其所始生之帝,故虞、夏以舜、禹爲宗而祖顓頊,商人則以受命之君爲宗,而祖契。周監二代,於是以受命之君爲祖,繼祖爲宗,而郊其所始封之君,故周人郊稷,祖文王而宗武王。……

① (宋)黎靖德編:《朱子語類》卷一〇七,第 2663 頁。
② (宋)黎靖德編:《朱子語類》卷一〇七,第 2664 頁。
③ (宋)黎靖德編:《朱子語類》卷一〇七,第 2662 頁。

《記》曰："武王末受命，周公成文、武之德，追王太王、王季，上祀先公以天子之禮。"當武王之末，追尊三世。周公《金縢》之卜，但告三王，則太王爲祖而文王猶爲穆，考《酒誥》所謂穆考文王是也。成王制禮作樂，更定廟制，於是推稷爲始祖，文王爲太祖。《閔予小子》之詩曰："於乎皇考，永世克孝。念兹皇祖，陟降庭止。"則武王祔廟，成王時也。《雝》禘太祖，謂文王也。其詩曰："既右烈考，亦右文母。"則是以文王爲祖，武王爲昭考矣。武王爲昭考，故文王之子皆遞稱昭，富辰所謂文之昭、武之穆是也。《喪服傳》曰："諸侯及其太祖，天子及其始祖之所自出。"此始祖、太祖明文也。孔子稱之曰："孝莫大於嚴父，嚴父莫大於配天，周公其人也。"昔者周公郊祀后稷以配天，宗祀文王於明堂以配上帝，以爲周公其人，言非周公不足以及此，明非夏、商之舊也。周變夏、商，非特此也。追王至於三代，前此未有也；繫姓至於百世，前此未有也；推其所自出，至於帝嚳，又前此未有也。是謂仁之至、義之盡。漢、魏以來，諸儒考經不詳，或得或失，王、鄭二家，互相詆毀，要不足深信，此其所以專經爲斷，以贊廟議之决。恭惟本朝，世次弗彰，今當以太祖之所推尊爲定，以僖祖爲始祖之廟，與太祖之廟，皆世世享祀，推廣孝思，崇長恩厚，則群臣之議，不相抵牾，而大典可就矣。[①]

案，陳傅良所上此疏在寧宗嘉定四年（1211年），距紹熙五年（1194年），已去十餘年矣，然考其中所論及朱子的批評，亦大略可見紹熙時陳傅良的大致見解。

蓋陳氏以爲，商以前唯有始祖，如顓頊之於虞、夏，契之於商，皆"始生之帝"也，若受命之君，如虞之舜、夏之禹、商之湯，則爲宗也；至於周人，乃以始封之君后稷爲始祖，而以受命之君文王爲太祖。後世之禮莫不本於周，故當別始祖與太祖爲二，故宋自當以僖祖爲始祖，而藝祖爲太祖，皆"世世享祀"也。[②] 陳氏又自謂其說乃"專經爲

---

① （清）秦蕙田：《五禮通考》卷八二，第3849—3851頁。

② 據韋玄成等所奏，曰："禮，王者始受命，諸侯始封之君，皆爲太祖。以下五廟而遞毀，毀廟之主藏乎太祖，五年而再殷祭，言一禘祫也。祫祭者，毀廟與未毀廟之主皆合食於太祖，父爲昭，子爲穆，孫復爲昭，古之正禮也。《祭義》曰：'王者禘其祖自出，以其祖配之，而立四廟。'言始受命而王，祭天以其祖配，而不爲立廟，親盡也。立親廟四，親親也。親盡而遞毀，親疏之殺，示有終也。周之所以七廟者，以后稷始封，文王、武王受命而王，是以三廟不毀，與親廟四而七。非有后稷始封，文、武受命之功者，皆當親盡而毀。……臣愚以爲高帝受命定天下，宜爲帝者太祖之廟，世世不毀，承後屬盡者宜毀。"《漢書》卷七三《韋玄成傳》據此，韋玄成亦以唯有太祖，而無始祖；若後世受命之王，功業特起，亦自可爲太祖。

至唐中宗時，太常博士張齊賢始明確否定"始祖"之說，曰："太祖之外，更無始祖。但商自玄王以後，十有四代，至湯而有天下。周自后稷以後，十有七代，至武王而有天下。其間代數既遠，遷廟親廟，皆出太祖之後，故合食有序，尊卑不差。其後漢高受命，無始封祖，即以高皇帝爲太祖。太上皇，帝之（轉下頁）

斷"，疑即針對朱子當年謂其"檢注脚來説"之譏也。

　　朱子以爲，陳傅良主張祧僖祖於別廟，蓋同於熙寧以來禮官舊説。然考陳氏《廟

（接上頁）父，立廟享祀，不在昭穆合食之列，爲尊於太祖故也。魏武創業，文帝受命，亦即以武帝爲太祖。其高祖、太皇、處士君等并爲屬尊，不在昭穆合食之列。晋宣創業，武帝受命，亦即以宣帝爲太祖。其征西、豫章、潁川、京兆府君等并爲屬尊，不在昭穆合食之列。歷兹以降，至於周、隋，宗廟之制，斯禮不改。故宇文氏以文皇帝爲太祖，隋室以武元皇帝爲太祖。國家誕受天命，累葉重光。景皇帝始封唐公，實爲太祖。……伏尋禮經，始祖即是太祖，太祖之外，更無始祖。周朝太祖之外，以周文王爲始祖，不合禮經。或有引《白虎通義》云'后稷爲始祖，文王爲太祖，武王爲太宗'，及鄭玄注《詩·雍》序云'太祖謂文王'以爲説者，其義不然。"（《五禮通考》卷八〇，第3725、3726頁）案，《白虎通》代表了漢儒的普遍見解，而鄭玄亦踵述其後，皆謂周以后稷爲始祖，而文王爲太祖也。考張齊賢所論，蓋以始封唐公之李虎爲太祖，而不當溯源於西涼武昭王也。

　　至晋天福間，御史中丞張昭亦主此説，乃議曰："臣讀十四代史書，見二千年故事，觀諸家宗廟，都無始祖之稱，唯殷、周二代以稷、契爲太祖。……自殷、周以來，時更十代，皆於親廟之中，以有功者爲太祖，無追崇始祖之例。……王者祖有功而宗有德，漢、魏之制，非有功德不得立爲祖宗。殷、周受命，以稷、契有大功於唐、虞之際，故追尊爲太祖。自秦、漢之後，其禮不然，雖祖有功，仍須親廟。今粗言往例，以取證明。秦稱造父之後，不以造父爲始祖。漢稱唐堯、劉累之後，不以堯、累爲始祖；魏稱曹參之後，不以參爲始祖；晋稱趙將司馬卬之後，不以卬爲始祖；宋稱漢楚元王之後，不以元王爲始祖；齊、梁皆稱蕭何之後，不以蕭何爲始祖；陳稱太丘長陳寔之後，不以寔爲始祖；元魏稱李陵之後，不以陵爲始祖；後周稱神農之後，不以神農爲始祖；隋稱楊震之後，不以震爲始祖；唐稱皋陶、老子之後，不以皋陶、老子爲始祖。唯唐高宗則天武后臨朝，革唐稱周，便立七廟，仍追册周文王姬昌爲始祖，此蓋當時附麗之徒，不諳故實，武立姬廟，乖越已甚。曲台之人，到今嗤笑。"（《五禮通考》卷八〇，第3780、3781頁）較張齊賢所論，張昭之説又加詳明也。

　　然至宋王安石以後，始明謂太祖以上別有始祖也。其後頗有繼其説者，如明丘濬曰："請於每歲立春之日行大祫之禮，凡毁廟未毁廟之主，皆合食於太祖之廟。大禘之禮則於冬至之日行之於始祖之廟，而又推始祖所自出之帝，而以始祖配之焉。"（《五禮通考》卷七八，第3662頁）則似謂周制之始祖不同於太祖，而祫則合食於太祖，禘則以始祖配所自出之帝而祭焉。丘濬又曰："後世人主多是崛起，未必皆如三代世系有所據依，功業有所積累。所謂始祖者，創業之君也。始祖所自出之帝，據其所可知者也。請以宋朝爲比，而即光宗之世論之，所謂始祖者，太祖也。太祖者，宋創業之君也。太宗、仁宗二帝有功德不祧，以爲兩世室。神宗、哲宗、徽宗、欽宗、高宗、孝宗六室爲親廟，前此順、翼、宣三祖，真、英二宗，皆在三昭三穆之外，親盡而祧。所謂僖祖者，太祖之高祖，開國之初，即追封以爲親廟，其所知者止此。自此以上，更不可考。是爲太祖所自出之帝，宜別爲一廟以藏其主，而以順、翼、宣三祖祔其中，遇行禘禮，則請僖主出，就太祖之廟祀之，而以太祖配焉。太祫則太祖正東向之位，而凡毁廟未毁廟之主皆合食於太祖，如常儀。如此則太祖名號既與廟相稱，而亦不失其所以追王崇祀僖祖之心矣。若夫祭天享帝，則惟以太祖配焉。夫然，則尊尊親親各得其宜，而古禮庶幾可行之今乎？"（《五禮通考》卷七八，第3662、3663頁）丘氏以爲，三代以下，始祖、太祖合一，即以創業之君爲太祖也。就宋而論，則翼祖自爲太祖無疑，若僖祖，則爲太祖所自出之帝，其尊則在大禘時，而以太祖配食而祭之焉。

議》，其實并尊僖祖與太祖，即僖祖作爲"始祖"而得世世祭享，而藝祖作爲"太祖"，則在太廟祫享時得以正東向尊位。顯然，此説可謂調停之論也。故秦蕙田有論曰："傅良尚主調停之説，非實見太祖之當配天而不可易也。"①

至理宗紹定四年(1231 年)，京師大火，延及太廟。太常少卿度正乃舉朱子之説以進，以爲"尊僖以爲始祖，是乃順太祖皇帝之孝心也"。②

朱子似乎始終没有真正明白陳傅良的意見。其後有論曰：

> 永嘉看文字，文字平白處都不看，偏要去注疏小字中，尋節目以爲博。只如《韋玄成傳》廟議，渠自不理會得，却引《周禮》"守祧掌守先王先公之廟祧"注云："先公之遷主藏於后稷之廟，先王之遷主藏於文武之廟。"遂謂周后稷别廟。殊不知太祖與三昭三穆皆各自爲廟，豈獨后稷别廟！③
> 后稷不爲太祖，甚可怪也！④

直到兩月後，朱子依然在《别定廟議圖記》中如此説道："趙汝愚不以熙寧復祀僖祖爲然，給舍樓鑰、陳傅良又復牽合裝綴以附其説，其語頗達上聽。"⑤

那麼，朱子與陳傅良同作爲道學一脈，爲什麼在這個問題上會有如此差異呢？⑥ 我們無論從早先朱子與陳亮關於王霸義利問題的爭論，還是所上孝宗的奏疏，不難看出理學家們有著强烈的道德理想主義傾向，即要求人主在其心術上用功夫，這種傾向到了陽明的心學那裏，更是趨於極端。因此，當朱子處理祧遷僖祖問題時，同樣要求群臣隨順太祖追尊僖祖爲帝的孝心，這與後來陽明一派支持明世宗尊崇本生的要求，如出一轍。至於陳傅良，則代表了漢唐以來經學家的基本立場，即站在大宗的角度約束親親之情，即便是儒家素來重視的孝道，也應該受到抑制。不僅如此，朱子本人在處理僖廟祧遷問題時，没有自覺選擇站在趙汝愚一派的立場，其中或許還有政治上幼稚的因素。

---

① （清）秦蕙田：《五禮通考》卷八二，第 3851 頁。

② （清）秦蕙田：《五禮通考》卷八二，第 3853 頁。時度正舉兩説以進，一則純用朱子之説，以爲合於古道；一則因本朝舊制，而參以朱子之説。蕙田則以爲，"度正兩議，都無一是"(《五禮通考》，第 3854 頁)。

③ （宋）黎靖德編：《朱子語類》卷一二三，第 2964 頁。

④ （宋）黎靖德編：《朱子語類》卷一二三，第 2964 頁。

⑤ 《朱文公文集》卷六九，《朱子全書》(第 23 册)，第 3346—3347 頁。

⑥ 今有學者指出，"陳傅良之學多重制度經史，而不重身心義理之學。重制度經史，不免照搬成制爲世所用，表現爲功利的傾向。在祧廟議中，朱熹認爲陳傅良、樓鑰二人主張的正太祖東向之位是其功利主義傾向的表現"。參見殷慧、肖永明：《學術與政治糾結中的朱熹祧廟之議》，《湖南大學學報》2009 年 7 月。

五、餘　　論

至紹熙五年底，隨著時間的推延，朱子因祧廟議受挫的不滿和憤懣情緒逐漸平復，同時，隨著朱子對宗廟問題的全面思考，開始對其早先立場進行了反省，先後撰寫了《禘祫議》《漢同堂異室廟及原廟議》《別定廟議圖記》等文。

其《別定廟議圖記》一文直接對祧廟議一事進行了反省，其中有云：

> 當日議狀、奏劄出於匆匆，不曾分別始祖、世室、親廟三者之異，故其爲
> 説易致混亂。①

可見，朱子此時雖有反省，但根本立場似未有變化，只是指出其説的不足僅在於這樣一點，即《祧廟議狀》《面奏祧廟劄子》"不曾分別始祖、世室、親廟三者之異，故其爲説易致混亂"。這是什麼意思呢？

今考朱子在《議狀》中提出的方案，與《別定廟議圖記》所言，并無不同，皆以僖祖爲始祖，居太廟第一室，而祧順祖、翼祖、宣祖、真宗與英宗；太祖、太宗、仁宗、神宗、哲宗、徽宗、欽宗、高宗、孝宗，凡六世九帝，居太廟第二室以下至第十室；太祖、太宗、仁宗、高宗，百世不遷，謂之世室；祫享時，以僖祖正東向之位，自順祖以下至孝宗，皆合食於太廟。至於《圖記》所言，則不過强調神宗、哲宗、徽宗、欽宗、高宗、孝宗六室爲親廟，而太祖、太宗、仁宗功德茂盛，號爲世室；高宗猶在親廟之列，他日親盡，則因受命中興，亦別爲世室；如是始祖并三昭三穆，合七世之文。其餘則與《議狀》相同。

同時，朱子又撰《禘祫議》，表面上看來，并未涉及僖祖祧廟事，似乎純粹屬於朱子對周代廟制的探討。然而，我們透過此文，不難發現朱子相當程度上回到了漢唐經學的立場。其中包括了這樣幾點内容：

其一，追溯晋博士孫毓議，主張實行都宮別殿之制，即"外爲都宮，内各有寢廟，別有門垣。太祖在北，左昭右穆，以次而南"。② 顯然，此種説法不同於祧廟議時對陳傅良的批評，以爲"周時豈特后稷各立廟，雖祔王也自是一廟"。③ 不過，朱子此時又認爲，"但考周制，先公廟在岐周，文王在豐，武王在鎬，則都宮之制亦不得爲，與漢亦無甚異"④，可見，朱子於此亦未有定論也。

---

① （宋）朱熹：《別定廟議圖記》，《朱文公文集》卷六九，《朱子全書》（第 23 册），第 3347 頁。

② （宋）朱熹：《禘祫議》，《朱文公文集》卷六九，《朱子全書》（第 23 册），第 3332 頁。

③ （宋）黎靖德編：《朱子語類》卷一〇七，第 2663 頁。

④ （宋）朱熹：《禘祫議》，《朱文公文集》卷六九，《朱子全書》（第 23 册），第 3333、3334 頁。

其二,周有太祖而無始祖。《禘祫議》唯以始封君后稷爲太祖,而文、武雖受命而王,其廟不過爲世室而已。此種説法最早出於唐張齊賢,朱子殆亦針對陳傅良分別始祖與太祖之説也。

《禘祫議》又謂"王者始受命、諸侯始封之君皆爲太祖"①,推此,則后稷始封,自得爲太祖;至於宋之藝祖,猶漢之高帝,俱以始受命爲太祖,而僖祖既無功德,焉得爲稷、契之比耶?

其三,周以文世室、武世室爲二祧,文、武以下神主遷於世室,以上神主則藏於太祖廟。若劉歆、王肅則以高祖之父、祖爲二祧。可見,朱子純用鄭玄之説也。然《禘祫議》又謂"七者其正法數,可常數者,宗不在此數中。宗,變也,苟有功德則宗之,不可預爲設數",②此又用劉歆"宗無數"之説也。

其四,昭常爲昭,穆常爲穆,且"諸廟別有門垣,足以各全其尊,初不以左右爲尊卑也"③"殊不知昭穆本以廟之居東居西,主之向南向北而得名,初不爲父子之號也"。④ 朱子在此批評王安石的弟子陸佃在熙寧間的説法。

且考《桃廟議狀》及《面奏桃廟劄子》,朱子盡反魏晋以來禮家一貫意見,主張兄弟異昭穆,則以太祖與太宗、哲宗與徽宗、欽宗與高宗俱別昭穆,其意或在備三昭三穆之數也。至《禘祫議》,其叙穆王以下世次,猶以兄弟別昭穆也,而《廟議圖記》則明以神宗、哲宗、徽宗、欽宗、高宗、孝宗六室爲親廟,以備異時三昭三穆以次迭毀也。⑤

其五,批評後世廟制不能尊太祖,謂"至使太祖之位下同孫子,而更僻處於一隅,既無以見其爲七廟之尊,群廟之神則又上厭祖考而不得自爲一廟之主"。⑥ 此説雖就

① (宋)朱熹:《禘祫議》,《朱文公文集》卷六九,《朱子全書》(第 23 册),第 3336 頁。

② (宋)朱熹:《禘祫議》,《朱文公文集》卷六九,《朱子全書》(第 23 册),第 3337 頁。

③ (宋)黎靖德編:《朱子語類》卷一〇七,第 3333 頁。

④ (宋)朱熹:《禘祫議》,《朱文公文集》卷六九,《朱子全書》(第 23 册),第 3341 頁。

⑤ 不過,朱子兄弟異昭穆之説,不純出於其個人的禮學考慮,且早在真宗時,圍繞宗廟中太祖、太宗的稱呼問題,就頗有爭論。當時以户部尚書張齊賢代表的一派意見據《公羊》"爲人後者爲之子"之説,主張真宗於太祖廟稱孝孫,於太宗廟稱孝子;而禮官則主張"兄弟繼統,同爲一代",故真宗於太祖廟稱皇伯考,於太宗廟稱皇考。至都省集議,則從張齊賢之説,且指出,"古者祖有功宗有德,皆先有實,而後正其名。今太祖受命開基,太宗續承大寶,則百世不祧之廟矣。豈有祖宗之廟已分二世,昭穆之位翻爲一代? 如臣等議,禮,'爲人後者爲之子',以正父子之道,以定昭穆之義,則無疑也。必若同爲一代,則太宗不得自爲世數,而何以得爲宗乎? 不得爲宗,又何以得爲百世不祧之主乎?"參見(清)秦蕙田:《五禮通考》卷八一,第 789、790 頁。可見,太祖、太宗兄弟作爲祖宗的特殊性,不僅導致了昭穆異同的爭論,而且,與後來僖祖的尊祧之爭,亦頗有關係。

⑥ (宋)朱熹:《禘祫議》,《朱文公文集》卷六九,《朱子全書》(第 23 册),第 3334 頁。

漢明以後"同堂異室"之制而發,然考諸熙寧以來太祖不能正東向之位,而屈居昭穆之列,似乎朱子已見及其舊論之非歟?

案,朱子《禘祫議》未有絲毫論及僖祖廟議之事,然考其中所論,頗有不同於其舊議者。雖然,朱子對後世禮家最大的貢獻,則在其昭穆之説。無論如何,《禘祫議》體現了朱子回歸正統經學的立場,而且超出了通常理學家"以理代禮"的窠臼。

蓋朱子當時請求廷辯,且謂臺諫謝深甫、張叔椿皆贊同其説,可見朱子的自信,直到後來,也僅僅以爲反對者不過來自趙汝愚及樓鑰、陳傅良等少數人,却根本未意識到自紹興以來乃至熙寧以來的强大反對意見。可以説,朱子的反對者代表了魏晋以來的主流禮學意見,至於王安石、程頤、朱子的主張,只是絕少數而已。直至理宗紹定四年,度正奏上朱子之説,其中猶謂"然其爲制,務效於古而頗更本朝之制,故學士大夫皆有異論,遂不能行"。[①] 這也道出了朱子廟議得不到支持的另一個原因。蓋朱子的主張,不僅有悖於熙寧以來的公議,反而自謂"得禮之正而合於人心",又頗事更張,自標法古,猶"王介甫當國,每事務欲紛更",非獨尊僖廟一事,故其説宜爲時論所黜矣。

然探朱子所論,其自謂"合於人心"者,不過以爲太祖嘗尊僖祖爲始祖,猶《孝經》"嚴父莫大於配天"之意,故以今祧僖祖,失太祖之本意,"太祖今日在天之靈於此必有所不忍而不敢當矣"。其後,明世宗尊崇本生父爲帝,乃至稱宗祔廟,即用《孝經》此意,而陽明門弟子熙熙然贊其議。可見,朱子、陽明皆推帝者之孝心,一則必欲尊爲始祖,一則必欲稱宗祔廟。至於晋宣帝、唐景帝以始封君而正太祖東向之位,而朱子罔顧故事,乃欲自立"一王之法"耶?

---

① （清）秦蕙田:《五禮通考》卷八二,第3852頁。

陸績與孫吴易學 *

谷繼明

【摘　要】　陸績《周易注》或《周易述》在宋代已經亡佚，宋人如朱震、晁説之所載，當係轉引自唐人之《易》注。張惠言以爲虞翻傳孟氏《易》，陸績之學與虞翻近，故亦傳孟氏《易》。其實張氏對陸績的許多理解頗有削足適履、强陸績以就虞翻爻變説之嫌。虞翻、陸績、姚信皆孫吴易學之翹楚，上承漢代易學，較之汝穎名士易學相對保守。然虞翻將漢《易》體例極端形式化，屬於保守派中的激進派，陸績則相對平穩，故與虞翻之學有别。陸績、姚信《易》學的最顯著特色，在於將卦爻辭、卦爻象的詮釋與其天體論結合起來，這反映了在玄學興盛之際，孫吴學術群體的思想取向。

【關鍵詞】　陸績　三國易學　張惠言　天體論　姚信

【作者簡介】　谷繼明，1986 年生，同濟大學哲學系、經學研究院教授。

一、陸績其人及《周易注》輯佚問題

　　陸績的生卒年，各種人名詞典及史志多定爲公元 187 年至 219 年，當是根據《三國志》卷五七《陸績傳》“績年六歲，於九江見袁術”，[1]袁術於初平四年（193 年）占領九江，由此而推其生年。[2] 又據本傳“年三十二卒”推其卒年。姚振宗：“陸氏自稱‘有漢志士’，其卒時當在建安中孫權猶未稱尊號之前，故亦稱後漢。”[3]可從。王弼弱冠注

---

*　本文爲國家社科基金重大項目“中國經典詮釋學基本文獻整理與基本問題研究”（21&ZD055）階段性成果。

① （晋）陳壽：《三國志》卷五七，北京：中華書局，1959 年，第 1328 頁。

② 又本傳載其臨終預言“六十年之外，車同軌，書同文”，孫吴滅亡在公元 280 年，以此上推，則公元 219 年爲其卒年亦可信。

③ （清）姚振宗：《隋書經籍志考證》，北京：清華大學出版社，2014 年，第 52 頁。

《易》,二十四歲卒;陸績注《易》解《玄》,三十二歲卒,亦可謂之早成而夭矣。陸績卒於孫權稱尊號之前,按時間應斷爲漢代,但仍是漢晋易學轉折中的重要人物。

陸績有《周易注》,又或稱《周易述》。《隋書·經籍志》載:"《周易》十五卷,吳鬱林太守陸績注。"《經典釋文叙録》載:"陸績《述》十三卷。《七志》云:'録一卷。'後漢偏將軍鬱林太守。"按新舊《唐書·藝文志》皆稱十三卷,是《隋書·經籍志》所謂"十五卷"之"五"字或訛。《郡齋讀書志》《直齋書録解題》《宋史·藝文志》不載此書,則其書在宋代當已亡佚。但晁説之《古周易》(保存在吕祖謙《古易音訓》中)、朱震《漢上易傳》尚引用數條。二人在兩宋之際,當已不見陸績書。此二人書中還引用了很多已亡佚的孟喜、《子夏》、京房等説。按《厚齋易學》引《崇文總目》曰:

> 《周易新論疏》十卷,唐陰弘道撰。弘道仕爲臨涣令,世其父顥之學,雜采子夏、孟喜等一十八家之説,參訂其長,合七十二篇。於《易》家有助云。①

陰弘道采子夏、孟喜等十八家,可謂十分豐富,其中或還有京房、荀爽、陸績等説。《古易音訓》所載晁氏引陰弘道説有兩次,一稱"陰弘道按"(豫卦九四),一稱"陰云"(姤卦初六)。又一行之書,胡一桂謂:

> 沙門一行《周易傳》十二卷,朱漢上云:"一行所集京房易,論卦氣、納甲、五行之類。"又曰:"孟喜、京房之學,其書概見於一行所集,大概皆自《子夏傳》出。"②

可知朱震、晁説之等人引用漢晋舊注,或轉引自陰弘道、一行等人的著作。其中或許有誤,詳見下文。

二、學術歸屬: 京房還是虞翻?

陸績爲《京氏易傳》作注釋,且彼時京房的《周易章句》尚未亡佚,其學傳京氏無疑。林忠軍曾指出陸績對京氏易學的發揮。一是八宮説:"陸績以陰陽變化的理論,揭示了八宮排列的規律","揭示了八宮六十四卦的内在聯繫"。③ 二是飛伏説:"陸績運用干支及干支所代表的五行來説明爻與爻之間的飛伏關係","還用飛伏説來闡發

---

① (宋)馮椅:《厚齋易學》附録,見《影印文淵閣四庫全書》(第 16 册),上海:上海古籍出版社,1987 年,第 826 頁。

② (元)胡一桂:《周易本義啓蒙翼傳》,北京:中華書局,2019 年,第 335 頁。

③ 林忠軍:《象數易學發展史》第二卷,濟南:齊魯書社,1999 年,第 11 頁。

卦氣大義".① 三是卦主説:"在《京氏易傳》中,京氏大量地運用卦主説注經。以研習京氏易爲主的陸績,吸收了京氏的卦主思想。"②

林忠軍主要依據《京氏易傳注》,對陸績與京房關係的論述已十分詳備。然張惠言又謂:

> 今觀公紀所述,凡納甲、六親、九族、四氣、刑德、生克,未嘗一言及之。至言六爻發揮,旁通、卦爻之變,有與孟氏相出入者。京氏自言其易即孟氏學,公紀儻得之耶?③

張惠言主張將作爲數術家的京房與作爲經學家的京房區分開。姚士粦把《京氏易傳》的陸績注與陸績的《周易注》混同的輯佚做法,爲張惠言所不取。就著述之體而言,兩書固然不可以相混,但姚士粦、黃奭所輯,限定在《京氏易傳》引《易》經文時的陸注,自然可以與《周易注》相互發明。其實張惠言分別陸績《周易注》與《京氏易傳注》的意圖在於將陸績之學放在孟氏一脈來叙述。

所謂"六爻發揮,旁通、卦爻之變,有與孟氏相出入者","旁通、卦爻之變"爲虞翻之學。張惠言主虞翻之學,且以虞翻易即孟氏易,得出"旁通、卦爻之變"爲孟氏學的結論。陸績注中又見"旁通、卦爻之變",故亦推定陸績爲孟氏學。陸績從學脈上明明爲京氏,張惠言遂又用《漢書·儒林傳》"房以爲延壽《易》即孟氏學"的説法,證明卦變、爻變、旁通爲孟喜、京房、虞翻、陸績共通之學。張氏發皇虞氏學脈的譜系建構便於焉達成。

然而問題在於,陸績《易注》中是否有卦變、爻變、旁通之學呢? 先討論張氏的其中一條論據:

> 京氏注大畜"利涉大川,應乎天也"謂:"二變五體坎,故利涉大川;五天位,故曰應乎天。"二變五體坎者,謂二五易位。故曰天位。然則爻變易位,京氏法也。陸於噬嗑九四注,先云"失位",後云"獲正",又云"終得信其剛直",則四蓋上與五易位也。④

此處京氏注來自《周易集解》。京房的《周易章句》在《隋書·經籍志》中雖著録有十卷,未云亡佚,《釋文序録》也未明言其殘,然《周易集解》所引京氏僅兩條,其來源頗

---

① 林忠軍:《象數易學發展史》第二卷,第14—16頁。
② 林忠軍:《象數易學發展史》第二卷,第16頁。
③ (清)張惠言:《易義別録》卷六,濟南:山東友誼書社,1992年,第502頁。
④ (清)張惠言:《易義別録》卷六,第505頁。

值得懷疑。且僅就此條而言，"二變五體坎"顯然講不通，"五"字顯爲"互"字之訛。二變時，二至四互體坎，坎爲川，故曰利涉大川。下文云"五天位"，方才言及五，可見上句與"五"無關。二不當位故變，此處固然有虞翻"爻變之正"的意思，但并不具備"爻變之正成既濟"那樣的系統，更決不可能有張惠言所謂"爻變易位"説。再考察一下噬嗑卦陸績注，原文謂："失位用刑，物亦不服，若噬有骨之乾胏也。金矢者，取其剛直也。噬胏雖復艱難，終得伸其剛直，雖獲正吉，未爲光大也。"①以金矢象徵剛直，即指九四而言。此處不是説九四受刑，而是九四用刑。九四不當位，故用刑而物不服；但九四剛直如金矢，故終獲吉。此處根本不需以爻變之正爲説，更不用爻變易位。

又如陸績注《繫辭》"夫易開物成務"曰："庖犧引信八卦，重以爲六十四，觸長爻册，至於萬一千五百二十，以當萬物之數，故曰開物。聖人觀象而制網罟耒耜之屬，以成天下之務，故曰成務也。"張惠言解釋陸注謂："引信八卦，卦變也；觸長爻册，爻變也。"②此説顯然過度引申。推考陸績之意，"引信八卦"指重卦；"觸長爻册"，即重卦之後，得上下二篇六十四卦之策萬有一千五百二十。張惠言以爲陸氏學與虞氏學同，故每以虞説陸，失之。

不過現存輯本的陸績注中確實有兩條爲爻變之正説，見於《漢上易傳》引用。其一爲訟卦九四《象》曰"復即命渝安貞，不失也"，陸績注曰"訟之復，乾變而巽"。③ 其二爲比卦初九"終來有它吉"注曰"變而得正，故吉"。④ 張惠言以此爲爻變之例。

但這兩條頗爲可疑。第一條虞翻注曰"復位，變而成巽"，⑤第二條虞翻注曰"終變得正，終來有它吉"，⑥不僅僅是"相似"，更是"相同"。這兩條很有可能并非陸氏注，而是朱震誤引。如上文所述，朱震時代陸氏注已亡佚，其來源或來自一行、陰弘道等人稱引。

如果説上述兩條爻變非陸氏注，僅僅屬我們的推測，那麼我們還有旁證推知陸績不用虞氏爻變説。鼎六五《象傳》"中以爲實也"，陸績注曰"得中承陽"。此條若依爻變之正説，當謂：六五動而得正，陽在其中，陽爲實。然陸績不用。張惠言亦知此不可以爻變强通之，故謂："鼎五不取變，此承陽之例。"⑦陸氏此條用乘承之説，於馬融、王

---

① （唐）李鼎祚：《周易集解》，北京：中華書局，2016 年，第 147 頁。

② （清）張惠言：《易義別録》卷六，第 521 頁。

③ （宋）朱震：《漢上易傳》，上海：上海古籍出版社，2020 年，第 54 頁。

④ （宋）朱震：《漢上易傳》，第 63 頁。

⑤ （唐）李鼎祚：《周易集解》，第 69 頁。

⑥ （唐）李鼎祚：《周易集解》，第 79 頁。

⑦ （清）張惠言：《易義別録》卷六，第 517 頁。

弭更近,當知其鮮用爻變例。又如《説卦傳》"其於稼也爲反生",《釋文》載:"'反',虞作'阪',云'陵阪也'。陸績云'阪當爲反'。"[①]是知虞翻所據經本作"阪",讀如字,而陸績專門糾正了這種讀法。

再看陸績與虞翻現實中的關係。陸績本傳謂:"虞翻舊齒名盛,龐統荆州令士,年亦差長,皆與績友善。"(《三國志》卷五七)如此來看,陸績似乎有受虞翻易學影響的可能。今比對陸績與虞翻《易》,其經文的異文、字訓偶有一致的地方,但陸更與京房、荀爽一致。特別是《釋文》中有些以爲虞翻、陸績同的,亦不可盡信。如《繫辭》"通其變,遂成天地之文",《釋文》謂"虞、陸作'之爻'",似虞與陸同。然《集解》載虞翻注云"乾坤相親,故成天地之文。物相雜,故曰文",則決不可能作"爻"。或陸績本作爻,而陸德明以爲虞與陸近而誤引。

虞翻注《易》在前,以常情推陸績必當參考過虞注,但參考未必意味采用。綜言之,虞翻的卦變、旁通、爻變之正乃是極爲一貫和複雜的系統,用必全用,而陸績注中不見有此特徵。是故張惠言等人以陸績學與虞翻學同,是不確的。

三、其他漢代易例

陸績與虞翻之學不同,并非意味著他悖離了漢《易》傳統。在我們看來,虞翻在漢易的條例上自創體例,將象數原則的貫徹加以極端化,追求"密"的詮釋特色,是漢易的特例。陸績則相對保守,保留了很多漢《易》體例。林忠軍教授已作了論述。[②] 今略據殘文推證,稍作補充,并對張惠言的一些錯誤理解加以辨析。

(一) 消息説

陸績注"遯之時義大矣哉"曰:"謂陽氣退,陰氣將害,隨時遯避,其義大矣。"[③]陽氣退、陰氣將進,這明顯是消息説。又其注遯初六曰:

> 陰氣已至於二,而初在其後,故曰"遯尾"也。避難當在前;而在後,故"厲"。往則與災難會,故"勿用有攸往"。[④]

"陰氣已至於二",猶言"陰消至二"。這是消息説。其注《文言》"聖人作而萬物

① (隋)陸德明:《經典釋文》,影印宋元遞修本,上海: 上海古籍出版社,2013 年,第 133 頁。
② 林忠軍:《象數易學發展史》第二卷,第 14—16 頁。
③ (唐)李鼎祚:《周易集解》,第 209 頁。
④ (唐)李鼎祚:《周易集解》,第 209 頁。

覩"亦可得到理解。陸注謂:"謂陽氣至五,萬物茂盛,故譬以聖人在天子之位,功成制作,萬物咸見之矣。""陽氣至五"不是爻變説,而是消息説。消息説與變卦説是兩個體例。漢儒對此是兼容的,陸績亦如此。張惠言以此"陽氣至五"否定陸績的變卦解易,以此體例非彼體例,并不具有説服力。

(二)變通説

漢儒有卦變例,而虞翻用之尤繁。陸績注文殘缺,尚未見其云某卦自某卦來。《京氏易傳》既用卦變例説《易》,則陸績《易説》注文亦當有之。但他有對於乾坤與六十四卦關係的基本看法。其注"六爻發揮,旁通情也"謂:

> 乾六爻發揮變動,旁通於坤,坤來入乾,以成六十四卦,故曰"旁通情也"。①

此語與虞翻的"旁通"説極接近,然仍有不同。虞翻體例十分嚴謹,其卦變、旁通、爻變之正三種體例有各自運用的條件,具有不同的時態。大致而言,虞氏的旁通基於一陰一陽之卦。② 乾與坤相交通,一爻或兩爻交換,故成就不同的旁通卦。如其注坎卦謂:"乾二五之坤,與離旁通。"③乾二五之坤,乾成離,坤成坎,坎、離爲乾坤交通的結果,故坎離稱旁通卦。但陸績認爲六十二卦皆乾坤交通/旁通之結果,這與虞翻創造的旁通體例還是有區別。其注"變而通之以盡利"曰:"變三百八十四爻,使相交通,以盡天下之利。"④此種泛化的對於旁通的理解,其實屬於廣義卦變的一部分,來自漢易體例。

四、陸績對占筮的看法

張惠言以爲陸績注《易》不用飛伏、納甲,不取《京氏易傳》占驗之術,相較於以京氏納甲數術注《易》的干寶爲優。但占驗既是京房易的一個特色,陸績亦不可能完全擯之不用。在殘存不多的陸氏《易》注中,頗見他對《易》作占筮性的解讀。

《繫辭傳》"聖人以此洗心,退藏於密",上承"蓍之德圓而神,卦之德方以知",本意

---

① (唐)李鼎祚:《周易集解》,第23頁。
② 雖有坎、離,大畜,萃,頤,大過,蠱,隨,恒,益,虞翻亦謂之旁通,但這數對在虞翻體系中也自一陰一陽之卦的旁通而變來。
③ (唐)李鼎祚:《周易集解》,第187頁。
④ (唐)李鼎祚:《周易集解》,第441頁。

應該與占筮有關,陸績即注曰:"受蓍龜之報應,決而藏之於心也。"①人以龜、蓍占筮,龜、蓍給人反應,呈現兆、象,人據以作決斷,藏之於心,是謂"退藏於密"。又陸績注"是興神物以前民用"曰:"神物,蓍也。聖人興蓍以別吉凶,先民而用之,民皆從焉,故曰'以前民用'也。"②卜筮稽疑,本爲先王政教中非常重要的一部分,陸績自然不會否棄。又其注"聖人以此齋戒,以神明其德夫"曰:

> 聖人以蓍能逆知吉凶,除害就利,清潔其身,故曰"以此齋戒"也。吉而後行,舉不違失,其德富盛,見稱神明,故曰"神明其德"也。③

"以此齋戒"有兩種解釋。一種是在占筮之前,人們需要保持一種虛一而靜的狀態,以保證感應時的靈覺。而陸績則以爲齋戒是在占筮之後有了吉凶之昭示,人當循此占筮的指示而行事。《易》多危辭,人們占筮之後,乾乾夕惕,也可說是工夫。經此解釋,占筮開顯了一種工夫論的視域。

陸績以占筮解《易》,不僅肯定占筮所具有的政教和工夫意義,且以其解釋卦爻辭。據大衍筮法,筮數有六七八九,即老陰、少陽、少陰、老陽。九六稱變,七八稱象。《繫辭》説"爻也者效天下之動者也",爻即與占筮時的動爻相關。陸績注《繫辭》"六爻之動,三極之道"謂:"天有陰陽二氣,地有剛柔二性,人有仁義二行。六爻之動,法乎此也。"④又注《繫辭》"道有變動,故曰爻"謂:"天道有晝夜、日月之變。地道有剛柔、燥濕之變。人道有行止、動靜、吉凶、善惡之變。聖人設爻以效三者之變動,故謂之爻者也。"⑤如前所述,陸績與虞翻并不相同。此處所謂的"變動"也不是"爻變之正"説系統下的爻變,而是指動爻。在注乾卦初九時,陸績系統地表達了自己對七八九六的看法:

> 陽在初稱初九,去初之二稱九二,則初復七。陰在初則稱初六,去初之二稱六二,則初復八矣。卦畫七八,經書九六。七八爲象,九六爲爻。四者互明,聖人之妙意也。⑥

所謂"七八爲象,九六爲爻"者,按《乾鑿度》以七八爲象,九六爲變,則爻即是變。

---

① (唐)李鼎祚:《周易集解》,第 432 頁。

② (唐)李鼎祚:《周易集解》,第 433 頁。

③ (唐)李鼎祚:《周易集解》,第 434 頁。

④ (唐)李鼎祚:《周易集解》,第 395 頁。

⑤ (唐)李鼎祚:《周易集解》,第 493 頁。

⑥ (宋)朱震:《漢上易傳》,第 10 頁。

此處的變自然與占筮有關。鄭注《乾鑿度》所謂:"《繫》曰'爻效天下之動也',然則《連山》《歸藏》占象,本其質性也;《周易》占變者,效其流動也。"①"陽在初稱初九,去初之二稱九二,則初復七"的意思是:當我們稱乾卦初九的時候,意味著初爻爲老陽九,二爻以上皆少陽七,故此時斷之曰"潛龍勿用";當稱乾卦九二的時候,意味著九二爲老陽九,初爻及三四五上爻皆少陽七,此時斷之曰"見龍在田"。坤卦放此。這是非常明顯的以占筮時的動爻解釋爻辭,故朱震發揮説"陸績之學始論動爻"。② 然張惠言却認爲:"此與《左傳》乾之姤爲初九,之同人爲九二……似合而實不同。《左傳》以九則變陰爻,以陰斷。陸以陽在處稱九,謂用事也。"③他否認動爻説,認爲陸績之意在於"用事"。但從整體語境以及陸績自己的用語來看,此處爲動爻説無疑。

具體到對爻辭的解説,陸績亦會采取動爻的視角,如《繫辭》説困卦九三"既辱且危,死其將至,妻其可得見邪",陸績注曰:"六三從困辱之家,變之大過,爲棺槨死喪之象,故曰'死其將至',妻不可得見。"④張惠言謂"三取變象,蓋以失位",⑤以爻變之正説解釋,還是爲了論證虞、陸同調。但其實此處就是動爻變卦,坤卦六三動,則爲大過卦,大過爲棺槨之象,故爻辭斷之曰"兇",《繫辭》釋之曰"死其將至"。

五、陸績等東吳易學家以
天象説《易》的傳統

在陸績看來,爻的變動與天象變動息息相關,或者説天地之變化即爻之變化的形上根源。他解釋"天地變化,聖人效之"謂:"天有晝夜四時變化之道,聖人設三百八十四爻以效之矣。"⑥以天象説《易》當是陸績易學的一個特色。本來京氏易即有關注天文曆法的習慣,陸績又是當時渾天説的支持者。其本傳載"星曆算數無不該覽",又作《渾天圖》。⑦ 今《開元占經》載陸績渾天説謂:

> 周公序次六十四卦,兩兩相承,反復成象,以法天行周而復始、晝夜之

---

① (清)趙在翰輯:《七緯》,北京:中華書局,2012年,第35頁。

② (宋)朱震:《漢上易傳》,第624頁。

③ (清)張惠言:《易義別録》卷六,第503頁。

④ (唐)李鼎祚:《周易集解》,第466頁。

⑤ (清)張惠言:《易義別録》卷六,第525頁。

⑥ (唐)李鼎祚:《周易集解》,第438頁。

⑦ (晋)陳壽:《三國志》卷五七,第1328頁。

義。故晋卦《象》曰"晝日三接",明夷《象》曰"初登於天,後入於地"。仲尼説之曰"明出地上,晋",進而麗乎大明,是以"晝日三接";"明入地中,明夷",明夷,夜也。先晝後夜,先晋後明夷,故曰"先登於天,照四國也;後入於地,失則也"。日月麗乎天,隨天轉運,出入乎地,以成晝夜也。渾天之義,蓋與此同云云。①

爲了論證渾天説,陸績引《易》以證。他先是引用了《周易》六十四卦二二相耦、非覆即變的卦序,以論證渾天運行的循環反覆,先在地上就會運行到地下,蓋天則以爲天一直在地上。《晋書》引周髀家謂:"天地隆高相從,日去地恒八萬里。日麗天而平轉,分冬夏之間日所行道爲七衡六間。"②可見蓋天説認爲天地平行,日隨天轉,不會没入地中。陸績引用晋卦、明夷卦的"明出地上""明入地中",證明日可在地之下,太陽隨天在地外旋轉。

陸績曾注釋《太玄》,《太玄》亦主渾天説。揚雄最初主張蓋天説,後受桓譚影響,主張渾天説。③陸績褒揚雄,甚至稱之爲聖人。④其於揚雄《太玄》亦甚信從可知矣。《太玄》謂:"天穹隆而周乎下,地旁薄而向乎上,人營營而處乎中。天渾而擾,故其運不已;地隤而静,故其生不遲;人馴乎天地,故其施行不窮。"范望注曰:"穹隆,天之形也,渾天象之,包有於地下者也。"⑤范望注撮合宋衷與陸績二家注而成,以陸爲主,此條或即陸績注。

陸績以渾天説解《易》,不僅體現在對《太玄》的注解以及其《渾天説》中。有了這個視角,其《周易注》中看似普通或與其他注家無別的解釋,才有了真實而具體的意義。比如陸績注咸卦《彖傳》"天地感而萬物化生"謂:"天地因山澤孔竅以通其氣,化生萬物也。"⑥又注姤卦《彖傳》"姤之時義大矣哉"謂:"天地相遇,萬物亦然,故其義大也。"⑦這兩處的天地通氣、天地相遇皆當放在陸績主張的渾天説角度來理解。按《論衡·説日》載一家謂:

　　天北際下地中,日隨天而入地,地密鄣隱,故人不見。然天地,夫婦也,

---

①　(唐) 瞿曇悉達:《開元占經》,北京:九州出版社,2012 年,第 23—24 頁。

②　(唐) 房玄齡等:《晋書》卷一一,北京:中華書局,1974 年,第 278 頁。

③　陳美東:《中國古代天文學思想史》,北京:中國科學技術出版社,2007 年,第 206 頁。

④　(三國) 陸績:《述玄》,見(漢) 揚雄撰,(晋) 范望注:《太玄·述玄》,《四部叢刊》影明翻宋刻本,第 4 頁。

⑤　(漢) 揚雄撰,(晋) 范望注:《太玄》卷一〇,《四部叢刊》影明翻宋刻本,第 11 頁。

⑥　(唐) 李鼎祚:《周易集解》,第 199 頁。

⑦　(唐) 李鼎祚:《周易集解》,第 272 頁。

合爲一體。天在地中,地與天合,天地并氣,故能生物。北方陰也,合體并氣,故居北方。天運行於地中乎? 不則北方之地低下而不平也。①

據《晋書·天文志》,此條當爲渾天家説。② 天入地中,日入地下,才可能天地合而生物。這是渾天家關於"天地相遇"的視角,陸績注《易》而論天地化生萬物,亦當禀此觀念,而非泛泛從陰陽二氣相合的抽象角度立論。

再如《繫辭》"夫乾其静也專",《釋文》謂陸績作"摶","摶"與"搏"同義,是"圓"的意思。但蓋天説與渾天説各自有其"圓"的理解。蓋天説是將天視爲一個接近於平面的穹隆之圓,渾天説則以天爲球體之圓。陸績此處注文已亡佚,只知其讀爲"摶",然據音讀可推其注"夫乾其静也摶"必以渾天注之,若彈丸、雞卵之象者。

唐長孺注意到了陸績對天體學説的關心,并指出:"天體的討論盛於江南,《晋》《宋》二書的《天文志》所載各家自陸績起都是江南人。……漢代天體的討論是很流行的……可是一到三國却只流行於江南,中原幾等於絶響,這也是江南學風近於漢代之一證。"③ 此説頗有見地,需補充的即是此學與易學以及《太玄》之學皆是相關的。

除了渾天説,陸績也會用其他天文知識來解釋《周易》文本,如其注"凡三百有六十,當期之日"曰:

> 日月十二交會,積三百五十四日有奇爲一會。今云三百六十當期,則入十三月六日也。十二月爲一期,故云"當期之日"也。④

李道平《纂疏》解釋説:"日月合朔爲交會。每歲有十二交會,除小盡六日,積三百五十四日有奇爲一會。《堯典》曰'期三百有六旬有六日',故云'三百六十當期'。積之入十三月六日,所以生閏。《書》孔傳'四時曰期',四時十二月,故十二月爲一期。"⑤ 按陸績之説實爲特殊。諸家多以期爲一回歸年,即《四分曆》三百六十五又四分之一日的歲實。如《易緯》謂"曆以三百六十五日四分度之一爲一歲,《易》以三百六十

---

① 黄暉:《論衡校釋》,北京:中華書局,1990年,第490頁。

② 按黄暉校釋引用了《晋書》及《隋書》以此爲渾天家的説法,却又引《渾天儀注》及鄭注《考靈曜》,以爲此條與渾天説不合,反而認爲這是蓋天説。參見黄暉:《論衡校釋》,第490頁。我們認爲唐人去漢晋未遠,其說不可輕易否認。且日入地下爲渾天説的核心表述,至於是否"天北際下地中"還是"北高南下"則爲渾天諸家内部的差别。

③ 唐長孺:《魏晋南北朝史論叢》,北京:中華書局,2011年,第355頁。

④ (清)李道平:《周易集解纂疏》,第585頁。

⑤ (清)李道平:《周易集解纂疏》,第585頁。

坏當期之日,此律曆數也",①孔穎達謂"三百六十日,舉其大略,不數五日四分日之一
也".② 陸績則以太陰年爲一期,即十二個朔望月。一朔望月約29.53日,積12月則爲
三百五十四日有奇。日行一歲,歲實爲三百六十五又四分之一日。故有置閏之法。
但在何時置閏,每個時代有差別。殷周到漢初,一般實行年終置閏的方法;《太初曆》
以後,則取無中氣置閏的方法。③ 十二朔望月爲三百五十四日,若要足三百六十之數,
則須多算閏月的六日。陸績謂"入十三月六日"即多取閏十三月的前六日。陸績時代
雖早已用無中氣置閏之法,但他知《周易》的制作時代還采取年終置閏法,故以此來
解釋。

又《繫辭》"觀鳥獸之文",荀爽注曰:"乾爲馬,坤爲牛,震爲龍,巽爲雞之屬。"以
《説卦傳》的動物取象來理解是比較自然的。而陸績却説:"謂朱鳥、白虎、蒼龍、玄武,
四方二十八宿經緯之文。"④以文句結構言,"觀鳥獸之文"對應前文的"仰則觀象於
天","與地之宜"對應前文的"俯則觀法於地",則他理解成"天文"似也有其理由。然
究言之,此點與陸績的天文曆算之知識背景有關。

年齡少晚於他的姚信,是其堂外甥。⑤ 姚信是著名易學家,其學術與虞翻略近,許
多學者已有研究,故此處不再重複。但需指出的一點是,姚信著有《昕天論》,是對渾
天説的一種修正,他亦以此解説《周易》。《昕天論》謂"天行乎兩地之間",則是據《説
卦》"三天兩地"來立論。更重要的是,《明夷》六二"明夷夷於左股",姚信非常奇怪地
讀爲"右檕",并注曰"自辰右旋入丑"。這段注文不僅奇怪,且十分難解。張惠言以納
甲法解釋,説坎二爻納辰,變爲離二爻納丑,但何以有坎爻? 若用爻體説,則不能又摻
雜納甲。此解釋只能是穿鑿附會。我們嘗試從姚信本人的學術背景出發來理解,他
的這種改讀,其實是爲了支撐其昕天論。《太平御覽》載其《昕天論》一段謂:

> 使天裹地如卵含雞,地何所倚立而自安固? 若有四維柱石,則天之運轉
> 將以相害;使無四維,因水勢以浮,則非立性也。若天經地行於水中,則日月
> 星辰之行將不得其性。是以兩地之説,下地則上地之根也,天行乎兩地之間
> 矣。今地形立於下,天象運乎上,譬人頤移臨胸而頂不覆背,近取諸身,故知
> 天體南低入地,北則高也。冬至極低,天運近南,故日去人遠,斗去人近,北

---

① (清) 趙在翰輯:《七緯》,第48頁。
② (魏) 王弼、(魏) 韓康伯注,(唐) 孔穎達正義:《周易正義》,第281頁。
③ 張聞玉:《中國古代天文曆法講座》,南寧:廣西師範大學出版社,2008年,第179—181頁。
④ (唐) 李鼎祚:《周易集解》,第451頁。
⑤ 陸績爲陸遜堂叔,然年齡略小於陸遜。姚信爲陸遜外甥。

氣至，故冰寒也；夏至極起，天運近北，故斗去人遠，日去人近，南天氣至，故蒸熱也。極之高時，日所行地中淺，故夜短，天去地高，故晝長。極之低時，日所行地中深，故夜長，天去地下，故晝短。然則天行寒依於渾，夏依於蓋也。①

此段頗爲費解，陳美東有解釋，②亦未能全然解釋清楚。考慮到陸績以晋、明夷二卦説渾天，我們完全有理由推測姚信的"明夷夷於右槃（旋）"也是在支持他的昕天論。只是《昕天論》文本如今只剩一段，無法具體論述。"自辰右旋入丑"，不是指太陽一日的運動，而是其周年視運動。即太陽右旋，每日一度，一年在黄道運行一周。自辰至丑，即立冬到小寒時太陽在黄道上的運行。又《繫辭》"日月運行，一寒一暑"，諸家皆同，唯有姚信作"日月違行"。這種特殊的詮釋，也與他的天文學立場有關。

需要指出的是，陸績、姚信以天象説《易》，并非僅僅作爲一種詮釋學特色，如"以史解《易》""以訓詁解《易》"等等基於個人學術口味或者心血來潮式的隨機取用，而是基於他對《易》之性質的根本判斷。《繫辭傳》説"易與天地准，故能彌綸天地之道"，對漢儒來説，天地之道、陰陽之道不是抽象的，它首先表現爲天象之道，通過天文曆算刻畫出來。基於此想法，《三統曆》才會以易數-律數爲曆本，而鄭玄爻辰説專以天象來適配卦爻辭之物象。京氏學以一年乃至甲子爲周期，來配合卦爻、五星，亦基於此理。陸績的詮釋，亦可視作漢代這一傳統的延續。正如張惠言謂："京氏《章句》既亡，由公紀之説，京氏之大旨庶幾見之。公紀以少年與仲翔爲友，觀其書亦幾欲與荀、虞頡頏矣。"③

---

① （宋）李昉等：《太平御覽》卷二，影印宋本，北京：中華書局，1966 年，第 10 頁。

② 陳美東：《中國古代天文學思想》，北京：中國科學技術出版社，2012 年，第 137—138 頁。

③ （清）張惠言：《易義別録》卷六，第 502 頁。

"以學保教"：對康有爲保教策略的一個考察[*]

皮迷迷

【摘　要】　康有爲在晚清傳統儒家文教式微和西洋文明强力衝擊的背景下,提出以建制化手段保全和維繫"孔教",但除此之外,他還有一項"以學保教"的措施未得到充分重視。與維新派大臣張之洞等人的看法不同,康有爲認爲,亡教之禍甚於亡國,且中國二千年來之文教已經淪入最危急時刻。爲了從根本上實現保教,康有爲的策略是,通過重建經學的普遍主義性質以保孔子之教,核心落在對《春秋》"三世"理論的重新解釋上。前人研究多將康氏孔教思想與經學革新看作互不關聯的内容,從"以學保教"的視角出發,康有爲對中國固有之"教"的内涵與危機的理解能够得到更爲清晰的呈現,同時,康氏的經學革新,尤其是他的"三世説"理論,也獲得了一種新的理解背景。

【關鍵詞】　康有爲　孔教　經學　以學保教

【作者簡介】　皮迷迷,1988 年生,首都師範大學哲學系講師。

　　康有爲是晚清中國著名的儒家學者、宗教學家和政治改革者。他在近代中國歷史上第一次提出"孔教"之稱,并借鑒基督教的模式,嘗試建立起一種能與之相抗的中國式宗教。近年來,他對孔教的建制化努力,頗受學者關注。[①] 晚清之際,在傳統儒家文教式微和西洋文明强力衝擊的背景下,康有爲提出諸種建制化的手段以保全和維

---

* 本文爲國家社科基金青年項目"'堯舜禪讓'觀念研究"(20CZX019)階段性成果。

① 相關研究包括曾亦：《共和與君主：康有爲晚期政治思想研究》,上海：上海人民出版社,2010 年；唐文明：《敷教在寬：康有爲孔教思想申論》,北京：中國人民大學出版社,2012 年；干春松：《保教立國：康有爲的現代方略》,北京：三聯書店,2015 年。

繫"孔教",如廣立孔廟、祭祀孔子、用孔子紀年、創辦孔教會、立孔教爲國教等。在這些顯性的建制化舉措之外,康有爲還有一項隱而未彰的保教之舉未得到充分重視,這便是他的經學革新。既有研究——無論是以其經學爲政治改革之緣飾,還是僅從建制化舉措來理解康有爲的孔教思想——都未能充分揭示康氏的經學革新與其孔教主張之間的内在關聯,而對此種關聯的揭示,既對全面認識康有爲的保教主張至關重要,又對重新把握康有爲經學革新的性質和目的具有重要意義。

一、以力保教與以學保教之争

光緒二十四年(1898 年)六月,由張之洞署名的《勸學篇》進呈光緒帝。[①] 在《同心》篇中,張之洞等人對當時士人熱議的保國、保教、保種問題表明了態度:

> 吾聞欲救今日之世變者,其說有三:一曰保國家,一曰保聖教,一曰保華種,夫三事一貫而已矣。保國、保教、保種,合爲一心,是謂同心。保種必先保教,保教必先保國。種何以存? 有智則存,智者教之謂也。教何以行? 有力則行,力者兵之謂也。故國不威則教不循,國不盛則種不尊。[②]

面對西洋列强侵逼下危機四伏的晚清政局,《同心》篇羅列了當時流行的三種對策,即保國家、保聖教、保華種,并提出三事實爲一體,不可分割,若必要分出輕重緩急,則當以保國爲首。乃因一國之教與一國之人皆賴國力以存,國若不保,則其教無所依附,其人亦不免淪入異族之手。而在列國環伺的危局下,保國的實質即在謀求軍事實力的强大。

爲了進一步説明保國與保教之關係,《同心》篇援引了世界上其他地區宗教興衰的例子:

> 回教,無理者也,土耳其猛鷙敢戰而回教存。佛教,近理者也,印度蠢愚而佛教亡。波斯景教,國弱教改;希臘古教,若存若滅。天主耶蘇之教,行於地球十之六,兵力爲之也。

以此數例而言,一國之教的興衰在很大程度上維繫於此國軍政之力的强弱。在張之

---

① 根據陸胤的考察,《勸學篇》雖署名張之洞,實際上是在張之洞的授意下,由其幕府中梁鼎芬、黄紹箕、陳慶年諸人共同撰成。參見陸胤:《政教存續與文教轉型——近代學術史上的張之洞學人圈》,北京:北京大學出版社,2015 年,第 125 頁。

② (清) 張之洞:《勸學篇》,鄭州:中州古籍出版社,1998 年,第 50 頁。

洞等人看來,即使是對晚清中國産生嚴重威脅的耶教,歸根結底仍是因爲西洋諸國兵力强盛,耶教才得以倚恃國力廣爲傳播。因此,只要有了强大兵力的保障,異族無從入侵,異教也就無法構成威脅。簡言之,張之洞等人對保教一事的看法是,以力保教,以保國爲保教之法。

值得注意的是,這番言論正是針對當時掌握著戊戌變法主導權的康有爲等人所發。1898年4月,康有爲在《保國會章程》中較爲明確地解釋了保國、保種、保教的概念:保國謂"保全國家之政權、土地",保種謂"保人民種類之自立",保教則謂"保聖教之不失"。[①] 在此三者中,康有爲最爲看重的是保教。近年已經有不少研究者指出,康有爲對"教"的理解與西文 religion(宗教)的内涵頗爲不同。[②] 雖然在一生的不同時期,康有爲對"教"的理解屢有調整,但一項基本内涵從未改變,這便是他所沿用的"教"在中國傳統語境中的既有之義——文明教化。在1898年6月上呈光緒帝的一份奏摺中,康有爲闡明了他對於保國與保教關係的看法:

> 西人謂吾爲無教之國,降之爲三等野番。故近年使臣皆調從非洲,橫肆憑陵,實用待野蠻之法,固由國弱所致。而國弱之故,民愚俗壞,亦由聖教墜於選舉、四書亡於八股爲之。故國亡於無教,教亡於八股。
>
> 若大教淪亡,則垂至綱常廢墜、君臣道息,皇上誰與同此國哉?方今割地頻仍,人心已少離矣。或更有教案生變,皇上與二三大臣,何以鎮撫之耶?臣愚竊謂,今日非維持人心、激厲忠義,不能立國;而非尊崇孔子,無以維人心而厲忠義。此又變法之本也。[③]

康有爲認爲,一國之教的興衰關乎一國人才多寡、人心澆厚、風俗淳薄。就國力而言,中國衰弱不假,但根本原因在於長期以來聖教不興、人心涣散、忠義不彰,是以民愚俗壞,因此,康有爲將振興聖教提升到"變法之本"的高度。那麼,康有爲意欲以何種方

---

① (清) 康有爲:《保國會章程》,姜義華、張榮華編:《康有爲全集》(第4集),北京:中國人民大學出版社,2007年,第54頁。

② 唐文明指出:"如果我們把'教'或'教化'作爲一個種概念來概括諸教,那麼,可以把孔教或儒教稱爲文教而區別於狹義的宗教。"參見唐文明:《敷教在寬:康有爲孔教思想申論》,北京:中國人民大學出版社,2012年,第79頁。

③ (清) 康有爲:《請商定教案法律厘正科舉文體聽天下鄉邑增設文廟謹寫〈孔子改制考〉進呈御覽以尊聖而保大教摺》,《康有爲全集》(第4集),第94頁。

式保教？在這份奏摺中，他提出了兩點：一是“立變科舉八股之制”，[①]一是“尊崇孔子”，具體説來包括“上接孔子之傳，以明孔子之道”“令天下淫祠皆改爲孔廟，令士庶男女咸許膜拜祭祀”“令孔教會中選生員爲各鄉縣孔子廟祀生，專司講學”[②]等。其中，改淫祠爲孔廟、選拔生員專司孔廟講學等作爲保孔教的制度性舉措，很容易理解。但“上接孔子之傳，以明孔子之道”與保孔教有何關聯？

梁啓超在 1896 年致康有爲的一封書信中，憶及早年康門中人雖皆以傳孔子之教爲志業，但存在兩種不同取徑：[③]

> （某）昔在館，亦曾發此論，謂吾党志士，皆須入山數年，方可出世。而君勉諸人大笑之，謂天下將亡矣，汝方入山，人寧待汝耶？（某）時亦無以對。不知我輩宗旨乃傳教也，非爲政也；乃救地球及無量世界衆生也，非救一國也。一國之亡，於我何與焉？且吾不解學問不成者，其將挾何術以救中國也？[④]

根據梁啓超的説法，面對“天下將亡”的情勢，徐勤等弟子主張應立即投身孔教建制化的實踐，而梁啓超則一語道破其中困境：“學問不成者，其將挾何術以救中國也？”種種建制手段確實能够從形式上快速武裝起孔教，但任何一種成熟的宗教都是由外在的制度和内在的教義相輔而成，若僅有制度創設而無教義發明，則制度化的保教措施必將成爲空中樓閣。事實上，梁啓超所申明的，正是康有爲保教策略中的另一取徑——以學保教。梁啓超在 1897 年一篇爲《新學僞經考》所作的序文中明確了此點：“先生以爲孔教之不立，由於孔學之不明，鋤去非種，嘉穀必茂，蕩滌雺霧，天日乃見。”[⑤]在康有爲看來，孔教之所以“不立”，缺乏制度性保障固然占有部分原因，但根本原因在於“孔學不明”，因而“明孔學”成了“保孔教”的前提。

同爲保教，何以會出現“以力保教”和“以學保教”兩種截然不同的思路？《勸學

---

① （清）康有爲：《請商定教案法律厘正科舉文體聽天下鄉邑增設文廟謹寫〈孔子改制考〉進呈御覽以尊聖而保大教折》，《康有爲全集》（第 4 集），第 95 頁。

② （清）康有爲：《請商定教案法律厘正科舉文體聽天下鄉邑增設文廟謹寫〈孔子改制考〉進呈御覽以尊聖而保大教折》，《康有爲全集》（第 4 集），第 94 頁。

③ 丁文江、趙豐田所編《梁任公先生年譜長編》將此封書信列於 1896 年。參見丁文江、趙豐田編：《梁任公先生年譜長編》，北京：中華書局，2010 年，第 34 頁。

④ （清）梁啓超：《與康有爲等人書》，夏曉紅編：《〈飲冰室合集〉集外文》（上），北京：北京大學出版社，2005 年，第 2 頁。

⑤ 參見（清）梁啓超：《飲冰室文集》之二，《飲冰室合集》（第 1 册），北京：中華書局，1989 年，第 62 頁。

篇·非攻教》中有這樣一段話:"我孔、孟相傳大中至正之聖教,炳然如日月之中天,天理之純,人倫之至,即遠方殊俗亦無有譏議之者。"①這意味著,張之洞等人的"以力保教"主張基於如下判斷:中國眼下之危機,全在其政,不在其教。在他們看來,中國之教放諸四海而皆合,即使是異域之人,也不能逃於此教。這一看法在當時不乏認同者,葉德輝就表示:"孔教爲天理人心之至公,將來必大行於東西文明之國,而其精意所構,則有以輝光而日新。倫理爲中西所同,血氣尊親,施及蠻貊,好生惡殺,人心之本然。"②葉德輝認爲,孔教的核心內容,一言以蔽之,爲人倫綱常,倫理既爲中西所同,那麼西教中人也不能不認同中國之教所包含的道德倫理,因此,在根本義理上大中至正的中國之教,必將在未來"達於殊方",如此一來,"孔子不必悲,教不必保"。③政治危機一旦解決,則孔教危機自然得解。然而,康有爲對此種觀點并不認可,在他看來,孔子之教本身存在著重大危機。那麼,此種危機究竟何在?

二、夷夏關係的互換與孔教危機

早在1891年與朱一新的書信中,康有爲就將晚清環伺中國的西洋諸國與歷史上屢次侵犯中國的"夷狄"進行了比較:

> 以爲今之西夷與魏、遼、金、元、匈奴、吐蕃同乎? 否乎? 足下必知其不同也。今之中國與古之中國同乎? 異乎? 足下必知其地球中六十餘國中之一大國,非古者僅有小蠻夷環繞之一大中國也。今以不同於匈奴、吐蕃、遼、金、蒙古之西夷數十國,其地之大,人之多,兵之衆,器之奇,格致之精,農商之密,道路郵傳之速,卒械之精煉,數十年來,皆已盡變舊法。日益求精,無日不變,而我中國尚謹守千年之舊敝法。④

"夷夏之辨"本是一個《春秋》學論題,歷代釋經者對此有不同理解。約略而言,這一論題涵蓋了"華夏"和"夷狄"在地域、種族與文明程度幾個方面的區別。"華夏"象徵著文明隆盛的中心區域與禮樂群體,而"夷狄"則代表了遠離中心的邊緣地域與文教未及的野蠻族群。根據漢代公羊家的解釋,區分夷夏的一個重要標準是禮樂文明,因此"華夏"與"夷狄"的界限并不是絕對的,"夷狄"可以通過學習禮樂進至"華夏","華夏"

---

① （清）張之洞:《勸學篇》,第167頁。

② （清）葉德輝:《葉德輝文集·明教》,上海:華東師範大學出版社,2010年,第256頁。

③ （清）葉德輝:《葉德輝文集·明教》,第260頁。

④ （清）康有爲:《答朱蓉生書》,《康有爲全集》(第1集),第323頁。

也可能因爲禮樂廢弛而墮爲新的“夷狄”。① 職是之故，在中國歷史上，當地理與種族意義上的“夷狄”以强力侵犯乃至占據地理意義上的“華夏”時，“夷夏之辨”就會否定占領地理“華夏”者的合法性，將這些異族人斥爲無禮樂教化的“夷狄”，嚴夷夏之大防；②而當原本在地理與種族意義上的“夷狄”積極接受華夏文明的同化時，新夷狄對華夏的占領也會獲得合法性的重建。③ 不過，歷史上的“夷狄”無論是以武力强行占領“華夏”，還是通過學習禮樂文明進至“華夏”，他們最終都没有發展出一套足以與華夏文明相抗衡的全新制度與文教，“華夏”始終保持著文明上的優越性。

但康有爲敏鋭地洞察到，晚清中國遭遇到的來自西方諸國的“夷狄”與歷史上的舊有“夷狄”截然不同。一方面，這些國家“地之大，人之多，兵之衆，器之奇，格致之精，農商之密，道路郵傳之速，卒械之精煉，數十年來，皆已盡變舊法”，其學其藝遠精於中國，其國其力亦遠勝於中國。另一方面，這些夷狄之國自有其教，治法智學“非金、元無教者比也”。④ 對於這一點，康有爲在 1895 年上光緒帝的奏摺中再次申明：“曩代四夷之交侵，以强兵相陵而已，未有治法文學之事也；今泰西諸國以治法相競，以智學相上，此誠從古諸夷之所無也。”⑤而朝中大臣倘若還抱持著盲目的孔教優越感，“猶復以尊王攘夷施之敵國”，結果只會是“屢開笑資爲人口實”。⑥ 因此，晚清中國面對的情形是，夷狄之力與夷狄之教并驅而至，且二者相互利用，互爲依恃，這是康有爲最爲警惕的。他援引土耳其之禍爲例云：

> 土耳其陸師，爲天下第一，鐵甲船亦三十矣。丁亥之役，以教事開釁，六

① 如莊公二十三年，經云“荆人來聘”，何休注云：“《春秋》王魯，因其始來聘，明夷狄能慕王化，修聘禮，受正朔者，當進之，故使稱人也。”是謂夷狄而能受禮樂之化，故稱“人”以褒。而成公四年，經云“鄭伐許”，何休注云：“鄭襄公與楚同心，數侵伐諸夏。自此之後，中國盟會無已，兵革數起，夷狄比周爲黨，故夷狄之。”是謂鄭襄公伐許之舉無德，猶如夷狄，故稱國以貶。

② 葛兆光指出，宋代國家對於異族文明及其影響有相當深的警惕，這與宋代始終處於異族威脅下有關。北宋歷史學上的“正統論”、儒學中的“攘夷論”，理學中特別凸顯的“天理”、“道統説”，都是在重新建構著漢族中心的文明邊界，拒斥著異族的入侵和滲透。參見葛兆光：《宋代“中國”意識的凸顯：關於近世民族主義思想的一個遠源》，《文史哲》2004 年第 1 期，第 5—12 頁。

③ 雍正在《大義覺迷録》中即援引孔子“夷狄之有君，不如諸夏之亡也。”及韓愈“中國而夷狄也，則夷狄之；夷狄而中國也，則中國之。”以證“外國之君入承大統，不以中國之人爲赤子，則中國之人，其何所托命乎？況撫之則後，虐之則仇，人情也，若撫之而仍不以爲後，殆非順天合理之人情也。”

④ （清）康有爲：《答朱蓉生書》，《康有爲全集》（第 1 集），第 325 頁。

⑤ （清）康有爲：《上清帝第四書》，《康有爲全集》（第 2 集），第 81 頁。

⑥ （清）康有爲：《上清帝第五書》，《康有爲全集》（第 4 集），第 3 頁。

大國環泊兵船,迫其變政,一切大政,歸六國使臣主之,失其自主。①

西方諸國以教事爲藉口,對土耳其的軍事發難,奪土耳其政權之自主,從而進一步擴張國力,而西教則乘著軍事入侵的勢頭,進一步開拓其勢力範圍。康有爲據此推想,若此種情形發生在中國,後果不堪設想:

> 試問異日若有教釁,諸夷環泊兵船以相挾制,吾何以禦之? 彼使臣執吾之政,以其教易吾教,且以試士,試問吾今日之作八股,托於孔子,爲任孔子之道者,抑爲舉人進士來乎? 杜工部曰:勿令鞭血地,重濕漢臣衣。國亡教微,事可立睹。②

"諸夷環泊兵船以相挾制"所引發的軍事與政治危機固然嚴重,但更嚴重的是西人"以其教易吾教"。教政互爲依存,中國之教若衰,則國亡可睹。

康有爲對"教"的憂慮,不只是因爲亡教將導致亡國。張之洞等人將保教與保國視爲一事,可對康有爲而言,相較於保國,他更爲在意的是保教。康有爲曾在二十多歲涉獵西籍時瞭解到墨西哥、秘魯等地在上古時期發生過的亡教之事,大爲感慨:

> 墨西哥、秘魯近掘得前世城郭、殿宇、文字,其無人通之,蓋已經一劫矣。科侖布未至之先,已成狉榛世界,然則又先於印度矣。觀其文字有鳥篆之遺,殿宇有中土之制,當時文物必經累聖製作而成。豈知昔所號稱君相者、聖人者、禮樂政樂者、文字者,③一舉并滅,人民冥冥,至不知舟楫。哀哉! 然則滅國爲小,滅教爲大;滅教爲小,滅民類爲尤大。然則中國累聖之政教、文字,其又可恃以萬世耶?④

墨西哥、秘魯的考古發掘顯示,在遠古時期,當地曾經存在過一個文教繁盛的國度,但由於某種原因,這個國家的政權并其文教一起消亡,再不復見,而亡教之後的人民,則再次陷入冥蒙無知之中,即使有文字與宮殿的遺迹留存至今,消亡的文教也再無復生可能。康有爲由此意識到,相對於國家與族群,文明教化是一種更加根本的東西。一個國家或族群的特性固然不可排除地理與生物因素的影響,但歸根結底是由其文明傳統所塑造的,文明作爲一種包含了歷史、文字、習俗、信仰、禮儀等複雜内容的混合體,長久地作用於這個群體之中,確立并維繫這個群體的存在和延續。因此,政權層

---

① (清) 康有爲:《答朱蓉生書》,《康有爲全集》(第 1 集),第 323 頁。

② (清) 康有爲:《答朱蓉生書》,《康有爲全集》(第 1 集),第 324 頁。

③ 據《康有爲全集》整理者按,"樂"疑作"教","字"疑作"學"。

④ (清) 康有爲:《康子内外篇》,《康有爲全集》(第 1 集),第 112 頁。

面上的“國家”更迭,不會根本性地影響文明意義上的“國家”,哪怕是失去了國土的國民,只要其文明傳統得到保存,就始終有重新建國的可能。而文明若淪亡,則其族類與政權必亡,一個失去了文明認同的族類與國家,無疑會淪爲異族與異國。只要教存,亡國與亡種猶可復,教若亡,則其國與其民再無可復。因此,亡教之禍甚於亡國。在寫給友人劉光蕡的書信中,康有爲明言:“國變極急,危亡不遠,保國之事恐不易得,惟保種、保教,人人與有責焉。”①也就是説,在極端情況下,保教與保國可分爲二事,若保國不得,保教尚可另有他途。

三、“援儒入墨”與經學的危機

如果説康有爲看到了孔教的危機在於它遭遇到一種能够産生真正挑戰的新文明,那麽對此種危機的認識又與“以學保教”之策有何關聯? 換言之,康有爲何以認爲,保“教”當從“學”入手?

康有爲的早期作品《教學通義》是考察其“教”觀念的重要文獻,但鮮爲人所注意的是,在這部著作中,“教”從一開篇就是與“學”密切關聯的:

> 教學不知所自始也。人類之生,其性善辨,其性善思,惟其智也。禽獸顓顓冥愚,不辨不思。人之所以異於禽獸者在斯。……思之愈精,辨之愈精。老者傳之幼者,能者告其不能者,此教之始也。幼者學於長者,不能者學於能者,此學之始也。②

康有爲指出,人類比禽獸高級之處,不外乎兩點:一是人類擁有超越禽獸的智慧,能辨能思。但僅是如此還不够,如果人類没有能力將前人發明的知識保存和傳續下來,人類文明將只會原地打轉,無法推進。因此,使人類最終遠勝於禽獸的,是人類社會中發展出的“教”與“學”。作爲傳承人類文明的最重要方式,“教”與“學”從發軔之初便是一體兩面、不可分割的整體。原本是一種行爲動作的“教”與“學”,很自然地被引申爲所教和所學的内容,就此而言,“教”即是“學”的同義詞。

這一理解也反過來影響了康有爲對西洋之“教”的認識。事實上,康有爲在清末所見到的西方諸國的先進科技與現代化政制,源於文藝復興、科學革命、啓蒙運動,恰恰是突破了宗教籠罩的結果。但康有爲將耶教和“治法文學”乃至於器物技術之文

---

① （清）劉光蕡著,吕效祖編:《劉古愚教育論文選注》,西安:陝西人民出版社,1988 年,第 108 頁。

② （清）康有爲:《教學通義》,《康有爲全集》(第 1 集),第 20 頁。

明,統統視爲西洋之"教",正是出於"教""學"不分的思路。中國歷史上素無耶教式的宗教形態,亦無政教分離的情況,因此,孔子之教本質上即爲孔子之學。康有爲在《重刻新學僞經考後序》中云:"孔子之教何在? 在六經。内之窮理盡性以至於命,外之修身以至家國天下,及於鬼神山川草木咸得其所,故學者莫不宜爲經學。"①孔子之教的内核即是六經之學。

康有爲采取"以學保教"之策的另一原因在於,西洋之教(尤其是耶教)對孔子之教所造成的威脅并不是外緣性的,而是真正觸及了經學的内核。我們可以借由一些當時進步士人的看法窺知一二。1898 年,湖南維新派士人皮錫瑞受邀在長沙南學會開講,②皮氏談及時人看待耶、孔二教關係存在兩種態度:

> 其教士居中國久,習中國文字,乃引聖經賢傳所言事天敬天之義,及《西銘》"乾父坤母"之文,盡援取之以入其書。其書亦談忠孝,説仁義,要人奉事父母祖宗,此等道理,與彼教并不符,與孔教反相近。或曰:彼能崇尚孔教,是吾聖人之道,當行於泰西,如《中庸》所云"施及蠻貊""凡有血氣,莫不尊親",此大同之機也。或曰:彼實欲傾孔教,知我中國尊信已久,不能猝奪,巧爲援儒入墨之計,使淺陋之士莫能辨,以爲彼與孔教無異,則讀書人皆將附和,所謂彌近理而大亂真也。是二説各有所見。以時勢而論,彼强我弱,彼教奪我孔教甚易,而以孔教變彼教甚難。孔教無人傳海外,其知有孔教者,不過在中國教士數人,是孔教之傳於彼者甚狹,彼教既遍傳中國,其勢必争孔子之席,又恐争不能勝,而取孔教之精理名言以入彼教,則彼教之及於我中國者更廣。③

面對西洋教士能援引中國聖經賢傳、談忠孝説仁義的現象,當時主要存在兩種不同看法,一派認爲,這是耶教爲孔教所同化的表現;而另一派則認爲,這正是西洋教士心思

---

① (清)康有爲:《重刻僞經考後序》,康有爲著,樓宇烈整理:《新學僞經考》,北京:中華書局,2012 年,第 378 頁。

② 皮錫瑞雖非康門中人,但在政治主張上與康有爲頗有相契之處。1895 年,皮錫瑞讀到康有爲的《新學僞經考》,表示"其餘與予説多合。"而在 1896 至 1898 年間,皮錫瑞曾頻繁閱覽維新派《時務報》《知新報》《湘學報》并表示欣賞,且對康門弟子頗有贊許之詞,"《知新報》送來,至十二、三册,麥、徐、劉、章所作皆可觀。聞多康長素弟子,此君門下何多才耶?"此外,皮錫瑞與譚嗣同、黄遵憲、熊希齡、梁啓超等維新派人士交往密切,其議論見解,也與康門中人頗爲相契。

③ (清)皮錫瑞:《皮鹿門學長南學會第六次講義》,吳仰湘整理:《皮錫瑞全集》(第 8 册),北京:中華書局,2015 年,第 38—39 頁。

叵測之處,他們將經學變爲煽誘人信仰西教的手段,以假亂真,惑人耳目,實爲"援儒入墨"之計。皮錫瑞雖然表示"二説各有所見",但隨即指出,就眼前情勢而言,以爲孔教可以同化耶教的看法未免過於樂觀。一方面,耶教有著極强的主動傳教意識,此爲孔教所無;另一方面,西洋教士表面上崇尚孔教,實際上是以經學爲手段,竊取其中有助於發揮其教義的内容争取信衆,如此一來必將割裂甚至歪曲經學。

在南學會的第四次講學中,皮錫瑞以性理之學爲例,揭示西洋教士的"援儒入墨"之計:

> 嘗聞西人之學,亦有性理一門。彼所謂性理,非我輩所謂性理,然彼所以宣明教旨,感動人心,具在於此。①

表面看來,耶教也有所謂性理之學,張之洞等人正是據此認爲"我孔、孟相傳大中至正之聖教,天理之純,人倫之至,即遠方殊俗亦無有譏議之者"。但皮錫瑞看到,不同於程朱之談性論理,揭示天人性命之大道,耶教性理之學的最終目的在於"宣明教旨,感動人心",是勸誘人入教的手段,貌近而實異。不僅如此,皮錫瑞還指出,西洋教士更試圖"舉其教所未備者,取孔教義理而增入之,以自廣其教",②通過對經學的重新闡釋,將中國的聖經賢傳編織進西學的話語與理論系統中,從而以耶教易中國之教,到那時,中國之教非但不能同化耶教,反而將會被耶教所奪。這并非皮錫瑞故作聳人之論,《湘報》第四十二期登載的一篇《德人假孔教以治華民》文云:"西報云:'德人現在膠澳建孔子廟并云自我據膠州灣以來,民心總覺未服,考其故,因耶穌與孔教迥不相同所致。……我今思得一策,當延請高士務將孔教源流一一講求實在,然後以之教民,民心自無不服。'"③德國耶教徒意欲重新講求孔子之學,以收伏中國民心,推行其教,謀奪孔學之用心昭然若揭。

事實上,康有爲也曾經表達過相似的憂慮:"以國力行其教,必將毁吾學宫而爲拜堂,取吾制義而發揮《新約》,從者誘以科第,不從者絶以戮辱,此又非秦始坑儒比也。"④因此,他在很早的時候就提出要對這種情況保持戒心:"絶域遠夷傳異教,後來益更詭奇,豈知矯誣上天,誑誘我民,早宜嚴屏之。"⑤

在兩晋時期,佛教高僧初入中國時,爲了弘教傳法,也曾廣引士人熟悉的經子典

---

① （清）皮錫瑞：《皮鹿門學長南學會第四次講義》,吴仰湘整理：《皮錫瑞全集》(第8册),第24頁。
② （清）皮錫瑞：《皮鹿門學長南學會第七次講義》,吴仰湘整理：《皮錫瑞全集》(第8册),第45—46頁。
③ 《德人假孔教以治華民》,載《湘報》第四十二號,北京：中華書局,2006年,第339頁。
④ （清）康有爲：《答朱蓉生書》,《康有爲全集》(第1集),第325頁。
⑤ （清）康有爲：《子曰學而不思則罔》,《康有爲全集》(第2集),第7頁。

籍以比附印度佛經中的深奧精義,但最終中國固有之教非但没有被佛教所奪,反而吸納并重塑了佛教。[1] 已有學者指出,這是因爲佛教義理入華,并未攜帶一套政制理念,僅僅是在生命論的層面對儒教義理產生了衝擊,從而没有導致政制正當性的威脅,[2]但康有爲、皮錫瑞等人對耶教士"援儒入墨"的做法如此警惕,是因爲他們覺察到,西洋之教正在從義理、制度、技術全方面地挑戰中國之教,且這種挑戰是有意識和有計劃地逐步推進的。倘若不能從既有的"教""學"傳統中建立起新的解釋模式,將一個全新的異域文明納入其中加以消化,那麼,在衆教相競的局勢下,經學就會面臨被異教重構的命運,這也意味著一種延續了兩千餘年的文明傳統自此喪失了主體性,而"中國"作爲一個文明概念,將永遠消失在時間之中與大地之上。

四、以革新之經學保孔子之教

面對孔教及六經之學的危機,康有爲"以學保教"的措施如何展開? 要言之,爲經學革新,具體做法是對經學作出新的系統性闡釋。然而,從何種角度革新經學才能挽孔子之教於晚清教爭危局? 康有爲的策略是,通過重建經學的普遍主義以保孔子之教,核心落在對"三世"説的重新解釋上。

經學產生於中國,從歷史的角度來看是一種區域性學問,但此種學問從誕生之初就具有普遍主義追求,并一直保持下來。[3] 經學的普遍主義表現在時間與空間兩個維度上。空間維度上,包括"王道"政治理想、"天下主義"等觀念和理論,都是對某種特定地理、族群邊界的超越,表達出經學對不同地域、族群的適用性;時間維度上,歷代儒生所崇尚的孔子爲萬世師表、六經垂法萬世等信念,以及他們爲了實踐這一信念而不斷對經典作出的重新解釋,使得經學在長達兩千多年的王朝更迭、時代變換中,始終能夠保持對新的現象與觀念的有效解釋。因此,對普遍主義的追求構成了經學的

---

① 馮友蘭在《中國哲學簡史》中云:佛教的輸入,儘管對中國人的生活產生巨大影響,也并没有改變中國人自以爲是人世間唯一的文明人的信念。由於有這些看法,所以中國人在十六、十七世紀開始與歐洲人接觸時,就認爲他們也是與以前的夷狄一樣的夷狄……可是一發現歐洲人具有的文明雖與中國的不同,然而程度相等,這就開始不安了。參見馮友蘭《中國哲學簡史》,北京:北京大學出版社,1985 年,第223 頁。

② 劉小楓:《儒家革命精神源流考》,上海:上海三聯書店,2000 年,第 81 頁。

③ 奧地利歷史哲學家沃格林對中國文明所獨有的普遍主義性格做了如下描述:"從一開始,對中國社會的成員們來説,盡其所知,中國社會的歷史就是人類的歷史。因此,中國人關於秩序的意識所具有的結構與近東有著深刻差異。……從有關中國與人類的同一性的不間斷意識那裏,中國的普世主義獲得其獨有特徵。"參見[美] 沃格林:《秩序與歷史》卷四《天下時代》,北京:譯林出版社,2018 年,第 386 頁。

特質。事實上，張之洞、葉德輝等人亦認可此種普遍主義品質，否則不會有"孔教爲天理人心之至公，將來必大行於東西文明之國"一類的論調。但問題在於，經學中被他們視爲普遍主義核心内容的是人倫綱常，而此類内容不再能夠有效解釋現代世界，應對西洋挑戰。因此，康有爲的主要工作是在經學中尋找到一套新的普遍主義理論，對新世界中的事物、現象、規則、價值作出有效解釋，使經學重新成爲一種具有普遍主義特性的學問。

在五經中，《春秋》公羊學因其獨有的改制論而受到康有爲的青睞，但他并未依循公羊學傳統去著重發揮與改制論密切相關的"三統"説，而是最終選擇了"三世"説，對之進行了一系列的改造，①最終將之發展構建爲一種"範圍萬世之法"。嚴格説來，"三世"之名義并未出現在《春秋》經或《公羊傳》的文字中，而是被漢代《公羊》大師董仲舒與何休解釋出來的一種理論，原本指一種《春秋》"書法"。根據董仲舒的理解，即孔子根據《春秋》中的十二公與他本人生活時代在時間上的遠近差異，分成"所見""所聞"與"所傳聞"三等，在經文中通過程度不同的文辭表達，以彰顯十二世與他在"恩情"上的厚薄不同，借此以明貴賤、輕重、尊卑、善惡等價值、名分與等級秩序。② 何休則進一步將公羊學"三科九旨"中後二科六旨結合起來，并引入"衰亂""升平""太平"三種治況，對"三世"作出了新的解釋：所傳聞之世爲據亂，内其國而外諸夏；所聞之世爲升平，内諸夏而外夷狄；所見之世爲太平，夷狄進至於爵，天下遠近小大若一。③ 強調王者政治開展的次第必當由我及人，治自近始，先内後外，且王者政治作爲一種高級的文明形態，能夠在空間上推擴洋溢，無遠弗届。

或許是受到當時流行的"進化"思潮影響，④康有爲將發生在空間領域中的文明推擴洋溢，扭轉爲文明在時間軸綫上的不斷提升，由此提出了他獨有的"三世"理論："亂世者，文教未明也；升平者，漸有文教，小康也；太平者，大同之世，遠近大小如一，文教

---

① 有學者已經注意到，康有爲的《春秋》學經歷了一個從戊戌前側重"三統"到戊戌後側重"三世"的轉變。其中原因在於，"三統"説只是因時而變，而"三世"説具有的進化色彩具有更大的理論解釋力度。參見馬永康：《從"三統"、"三世"到"三世三重"——論康有爲的思想》，《華東師範大學學報（哲學社會科學版）》2010 年第 3 期，第 18—25 頁。

② 詳見（清）蘇輿：《春秋繁露義證》，北京：中華書局，1992 年，第 10 頁。

③ 詳見（漢）何休解詁，（唐）徐彦疏：《春秋公羊傳注疏》，上海：上海古籍出版社，2014 年，第 38 頁。

④ 關於康有爲"三世"説是否以及在多大程度上受到西方進化論的影響，研究者看法不一。但一個基本的共識是，康有爲至少瞭解過經由嚴復所翻譯的《天演論》，并認同"天演"理論所包含的進步内涵。參見王中江：《進化主義在中國的興起——一個新的全能式的世界觀（增補版）》，北京：北京大學出版社，2010年，第 25 頁。

全備也。"①每一"世"并不具體指某個時間段,而是代表文明發展過程中的不同階段,有著相應的不同政治制度和價值標準。康有爲在《春秋筆削大義微言考》中多次對據亂、升平、太平"三世"的政治制度與價值標準作出描述,他稱君主專制爲亂世之制,君民共主爲平世之制;諸國征戰爲亂世之制,各國會盟、共受公法爲平世之制;世卿世禄爲亂世之制,選舉之法爲平世之制;男尊女卑爲亂世之制,男女平等、女學大開爲平世之制,升平世"令人人自立而平等","至太平,則人人平等,人人自立"。② "三世"的演進邏輯遵循著一種内在的價值發展規律,這便是"仁"的逐步實現,而"仁"在康有爲處的具體内涵便是人人平等之愛,"每變一世,則愈進於仁,仁必去其抑壓之力,令人人自立而平等,故曰升平。至太平,則人人平等,人人自立,遠近大小若一"。③ 并且,康有爲還特别提醒,這一發展步驟不可躐等而行,一時之政制當與此時的文明發展狀況相適應,否則徒釀災禍。

　　關於康有爲的"三世"理論,舊有看法認爲這是一種"歷史進化論",④但康氏提出此種歷史進化論的目的是什麽? 有論者認爲是爲了强調改制變法的重要性,⑤若果真如此,《春秋》"三統"説遠比"三世"説更便於發揮改制變法之義,何以康有爲不發揮"三統"之義? 也有人認爲康有爲是爲人類社會的演進提供一種圖式,⑥但在晚清内外交困的危機之中,康有爲不關心如何應對眼前的政治文化危局,而忙著爲未來世界立法,未免顯得迂闊可笑。在"以學保教"的視域下,康有爲"三世"説的真正意義才得以彰顯——此"三世之法"不再是某種具體的政制設計,而是一種高度抽象的人類文明發展的内在規律與法則,無論古今中西,大地之上一切文明形態都被囊括網羅於其中,正如康有爲在《論語注》中所説,"聖人言論皆爲天下萬世立公律,不暇爲區區一國

① (清) 康有爲:《春秋董氏學》,《康有爲全集》(第 2 集),第 324 頁。

② (清) 康有爲:《春秋筆削大義微言考》,《康有爲全集》(第 6 集),第 17 頁。

③ (清) 康有爲:《春秋筆削大義微言考》,《康有爲全集》(第 6 集),第 17 頁。

④ 許冠三的《康南海的三世進化史觀》,吴澤的《康有爲公羊三世説的歷史進化觀點研究》,湯志鈞的《論康有爲的"大同三世"説》提到:(康有爲)描繪出一個"亂世""升平""太平"的"三世"圖景,推演了"亂世"當進至"升平","升平"當進至"太平"的進化史觀。參見湯志鈞:《論康有爲的"大同三世"説》,《康有爲與戊戌變法》,北京:中華書局,1984 年,第 160 頁。

⑤ 湯志鈞認爲,康有爲的"三世"説"説明'人道進化',必須通過改制變法,始能達到'大同'的一日"。參見湯志鈞:《論康有爲的"大同三世"説》,《康有爲與戊戌變法》,第 160 頁。

⑥ 蕭公權認爲:"人類歷史的發展是經由'據亂世''升平世'和'太平世'的過程,而人類的製作即按此演進。"參見蕭公權:《康有爲思想研究》,第 52 頁。

計也"。① 如此才能重新啓動孔子之學的普遍主義屬性，從而挽救華夏文明的危機。

五、餘　　論

從"以學保教"的視角出發，康有爲對中國固有之"教"的内涵與危機的理解能够得到更爲清晰的呈現，同時，康氏的經學革新，尤其是他的"三世説"理論，也獲得了一種新的理解背景。

雖然康有爲以重建經學普遍主義的方式，變革孔子六經之學，保衛中國兩千年文教，但來自西方的異質文明，提供了全新的事物、觀念、秩序以及價值，在這些陌生的知識面前，既有的經學傳統陷入了解釋失語的境地，要想用傳統的經學話語將超出"中國"經驗的文明納入經學的解釋範疇中，既有的經學傳統與恢復經學普遍主義訴求之間必然發生衝突。在此，康有爲面臨著兩難的境地：一方面，倘若堅守經學傳統，放棄重建經學普遍主義的努力，則經學必將逐漸退爲一種邊緣性的學問，直至最終漸滅，則中國積累兩千年的文明教化亦隨之消失殆盡；另一方面，如果致力於恢復經學的普遍主義，他就不得不對經學傳統進行最大程度的調整和變革，如何在這種調整和轉變中保持住經學的底綫，不至於發生"以夷變夏"，則是另一個難題，②這也讓我們看到康氏"以學保教"之舉的複雜性。

---

① （清）康有爲：《論語注》，《康有爲全集》（第 6 集），第 405 頁。

② 在馮友蘭看來，康有爲的此種改造已然是"牽引比附而至於可笑，是即舊瓶已擴大至極而破裂之象也"，參見馮友蘭：《中國哲學史（下）》，《三松堂全集》（第 3 卷），鄭州：河南人民出版社，2001 年，第 435 頁。

書評書訊

從經學到經世：讀
《春秋公羊學史》*

陳姿樺

【摘　要】《春秋公羊學史》，曾亦、郭曉東教授著，華東師範大學出版社 2017 年出版。作者在整體的經學史觀下，磨勘通貫歷代注疏，剖釋了公羊學自先秦至晚清兩千多年的沿革與流變，并揭示出公羊學對中國傳統政治的深遠影響。

【關鍵詞】《春秋公羊傳》　公羊學　經學史　經世

【作者簡介】　陳姿樺，1992 年生，同濟大學哲學系博士研究生。

孔子刪訂五經，以《詩》《書》《禮》《易》《春秋》之次第弘道授業。[①]《春秋》因寓孔子政教治道之宏綱而列於最後。三傳中，惟《公羊傳》最能闡抉孔子誅亂改制之極則。然近代以來，中國學術經歷轉型，現代學科取代傳統四部之學，經學隨之瓦解。《春秋》經傳[②]因與現代學科劃分多相扞格而幾近湮没。然幸有一代先哲孜孜不輟爲後學保全經學研究之薪火。近十餘載，一衆學人篤志深邃，博稽群經，重探經學之源流正變，經學研究乃有寖盛之勢。曾亦、郭曉東二師精研《公羊》之學近二十載，承繼前儒治經之緒，著成百餘萬字《春秋公羊學史》（以下簡稱《公羊學史》），全書分上中下三冊，共計十八章，對先秦至晚清兩千多年公羊學之沿革流變尋其條貫，正其統紀，剖釋

---

*　本文爲 2021 年國家社科基金重大項目“中國經典詮釋學基本文獻整理與基本問題研究”（21&ZD055）及 2021 年國家社科基金青年項目“漢代公羊學文質論研究”（21CZX030）的階段性成果。

①　此乃今文家看法，古文家關於五經次第有另說，參見周予同：《周予同經學史論》，上海：上海人民出版社，2010 年，第 3—6 頁。

②　此處主要指《公羊傳》《穀梁傳》無法盡合於現代學科劃分。《左傳》則因文辭豐富、紀事詳盡被劃入歷史學科研究範圍。

與闡發多精深而有遠思。筆者將從以注疏爲門徑、整體的經學史觀、公羊學的經世向度三個方面鉤玄提要,呈現曾、郭二師《公羊學史》中的精思與用心。

一、以注疏爲門徑

作者述《公羊》一經之史,不同於以往文獻史、解釋史,重鉤沉版本、闡釋特徵的撰作方式,而是以細讀、研治歷代注疏爲門徑,探析不同經注的性質、考察歷代經義的流變。作者在構思行文中,賅備注疏、縷析條分,詳細展示了歷代公羊家不同的治學路徑及對《公羊》經義的發明與推進。

公羊學博大精妙,素來難通。古人治《公羊》即分義理、條例、禮制三條進路。就《公羊》條例之學而言,歷代以條例治《公羊》者,首推何休與徐彥。在"何休與《公羊傳》注"一章(第 290 頁),作者共列八節細目,前三節分別爲"通三統""張三世""異外內",此三者即何休所創"三科九旨"之説,清儒劉逢禄嘗論云"無三科九旨則無《公羊》,無《公羊》則無《春秋》"。可見"三科九旨"在公羊學中的重要意義。作者在此三節下,將何休《解詁》中對"三科九旨"的發明悉數條陳析論。而"通三統"爲"三科九旨"中最爲精深繁雜的義理,作者故又將"通三統"詳分爲"三正與三統""改制與赤制""三教與文質""王魯與新王"諸義。循此可對《公羊》之"義"有一明晰的把握。除對《公羊》義理的闡發外,何休對《公羊》條例亦卓有功績。故作者又列"時月日例""名例""褒譏貶絶例"三節,將何休之《公羊》例學加以類列條規,讀之可通曉《春秋》屬辭比事之書法。而何休之後,將《公羊》條例之學發揚光大者莫過於徐彥。在"徐彥與《公羊傳》疏"一章(第 577 頁),作者分別以"述何""申何""規何"爲小節標題,確當地點出了徐彥對何休之學的承繼與發展。在具體行文中,作者緊扣徐《疏》,將徐彥對何休義例的轉述敷陳、歸納整理與舉證闡釋一一呈現。由此,可見作者對《公羊注疏》的熟稔與該洽。

更重要的是,作者將磨勘貫通歷代注疏作爲行文立論之根基,并按照經注本身的性質和特點構思謀篇。這使得閲讀《公羊學史》時,不僅能了解一經之史,更能省思一代代公羊家對於經義的建構和豐富。同時,作者也有志於以注疏爲門徑引導讀者進入公羊學之堂奧。在這層意義上,亦可見作者循循善誘之心,可謂善教者也。

二、整體的經學史觀

《公羊學史》爲單經學史,但作者之視野并未局限於《公羊》一經,而是拓展到《春秋》三傳乃至群經，力圖在整體的經學史大背景下考察公羊學的源流演變。在《公羊學史》中，作者所秉持的整體的經學史觀主要表現在兩個維度。其一，以公羊學爲切入點，勾勒出《春秋》三傳廢興盛衰的歷史脈絡。其二，將《公羊傳》與諸經之間的聯動潛化納入考察範圍。

《春秋》經孔子筆削而爲經，三傳因各得聖人之旨而爲解經之傳。然三傳發明經義又各有偏重，遂成顓門之學。《公羊學史》首章溯流尋源，詳述了孔子所修《春秋》與三傳的成書經過、授受源流及性質特徵。開篇樹立起對《春秋》經傳關係之概觀認識。從本質而言，公羊學的發展與其跟《穀梁》《左氏》二傳的爭勝與融合密不可分。漢儒治經謹守家法，三傳先後爭立學官，後又互相攻訐義理，故有入室操戈之歎。然中唐以降，學者以折衷三傳爲尚，遂至宋代又有疑經改經之風，三傳顓門之學甚靡，至清代才復尋家法顓門之墜緒。故前人叙《公羊》之史，尤重漢、清兩朝，於唐以後公羊學之流變往往不甚措意，或僅以公羊學之衰落時期爲題一帶而過。而在《公羊學史》整體的經學史觀下，公羊學式微時代亦被納入視野。在《公羊學史》中，作者分列四章對唐、宋、元、明四朝的《春秋》學代表人物、著作和重要觀點都進行了全面的解讀，有補於前人之未備，其中斷制亦頗有見地。如論及唐宋時期經學轉向，作者認爲："經學至理學之轉向，論者多歸因於應對佛教之外部挑戰，少有從經學的角度加以考察……蓋古人治經，莫不由傳注而入，至於唯守一家之傳注者，此漢人所以尚顓門也。然啖、趙'兼采三傳'，雖不爲顓門，然猶知有傳也；其後有'捨傳求經'者，則師心自用，以爲真得聖人心傳於千百年之下矣，與'我注六經'者又何別焉！其弊皆在不知傳注之可貴也。宋人既盡擯斥傳注，於是乃自爲傳注……宋人徒譏揚雄、王通擬經之非，而不自知其擬傳之非。宋人治經之弊，正在擬傳也。"（第608頁）此論實可謂精切透宗。可見，作者既以注疏爲門徑治《公羊》之史，亦從古人對經注之態度察辨學風之流變。

一部經典的歷史演進往往伴隨著與其他經典的相互影響與滲透。就公羊學的發展而言，除三傳內部爭勝與折衷外，至清代，《公羊傳》與諸經又出現了相互融通的趨勢。在《公羊學史》整體的經學史觀下，作者對清代公羊學與諸經之間的互動會通進行了窮源入微的考察。所論包括以凌曙、陳立爲代表，將《禮》與《公羊》結合的《公羊》言禮一派；以劉逢祿、宋翔鳳、戴望等爲代表，據《公羊》義發明《論語》的一派；以龔自珍、魏源爲代表，據《公羊》義說《書》《詩》一派。其中以《公羊》釋《論語》一派最具規模和影響，宋翔鳳與戴望雖無專門的公羊學著作，但宋氏《論語說義》及戴氏《論語注》中以《論語》該備《公羊》之微言，張大《公羊》三世說的意涵，對晚清公羊學產生了深刻影響。作者將此類著作納入視野并進行深入剖釋和析論，從而能夠在整體的經學史脈絡下更透徹地把握一經之義。

三、公羊學的經世向度

公羊家認爲孔子作《春秋》"引史記以加乎王心",①使《春秋》具有"見諸行事"之實踐性。而《春秋》所寓誅討亂賊、改立法制之微言大義,唯《公羊》能發明之。故歷代公羊學者頗能紹述孔子作《春秋》爲萬世制法之志,著眼於現實政治、法律,彰顯公羊學經世致用之精神。在《公羊學史》中,作者對歷代公羊家通經致用的現實關懷多有考察。

至漢代,"《春秋》爲漢制法"成爲當時學者的共識。董仲舒作爲一代儒宗,其對公羊學的闡發融通,可謂本於經義而達於經世。在"董仲舒與漢代公羊學"一章中,作者將董仲舒的公羊學思想剖分爲"《春秋》大義""《春秋》微言""《春秋》決獄"三部分,而此三點恰好對應董氏運用《春秋》經義在現實政治、法律中的實踐。按《公羊學史》所述,董仲舒對《春秋》大義的闡發主要集中在"大一統""災異""居正與讓國"諸旨,并與其天人、天道思想相結合,其背後的現實關切在於約束君權、敬戒人君;(第 241 頁)而董氏張大"孔子改制"之微言,目的在於推動漢世的復古更化;(第 270 頁)董氏同時根據《春秋》經義確立了"原心定罪""親親相隱"等原則用於決獄,則是將《春秋》經義運用到法律實踐中,後被視爲法律儒家化的開端。(第 272 頁)由以上三點可以看出董仲舒公羊學背後強烈的現實政治、法律關懷。質言之,以董仲舒爲代表的儒者不僅僅措心於考經推理,更有志於通經致用。而後,由董仲舒所張大發明的公羊學的經世面向爲後儒所繼承。即便在以四書爲重的宋代,《春秋》經世之功亦爲儒者所繫。② 至清季,《春秋》經世的思潮逐漸達到高峰。晚清公羊學一大特色在於藉《公羊》以論世。在《公羊學史》清代相關章節中,作者通過推原《公羊》義理之演變,完整地描繪了清代公羊學由經術走向經世的圖景。道光年間,劉逢祿"據古禮儀定今制,推經義以決疑難",復先漢引經決事之遺風。(第 960 頁)而後,戴望亦以《公羊》釋《論語》,貫通經術、政事、文章於一,志在"救世弊而維聖教",因其切於時政的現實關照成爲晚清改良派和革命派共同的思想資源。(第 1106—1107 頁)後至於龔自珍、魏源引《公羊》義譏切時政,詆排專制,以"經術作政論"。(第 1160 頁)至清末,康有爲以"改制"爲《公羊》微言第一義,以今文經學作爲變法依據,借學術而入政治。(第 1284 頁)

---

① （清）劉逢祿:《春秋公羊何氏釋例、春秋公羊釋例後錄》,上海:上海古籍出版社,2013 年,第 152 頁。

② 李源澄嘗論云:"唐代藩鎮跋扈,故《春秋》之學興焉,宋人重之,故宋無叛將,然王雖尊而攘夷之功未效。"參見李源澄:《經學通論》,上海:華東師範大學出版社,2010 年,第 23 頁。

　　《公羊學史》對於公羊學經世面向的悉心考述，背後是作者對於儒家經學整全性的理解。在作者看來，以公羊學爲代表的儒家經學并非片面追求個體完善的道德學説，而是能够正視并且解決現實問題的經世致用之學。在這層意義上，公羊學從來不是僵化守舊的教條主義，而是具有鮮活生命力和建設性的思想資源。所謂疏通而後知遠，在當今經學復興的大背景下，今人對傳統經學的態度和理解，正關乎現代學術的思想理念和格局。

典籍整理

求古録禮説·明堂考 *

（清）金鶚　撰　徐峰　點校

　　金鶚(1771—1819)，字風薦，號誠齋，浙江臨海人。按《清史稿》謂其表字"誠齋"，《求古録禮説》附郭協寅作《金誠齋先生傳》乃謂此其號，以號行字耳。清嘉慶二年(1797 年)阮元任浙江學政時，於西湖孤山南麓建詁經精舍，遂延攬孫星衍主講席，又檄召浙江全省知名士肄業，其中就有金鶚、洪頤煊、洪震煊等人。嘉慶二十一年(1816 年)金鶚得選優貢生，後又受知於山陽汪廷珍，與析難辨論。其學邃於三禮，披郤導窽，著有《求古録禮説》十五卷、《鄉黨正義》一卷、《四書正義》八卷。後世贊其"莫不推闡漢末先儒諸説，輔翼群經，發前人所未發；無墨守門户之見，矜資標異之情"。據《求古録禮説》所載諸篇觀之，金鶚於禮學之辯説皆乃清學已有之目，且多爲疑難之題。其中《廟寢宫室制度考》《廟制變通説》《天子四廟辨》《明堂考》《四阿反坫考》《夾室考》《禘祭考》《五帝五祀考》《會同考》《天子營國之制考》《月令四時食説》《魯郊考》《王宫内外九室考》《四方之祭解》，此十四篇皆與明堂有關。本次點校的《明堂考》出自《求古録禮説》卷二，專論明堂制度，考辨精審，多有新説。小標題爲點校者所加。

【點校者簡介】　徐峰，1982 年生，無錫科技職業學院講師。

一、考論明堂之地

　　明堂之制，先儒紛如聚訟。《大戴禮》謂"在近郊三十里"，淳于登以爲"在國南三

---

*　本文系教育部人文社科基金項目"清代明堂學史研究"(22YJC720020)的階段性研究成果。本次點校，以《續修四庫全書》經部禮類第 110 册影印清光緒二年孫熹刻本爲底本。此刻本現藏北京大學圖書館，另有清道光三十年陸建瀛木樨香館刻本，現藏浙江圖書館。

里",韓嬰以爲"在國南七里",宇文愷以爲"在國内",劉向《説苑》亦謂"明堂在國中,路寢高寢承明堂之後",見《修文篇》。鄭康成以爲"在國之陽",此其地之不同也。《考工記》以爲"五室",《大戴禮》以爲"九室十二堂",《月令》説者謂"四堂十二室",公玉帶以爲"一殿無壁,環以複道,上有樓",此其制之不同也。蔡邕、盧植、穎子容、高誘輩謂"辟雍、靈臺、大廟、明堂同在一處",劉向《别録》謂"明堂、辟雍、宗廟列王宫左右",鄭康成謂"辟雍、靈臺在西郊,大廟在國中,與明堂各異",此又其制之不同也。案《玉藻》云:"天子聽朔於南門之外。"鄭《注》以爲在明堂。夫諸侯受朔於天子,天子受朔於天,明堂,祭天之所也,是知聽朔於南門外者,必明堂也。王者制度無不法天,路寢以法紫宫,明堂以法太微。孫淵如著《明堂法天論》,其説如此。太微在紫宫之南,下臨翼軫,與紫宫不相連,明堂所以不與路寢相近也。於辰爲巳,故淳于登謂:"在國南,丙巳之地。"本於《孝經援神契》,其説自確,明堂既在國外,則國中不得有明堂矣。孫淵如據《説苑》謂:"國中亦有明堂。"非也。明堂以祀上帝,在國中則褻,故與泰壇同置於郊。《玉藻》言"在南門之外",則去國不遠,當在國南三里。南爲陽方,三爲陽數也。泰壇以祀昊天,鄭君以爲祭感生帝,非也。詳《禘祭考》。其神爲太一,居天之中,太一,亦曰天皇大帝,即《論語》"北辰"。則當爲一壇,漢郊壇皆五時以祭五帝,非也。設於正南午位,去國一里。明堂兼祀五帝,其神爲五帝座,在太微垣。居天之偏,則當爲五室,設於南左巳位,《晏子》有"五帝之位在國南"之説。去國三里。一、三皆天之生數,道始於一,成於三,三生萬物。本《老子》。昊天爲生物之始,《易》所謂"大哉乾元,萬物資始"也。五帝爲生物之成,故泰壇一里,明堂三里,且以象紫宫在後,太微在前也。

二、考論明堂室制

明堂五室皆居正中,以象五行。五帝者,五行之精也。又極陽數,陽數終於九。法龜文,仿井田,象九州,故復有四隅之室,合爲九室。堯謂之衢室。衢,與達通。九達爲達,是亦九室。然《尚書帝命驗》謂:"堯舜五府。"蓋略去四隅之室也。是《考工》之"五室"與《大戴》之"九室"一也。《月令》:"東爲青陽大廟,南爲明堂大廟,西爲總章大廟,北爲玄堂大廟,中爲大廟大室。"稱大廟者,以其崇奉鬼神,又有前堂、後室,似宗廟之制也。萬充宗謂:"生人之居,不可稱大廟。"因斥爲吕不韋之書。不知古有《王居明堂禮》,而《月令》采其説,謂之《明堂月令》,劉向《别録》屬"明堂陰陽記"。鄭君所謂:"今《月令》也。"魯恭謂:"《月令》,周世所造。"蔡邕謂:"周公所制。"其説最當。萬氏宗鄭《注》,以爲吕不韋之書,非也。孫淵如辨之詳矣。明堂,本崇奉鬼神,惟每月聽朔之日,暫居之耳。何得以爲生人之居,與路寢同哉。南北言堂,則四面皆有堂可知。中央言室,則四方皆有室可知。是爲四堂五室。

四隅之室猶宗廟之東、西廂，其制非堂非室，故謂之左、右个。然東、西廂亦稱東、西堂，故《大戴》有"十二堂"之説。然則《考工》"五室"以"堂室"之室言之，別乎堂而言室也；《大戴》"九室"以"宫室"之室言之，《爾雅》云："宫，謂之室。室，謂之宫。"合乎堂而言室也。《月令》"四堂"，堂之正稱也；《大戴》"十二堂"，堂之通稱也。説《月令》者謂"有十二室"，則不可通。以爲堂室之室，則其制與室不類；以爲宫室之室，則實爲九室，無十二室也。

朱子謂："青陽右个，即明堂左个；明堂右个，即總章左个；總章右个，即玄堂左个；玄堂右个，即青陽左个。"《周官·大史》賈《疏》謂："四角各有二堂，隔之爲个堂。"此言以一室隔爲二堂，與朱子説合，是祇九室而已。《考工記》云："周人明堂，度九尺之筵，東西九筵，南北七筵，堂崇一筵，凡室二筵。"九筵：七筵者，堂之廣也。二筵者，堂後之室深也。明堂玄堂，各廣九筵，深七筵，其後去二以爲室，則五筵也。青陽總章，各廣七筵，深九筵，其後去二以爲室，則七筵也。青陽左个，亦廣七深九；明堂左个，亦廣九深七，餘可類推。合而計之九九八十一，以法黄鐘之數也。高九尺，設九階，亦合九九之數。室深必二筵，令堂深皆得奇數。堂屬陽，故其數奇而爲五筵七筵。室屬陰，故其數偶而爲二筵。每室，四户八窗。《記》云："四旁兩夾窗。"鄭《注》："窗，助户爲明。每室，四户八窗。"五室，二十户四十窗，合之得六十，以法六甲之數也。四户以應四時，四方八窗以應八節八風。户牖屬乎室，故其數皆偶，室爲陰也。階屬乎堂，故九階，階九級，其數皆奇，堂爲陽也。中央不得爲堂，故但有室，且非聽朔、朝覲、宗祀之處，可不必有堂，惟作室以藏文王、武王之主，而以備五帝之座而已。室而曰"大"，居乎中央，其制當殊於四旁之室。

以夏制推之，當方二丈四尺，四旁有空閑處，所以取明。正合偶數。四面皆二十四，以應二十四氣。土旺四時故也。《記》謂"凡室二筵"，文承"堂崇一筵"，明是四旁堂後之室，非兼中央大室而言也。若大室止二筵，與諸室同，何得爲大廟大室乎？鄭君於此節不詳其制，而於上文"夏后氏世室，堂修二七，廣四修一。五室，三四步，四三尺"《注》云："堂上爲五室，木室於東北，火室於東南，金室於西南，水室於西北，其方皆三步，其廣益之以三尺。土室於中央，方四步，其廣益之以四尺。此五室居堂，南北六丈，東西七丈。"賈《疏》謂："三代皆五室、十二堂，中央大室有四堂，四角室皆有二堂。周五室皆方二筵，與夏異制，三室居堂六筵。"審如此説，其不合者有四：五室以奉五帝之神，居於四隅不得其正，一也。四堂共一大室，其兩旁又皆有室，無兩楹東西序，不類堂制，二也。四隅之室，各有户牖，牆壁不得以爲堂，三也。明堂爲大朝之所，必當寬大，乃堂基廣九筵、修七筵，其堂廣僅二筵、深二筵有半，即大夫士之堂，亦不狹隘至此，曾謂王者之明堂，竟若是其小乎？其不合，四也。《大戴禮》謂明堂"宫方三百步"，例以方里爲井，及《覲禮》方明壇宫方三百步，其説自確，而謂明堂基址僅廣八丈一尺、修六丈三尺，而安九室於其上，必不然矣。《御覽》引《逸周書》謂："堂方百一十二尺。"《隋書》謂："堂方百四十四尺。"皆未可信。蔡邕《獨斷》云："明堂廣二十四丈。"應劭云："東漢明堂，博二十四丈，以應二十四氣。"周制，堂廣九筵，其左右个亦九筵，合之得二十七筵，亦爲二十四丈。漢制本乎周，可知周之明堂，其基之廣不止九筵也。《大戴禮》云："明堂九室，一室有四户、八牖，三十六户、七十二牖。"《白虎通》謂"法三十六雨、七十二風"，《孝經疏》引劉炫説"三十六户法六甲子之爻"，《後漢書》注引《禮圖》謂"七十二牖法一時之旺"，其説亦非。

三、辨明堂左右个之制

《孝經緯·援神契》云："得陽氣明朗，謂之明堂。"故堂室皆具，而獨以堂名。則堂之左右个當仿乎堂之陽明，不當仿乎室之陰暗。況十二堂以法十二月，每月居之以聽朔，尤不當爲室制也。今謂左右个皆有户牖，有户牖則四面皆有壁，陰暗蔽塞，何以謂之明堂？又何以居此而聽朔乎？堂上必有東西序，《爾雅》："東西牆，謂之序。"乃於東西序而開户牖，豈堂制乎？廟寢尚有東西堂，即夾室前堂。洞然無蔽，而明堂左右个反蔽塞之乎？風雨本無定數，六卦亦無精義，明堂五行備具，何獨法一時之旺？其取象又不當矣。高誘注《淮南子》："明堂之制，以个爲左右房。"其説亦非。竊思左右个之制，當有兩柱，一柱倚於序，一柱立於堂，隅似堂之兩楹，以堂隅一柱隔爲二堂，每月隨其方向而居也。至於公玉帶之説，以爲"黄帝之制"。然《尸子》謂"黄帝名合宫"，則不止一殿可知。《史記》謂"黄帝接萬神於明庭"，豈一殿所可容乎？"其上有樓"，更非古制矣。《大戴禮》謂"以茅蓋屋"，在黄帝、堯、舜時則有之，周人尚文，又明堂爲朝諸侯之宫，必不爲茅屋，弟於屋下少飾以茅，以存古制焉耳。又謂"蒿茂大以爲宫柱，名蒿宫"，則涉於怪誕，此皆説制度者之繆也。

四、辨明堂、靈臺、辟雍同處

《王制》云："凡養老，六十養於國，七十養於學。"則學不在國中可知。又云："小學在公宫南之左，大學在郊。鄭《注》以此爲殷制，非也。天子曰辟雍，諸侯曰頖宫。"辟雍爲大學在郊，明矣。《詩》詠靈臺，并及辟雍，《三輔黄圖》謂"文王靈臺、辟雍，皆在長安西北四十里"，則靈臺與辟雍，同處可知。《甘氏星經》謂："靈臺三星在明堂之西。"《舜典》"舜格於文祖"之下，即云："在璿璣玉衡，以齊七政。"文祖，即明堂。本鄭氏《注》。

璣衡，在靈臺。《三輔黄圖》云："長安宮南有靈臺，高十五仞，上有渾天儀。"蓋古之遺制也。則靈臺在明堂，甚明。靈臺在明堂，則辟雍亦在明堂矣。《大戴禮》云："明堂外水爲辟雍。"蓋明堂法天，故外周以水，象天之運轉。明堂基址及宮垣皆四方，而外水則圜。圜内容方，以象天包地外也。說明堂者，皆言上圜下方，而外圜内方則未之及也。辟雍義取乎璧，《白虎通》云："辟者，璧也。象璧圜，以法天也。"其外水亦必圜，又可知辟雍必在明堂内矣。周立五學：東序在明堂東門之外，東序，即東膠，夏學也。瞽宗在西門之外，瞽宗，殷學也。成均在南門之外，成均，五帝學也。本董子。上庠在北門之外，上庠，虞學也。辟雍居中在明堂之左，此本陸佃説，但彼不謂在明堂也。皆爲大學。鄭君以虞庠爲小學，非也。小學在王宮南之左。當在皋門之内，若路門外之左有宗廟，則不得有學矣。師氏掌小學之教，兼主誨王，故當朝時居虎門之左。說者據此語，遂謂小學在王宮虎門之左，與諸侯異制，非也。明堂象王宮，故辟雍在明堂南之左也。《大戴禮》云："大學，明堂之東序也。"此專指辟雍而言。惠定宇不知此旨，故以東序之説爲非。五者固皆大學，而辟雍爲當代之學，居四學之中，尤爲特大。《學禮》云："帝入東學，上親而貴仁；帝入南學，上齒而貴信；帝入西學，上賢而貴德；帝入北學，上貴而尊爵；帝入大學，承師問道，而端於太傅。"大學，即辟雍也。辟雍在明堂之左，故爲東序。《韓詩》説："天子立明堂於辟雍之中。"則明堂正而辟雍偏，亦可見矣。左有辟雍，則右當有靈臺，與之相稱。甘公，周時人，親見其制，故著《星經》謂："靈臺在明堂西也。"靈臺所以觀天文，亦以觀鳥獸，故臺下有靈囿，囿中有靈沼，囿人掌其禁。見《周官》。鳥獸魚鼈皆所不殺，觀其蕃息與否，可以驗治化，非爲耳目之玩好也。靈臺，即囿臺。天子謂之靈臺，諸侯謂之囿臺。天子靈臺有渾天儀，諸侯無之。蓋天子治曆，故有儀器以觀天象。諸侯受曆於天子，故不觀天象也。天子、諸侯皆二臺。天子時臺在應門，以觀四時雲物在兩觀上，亦曰觀臺。詳《樓考》。靈臺在明堂；諸侯時臺在雉門，囿臺在郊。《公羊》説："天子三臺，曰靈臺、時臺、囿臺；諸侯二臺，無靈臺。"《左氏》説："天子靈臺在大廟中，諸侯觀臺亦在廟中。"非也。此漢儒説《左氏》者，非《左氏》本文也。鄭君謂："辟雍、靈臺在西郊。"不及蔡邕輩所説之確。近惠定宇《明堂大道録》宗蔡邕輩之説，孫觀察淵如亦言"辟雍、靈臺在明堂中"，皆足以匡鄭君之失。但皆不言周有五學，辟雍在四門之内，明堂之左。孫氏又謂："庫樓星象靈臺。靈臺，即臺門，在南庫門。"其説皆未精。夫五學見於《大戴禮》、賈子《新書》，有東、南、西、北四學，則辟雍必在中，亦必在四門之内。何以知之？蔡邕、穎子容皆言"四門之學曰大學"。

四學既在四門，辟雍當在四門内矣。《大戴禮》謂"宮方三百步"，此以宮垣言之。四門在宮垣，猶國城之門也。所以方三百步者，以中有辟雍。辟雍爲射宮，見《白虎通》。天子大射虎侯九十步，并堂深及明堂基址之半二十步，約有百五十步，合兩面得三百步。天子田獵苑囿,方百里。本《靈臺》毛《傳》,但《傳》以靈囿即田獵之囿,非也。鄭注《周官》:"囿游獸禁。"以爲"離宫小苑"是靈囿也。曰"小苑",則别有大苑,可知矣。王伯厚謂:"靈囿,即方七十里之囿。"亦誤。靈囿,準其制,當有百步;靈臺,周回百二十步,見《三輔黄圖》。則一面三十步。《爾雅》云:"四方而高,曰臺。"并靈囿靈囿在前,靈臺在後。及明堂基址之半,亦百五十步,合兩面亦得三百步。若辟雍、靈臺并在南門外,則宫垣内方三百步,空闊無用矣。況辟雍圜水,象教化,周流浹洽,或謂"以節觀"者,非也。必立於四門之中,使外水四面相等,方見教化之均。苟設於南門外,則不均矣。靈臺在南門外,亦與星象不合。天子有應門,無庫門。戴東原論之詳矣。《逸周書》謂"東應門,南庫門",而《明堂位》别"應門"於"四門",則其説不可信矣。靈臺與門臺不同,《爾雅》云:"闍,謂之臺。"此門臺也。又云:"四方而高,曰臺。"此靈臺也。臺門,即兩觀之制。詳《樓考》。未聞明堂有兩觀也。《逸周書》云:"應門庫臺。"此言臺設於王宫應門,其上有樓可藏器物,故謂庫臺,孫氏引此語,故辨之,亦詳《樓考》。非謂設於庫門也。靈臺下有靈囿,亦不得設於門也。庫樓一名天庫,其下有柱,明是府庫之象,非靈臺之象也。臺門之制,臺在門兩旁,與門合爲一物。孫氏以"亢南北兩大星南門"爲明堂南庫門之象,而以"軫南庫樓"爲靈臺。臺與門相遠,亦非其象矣。孫氏又謂:"端門、掖門象四門。"不知太微垣有屏,四星在端門内,天子屏設於應門,明堂亦有之。則端門當象應門,其南門掖門則象四門也。

五、辨明堂大廟説

蔡邕輩及惠氏以"辟雍、靈臺與明堂同處",固優於鄭君。至謂"明堂即大廟",則其説頗繆,不及鄭君之確。夫左祖右社見於《周官》,宗廟何得在郊?廟制左昭右穆,而明堂四廟列於四旁,何以爲昭穆?天子七廟又何止於五?與諸侯同制,其説不可通矣。《逸周書》云:"乃位五宫:大廟、宗宫、考宫、路寢、明堂。"此雒邑之制,不備七廟。大廟,后稷廟也;宗宫,文王廟;考宫,武王廟;并路寢、明堂爲五宫。孔晁《注》以"五宫爲五官府",盧學士文弨因謂:"宫當爲官字之譌。"不知周有六官,何止五官?且官府何得先於大廟、路寢?必不然矣。序大廟於上,而以路寢與明堂連文,則大廟非明堂,可知也。袁準作《正論》以排之,當矣。而惠氏又駁袁説,謂"天子大禘於明堂",引《逸禮》"王齊禘於明堂"爲證,不知禘爲大祭之通稱,明堂之禘,即宗祀也,豈大廟禘祫之禘乎?詳《禘祭考》。鄭君謂"人廟明堂異處",是矣。而謂"大廟、路寢,制如明堂",其説亦非。成王崩時,有東西房,見《顧命》。則路寢與明堂顯然不同。鄭乃謂"成王尚因諸侯之制",豈其然乎?《覲禮》記"几俟於東箱"。廟有東西箱,亦顯然與明堂不同。賈《疏》謂"覲在文王廟”,本鄭説。文王廟仍依諸侯之制,不知覲禮當在大廟之中,何得在文王廟? 天子之廟,皆當爲天子之制,先公且然,况文王已追王乎? 然則大廟路寝必不與明堂同制也。江慎修曾辨之。鄭以爲同制,故注“夏后氏世室”以爲宗廟,“殷人重屋”以爲路寝,不知其皆爲明堂也。明堂所行之禮有三: 曰宗祀,《孝經》:“宗祀文王於明堂,以配上帝。”此在武王時,至成王時則以文王、武王并配上帝。《祭法》所謂“祖文王而宗武王也”。詳《禘祭考》。曰告朔,告朔各於其方之中堂,如: 春三月告於青陽大廟,以特牛祭大昊青帝,配以文、武,至聽朔則按十二月,而居不必在中堂也。曰朝覲。會同之禮必於明堂。受朝,是謂大朝覲。《明堂位》言:“周公朝諸侯於明堂。”四方諸侯及四夷畢至,是會同也。宗祀、朝覲皆在正南明堂大廟,告朔則隨時而行於四方大廟。至於辟雍四學有尊師、養老、大射、視學、合樂、釋奠、擇士、講武、訊馘之典,靈臺有望氣、治曆之事,總之皆明堂之禮。其目十有三,明堂洵大教之宫也。惠氏謂:“祀天、祭地、耕藉皆在明堂。”孫氏謂:“縣象詢萬民亦在明堂。”夫《孝經》以“郊祀”與“宗祀”明堂對言,則郊壇不在明堂可知。《漢書》注謂“耕藉在東郊”,《月令》言“耕藉反而飲酒於大寢”,則耕藉不在明堂,亦可知。縣象在象巍,詢萬民在外朝,《周官》有明文,而謂在明堂,則無據也。

六、辨明堂澤宫

若夫明堂所有,而先儒未詳者,則有澤宫,又有榭。《郊特牲》言:“卜郊之日,王立於澤,親聽誓命。”澤宫,當在明堂之中。以澤必近水,又義取於擇士,郊又主於祭天,與明堂相合也。《射義》言:“將祭擇士,先射於澤,而後射於射宫。”《白虎通》以“辟雍”爲射宫,則澤宫當與辟雍相近矣。澤宫兼習武射,《尚書大傳》謂“蒐狩陳餘獲於澤宫”,卿大夫射而取之,所謂“主皮”之射也。《周官・司弓》:“矢澤共射椹質之弓矢。”則武射在澤宫,明矣。《孟子》言:“序者,射也。”《文王世子》言:“學干戈皆於東序。”是東序有習武之事,澤宫蓋在東序之旁也。《楚語》云:“先王之爲臺榭也。”榭不過講軍實,臺不過望氛祥。臺榭連文對舉,則其地必相近,當在西門之外,靈臺之西。榭爲講武屋,其制有堂無室。《爾雅》所謂“無室曰榭”,《春秋》所謂“成周宣榭災”,是也。杜《注》以榭爲“講武屋”,是也。二《傳》以爲“宣宫之榭”,非是。

七、考明堂史論

明堂始於神農,或謂始於黄帝,非也。名曰天府。見《尚書帝命驗》。《淮南子》云:“神農以時嘗穀祀於明堂。明堂之制,有蓋而無四方。”是未有九室也。神農始教民播種五穀,故嘗穀於明堂以告天也。《月令》謂:"天子嘗新,先薦寢廟。"則不祀明堂矣。《逸周書》謂:"嘗麥於大祖。"大祖者,后稷之廟也。《詩序》云:"雝禘,大祖也。"《我將》:"祀文王於明堂也。"可知大祖非明堂。惠定宇牽合《淮南》《周書》,謂大祖即明堂,非也。黄帝畫野爲井田,制九州。明堂象之,乃有九室,故謂之合宮。堯、舜曰"文祖",堯又曰"衢室",舜又曰"總章"。天有大文,爲天子大祖。《荀子》:"王者天大祖。"明堂祭天,故曰文祖。馬融以文祖爲天,亦此意。堯、舜以天下相授受,皆奉天也。故舜受終於文祖,告於天也。《僞孔傳》《蔡傳》皆以"祖廟"釋之,非也。《尚書帝命驗》云:"堯、舜五府:蒼曰靈府,赤曰文祖,黄曰神斗,白曰顯紀,黑曰玄矩。"是文祖爲南方中堂,以文祖統五府之名,猶周以明堂統青陽、總章、玄堂、大廟也。《易》言聖人向明而治,蓋取諸離,故必以南方統四方也。夏曰世室,世室猶大室也。世子,亦曰大子。古者宮室通稱,大室猶言大宮,以其祭天,故曰大以尊之也。鄭氏泥看"世"字,以爲"世世不毀"之義,如周之文、武世室,故以宗廟釋之。殷曰重屋,重屋,複筳也。詳《樓考》。周人宗廟,亦爲此制,謂之複廟。見《明堂位》。而殷人惟明堂有之,故以此爲名。又名陽館,陽之爲言明也。此歷代明堂之名也。周之明堂,當始於武王。《樂記》言:"武王散軍,郊射,祀乎明堂。"此武王已有明堂之證。鄭君謂"西周無明堂,惟東都有之",注《樂記》以明堂爲"文王之廟",沿《大戴禮》之誤。不知明堂與宗廟并重,豈可無邪?周公營雒邑爲東都,以朝諸侯,故亦建明堂。又建宗廟、路寢,則明堂中當亦有辟雍、靈臺,與西京同。然宗廟止有三,則明堂亦宜少殺矣。至於四岳明堂,見《孟子》趙岐《注》。所以朝諸侯,亦祀天地日月。當有祭天壇在南門外,祭地壇在北門外,祭日壇在東門外,祭月壇在西門外。蓋天子出巡、宗廟、社稷、五祀等祭,可使大子、宗伯等官攝之,而天地日月不可使人攝祭,因即於四岳明堂行之。本萬充宗説。且王者合萬國之歡以事先王,亦合萬國之歡以事天地,不言日月,統於天也。故率諸侯以祭之。《覲禮》言:"諸侯覲於天子。天子率以拜日於東門外。"又云:"禮日於南門外,禮月於北門外。"萬充宗以爲祭天地,祭天主日,祭地主月,故下文云:"祭天燔柴,祭地瘞也。"鄭《注》以此爲會同之禮。萬充宗以此爲四岳巡守之禮,指方明爲明堂,非也。詳《會同考》。國外會同,如此則四岳朝會亦宜然矣。但在國既有正祭,則其禮宜殺。《覲禮》所謂"拜日祭天"等禮,非二分二至正祭也。巡守在明堂爲正祭,則其禮宜隆。巡守必以二月至東岳,五月至南岳,八月至西岳,十一月至北岳,正以祭天地日月在二分二至也。至於初至之日,燔柴告天,則四時皆行,不必在冬至,其禮亦殺於正祭也。望秩山川,亦四時舉行,其壇隨方而設,亦在明堂四門之外。如東岳明堂,山川壇設於東門外,餘可類推。所謂方望也,在國祭岳瀆亦然。《覲禮》謂:"禮四瀆於北門外。"此祭地,配祭也。又云:"禮山川邱陵於西門外。"此山川之小者,四方皆有,故總設祭於西。以山川屬地,地爲陰,西亦陰也。若辟雍、靈臺則無之。此皆可考而知也。

春秋金鎖匙[*]

（元）趙汸　撰　惠文東　點校

【點校者簡介】　惠文東，1993 年生，復旦大學哲學學院博士研究生。

隱元年，春，王正月。

《春秋》書元年自隱公始，《春秋》書王正月亦自隱公始。元年云者，謹人君繼世體元之始也。王正月者，謹天下奉周正朔之始也。一則存一國之體，一則存一王之體，《春秋》嚴矣。

隱二年，無駭帥師入極。桓十一年，柔會宋公、陳侯、蔡叔盟於折。

《春秋》以前，征伐之權不下於大夫也，而大夫專兵自無駭之帥師入極始。《春秋》以前，禮樂之權不下於大夫也，而大夫專盟自柔之會宋盟折始。聖人於無駭去其氏者，謹大夫專兵之始也。於柔去其氏者，謹大夫專盟之始也。

莊十三年，春，齊侯、宋人、陳人、蔡人、邾人會於北杏。十五年，秋，宋人、齊人、邾人伐郳。

伯主專天下禮樂之權，自齊桓北杏之會始。伯主專天下征伐之權，自齊桓伐郳之役始。《春秋》於北杏之會，人四國之君者，謹^①其從伯之始，所以不與伯主以禮樂之權也。於伐郳之役，加宋於齊之上者，謹其摟諸侯之始，所以不與伯主以征伐之權也。

隱三年，冬，十有二月，齊侯、鄭伯盟於石門。桓二年，蔡侯、鄭伯會於鄧。

齊、楚爭鄭之勢成於莊、僖之世，而其機萌於隱、桓之時。《春秋》書石門之盟者，謹鄭從齊之始也。書鄧之會者，謹鄭懼楚之始也。

---

* 本次點校以榕園叢書本爲底本，以文淵閣四庫全書本（以下簡稱“庫本”）、清抄本（日新堂抄本，又據紅欄書屋本校正，以下簡稱“抄本”）、藏修堂本（以下簡稱“堂本”）爲對校本。

① “謹”，庫本、抄本同。堂本作“貶”。

隱十一年，春，滕侯、薛侯來朝。秋，七月，壬午，公①及齊侯、鄭伯入許。

《春秋》書朝三十六，而滕、薛之朝爲之始。滅國三十六，而許滅爲之始。是邦交、兵交之變也。非天子不旅見於諸侯，而旅見於諸侯可乎？許無罪而覆宗亡國，至分爲東西偏，亦甚矣。《春秋》特以旅見書，憂朝覲之始變也；不以滅許書，而以入許書，憂封建之始壞也。是特筆也，是隱詞也。

桓二年，公及戎盟於唐。② 冬，公至自唐。十六年，秋，七月，公至自伐鄭。

戎盟唐，而至自唐，爲致會之始。伐鄭，至自伐鄭，爲致伐之始。交夷狄於會盟者，非義之禮也。納屬公於會伐者，非義之威也。魯雖有非義之禮，而《春秋》則不忍虧中國之禮，故書至自唐，危之也。魯雖有非義之威，而《春秋》則不忍虧中國之威，故書至自伐鄭，不得已。皆謹始之書也。

成二年，六月，癸酉，季孫行父、臧孫許、叔孫僑如、公孫嬰齊帥師會晉郤克、衛孫良夫、曹公子首及齊侯戰於鞌。襄十四年，春，王正月，季孫宿、叔老會晉士匄、齊人、宋人、衛人、鄭公孫蠆、曹人、莒人、邾人、滕人、薛人、杞人、小邾人，會吳於向。

《春秋》以來大夫帥師者有矣，未有四卿帥師者也，四卿帥師，自成公二年於鞌之戰始。大夫列會者有矣，未有二卿列會者也，二卿列會，自襄十四年於向之會始。《春秋》之法，將稱元帥，使舉上客，而二卿列會、四卿帥師所以著大夫之張也。亦所以謹其始也。

隱元年，春，王正月。哀十四年，春，西狩獲麟。

《春秋》之作，所以明王道者也。大而禮樂刑政，聖人蓋律之以文武成康之盛。小而紀綱法度，聖人又律之以文武成康之盛也。蓋其欲王道之復行於天下也。作始於王正月之一語，以王道正《春秋》之始也，以爲由是而尚可以爲成康之盛也。奈何天下之事不能盡如聖人之意。內而諸侯不奉一王之法，外而夷狄不奉一王③之法。然猶未有以知王道之果不可行也。至於麟出焉，然後知王道之無徵也。絕筆於西狩獲麟之一語，以天道正春秋之終也，以爲占之於天，必將有戰國之衰也。

隱三年，冬，十有二月，齊侯、鄭伯盟於石門。莊十年，秋，九月，荆敗蔡師於莘。僖二年，虞師、晉師滅下陽。成七年，吳伐郯。定十四年，五月，於越敗吳於檇李。哀十一年，五月，甲戌，齊國書帥師及吳戰於艾陵。十三年，公會晉侯及吳子於黃池。楚公子申帥師伐陳。於越入吳。晉魏曼多帥師侵衛。

成春秋二百年之世變者，齊爲之首也，楚爲之次也，其次晉也，其次吳也，越又其

---

① "公"字原無，據《春秋》經文補。

② "公及戎盟於唐"六字，據《春秋》經文補。

③ "王"，抄本同。堂本、庫本作"人"。

次者也。天下無齊、晉、楚、吳、越,《春秋》不作可也。石門之盟,齊患之始也。敗蔡之師,楚患之始也。下陽之滅,晉患之始也。伐郊之役,吳患之始也。檇李之敗,越患之始也。艾陵之戰,齊患之終也。黃池之會,吳患之終也。伐陳之役,楚患之終也。入吳之舉,越患之終也。侵衛之舉,晉患之終也。然世變之始也。三五強國紛紜縱橫,猶相望於二百年間,此《春秋》之所以猶得爲《春秋》者也。及世變之已極也,三五強國交舉迭作,遂見於不數年之間,此《春秋》之所以不復可爲《春秋》者也。

桓五年,秋,蔡人、衛人、陳人從王伐鄭。哀元年,秋,齊侯、衛侯伐晉。

《春秋》之所以始也,爲天下之無王也。《春秋》之所以終也,爲天下之無伯也。《春秋》之初,周爲天下之共主,而鄭伯不朝,至取勤王之伐。則天下無王之禍,鄭實爲之也。《春秋》之終,晉爲中國伯主,而齊景不服,至敢晉國之伐。則天下無伯之禍,齊實爲之也。一則無王,一則無伯,此固《春秋》之所以始終也。

桓五年,秋,蔡人、衛人、陳人從王伐鄭。昭二十二年,秋,劉子、單子以王猛入於王城。

《春秋》之所以得爲《春秋》之初者,以王室猶能自立於天下,而諸侯猶知以臣從君之義也。《春秋》之所以遂爲《春秋》之終者,以王室不能自立於天下,而不能不有賴於臣下之扶持也。始則從王,終則以王,亦可見爲春秋世變之始終矣。

隱二年,夏,五月,莒人入向。鄭人伐衛。哀十三年,楚公子申帥師伐陳。於越入吳。

《春秋》書入國之事,凡二十有一,而始於入向,終於入吳。書伐國之事,凡二百十有三,而始於伐衛,終於伐陳。聖人於莒人以入向書、於鄭人以伐衛書者,所以正世變之始也。於於越以入吳書、於楚人以伐陳書者,所以正世變之終也。

桓十四年,鄭伯使其弟語來盟。閔二年,冬,齊高子來盟。僖四年,楚屈完來盟於師。宣七年,春,衛侯使孫良夫來盟。

來盟不書,而《春秋》必書鄭語、齊高子、衛良夫之來盟者,所以詳內錄也。來盟不書,而《春秋》必書楚屈完之來盟者,所以爲大中夏也。詳內錄者,備一國之體也。大中夏者,謹天下之變也。

隱六年,春,鄭人來輸平。宣十五年,夏,五月,宋人及楚人平。昭七年,春,王正月,暨齊平。定十年,春,王三①月,及齊平。十一年,冬,及鄭平。

平不書,必有關於我魯而後書。外平不書,必有關於天下之大故而後書。由鄭人之輸平,以至於暨齊平、及鄭平之事,皆無關於天下之大故者也,而《春秋》必書之者,

① "三",原作"正",據《春秋》經文改。

以其有關於我魯也。來輸平之後、暨齊平之前,其事非有關於我魯也,而《春秋》亦必書之者,以其有關於天下之大故也。

隱元年,九月,及宋人盟於宿。莊九年,公及齊大夫盟於蔇。二十二年,秋,七月,丙申,及齊高傒盟於防。文二年,三月,乙巳,及晉處父盟。

及盟,未有不書其人之姓氏者,書其人之姓氏者,義繫於其人也。若盟宿而書宋人,則微者,而名氏未登於史册也。盟防而書高傒、盟晉而書處父,則意在抑二子之敢於上抗也。不書其人之姓氏者,義不繫於其人也。於蔇之盟,上不同於宿之盟,下不同於高傒、處父之例,《春秋》蓋深惡大夫之專而謹其自齊始也。

莊二十二年,秋,七月,丙申,及齊高傒盟於防。文二年,三月,乙巳,及晉處父盟。成三年,冬,十有一月,丙午,及^①荀庚盟。丁未,及衞孫良夫盟。

及盟而書其地者,盟於國都之外也,高傒之盟是也。及盟而不書其地者,盟於吾國之都也,荀庚、良夫之盟是也。至若處父之盟,則與高傒盟防相似,而非荀庚、良夫之比矣,《春秋》書之,不例於高傒盟防之法,而例於荀庚、良夫之法者,不忍使我公往晉而與處父盟矣。

僖二十八年,冬,公會晉侯、齊侯、宋公、蔡侯、鄭伯、陳子、莒子、邾子、秦人於溫。諸侯遂圍許。二十九年,春,公至自圍許。成十三年,春,晉侯使郤錡來乞師。三月,公如京師。夏,五月,公自京師遂會晉侯、齊侯、宋公、衞侯、鄭伯、曹伯、邾人、滕人伐秦。秋,七月,公至自伐秦。

《春秋》之法,前事大則以前事致,後事大則以後事致。晉文會溫之後,諸侯有圍許之師,圍許之事蓋大於會溫也。《春秋》致圍許,而不致會溫,以圍許之事爲大也,以諸侯猶能奉王法也。成公如京之後,諸侯有伐秦之舉,伐秦之事不大於如京也。《春秋》致伐秦,而不致^②如京,非以伐秦之事爲大也,以諸侯爲急於徇伯主也。

僖四年,春,王正月,公會齊侯、宋公、陳侯、衞侯、鄭伯、許男、曹伯侵蔡。蔡潰,遂伐楚。八月,公至自伐楚。六年,夏,公會齊侯、宋公、陳侯、衞侯、曹伯伐鄭,圍新城。秋,楚人圍許,諸侯遂救許。冬,公至自伐鄭。

中國之患,楚爲之,齊桓是以有伐楚之師,而伐楚之先,則有侵蔡之役。楚人之患,鄭爲之,齊桓是以有伐鄭之師,而伐鄭之後,則有救許之役。《春秋》前則不以侵蔡致而以伐楚致者,以伐楚之事爲大於侵蔡也,聖人惡楚之心甚於惡蔡也。後則不以救

---

① "及"下原有"晉"字,據《春秋》經文删。

② "致",原作"至",據上文改。

許致而以伐鄭致者，非以伐鄭之義爲大於救許也，聖人惡鄭之心甚於救[1]許也。

僖四年，春，王正月，公會齊侯、宋公、陳侯、衛侯、鄭伯、許男、曹伯侵蔡。蔡潰，遂伐楚。盟於召陵。[2] 八月，公至自伐楚。襄十一年，公會晉侯、宋公、衛侯、曹伯、齊世子光、莒子、邾子、滕子、薛伯、杞伯、小邾子伐鄭，會於蕭魚。公至自會。

《春秋》於齊桓不致以盟，於召陵而致以伐楚者，聖人以齊桓之所以服楚者，在於八國之伐有以挫其志，而不在於召陵之盟有以得其心也。蓋王貢不供，受以爲罪，有不待盟於召陵之日也。於晉悼不致以伐鄭之師，而致於蕭魚者，聖人以晉悼之所以服鄭者，在於蕭魚之會有以懷其心，而不在於伐鄭之師有以挫其志也。蓋樂器車甲以賂晉侯，有以待於蕭魚既會之時也。君子觀於我魯告至之書，而二伯成功之實爲不可掩矣。

僖四年，春，王正月，公會齊侯、宋公、陳侯、衛侯、鄭伯、許男、曹伯侵蔡。蔡潰，遂伐楚。八月，公至自伐楚。成十三年，三月，公如京師。夏，五月，公自京師遂會晉侯、齊侯、宋公、衛侯、鄭伯、曹伯、邾人、滕人伐秦。秋，七月，公至自伐秦。

齊桓以侵蔡、伐楚二事出疆，而告至之書，《春秋》舍前事而錄後事者，聖人非以蔡人附楚擾夏之罪爲可恕也，以齊桓之本志在於伐楚也。晉厲以如京、伐秦二事出疆，而告至之書，《春秋》舍前事而錄後事者，聖人非以相率朝王之事爲非禮也，以晉厲之本志在於伐秦也。

僖四年，春，王正月，公會齊侯、宋公、陳侯、衛侯、鄭伯、許男、曹伯侵蔡。蔡潰，遂伐楚，次於陘。夏，楚屈完來盟於[3]師，盟於召陵。定四年，春，三月，公會劉子、晉侯、宋公、蔡侯、衛侯、陳子、鄭伯、許男、曹伯、莒子、邾子、頓子、胡子、滕子、薛伯、杞伯、小邾子、齊國夏於召陵，侵楚。

既伐之後而有盟，則盟者所以收伐之功也。未伐之先而有會，則會者所以開伐之端也。齊桓帥諸侯以伐楚，而後爲召陵之盟，則召陵之盟不過收遂伐之成功，而非以謀諸侯之不協也。晉昭合諸侯以伐楚，而先爲召陵之會，則先爲召陵之會所以謀諸侯之不協，而非以收侵楚之成功也。

僖四年，春，王正月，公會齊侯、宋公、陳侯、衛侯、鄭伯、許男、曹伯侵蔡。蔡潰，遂伐楚。文三年，晉陽處父帥師伐楚以救江。

終《春秋》一經，伐楚之書惟齊桓與晉襄有之耳。聖人不以侵蔡繫之伐楚之下，而

---

① “救”，庫本、抄本、堂本皆作“惡”。

② “盟於召陵”原無，據庫本及《春秋》經文補。

③ “於”，原作“來”，據《春秋》經文改。

加於其上者，以伐楚爲因侵蔡而行也，所以著齊桓之御夷狄者爲有其道也。不以救江加之伐楚之上，而繫之於其下者，非以救江爲因伐楚而行也，所以著晉襄之救與國爲非其道也。

僖元年，春，王正月，齊師、宋師、曹師次於聶北，救邢。襄二十三年，秋，八月，叔孫豹帥師救晉，次於雍榆。

不曰救邢次於聶北，而以救邢繫於次之下者，蓋後言救則是猶有救患之行①。聖人以爲桓之救邢，終不至如他人之以次而遂無心以救患者也。不曰次於雍榆以救晉，而以救晉加於次之上者，蓋後不言救則是終無救患之心。聖人以爲豹之救晉，不能如齊桓之既次而猶有心於救患者也。觀於《春秋》書次先後之異，而其心同異可知矣。

僖三年，春，王正月，不雨。夏，四月，不雨。文十年，自正月不雨至於秋七月。

不雨，每時而一書者，閔雨也。不雨，歷時而總書者，不憂雨也。《春秋》喜其有志乎民，故春不雨而書、夏不雨而書，詞繁而不削者，以著其勤於民也。《春秋》惡其無志乎民，故自正月不雨至秋七月而書，詞簡而不贅者，以著其慢於民也。惟其閔雨，故夏四月之下繼之曰不雨。惟其不憂雨，故秋七月而下不書不雨。筆削之旨明矣。

僖四年，春，王正月，公會齊侯、宋公、陳侯、衛侯、鄭伯、許男、曹伯侵蔡。蔡潰，遂伐楚，次於陘。文十年，冬，楚子、蔡侯次於厥貉。十一年，春，楚子伐麇。

不言次於陘伐楚，而以伐楚繫於次陘之上者，蓋既伐之後而次，則其次爲有整兵慎戰之意。不言伐麇次於厥貉，而以次厥貉加於伐麇之上者，蓋未伐之先而次，則其次爲有聲威恐人之意。齊桓以伐楚之後次止於陘，而君子以其次爲善者，以齊爲能修文告以威敵也。楚子未伐麇之先次於厥貉，而君子不以其次爲善者，以楚爲包藏禍心以憑夏也。

襄十五年，夏，齊侯伐我北鄙，圍成。公救成，至遇。二十三年，秋，齊侯伐衛，遂伐晉。八月，叔孫豹帥師救晉，次於雍榆。

救成而至遇，其事與救晉次於雍榆無以大相遠也。而《春秋》於救成以至遇書而不以次書者，聖人以爲襄公之於成，實有救之之心，第畏齊而不敢進，非中無此心而外爲是以欺人也。於救晉以次於雍榆書而不以至書者，聖人以爲襄公之於晉，實無救之之心，第欲掠取爲義之名，非畏齊而不敢進者之比也。蓋至者，至此之謂也，他日之進固未可知也。次者，止此而已，他日之不進固可前知也。

---

① "行"，庫本、抄本同。堂本作"心"。

僖元年，春，王正月，齊師、宋師、曹師次於聶北，救邢。十五年，三月，公會齊侯、宋公、陳侯、衛侯、鄭伯、許男、曹伯盟於牡邱，遂次於匡。公孫敖帥師及諸侯之大夫救徐。

後言次而先序三國之師，是三國之次於聶北以救邢而次也。先言次而後舉救徐之大夫，是諸侯之次於匡不以救徐而次也。以救邢而次者，伯主拯患之不篤也。不以救徐①而次者，伯主號令之不嚴也。拯患之不篤而號令之猶嚴，此所以爲伯業之始。號令之不嚴而拯患之不篤，此所以爲伯業之終。

莊十年，夏，六月，齊師、宋師次於郎。文十年，冬，楚子、蔡侯次於厥貉。

次於郎，齊創伯之難也。次於厥貉，楚爭伯之難也。人心之始不忍於無王而決於從伯，故齊桓之創伯爲難。人心之終不忍於無伯而決於從夷，故楚②之爭伯爲難。惟齊桓之創伯難，故以次於郎書。惟楚之爭伯難，故以次於厥貉書。蓋次者，人心不決於去就之義也。

襄元年，春，仲孫蔑會晉欒黶、宋華元、衛甯殖、曹人、莒人、邾人、滕人、薛人圍宋彭城。二年，冬，仲孫蔑會晉荀罃、齊崔杼、宋華元、衛孫林父、曹人、邾人、滕人、薛人、小邾人於戚，遂城虎牢。

以伯主攘夷狄，則中國之地非夷狄所可得專。以伯主討不服從之國，則天下之險非諸侯之所得私。是故彭城非宋有也，伯主爲宋討則還繫之宋。虎牢本鄭地也，伯主當討鄭則不繫之鄭。一筆一削，《春秋》明王制，以示予奪之正也。

莊二十八年，臧孫辰告糴於齊。僖二十六年，公子遂如楚乞師。

不曰如齊告糴而曰告糴於齊，蓋先言告糴則其情急，後言告糴則其情緩。聖人急其詞於告糴之書者，深譏魯之君臣政事不修、遇事苟且，非所以爲國也。不曰乞師於楚而曰如楚乞師，蓋先言乞師則其情急，後言乞師則其情緩。聖人緩其詞於乞師之書者，不忍言中國之諸侯有求於夷狄如此其急也。

襄元年，春，仲孫蔑會晉欒黶、宋華元、衛甯殖、曹人、莒人、邾人、滕人、薛人圍宋彭城。哀三年，春，齊國夏、衛石曼姑帥師圍戚。

不曰圍彭城而曰宋彭城者，不與夷狄取中國之地以與叛臣也。不曰圍衛而止曰戚者，不與齊、衛二國之大夫助子以圍父也。《春秋》之微意也。

僖十四年，春，諸侯城緣陵。襄二十九年，夏，仲孫羯會晉荀盈、齊高止、宋華定、衛世叔儀、鄭公孫段、曹人、莒人、滕人、薛人、小邾人城杞。

齊桓之城杞也，公其心於救天下之患者也。晉平之城杞也，私其心於救一國之患

---

① "徐"，原作"邢"，據庫本、抄本、堂本改。

② 庫本、抄本、堂本"楚"作"楚子"，下"惟楚之爭伯"亦作"惟楚子之爭伯"。

者也。惟公其心於救天下之患,故緣陵之城,以諸侯書其意,若曰諸侯同心於救天下之患,其書不可以一二序也。惟夫私其心於救一國之患,故城杞之城,列序諸侯,其意若曰諸侯無心於救一國之患,其書不容以先後序也。均之爲城杞也,而《春秋》所書若此,得非以公心救患者非私心救患者所可比也?

襄五年,冬,戍陳。十年,冬,戍鄭虎牢。

悼公之戍陳也,實欲斷荆楚之路以爲陳蔽也,非駐師扼險以恐陳也。悼公之戍鄭也,實欲駐師扼險以逼鄭也,非斷荆楚之路以爲鄭蔽也。悼公之志在於斷荆楚之路以蔽陳,故《春秋》戍陳而不斥其地者,若曰公之所成在於一國,所以大公之爲也。悼公之志在於駐師扼險以逼鄭,故《春秋》書成鄭而直稱虎牢者,若曰公之所成在於一邑,所以小公之爲也。

僖元年,夏,齊師、宋師、曹師城邢。二年,春,王正月,城楚邱。

邢危而安之,是方伯恤患之義也,當爲而爲也。衛亡而存之,是天子封國之權也,不當爲而爲之也。《春秋》書城邢而不書夷①儀者,以天下大義可自伯主出也。書城楚邱不書衛者,以天下大權不可不自天子出也。

僖二十八年,夏,公朝於王所。成十三年,三月,公如京師。

僖公之朝王也不於京師之地而於王所,似②非聖人之所與也,而《春秋》不以王所非其所之故而大書朝者,以僖公之心誠於朝王也。成公之朝王也不於王所而於京師之地,宜聖人所深予也,而《春秋》不以朝王於京師之故而直書如者,以成公之心爲不誠於朝王也。朝者,以臣事君之禮也,僖公之事周爲共主,豈成之比乎? 如者,列國相朝之禮也,成公之視周如列國,又豈僖公之比乎?

僖三十③年,冬,公子遂如京師,遂如晋。宣九年,春,王正月,公如齊。夏,仲孫蔑如京師。

僖公之於周也,有公子遂如京之事。宣公之於周也,有仲孫蔑如京師之事。僖公之於周曰如,於晋曰如,不過眛輕重之等而一概施之耳,而先如京師,後如晋國,固未嘗失先後之序也。宣公之先如齊國,後如京師,不惟失先後之序也,而君如齊,臣如周,殆失輕重之等而倒行逆施之矣。

僖十年,春,王正月,公如齊。文三年,冬,公如晋。成十三年,三月,公如京師。襄二十八年,十一月,公如楚。

如者,列國相朝之謂也。齊、晋爲天下伯主,魯公之朝以朝書可也,而乃以如書

---

① "夷"字原無,據庫本、抄本、堂本補。

② "似",庫本、抄本同。堂本作"宜"。

③ "三十",原作"十三",據《春秋》經文改。

者，聖人以爲齊、晉雖强且大，爵則同列故也。至於^①王室，則非齊、晉比矣，魯君之朝以朝書之，誰曰不宜？而亦以如書者，聖人以爲魯之所以事周者無異於事伯故也。至於楚，則固不可以上侔周室，而下與齊、晉同日語者也，魯之朝也，削而不書可也，而亦以如書之者，聖人以爲魯之所以事楚者，殆無異於事周故也。視王室如列國，視夷狄如王室，《春秋》不能不致憾於秉禮之魯云。

僖三十^②年，冬，天王使宰周公來聘。公子遂如京師，遂如晉。三十一年，春，取濟西田。公子遂如晉。

天王使冢宰來聘，其爲禮蓋甚厚也，魯於周室亦宜視施爲報矣。而公子遂之如京師，乃以二事出，所以報乎周者於是爲不專焉。晉侯以濟西之田歸我，其爲利甚微也，魯人於此視施爲報可也。而公子遂之如晉不聞以二事出，所以報乎晉者於是爲甚專焉。聖人比而書之，所以著魯之慢王畏晉^③也。

成十三年，三月，公如京師。夏，五月，公自京師遂會晉侯、齊侯、宋公、衛侯、鄭伯、曹伯、邾人、滕人伐秦。秋，七月，公至自伐秦。

周，天子也，可以言朝，不可以言如。如京，大事也，不可以不致。而乃以伐秦小事致，《春秋》書如京師者，以爲諸侯徇私而忘公也，是以原其從伯之實也。

僖十四^④年，春，諸侯城緣陵。襄十六年，春，三月，公會晉侯、宋公、衛侯、鄭伯、曹伯、莒子、邾子、薛伯、杞伯、小邾子於溴梁。戊寅，大夫盟。

緣陵之城，伯主在也，《春秋》以伯主書蓋未害也，乃以諸侯自城書，而不以伯主列序書，以爲天下於是而後無伯主也。天下非果無伯主也，而所以爲伯主者，皆天下之諸侯也。溴梁之盟，諸侯在焉，《春秋》以諸侯之大夫書亦未害也，乃以大夫書，而不繫於諸侯者，以爲天下於是而後無諸侯也。天下非果無諸侯也，而所以爲諸侯者，皆天下之大夫也。自緣陵既城而齊伯衰，溴梁既盟而晉伯微矣。

文七年，秋，八月，公會諸侯、晉大夫盟於扈。宣元年，秋，宋公、陳侯、衛侯、曹伯會晉師於棐林，伐鄭。

晉以大夫主盟多矣，而未嘗直以晉大夫爲言者，獨至於扈之盟則大書諸侯於上，而於晉大夫不紀其名，聖人蓋以爲於是之時大夫專盟，天下已不知晉之有君也。晉以大夫主征伐者亦多矣，而未嘗不斥言大夫之名氏者，獨至棐林之役則列序諸侯，而以

---

① “至於”，原作“至至”，據庫本、抄本、堂本改。

② “三十”，原作“十三”，據《春秋》經文改。

③ “晉”，庫本、抄本、堂本作“伯”。

④ “四”，原作“三”，據《春秋》經文改。

會晉師爲文，聖人蓋以爲當此之時晉付其權於大夫，而天下惟知晉之有大夫也。天下不知晉之有君，非天下之小變也。天下惟知晉之有大夫，非天下之細故也。考當時行事之迹，究《春秋》筆削之旨，斯可以見聖人憂世之心矣。

襄三年，六月，公會單子、晉侯、宋公、衛侯、鄭伯、莒子、邾子、齊世子光。己未，同盟於雞澤。陳侯使袁僑如會。戊寅，叔孫豹及諸侯之大夫及陳袁僑盟。十六年，三月，公會晉侯、宋公、衛侯、鄭伯、曹伯、莒子、邾子、薛伯、杞伯、小邾子於溴梁。戊寅，大夫盟。

雞澤之盟，晉人伯業方盛之日也，伯業方盛，則盟誓之權雖付之諸大夫，而統其權者猶在諸侯。既盟而陳使袁僑如會，則書曰叔孫豹及諸侯之大夫，以大夫歸之諸侯，以諸侯爲猶能統其權也。溴梁之盟，晉人伯業已衰之日也，伯業已衰，則盟誓之權既付之諸大夫，而諸侯失政，則無以統其權矣。故諸侯皆在而使諸侯之大夫自相爲盟，則書曰大夫盟，不以大夫歸之諸侯，以諸侯無以統其權也。

文二年，三月，乙巳，及晉處父盟。夏，六月，公孫敖①會宋公、陳侯、鄭伯、晉士縠盟於垂隴。

前此未有大夫盟魯者也，自處父始，他日郤犫、荀庚祖述於此矣。前此亦未有大夫出主諸侯盟會者也，自士縠始，他日大夫盟雞澤、盟溴梁又以此爲口實矣。處父及②盟不書公，所以存望國之君之體也，不使晉大夫強於望國之君也。況公如晉不書，其爲魯諱也可知矣。士縠書於諸侯之下，所以存列國之君之體也，不使晉大夫加於列國之君也。以宋書公、陳書侯、鄭書伯，其尊君卑臣也可知矣。

僖四年，春，王正月，遂伐楚。二十八年，冬，諸侯遂圍許。

楚之爲國，畢獻方物之禮蓋亦有聞也，而王貢不入、包茅不供，齊③是以有遂伐之師。《春秋》之世之伐諸侯者多矣，未有伐當其罪如此者，故《春秋》於此以繼事之辭書而書遂。許之爲國，班玉輯瑞之禮蓋亦有聞也，而踐土不朝、河陽不會，晉是以有遂圍之討。《春秋》之世之圍諸侯者多矣，未有圍當其罪如此者，故《春秋》於此亦以繼事之辭書而書遂。

僖三十年，冬，公子遂如京師，遂如晉。襄二十三年，秋，齊侯伐衛，遂伐晉。

如京之與如晉，其事爲孰重？伐衛之與伐晉，其事爲孰大？公子遂之如京師，禮也。而如京之後繼以如晉，則於禮非矣。齊莊公之伐衛，未害也。而伐衛之後繼以伐

---

① "敖"，原作"放"，據《春秋》經文改。

② "及"，庫本、抄本同。堂本作"之"。

③ "齊"字原無，據庫本、堂本、抄本補。

晋,則爲罪大矣。《春秋》不以如京、如晋并書,而以如晋爲遂事者,著魯之敢於無王也,以爲自是而後天下將不知有王也。不以伐衛、伐晋并書,而以伐晋爲遂事者,責齊之敢於無伯也,以爲自是而後天下將不知有伯也。

僖三十年,冬,公子遂如京師,遂如晋。成十三年,三月,公如京師。夏,五月,公①自京師遂會晋侯、宋公、衛侯、鄭伯、曹伯、邾人、滕人伐秦。

公子遂之如京師,本以如晋之故而後有行也,而《春秋》不以如京師爲遂事,而以如晋爲遂事者,以明聘②王之事爲大於聘伯,所以存人臣之禮也。成公之如京師也,本以伐秦之故而後有行也,而《春秋》不以如京師爲遂事,而以伐秦爲遂事者,以明朝王之事爲大於伐秦,亦所以存人臣之禮也。

僖四年,春,王正月,公會齊侯、宋公、陳侯、衛侯、鄭伯、許男、曹伯侵蔡。蔡潰,遂伐楚。宣元年,秋,楚子、鄭人侵陳,遂侵宋。

齊之伯,王室之憂也。楚之伯,中國之憂也。齊桓之侵蔡、伐楚,《春秋》不各書之而以伐楚、侵蔡之爲遂事者,所以著齊桓之伯也,以爲自是而後,征伐諸侯之權專於齊桓也。楚莊之侵陳、侵宋,《春秋》不各書之而以侵陳、侵宋之爲遂事者,所以著楚莊之伯也,以爲自是而後,征伐③諸侯之權專於楚莊也,爲中國之憂方大。聖人安得不致微意於遂之一字乎!

襄二十三年,秋,齊侯伐衛,遂伐晋。定八年,秋,晋士鞅帥師侵鄭,遂侵衛。

晋自文公既伯以來,世主夏盟,未有敢伐之者也,而伐晋之師首見於齊莊復伯之時。衛自晋之爲伯以來,世事伯主,未有忍伐之者也,而伐衛之師首見於晋定不能爲伯之日。《春秋》於伐晋書遂者,所以著齊人之果於伐盟主也,以盟主而果於伐之,則其果於伐他國者從可知矣。於侵衛④而書以遂者,所以著晋人之果於伐與國也,以與國而果於伐之,則其果於伐他國者又可知矣。

莊十九年,秋,遂及齊侯、宋公盟。僖三十年,冬,遂如晋。

《春秋》之書遂一也,而有善惡存焉,亦觀其行事之是非而已矣。利害出於一時而制之於千里之外,當此時而不遂,不可也。上不足以利國,下不足以利民,可以復命而後請,當此之時而遂,不可也。公子結及齊、宋盟,而書遂者,聖人蓋曰大夫出疆可以專安國家利社稷之事也。公子遂如京修聘,因以如晋,而書遂者,聖人蓋曰大夫驕蹇

---

①　"公"下原有"至"字,據《春秋》經文删。

②　"聘",庫本、抄本同。堂本作"朝"。

③　"征伐"原無,據上文補。

④　"衛",原作"伐",據庫本、抄本、堂本改。

而自專則公不得爲政矣。均之爲書遂也,而襃貶不同,君子考其行事之當否則見之矣。

僖八年,春,王正月,公會王人、齊侯、宋公、衛侯、許男、曹伯、陳世子欵盟於洮。二十九年,夏,六月,會王人、晋人、宋人、陳人、蔡人、秦人盟於翟泉。

齊桓於洮所盟者,實王朝之下士也,非王朝之卿士也,《春秋》以王人書者,直其辭以著其實也,以桓公爲能盡尊王之禮也。晋文於翟泉所盟者,實王朝之卿士也,《春秋》亦以王人書者,婉其辭以隱其實也,以文公不能盡尊王之禮也。考其事迹之異而觀其書法之同,亦可見聖人之意矣。

僖二十一年,春,宋人、齊人、楚人盟於鹿上。哀十三年,夏,公會晋侯及吳子於黃池。

鹿上之盟,三伯爲盟之時也,《春秋》不以三伯之詞書之者,隱其事於不書,以見當時之去齊桓之伯猶未遠也。黃池之會,兩伯爲會之時也,《春秋》遂以兩伯之詞書之,著其事於大書,以見當時之去文、悼之伯已遠也。齊桓之伯未遠,而世道之變有三伯交主夏盟之事,聖人於是蓋不忍於有言也。文、悼之伯既遠,而世道之變有兩伯并主諸侯之事,聖人於是蓋不容於無言也。

襄五年,秋,公會晋侯、宋公、陳侯、衛侯、鄭伯、曹伯、莒子、邾子、滕子、薛伯、齊世子光、吳人、鄫人於戚。二十七年,夏,叔孫豹會晋趙武、楚屈建、蔡公孫歸生、衛石惡、陳孔奐、鄭良霄、許人、曹人於宋。秋,七月,辛巳,豹及諸侯之大夫盟於宋。

襄公五年,於戚之會晋與吳盟也,《春秋》止書會不書盟者,以前乎此吳未嘗爭伯於中國也。二十七年,於宋之役①晋與楚盟也,《春秋》既書會又書盟者,以爲前乎此楚蓋嘗爭伯於中國也。吳未嘗有爭伯中國之事,而其端見於戚之會,聖人誠有所不忍書也。楚蓋嘗有爭伯中國之事,而其事極於宋之會,聖人誠不容於不書也。均之爲盟夷狄也,而一不書盟一書盟,②亦可見聖人憂中國之心也。

定九年,秋,齊侯、衛侯次於五氏。十三年,春,齊侯、衛侯次於垂葭。哀元年,齊侯、衛侯伐晋。

定公季年,齊、衛已有叛伯伐晋之師,而《春秋》止書次、不書伐者,以爲猶可以不書也。哀公元年,齊、衛又有叛伯伐晋之師,而《春秋》不書次、大書伐者,以爲不可以不書也。齊、衛叛晋,中國於是乎無盟主矣。夷儀之伐、河內之師,聖人誠有所不忍書也。哀公既立,《春秋》於是將絕筆矣。乾侯之師、棘蒲之役,聖人不得不書也。均之

---

① "役",抄本同。庫本作"會",堂本作"後"。

② "而一"至"書盟"八字,庫本、堂本、抄本無。

爲叛伯伐晋之師也，而《春秋》或書或不書，亦可見聖人憂世之心也。

文十二年，冬，十有二月，戊午，晋人、秦人戰於河曲。季孫行父帥師城諸及鄆。

河曲之戰，秦、晋四五十年兵争之終也。諸、鄆之城，莒、魯百餘年兵争之始也。秦、晋四五十年之兵争終於河曲之一戰，而《春秋》以秦、晋書，而特著之河曲者，兵争既終，誠慨乎其言之也。莒、魯百餘年之兵争①而《春秋》以諸、鄆書，而不係之莒者，兵争方始，誠不忍於有言也。聖人於此則曰秦、晋者，他日兵争已極之莒、魯也；莒、魯者，前日兵争方始之秦、晋也。或要其終，或究其始，斯可以斷《春秋》書諸侯兵争之事矣。

文七年，秋，八月，公會諸侯、晋大夫盟於扈。宣元年，秋，宋公、陳侯、衛侯、曹伯會晋師於棐林，伐鄭。

晋以大夫主諸侯之盟者舊矣，其事不始於扈之盟也，然流而至於扈之盟，聖人雖欲盡爲之隱，而有不可得者，故變其常詞，而以晋大夫書，若曰自是而後天下惟知晋之有大夫也。晋以大夫用諸侯之師者多矣，其原乃自棐林伐鄭始也，其原始於棐林之役，聖人雖欲不爲之隱，而不可得者，故變其常詞，而以晋師書，若曰是役也晋侯未嘗以大夫用諸侯之師也。以大夫主諸侯之盟，其事極於扈，而聖人不爲之隱。以大夫用諸侯之師，其事始於棐林，而聖人猶爲之隱。何也？蓋棐林之役猶前日，以大夫主諸侯之盟之始，而於扈之役猶後日，以大夫用諸侯之師之終也。

定四年，冬，十有一月，庚午，蔡侯以吳子及楚人戰於柏舉。哀十三年，夏，公會晋侯及吳子於黃池。

於蔡書以者，以蔡爲用大國之兵也，是以書大國之詞書吳也。於黃池書會以及者，以吳與晋爲兩伯也，是以書伯者之詞書吳也。柏舉之戰，吳人欲争伯於中國之時也，而《春秋》止以書大國之詞書之者，以爲吳人争伯之勢猶可遏也。黃池之會，吳人與晋共主諸侯之時②也，而《春秋》不以書大國之詞書，遂以書伯主之詞書之者，以爲吳人争伯之勢於是爲不可遏也。吳人争伯之勢猶可遏，而聖人止以待大國之禮待之者，不忍使吳伯中國也。吳人争伯之勢不可遏，而聖人遂以待伯主之禮待之者，不容不使吳伯中國也。

莊三十一年，六月，齊侯來獻戎捷。僖二十一年，冬，楚人使宜申來獻捷。

通《春秋》一經，獻捷之事凡兩書，一則齊人之獻戎捷也，一則楚人之獻宋捷也。齊之獻戎捷，以遠略誇與國也。楚之獻宋捷，以內侮威中國也。然而中國可以俘夷

①　"而春秋以秦晋"至"兵争"三十二字，抄本同。庫本、堂本無。

②　"時"，原作"事"，據庫本、抄本、堂本改。

狄,而夷狄不可以俘中國也。此一王之大法也。《春秋》於齊獻捷而書戎者,著其實也,著其實者,以中國俘夷狄也。於楚獻捷不書宋者,没其實也,没其實者,不以夷狄俘中國也。

成十三年,夏,五月,公自京師遂會晋侯、齊侯、宋公、衛侯、鄭伯、曹伯、邾人、滕人伐秦。十六年,秋,公會尹子、晋侯、齊國佐、邾人伐鄭。十七年,夏,公會尹子、單子、晋侯、齊侯、宋公、衛侯、曹伯、邾人伐鄭。

伐秦之役,二王卿在,而《春秋》不書劉子、成子會伐者,此隱於不書也,所以尊王室也。伐鄭之役,王卿亦在,而《春秋》屢書尹子、單子主兵者,此顯於屢書也,亦所以尊王室也。

莊十五年,秋,宋人、齊人、邾人伐郳。僖十九年,冬,會陳人、蔡人、楚人、鄭人盟於齊。

《春秋》之法,會、盟、征、伐以主者先,例之常也。伐郳之役,齊桓爲志,非宋主兵也,而《春秋》不以齊主兵,而加宋於齊上者,不以中國征伐之權與齊也,以爲以伯主而主諸侯,前乎齊桓之所未見也。盟齊之役,楚子爲志,非陳主盟也,而《春秋》不以楚主盟,而加陳於楚上者,不以中國會盟之權予楚也,以爲以夷狄而主夏盟,前乎是時之所未有也。

文二年,夏,六月,公孫敖會宋公、陳侯、鄭伯、晋士縠盟於垂隴。襄十六年,叔老會鄭伯、晋荀偃、衛甯殖、宋人伐許。

《春秋》之法,會、盟、征、伐以主者先。垂隴之盟,晋爲伯主,則晋主也。晋主之則曷爲不先書晋而先書宋? 大夫不可以先諸侯也,《春秋》以士縠序諸侯之下者,不以會盟之權予大夫,故推而屬之宋也。伐許之役,晋爲伯主,則亦爲之主也。晋主之曷爲不先書晋而先書鄭? 大夫不可以先諸侯也,《春秋》以荀偃序鄭伯之下者,不以征伐之權予大夫,故推而屬之鄭也。《春秋》之爲書,所以正名而定分者也。

僖二年,春,王正月,城楚邱。昭十三年,蔡侯廬歸於蔡、陳侯吴歸於陳。

衛嘗滅矣,楚邱之城,齊桓復封之也。齊桓復封之,則其不言齊桓封衛何也? 封國,天子之大權,不與齊桓以封衛者,以爲天子大權①不可降而自伯主出也。陳、蔡亦嘗滅矣,廬、吴之歸,楚平復封之也。楚平復封之,則其不言楚封陳、蔡者,以爲天子之大權不可移而歸於夷狄也。

宣元年,秋,宋公、陳侯、衛侯、曹伯會晋師於棐林。定八年,夏,公會晋師於瓦。

終《春秋》十二公之世,不以晋大夫名氏書而以晋師書者二,始於棐林,終於瓦。

---

① "不與"至"大權"十四字,據庫本、抄本、堂本補。

棐林之不以趙盾書者，何也？趙盾者，晋之大夫，大夫不可以敵諸侯者也。列序諸侯而以會趙盾爲文，則臣疑於君，不可以訓，不若以晋師總言也。於瓦而不以晋士鞅書者，又何也？士鞅者，晋之大夫，大夫不可以敵人君者也。大書我公而以會晋士鞅爲文，則臣疑於君，不可以訓，又不若以晋師書也。於此見《春秋》之謹於分也。

襄二十七年，秋，七月，辛巳，豹及諸侯之大夫盟於宋。定四年，五月，公及諸侯盟於皋鼬。

於宋之盟，楚主夏盟，而《春秋》隱之，使若爲魯主諸侯之盟者，其意若曰“於宋之盟雖楚主之，而楚爲夷狄，決不可以主中夏之盟”，以叔孫豹及之者，推其權以屬諸魯也，以爲中國不幸而有楚也。皋鼬之盟，晋主諸侯，而《春秋》隱之，使若爲魯之主諸侯者，其意若曰“皋鼬之盟，雖晋主之，而晋政衰微，決不能以主諸侯之盟”，故以我公及之者，推其權以屬諸魯也，以爲中國不幸而無伯也。

桓十四年，冬，宋人以齊人、蔡人、衛人、陳人伐鄭。莊十六年，夏，宋人、齊人、衛人伐鄭。

宋以諸侯伐鄭之役，伯主專諸侯之兵之端也。齊合宋、衛伐鄭之役，伯主專諸侯之兵之始也。聖人於宋人書以者，不與宋人之以諸侯也，以爲他日伯主專諸侯之兵固始[①]於此也。聖人序齊桓於宋下者，不與齊桓之專諸侯也，以爲是伯主摟諸侯以專征伐之始也。不與宋之以諸侯者，所以塞其源。不與齊之專諸侯者，所以防其流。塞其源、防其流，而後征伐之權猶可以自王室出也。

文三年，夏，秦人伐晋。冬，晋陽處父帥師伐楚以救江。

伐晋而秦伯成矣，《春秋》止以人書、不以伯書，不以伯權予狄也。伐楚救江，請師於周而王叔下臨，《春秋》止書處父、不書王叔，不以王命與伯主也。聖人蓋曰“王命非伯權之資，而伯權非夷狄所有也”。

宣元年，秋，楚子、鄭人侵陳，遂侵宋。宋公、陳侯、衛侯、曹伯會晋師於棐林，伐鄭。

侵陳，遂侵宋，楚人之爭伯權也。會棐林，伐鄭，趙盾之專伯權也。《春秋》不以夷狄雜伯權，故書侵不書伐，所以抑之也。《春秋》不以大夫主伯權，故書會晋師不書會趙盾，亦所以抑之也。聖人之所以若是者，欲以正夷狄之分、上下之綱也。

文元年，夏，晋侯伐衛。三年，冬，晋陽處父帥師伐楚以救江。

晋襄之伐衛也，先行禮於王室也。處父之伐楚也，上告王室也。《春秋》書伐衛而不書朝王於温者，聖人不欲以伯權間王室之禮也。《春秋》書處父而不書王叔桓公者，

① “始”字原無，據庫本、抄本、堂本補。

聖人不欲以王命予伯國之威也。蓋尊王大義不可以伯權而屈,王室之命不可以伯威而損,所以兩不書也。

文三年,冬,晋陽處父帥師伐楚以救江。宣七年,冬,公會晋侯、宋公、衛侯、鄭伯、曹伯於黑壤。

伐楚、救江,止書處父帥師,是征伐之權不自天子出也,故王叔桓公不書,不以主征伐爲得也,不以王命予晋侯也,所以全一王之體也。會於黑壤,止書公會,是禮樂之權不自天子出也,故王叔桓公不書,不以主盟會爲得也,不以王命予晋侯也,亦以全一王之法也。

莊二十八年,春,王三月,甲寅,齊人伐衛。僖二十八年,夏,五月,癸丑,公會晋侯、齊侯、宋公、蔡侯、鄭伯、衛子、莒子盟於踐土。

齊桓伯天下,則征伐之權之專於桓公必矣,而伐衛之後,天王又使召①伯廖賜齊侯命,則吾恐自是而後,征伐之權於是不自王室出矣。晋文伯天下,則禮樂之權之專於文公也必矣,而踐土之盟,天王又使王子虎策命晋侯,則吾恐自是而後,禮樂之權於是不自王室出矣。《春秋》止書伐衛、不書賜命,不忍以王命予齊桓也。止書踐土、不書策命,不忍以王命與晋文也。

僖二十四年,夏,狄伐鄭。成十三年,夏,五月,公自京師遂會晋侯、齊侯、宋公、衛侯、鄭伯、曹伯、邾人、滕人伐秦。

襄王以狄師伐鄭,不書天王賜命,若狄自伐然,諱之也,所以存王室之體也。以王室用夷狄於中夏,爲不可言也。晋厲以王師伐秦,不書劉、成會伐,若諸侯自伐然,諱之也,亦所以全②王室之體也。以伯主俌王卿於列國,爲不可言也。

桓十五年,冬,十有一月,公會宋公、衛侯、陳侯於袲,伐鄭。宣元年,秋,宋公、陳侯、衛侯、曹伯會晋師於棐林,伐鄭。

《春秋》之法,一美一惡,不嫌同辭,故有以地而後伐爲疑詞者,亦有以地而後伐爲美詞者。四國伐鄭,先會於袲,而《春秋》以其會爲疑詞者,所以著四國之疑於爲義而果於爲不義也。六國伐鄭,會晋棐林,而《春秋》以其會爲美詞者,所以著五國知鄭人之罪爲不可赦也。

僖五年,夏,公及齊侯、宋公、陳侯、衛侯、鄭伯、許男、曹伯會王世子於首止。秋,八月,諸侯盟於首止。十三年,夏,公會齊侯、宋公、陳侯、衛侯、鄭伯、許男、曹伯於鹹。十四年,春,諸侯城緣陵。

首止之會,同於尊王,而諸侯之勢大合也。於鹹之會,同於謀杞,而諸侯之勢已散

---

① "召",原作"毛",據莊二十七年《左傳》改。

② "全",庫本、抄本、堂本作"存"。

也。惟其諸侯之勢合，故首止之盟復舉諸侯者，所以著諸侯之合也。惟其諸侯之勢散，故緣陵之城復舉諸侯者，所以著諸侯之散也。著諸侯之合而書諸侯者，若曰同心協力，不可以一二叙也。著諸侯之散而書諸侯者，若曰雜①至不齊，不可以先後序也。一美一惡無嫌於同也。

僖五年，夏，公及齊侯、宋公、陳侯、衛侯、鄭伯、許男、曹伯會王世子於首止。成十五年，冬，十有一月，叔孫僑如會晉士燮、齊高無咎、宋華元、衛孫林父、鄭公子鰌、邾人，會吳於鍾離。

王世子不可以下同諸侯之會，而首止之會，世子在焉，聖人以爲不可以訓，故書及以會者，使若爲王世子在是而諸侯自往會焉，示不可得而抗也。夷狄不可與諸侯之會，而鍾離之會，吳人在焉，聖人以爲不可以訓，故書曰會以會者，使若爲諸侯在是而吳人自來會焉，示不可得而同也。均之爲殊會也，而褒貶若是班者，一美一惡無嫌於同也。

僖九年，夏，公會宰周公、齊侯、宋子、衛侯、鄭伯、許男、曹伯於葵邱。九月，戊辰，諸侯盟於葵邱。昭十三年，秋，公會劉子、晉侯、齊侯、宋公、衛侯、鄭伯、曹伯、莒子、邾子、滕子、薛伯、杞伯、小邾子於平邱。八月，甲戌，同盟於平邱。

會、盟同地，再言葵邱，書之重、詞之複，其中必有大美惡存焉。葵邱之盟，美之大者也。申以五命、大明王禁，而諸侯咸喻桓公之志，束牲載書而不歃血，是故會、盟同地，再言葵邱，美之也。會、盟同地，再言平邱，書之重、詞之複，其中必有大美惡存焉。平邱之盟，惡之大者也，主盟中國奉承齊犧而矜其威力，恐迫諸侯以逞其私忿也，是故會、盟同地，再言平邱，惡之也。

僖元年，夏，齊師、宋師、曹師城邢。昭三十二年，冬，仲孫何忌會晉韓不信、齊高張、宋仲幾、衛世叔申、鄭國參、曹人、莒人、薛人、杞人、小邾人，城成周。

城諸侯之國而以國書者，法之常也。城王者之都而亦以國書者，例之變也。夷儀之城，齊桓伯天下之日也，《春秋》不以城夷儀書而書城邢者，以爲邢國猶能自立於天下，足以與諸侯并也。成周之城，晉昭伯天下之日也，《春秋》不以城京師書而書成周者，以爲周室不能自立於諸侯之上，不過與列國等也。均之爲以國書也，而褒貶若此，得不以王室之大盡乎天下，而諸侯之大止於一國乎？

成七年，夏，不郊，猶三望。文六年，閏月不告月，猶朝於廟。

《春秋》書猶一也，而其義有二焉②，亦觀其行事之是非而已矣。曰如此而猶如此者，甚之之詞。曰不如此而猶如此者，幸之之詞也。魯人不郊而望祭山川，《春秋》書

---

① “雜”，庫本、抄本作“雖”，堂本作“離”。

② “焉”，原作“義”，據庫本改。

之以猶者,以爲魯之郊祭已爲非禮,而況三望乎？書之曰猶,所以甚其可已而不已也。魯人不告閏月而朝於宗廟,《春秋》書以猶者,聖人以告月之禮雖不可復見,而其朝則猶可識也,書之曰猶,所以幸其可已而猶未已也。

昭四年,夏,楚子、蔡侯、陳侯、鄭伯、許男、徐子、滕子、頓子、胡子、沈子、小邾子、宋世子佐、淮夷會於申。五年,冬,楚子、蔡侯、陳侯、許男、頓子、沈子、徐人、越人伐吳。

《春秋》内諸夏而外四夷,而昭公四年於申之會,淮夷在焉,《春秋》不殊會之者,以爲楚靈縱其强暴、威脅中夏以爲申之會,而中國諸侯俛首聽命莫之或違,是在會諸侯皆夷狄其行也。昭公五年伐吳之役,於越在焉,《春秋》驟進於中國者,以爲楚靈大振兵威、執言討罪以爲伐吳之役,而微若於越亦索賦受職不敢或後,是越人之善與中國無以大異也。均之爲不殊會夷狄也,而褒貶若是班者,《春秋》蓋曰“所爲惡則中國不殊於夷狄,所爲善則夷狄可進於中國也”。

僖四年,遂伐楚。文三年,晋陽處父帥師伐楚以救江。定四年,三月,公會劉子、晋侯、宋公、蔡侯、衛侯、陳子、鄭伯、許男、曹伯、莒子、邾子、頓子、胡子、滕子、薛伯、杞伯、小邾子、齊國夏於召陵,侵楚。①

終《春秋》二百四十二年間,伯主加兵於楚之事凡三,而聖人則以爲莫善於齊桓,莫不善於晋定,而晋襄則上雖不能及齊桓,下猶不至於晋定者也。於齊桓書遂伐楚,書法之一變也,而問膠舟、責包茅之師,爲善之善者也。於晋襄書伐楚以救江,書法之再變也,以會王叔門方城之師,爲未盡善也。於晋定之上致劉子,下合十七國之君而無功,是以②不以伐楚書而書侵楚,書法之三變也,以晋之求貨於蔡侯,爲不足與有爲也。均之爲加兵於楚也,而書法凡三變,而愈下亦可見矣。

桓五年,秋,蔡人、衛人、陳人從王伐鄭。僖六年,夏,公會齊侯、宋公、陳侯、衛侯、曹伯伐鄭,圍新城。昭三十二年,冬,仲孫何忌會晋韓不信、齊高張、宋仲幾、衛世叔申、鄭國參、曹人、莒人、薛人、杞人、小邾人,城成周。

桓王伐③鄭之舉,雖不能無賴於陳、蔡之師,而征伐之權猶自王室出也,是世道之一變也,王室猶可爲也。迨至襄王之時,不能自靖其國之難,而有待於伯主、諸侯之謀,於是征伐之權降自諸侯出矣,是世道之再變也,然而靖之而已耳,王室猶可扶持也。迨至敬王之時,王室實蠢蠢焉,不惟不能自立,而京師之城且以伯主爲焉依之主矣,是世道之三變也,於是王室爲不可復扶持矣。觀乎王室之勢,日微於一日,可以見

① “三月”至“召陵”四十五字,據《春秋》經文補。

② “之上致劉子”至“是以”十七字,抄本同。庫本、堂本無。

③ “伐”,庫本、抄本、堂本皆作“討”。

春秋之世變日下於一日也。

桓五年，秋，蔡人、衛人、陳人從王伐鄭。莊六年，春，王正月，王人子突救衛。成元年，秋，王師敗績於茅戎。

終十二公之世，王師之見於經者爲是三事焉。君子觀其事迹之同異，亦可以見盛衰之故矣。伐鄭之舉，雖用之不當，而陳、蔡猶以從王書，聖人蓋以爲是時王室猶有可興之機也。救衛之師，雖諸侯無從，而王人之微猶以子突書，聖人蓋以爲王室於是時猶可以爲天下之共主也。至於徐吾氏之役，不惟王室無制夷狄之道，而敗績之事亦是大書而不隱焉，聖人蓋以爲王室於是時自失政①於天下矣。

文二年，夏，六月，公孫敖會宋公、陳侯、鄭伯、晋士穀盟於垂隴。襄三年，六月，戊寅，叔孫豹及諸侯之大夫及陳袁僑盟。十六年，三月，戊寅，大夫盟。

垂隴之盟，士穀蒞也，《春秋》不以晋大夫書而書其名氏者，以爲盟誓之權雖付之大夫，而統其權者猶在晋君，是世道之一變也。雞澤之盟，袁僑如會，而叔孫豹及②諸侯之大夫及之盟，《春秋》不列書其名氏而總以諸侯之大夫爲言，雖若大夫已專盟誓之權，而歸大夫於諸侯，則大夫猶諸侯之臣也，是世道之再變也。迨至於溴梁之役，諸侯不在，大夫自盟，而《春秋》上不列序大夫之名氏、中不係大夫於諸侯者，以爲爲政者皆天下之大夫，天下於是爲無諸侯矣，是又世道之三變也。

僖十九年，冬，會陳人、蔡人、楚人、鄭人盟於齊。宣十一年，夏，楚子、陳侯、鄭伯盟於辰陵。成二年，十有一月，丙申，公及楚人、秦人、宋人、陳人、衛人、鄭人、齊人、曹人、邾人、薛人、鄫人盟於蜀。

於齊之盟，楚始與中國盟也，然而大國無與，主盟載者非楚，世道其尚庶幾乎。辰陵之盟，楚始主中夏之盟也，然而大國不至，從之盟者惟從楚之國，世道之憂猶未也。至於於蜀之盟，非於齊始與夏盟之比，而亦非辰陵始主夏盟之比矣，大國如齊、宋，小國如邾、莒，莫不奔走於刑牲歃血之下，則世道之憂方殷也。觀乎會、盟離合之道，而夷夏之盛衰可考矣。

成十二年，夏，公會晋侯、③衛侯於瑣澤。襄二十七年，夏，叔孫豹會晋趙武、楚屈建、蔡公孫歸生、衛石惡、陳孔奐、鄭良霄、許人、曹人於宋。昭元年，春，叔孫豹會晋趙武、楚公子圍、齊國弱、宋向戌、衛齊惡、陳公子招、蔡公孫歸生、鄭罕虎、許人、曹人於虢。

瑣澤之盟，晋人和楚之始也。於宋之會，晋人和楚之中也。於虢之會，晋人和楚

---

① "政"，抄本同。庫本作"正"。

② "及"，抄本同。庫本作"與"。

③ "晋侯"下原有"齊侯"二字，據《春秋》經文刪。

之終也。其始也，隱楚人於不書，聖人以爲天下之事猶可爲，而晉伯尚足以自立也。其中，著楚人於大書，聖人以爲天下之事雖不可爲，而晉伯猶可以扶持之也。其終也，又著楚於大書，聖人以爲不惟天下之事不可復爲，而晉之伯於是亦不可以扶持也矣。

襄二十三年，八月，叔孫豹帥師救晉。哀七年，冬，鄭駟弘帥師救曹。十年，冬，吳救陳。

春秋之末，世變蓋有三焉。魯之救晉，世道之一變也。鄭之救曹，世道之再變也。吳之救陳，世道之三變也。其始也，伯主不能以自立而有待於諸侯之救。其中也，中國無伯主之可控告，而諸侯之自相救。其終也，中國不足以爲中國，而夷狄救諸夏矣。諸侯救伯主猶可也，諸侯救諸侯亦可也，至於夷狄救諸夏，則諸夏亦幾於亡矣。

宣十五年，秋，初稅畝。成元年，三月，作邱甲。哀十二年，春，用田賦。

初稅畝，田賦之一變也。作邱甲，田賦之再變也。用田賦，田賦之三變也。稅畝而書初者，以是爲始變法也。邱甲而書作者，以是爲不宜作也。田賦而書用者，以是爲不可用也。什一，天下之中正，先王取民之良法。稅畝矣、邱甲作矣、田賦用矣，先王取民之良法①於是而變易盡矣，此固聖人之所必誅而不以法者也。

莊十六年，冬，十有二月，會齊侯、宋公、陳侯、衛侯、鄭伯、許男、滑伯、滕子同盟於幽。二十七年，夏，六月，公會齊侯、宋公、陳侯、鄭伯同盟於幽。僖五年，秋，八月，諸侯盟於首止。

幽之初盟，齊桓伯業未盛之日也。惟其未盛，故會不書公而盟以同書。幽之再盟，齊桓伯業將盛之日也。惟其將盛，故盟書同而會不没公。首止之盟，則齊桓伯業既盛之日也。惟其既盛，故不叙諸侯、不書同盟。書盟而會不書公，是望國猶有疑於伯主也。會書公而盟尚書同，則望國雖無疑於伯主，而天下諸侯猶有未同也。至於不序諸國、不書同盟，而直以諸侯盟大書焉，則以爲凡爲諸侯者於是而後無不同也。

僖四年，盟於召陵。成二年，秋，七月，己酉，及國佐盟於袁婁。襄三年，六月，戊寅，叔孫豹及諸侯之大夫及陳袁僑盟。

召陵之盟，《春秋》泯齊桓之及於不書，書法之一變也。齊桓之待楚，蓋善之善②也。袁婁之盟，《春秋》以及書，而泯晉侯於不録，書法之再變也。晉景之待齊，已不能如齊桓之待楚之爲善也。袁僑之盟，《春秋》不惟以及書，而且以及又及書，書法之三變也。晉悼之待陳，不惟不能如齊桓之待楚，而亦不能如晉景之待齊也。其始也不書及，其中也書及，其終也書及以及，三變之法即是可知，而桓、景、悼待楚、齊、陳之得失

---

① "稅畝矣"至"良法"十八字，據庫本、抄本補。

② "善"，據庫本、抄本補。

於是而可見矣。

桓二年，秋，七月，杞侯來朝。莊二十三年，夏，荊人來聘。二十七年，冬，杞伯來朝。文九年，冬，楚子使椒來聘。僖二十七年，春，杞子來朝。襄三十年，春，王正月，楚子使薳罷來聘。

杞，夏禹之後也。其始朝也以侯書也，一變而伯，再變而子，何也？大抵中國而夷狄則夷狄之，杞用夷禮，愈降愈下，聖人患之，故再奪其爵以示貶。楚，南方之夷也。其始聘也以荊人書也，一變而書其臣之名，再變而書其名氏，何也？大抵夷狄而中國則中國之，楚用中國之禮，每進每善，聖人予之，故再進其法以示褒。

文十三年，冬，公如晋，衛侯會公於沓。十有二月，己丑，公及晋侯盟。公還自晋。鄭伯會公於棐。

文公之如晋也，假道於衛，衛侯聞之，固請平於晋。其請平也，是信未著而已至也。文公之還自晋也，假道於鄭，鄭侯聞之，亦請平於晋。其請平也，[1]是信已著而後至也。信未著而已至者，迫於患難而來也。信已著而後至者，慕於信義而來也。

宣十年，春，公如齊，公至自齊。齊人歸我濟西田。公如齊。五月，公至自齊。

齊人未歸田之先，宣公有如齊之舉矣。齊人既歸田之後，宣公又爲如齊之舉矣。始之如齊，患得之心爲之也。終之如齊，患失之心爲之也。宣公所以爲國者，未得之患得之，既得之患失之，故前後而不憚煩也。

莊二十七年，夏，六月，公會齊侯、宋公、陳侯、鄭伯同盟於幽。僖九年，九月，戊辰，諸侯盟於葵邱。文十四年，六月，癸酉，同盟於新城。

伯業未盛則書同盟，伯業既盛則不書同，伯業方盛則不書同，伯業既衰則書同盟，此《春秋》之法也。葵邱之盟，齊桓伯業之極盛，而亦二百四十年間盟會之極盛者也。前乎葵邱，桓有於幽之盟矣。其盟也不可謂不盛也，而聖人之書之也，以同書也。是於幽之盟，蓋齊桓未盛之時也，不然，則聖人曷爲不以書葵邱之法書之乎？後乎葵邱，晋有新城之盟矣。其盟也亦不可謂不盛也，而聖人之書之也，以同書也。是新城之盟，蓋晋伯既衰之時也，不然，則聖人曷爲不以書葵邱之法書之乎？

桓元年，三月，公會鄭伯於垂。鄭伯以璧假許田。夏，四月，丁未，公及鄭伯盟於越。

未得許田之先而爲會，則爲會之志出於鄭莊而不出於我魯。既得許田之後而爲盟，則爲盟之志出於我魯而不出於鄭莊。惟其志不出於我魯，故《春秋》以會書。會

---

① “是信未著而已至”至“其請平也”三十二字，抄本同。庫本、堂本無。

者,外爲志也。惟其志出於我魯,故《春秋》以及書。及者,内爲志也。

僖①三年,秋,齊侯、宋公、江人、黄人會於陽穀。四年,春,遂伐楚。夏,盟於召陵。秋,及江人、黄人伐陳。

齊桓之於江、黄也,未伐楚之先則與之從事於陽穀之會,既盟楚之後則與之從事於伐陳之役。蓋功之未成不容無以懷其心,是以爲陽穀之會。功之既成不容無以警其心,是以有伐陳之及。

莊二十年,冬,齊人伐戎。三十年,齊人伐山戎。僖九年,九月,戊辰,諸侯盟於葵邱。十年,夏,齊侯、許男伐北戎。

葵邱未盟以前,齊人有伐戎、伐山戎之事。葵邱既盟之後,齊桓有伐北戎之事。蓋葵邱之盟,伯業之極盛於是,而伯業之衰亦始於是。葵邱以前之桓公,有志於天下者也,故伐戎、伐山戎,以公不以私。葵邱以後之桓公,無志於天下者也,故伐北戎之事,以私不以公。

莊十六年,夏,宋人、齊人、衛人伐鄭。秋,荆伐鄭。

齊之伐鄭,是伯圖之將盛也。楚之伐鄭,是夷狄之驟强也。《春秋》抑伯圖之將盛,故先書宋、後書齊。《春秋》抑夷狄之驟强,故不書楚、止書荆。先書宋、後書齊,以常詞正其分②也。不書楚、止書荆③,以微辭正其名也。

莊十六年,冬,十有二月,會齊侯、宋公、陳侯、衛侯、鄭伯、許男、滑伯、滕子同盟於幽。十八年,夏,公追戎於濟西。

天下不可以無王,而幽之初盟,魯首事伯。中國不可以有夷狄,而濟西之追,魯不知戎兵之至。《春秋》爲憂王室而作,故幽不言公。《春秋》爲憂④中國而作,故濟西不言來。幽不言公者,以隱詞存君臣之大經也。濟西不言來者,以隱詞存夷夏之大分也。

襄二十七年,秋,七月,辛巳,豹及諸侯之大夫盟於宋。二十九年,春,王正月,公在楚。夏,五月,公至自楚。⑤

以中國而與夷狄盟,已非矣,況以中國而朝楚乎?甚矣魯之非禮也。前書豹及諸侯大夫盟,爲其嫌於無諸侯也,故書及。後書公在楚、公至自楚,爲其嫌於無王室也,

---

① "僖",原作"桓",據《春秋》經文改。

② "分",堂本、抄本同。庫本作"公"。

③ "先書"至"書荆"十九字,據庫本、抄本補。

④ "憂"字原無,據庫本、抄本補。堂本作"夏"。

⑤ "夏五月公至自楚"七字,據《春秋》經文補。

故書公在楚。見天下不可一日無王室也，亦不可一日無中國也。《春秋》憂世變之極，故特筆謹之，有不可以細故末節觀也。

成十五年，冬，十有一月，叔孫僑如會晋士燮、齊高無咎、宋華元、衞孫林父、鄭公子鰍、邾人，會吳於鍾離。襄十年，春，晋侯、宋公、衞侯、曹伯、莒子、邾子、滕子、薛伯、杞伯、小邾子、齊世子光會吳於柤。十四年，春，王正月，季孫宿、叔老會晋士匄、齊人、宋人、衞人、鄭公孫蠆、曹人、莒人、邾人、滕人、薛人、杞人、小邾人，會吳於向。哀十三年，夏，公會晋侯及吳子於黃池。

於鍾離、於柤、於向之役，會以會書之，一書法也。黃池之役，會以及書之，又一書法也。蓋鍾離、柤、向之役，晋爲伯主而吳人效順，《春秋》不以夷狄同中國，故書會又會以外之。至於黃池之役，則吳、晋兩伯於天下，《春秋》撫天下之伯，傷世變之已極，故書會又及以治之。此皆非細故也。

成十五年，冬，十有一月，叔孫僑如會晋士燮、齊高無咎、宋華元、衞孫林父、鄭公子鰍、邾人，會吳於鍾離。襄五年，秋，公會晋侯、宋公、陳侯、衞侯、鄭伯、曹伯、莒子、邾子、滕子、薛伯、齊世子光、吳人、鄫人於戚。

鍾離之會，諸侯往與吳會而以吳爲主也。於戚之會，吳人來與諸侯會而不敢爲主也。惟諸侯往與吳會而以吳爲主，故貶而稱國。惟吳人來與諸侯會而不敢爲主，故進而稱人。均之爲會吳也，而《春秋》所書[1]若此，所以明內夏外夷之義也。

文元年，天王使毛伯來錫公命。成八[2]年，秋，七月，天子使召伯來賜公命。

《春秋》特筆王命凡二，一稱天王，一稱天子。一書錫公命，一書賜公命。襄王君臣[3]，加恩於人望之魯，《春秋》之紀其事，蓋特筆也，非絕筆也。惟其非絕筆，故稱天王、稱錫命。稱天王者，天下之公也。以君與臣曰錫，是王政之猶重也。定王君臣，加寵於久立之君，《春秋》之紀其事，雖特筆也，亦絕筆也。惟其爲絕筆，故稱天子、稱賜命。稱天子者，一人之私也。彼此相與曰賜，王政之已輕也。

桓五年，秋，蔡人、衞人、陳人從王伐鄭。莊六年，春，王正月，王人子突救衞。

正刑討罪，一王之大法也。分災救患，一王之大典也。桓王伐鄭之舉，是討罪之義也。《春秋》於蔡人、衞人、陳人以從王伐鄭書者，以王室正刑討罪之法猶足以聳動天下之諸侯也。莊王救衞之舉，是匡災之義也。《春秋》於王人以子突救衞書者，以王室救患分災之典猶足以聳動天下之諸侯也。

---

①　"書"，原作"稱"，據庫本、堂本、抄本改。

②　"八"，原作"七"，據《春秋》經文改。

③　"君臣"原無，據庫本、抄本、堂本補。

隱十一年,春,滕侯、薛侯來朝。桓二年,春,滕子來朝。莊五年,秋,郳黎來來朝。僖七年,夏,小邾子來朝。

滕朝於隱,方以侯書,距桓公之初年兩三歲耳,而再朝之書乃降而稱子者,時王黜之也。郳朝於莊,方以名書,距僖之初年固未久也,而再朝之書乃進而稱邾子者,時王爵之也。以時王而猶能黜降諸侯、爵命諸侯,此蓋春秋之時,王室猶可以有爲之時。自滕侯降而爲滕子之後,而王室降黜諸侯之命不行於天下矣。自郳黎來爲小邾之後,而王室爵命諸侯之典亦不行於天下矣。

莊十六年,冬,十有二月,會齊侯、宋公、陳侯、衛侯、鄭伯、許男、滑伯、滕子同盟於幽。僖十九年,冬,會陳人、蔡人、楚人、鄭人盟於齊。二十九年,夏,六月,會王人、晋人、宋人、齊人、陳人、蔡人、秦人盟於翟泉。

《春秋》假魯以扶持世道之變者也。以伯主而主諸侯,前乎齊桓未之聞也,而肇於幽之盟①。以夷狄而與夏盟,前乎楚未始有是也,而始於齊之役。以諸侯大夫而上盟王臣,前乎晋文未之聞也,而創自翟泉之歃。使魯而不與,則猶足以爲世變中流之砥柱。使魯而與,則世變蓋有靡所紀極之憂。此《春秋》所以於是三盟没公不紀,使魯之爲不與是盟者也。

文十年,夏,秦伐晋。成三年,冬,鄭伐許。昭十二年,冬,晋伐鮮虞。

諸夏之變於夷,秦爲作俑也。中國之變於夷,鄭爲亂階也。自秦人作俑,鄭人階亂,諸侯之不胥而爲夷者寡矣。《春秋》以紀夷狄之法紀秦者,還其夷狄之常。以紀夷狄之法紀晋、鄭者,反中國之小康。蓋以夷狄之法紀秦未害也,以夷狄之法紀鄭亦未害也,至於晋而亦以夷狄之法紀之,則天下之不爲夷狄者其誰乎?是故狄秦而後狄鄭,狄鄭而後狄晋,狄晋而後《春秋》終矣。

桓十一年,春,正月,齊人、衛人、鄭人盟於惡曹。僖二十一年,春,宋人、齊人、楚人盟於鹿上。宣十二年,冬,晋人、宋人、衛人、曹人同盟於清邱。

惡曹之盟,中國未有伯之時也。鹿上之盟,中國始無伯之時也。清邱之盟,中國又將無伯之時也。聖人皆以人書之者,其意若曰"惡曹之盟,是中國未有伯而人自爲盟之盟也。鹿上之盟,是中國始無伯而人自爲盟之盟也。清邱之盟,又中國將無伯而人自爲盟之盟也"。非以是爲衆辭也,所以著其爲人而人各有心不可得而合也。

《春秋金鎖匙》提要

元趙汸撰。其書撮舉聖人之特筆與《春秋》之大例,以事之相類者互相推勘,考究

---

① "盟",原作"萌",據庫本、抄本、堂本改。

其異同而申明其正變，蓋合比事屬辭而一之大旨。以《春秋》之初，主於抑諸侯。《春秋》之末，主於抑大夫。中間齊、晋主盟，則視其尊王與否而進退之。其中如謂聖人貶杞之爵，降侯爲子；與毛伯錫命稱天王、稱錫，[①]爲以君與臣之詞；召伯賜命稱天子、稱賜，爲彼此相與之詞，雖尚沿舊説之陋，而發揮書法，條理秩然，程子所謂“大義數十，炳如日星”者，亦庶幾近之矣。考宋沈棐嘗有《春秋比事》一書，與此書大旨相近。疑洧未見其本，故有此作。然二書體例各殊，沈詳而盡、趙簡而明，固不妨於并行也。

---

① “錫”，原作“賜”，據《金鎖匙》本文改。

圖書在版編目(CIP)數據

春秋學研究. 第一輯 / 曾亦，郭曉東主編. —上海：
上海古籍出版社，2023.5
ISBN 978-7-5732-0651-0

Ⅰ.①春… Ⅱ.①曾… ②郭… Ⅲ.①中國歷史-研
究-春秋時代 Ⅳ.①K225.07

中國國家版本館 CIP 數據核字(2023)第 054149 號

春秋學研究(第一輯)
曾 亦 郭曉東 主編
上海古籍出版社出版發行
(上海市閔行區號景路 159 弄 1-5 號 A 座 5F　郵政編碼 201101)
(1) 網址：www.guji.com.cn
(2) E-mail：guji1@guji.com.cn
(3) 易文網網址：www.ewen.co
上海商務聯西印刷有限公司印刷
開本 787×1092　1/16　印張 19.5　插頁 2　字數 359,000
2023 年 5 月第 1 版　2023 年 5 月第 1 次印刷
ISBN 978-7-5732-0651-0
B・1313　定價：88.00 元
如有質量問題，請與承印公司聯繫